中国历史文化名楼系列文丛
词曲卷

文物出版社

图书在版编目（CIP）数据

中国历史文化名楼系列文丛．词曲卷／中国文物学
会历史文化名楼保护专业委员会编 . —北京：文物出版
社，2018.10

ISBN 978 – 7 – 5010 – 5613 – 2

Ⅰ.①中… Ⅱ.①中… Ⅲ.①楼阁 – 名胜古迹 – 介绍
– 中国②词（文学） – 作品集 – 中国③散曲 – 作品集 – 中国
Ⅳ.①K928.74②I22

中国版本图书馆 CIP 数据核字（2018）第 134038 号

中国历史文化名楼系列文丛·词曲卷

编　　者：中国文物学会历史文化名楼保护专业委员会

责任编辑：李　睿
封面设计：程星涛
责任印制：苏　林

出版发行：文物出版社
地　　址：北京市东直门内北小街 2 号楼
邮　　编：100007
网　　址：http：//www. wenwu. com
邮　　箱：web@ wenwu. com
经　　销：新华书店
印　　刷：北京京都六环印刷厂
开　　本：787mm×1092mm　1/16
印　　张：31
版　　次：2018 年 10 月第 1 版
印　　次：2018 年 10 月第 1 次印刷
书　　号：ISBN 978 – 7 – 5010 – 5613 – 2
定　　价：128.00 元

《中国历史文化名楼系列文丛·词曲卷》
编辑委员会

前　言

　　历史文化名楼是具有中国特色的人文景观，名楼得以存在和延续依靠的是其历史文化积淀。名楼文化主要表现为诗、词、曲、散文、楹联等非物质形态。中国名楼协会经过十多年的发展，已经拥有十六个会员单位，囊括了大江南北比较有代表性的历史名楼。各楼均有自己的历史和特色。此次编纂《中国历史文化名楼系列文丛》，是这十六座名楼的诗、词、曲、散文、楹联等的全面汇编。

　　编纂《中国历史文化名楼系列文丛》，是对名楼历史文化的一次全面的挖掘和整理。各大名楼在历史发展过程中，文人墨客凭楼览情，留下了众多的诗词歌赋等文学作品，作为名楼的文化内核而逐步积淀，形成名楼独有的文化特色。这些文学作品形式多样且较为分散，尚有待深入的挖掘。人文景观最重要的就是文化积淀，只有深厚的文化底蕴才能造就独特的人文景观。出版名楼文化丛书，充分挖掘名楼历史文化内涵，摸清楚家底，是增强宣传、提升影响力的必要举措。

　　编纂《中国历史文化名楼系列文丛》，是加强学术研究的客观需要。历史文化名楼之所以珍贵，不在于其建筑精良，而在于其蕴含的深厚的历史文化底蕴。我们研究历史文化名楼，主要就是研究名楼的历史文化，进而揭示出历史文化名楼的共性。编纂中国名楼文化丛书，一方面是将名楼的历史文化全面系统的展现在大众面前，更重要的是通过全面的搜集整理历史资料，弄清楚各楼的家底，搞清楚文化发展的源流，为进一步对名楼进行分类研究，进而归纳总结出名楼的一般特性，为深入开展学术研究打下坚实的基础。

　　编纂《中国历史文化名楼系列文丛》，还有利于提高公众人文素养。各大名楼有着深厚的文化积淀，且与地域文化有着密切的联系，其所蕴含的人文内涵在现代社会仍具有积极的意义。在提倡发扬中华传统文化的今天，历史文化名楼作为传统文化的一个重要组成部分，通过对名楼文化的全面整理，展示在公众面前的是一幅绚丽的人文历史画卷，对于开拓公众视野、陶冶情操、构建和谐社会都有着积极的意义。

　　文化是宝贵的精神财富，历史文化名楼是祖先留给我们的珍贵遗产。挖掘文化底蕴，保护与传承名楼文化，是我们每个名楼人的使命与责任。我们衷心希望，通过丛书的编纂，名楼文化能够得到持续的发扬光大，名楼保护事业能够更蓬勃地开展起来！

《中国历史文化名楼系列文丛·词曲卷》编纂体例

　　本文丛旨在全面搜集整理各楼的历史文化积淀，作为一个名楼文化数据库。本册为词曲卷，按如下体例编纂：

　　1. **编纂形式**：以楼为单位分卷编纂，每楼自成一卷，采取文后注人的形式。

　　2. **收录起讫时间**：从各楼建楼日起至当代。

　　3. **收录题材**：历史上有关各楼的词、曲、戏剧以及曲谱。

　　4. **编纂排序**：原则上按照作者的出生年份进行排列，如果生卒年无法考证出的，将其排在同时代人的附近。

　　5. **作者简介**：作者简介主要介绍作者的生卒年、字号、籍贯、功名、仕宦、谥号、著作等情况，有特殊称谓或特殊成就的简要加以说明，其余生平经历不特加说明。官职一般只点出最高官职，有多个字号、著作的，一般只点出两个。

　　6. **注释**：本文丛不对词曲作赏析，只对人名、地名、干支纪年、专有名词、典故、特殊事件等作简要注解。戏剧前有作品简介。

　　7. **版本**：本书主要取材于文人本集、地方志丛书、词曲集以及现存档案资料，文后用括号注明出处。

目　录

岳阳楼

简　介

　　岳阳楼，位于湖南省岳阳市城西洞庭湖边。始建于东汉建安十九年（214），为东吴大将鲁肃的阅军楼，中唐后始称"岳阳楼"。唐开元年间，中书令张说为岳州刺史，日与名士畅饮，岳阳楼名始著。李白、杜甫、白居易等著名诗人都曾登楼赋诗。北宋庆历四年（1044），滕宗谅被贬为岳州知州，重修岳阳楼，并向好友范仲淹索记，范仲淹于庆历六年（1046）写下《岳阳楼记》，岳阳楼遂被赋予了"先忧后乐"的士大夫精神，誉满天下。其后岳阳楼屡毁屡建。最后一次重修是清光绪六年（1880），由岳州知府张德容主持重修，保留至今。1988 年被公布为全国重点文物保护单位。

词

沁园春

　　昨日南京，今朝天岳，倏焉忽焉。指洞庭为酒，渴时浩饮；君山作枕，醉后高眠。谈笑自如，往来无碍，半是风狂半是仙。随身在，有一襟风月，两袖云烟。

　　人间放浪多年，又排辨东华第二筵。把珊瑚砍倒，栽吾琪树；天河放浅，种我金莲。搉碎王京，踢翻蓬岛，稽首虚皇玉案前。无难事，信功成八百，行满三千。

（明隆庆《岳州府志》卷十八）

　　作者简介：吕岩（生卒年不详，传说为唐德宗时生），字洞宾，道号纯阳子，河中府（今山西永济县）人。道教八仙之一，主要活动于宋代，传说甚多。其主要事迹及作品，见于《道藏》中的《钟吕传道集》《吕祖全书》等书。

临江仙

洞庭波浪飐晴天，君山一点凝烟。此中真境属神仙①，玉楼珠殿，相映月轮边。
万里平湖秋色冷，星辰垂影参然。橘林霜重更红鲜，罗浮山下，有路暗相连②。

（《花间集》卷五）

作者简介：牛希济（872～？），陇西（今甘肃）人。词人牛峤之侄。曾任前蜀御史中丞、后唐雍州节度副使等职。今人辑有《牛中丞词》一卷。

临江仙

湖水连天天连水，秋来分外澄清。君山自是小蓬瀛。气蒸云梦泽，波撼岳阳城。
帝子有灵能鼓瑟，凄然依旧伤情。微闻兰芷动芳馨。曲终人不见，江上数峰青。

（《岳阳风土记》）

作者简介：滕宗谅（991～1047），字子京，河南洛阳人。大中祥符八年（1015）进士。曾任左司谏、知岳州等职。为官勤政，重修岳阳楼后向范仲淹求记。著有《九华山新录》、《大唐统制》等书，均佚。今仅存诗文数篇。

卖花声·题岳阳楼 （二首）

一

木叶下君山，空水漫漫。十分斟酒敛芳颜。不是渭城西去客，休唱阳关③。
醉袖抚危阑，天淡云闲。何人此路得生还？回首夕阳红尽处，应是长安。

二

楼上久踟蹰。地远身孤。拟将憔悴吊三闾④。自是长安日下影，流落江湖。

---

① 此中真境属神仙：《拾遗记》卷十："洞庭山浮于水上，其下有金堂数百间，玉女居之。"
② 罗浮山下，有路暗相连：罗浮山在广东省，南朝谢灵运《罗浮山赋》序云："茅山是洞庭口，南通罗浮。"
③ 不是渭城西去客，休唱阳关：此处化用了唐代诗人王维《送元二使安西》："渭城朝雨浥轻尘，客舍青青柳色新。劝君更尽一杯酒，西出阳关无故人。"阳关，在今甘肃敦煌市西南。有古曲《阳关三叠》。
④ 三闾：指屈原。

烂醉且消除。不醉何如。又看暝色满平芜①。试问寒沙新到雁，应有来书②。

（《全宋词》）

作者简介： 张舜民（生卒年不详，约宋神宗时人），字芸叟，号浮休居士、矴斋，邠州（今陕西彬县）人。治平二年（1065）进士，官至吏部侍郎。以刚直敢言著称。著有《画墁集》。

南歌子

袅袅秋风起，萧萧败叶声。岳阳楼上听哀筝。楼下凄凉江月为谁明？

雾雨沉云梦，烟波渺洞庭。可怜无处问湘灵。只有无情江水绕孤城。

（《乐府雅词》卷下）

作者简介： 李祁（生卒年不详，约宋徽宗时人），字萧远（一作肃远）。雍丘（今河南杞县）人。官至尚书郎。《乐府雅词》卷下载其词十四首。

水调歌头·为赵端礼作

最乐贤王子，今岁好中秋。夜深珠履，举杯相属尽名流。宿雨乍开银汉，洗出玉蟾秋色，人在广寒游。浩荡山河影，偏照岳阳楼。

露华浓，君恩重，判扶头。霓旌星节，已随丝管下皇州③。满座烛光花艳，笑冒乌巾同醉，谁问负薪裘④。月转檐牙晓，高枕更无忧。

（《张元干词集》）

作者简介： 张元干（1091～1161），字仲宗，号芦川老隐，福州永福（今福建永泰县）人。以太学生入仕，官至将作少监。著名爱国词人，词风豪壮。著有《芦川归来集》、《芦川词》。

---

① 暝色：黄昏的景色；平芜：草木茂盛的原野。唐 高适《田家春望》："出门何所见，春色满平芜。"
② 寒沙新到雁，应有来书：雁足传书的典故。《汉书·苏武传》：苏武被困匈奴多年，单于诡称苏武已死。后来汉使探知实情，声言汉天子在上林苑射得大雁，雁足系有苏武所写帛书，云在某泽中。单于不得已，交还武等九人。后遂以"雁足传书"指大雁能传递书信。
③ 皇州：指当时的帝都开封。
④ 负薪裘：《论衡·书虚》："延陵季子出游，见路有遗金。当夏五月，有披裘而薪者。季子呼薪者曰：'取彼地金来！'薪者投镰于地，瞋目拂手而言曰：'何子居之高，视之下，仪貌之壮，语言之野也！吾当夏五月，披裘而薪，岂取金者哉！'季子谢之，请问姓字。薪者曰：'子皮相之士也，何足语姓名！'遂去不顾。"

水调歌头·浮远堂

静练平千顷，华栋俯中流。凌晨画戟来看，宿雨断虹收。八九胸中云梦，三千笔端风月，无处快凝眸。笑咏一堂上，挥麈气横秋。

俯危栏，红日下，暮云收。无穷伟观，只应天意为君谋。容我时醒时醉，独泛微烟微雨，浩荡逐轻鸥。不羡岳阳胜，丹碧耸层楼。

（《浮山集》卷三）

作者简介：仲并（生卒年不详，约宋高宗时人），字弥性，江都（今江苏扬州市）人。绍兴二年（1132）进士，官至淮东安抚司参议。著有《浮山集》。

浣溪沙

发公安，风月甚佳，明日至石首，风雨骤至，留三日，同行诸公皆有词，孝祥用韵

方舡载酒下江东，箫鼓喧天浪拍空，万山紫翠映云重。

拟看岳阳楼上月，不禁石首岸头风，作笺我欲问龙公。

西江月·阻风三峰下

满载一船秋色，平铺十里湖光。波神留我看斜阳，放起粼粼细浪。

明日风回更好，今宵露宿何妨？水晶宫里奏霓裳，准拟岳阳楼上。

水调歌头·过岳阳楼作

湖海倦游客，江汉有归舟。西风千里，送我今夜岳阳楼。日落君山云气，春到沅湘草木，远思渺难收。徙倚栏杆久，缺月挂帘钩。

雄三楚，吞七泽，隘九州。人间好处，何处更似此楼头？欲吊沉累无所，但有渔儿樵子，哀此写离忧。回首叫虞舜，杜若满芳洲。

（《于湖居士文集》）

作者简介：张孝祥（1132~1169），字安国，自号于湖居士，乌江（今安徽和县乌江镇）人，出生于鄞县（今浙江宁波市）。绍兴二十四年（1154）进士，官至荆湖路安抚使。为"豪放派"代表词人。著有《于湖居士文集》《于湖词》。

沁园春·送人赴营道宰

万里湖南，江山历历，皆吾旧游。看飞凫仙子，张帆直上，周郎赤壁，鹦鹉沧洲。尽吸西江，醉中横笛，人在岳阳楼上头。波澜静，泛洞庭青草，重整兰舟。

长沙会府风流。有万户娉婷帘玉钩。恨楚城春晚，岸花樯燕，还将客送，不与人留。且唤阳城，更招元结，摩抚三关歌咏休。心期处，算世间真有，骑鹤扬州。

（《龙洲词》）

作者简介： 刘过（1154～1206），字改之，号龙洲道人，吉州太和（今江西泰和县）人。布衣终身。词风与辛弃疾相近，抒发抗金抱负狂逸俊致，与刘克庄、刘辰翁享有"辛派三刘"之誉，又与刘仙伦合称为"庐陵二布衣"。著有《龙洲集》《龙洲词》等。

柳梢青·岳阳楼

袖剑飞吟，洞庭青草，秋水深深。万顷波光，岳阳楼上，一快披襟①。

不须携酒登临，问有酒何人共斟？变尽人间，君山一点，自古如今。

（《戴复古全集》卷八）

作者简介： 戴复古（1167～1248），字式之，号石屏樵隐，天台黄岩（今浙江台州市）人。一生不仕，浪游江湖。江湖派诗人，兼具江西诗派风格。著有《石屏诗集》《石屏词》。

沁园春②

记上层楼，与岳阳楼，酾酒赋诗。望长山远水，荆州形胜，夕阳枯木，六代兴衰。扶起仲谋，唤回玄德，笑杀景升豚犬儿。归来也，对西湖叹息，是梦耶非。

---

① 一快披襟：典出宋玉《风赋》：楚襄王游于兰台之宫，宋玉、景差侍。有风飒然而至，王乃披襟而当之，曰："快哉此风！寡人所与庶人共者邪？"宋玉对曰："此独大王之风耳，庶人安得而共之！"

② 题注：予弱冠之年，随牒江东漕闱，尝与友人暇日命酒层楼。不惟钟阜、石城之胜，班班在目，而平淮如席，亦横陈樽俎间。既而北历淮山，自齐安溯江泛湘，薄游巴陵，又得登岳阳楼，以尽荆州之伟观，孙刘虎视遗迹依然，山川草木，差强人意。泊回京师，日诣丰乐楼以观西湖。因诵友人"东南妩媚，雌了男儿"之句，叹息者久之。酒酣，大书东壁，以写胸中之勃郁。时嘉熙庚子（1240）秋季下浣也。

诸君傅粉涂脂。问南北战争都不知。恨孤山霜重，梅凋老叶，平堤雨急，柳泣残丝。玉垒腾烟，珠淮飞浪，万里腥风吹鼓鼙。原夫辈，算事今如此，安用毛锥。

（《全宋词》）

作者简介： 陈人杰（1218～1243），一作陈经国，字刚父，号龟峰，长乐（今福建福州市）人。现存《龟峰词》1卷，31首，全部是《沁园春》词调。

好事近·钓船笛

载酒岳阳楼，秋入洞庭深碧。极目水天无际，正白蘋风急①。

月明不见宿鸥惊，醉把玉栏拍。谁谓百年心事，恰钓船横笛！

（《词综》卷十五）

作者简介： 张辑（生卒年不详，晚宋人），字宗瑞，江西鄱阳人。著有《东泽绮语债》。

满庭芳·题壁

汉上繁华，江南人物，尚遗宣政风流。绿窗朱户，十里烂银钩。一旦刀兵齐举，旌旗拥百万貔貅。长驱入，歌楼舞榭，风卷落花愁。

清平三百载，典章人物，扫地都休。幸此身未北，犹客南州。破鉴徐郎何在？空惆怅相见无由！从今后，断魂千里，夜夜岳阳楼。

（《词综》卷二十五）

作者简介： 徐君宝妻（生卒年不详，晚宋人），湖南岳阳人。南宋末元军破城，其夫徐君宝死，她被掠至杭州，"其主者数欲犯之，辄以计脱。主者强焉，告曰：'俟祭先夫，然后为君妇。'主者许诺。乃焚香再拜，题词壁上，投池中死。"

水龙吟·登岳阳楼，感郑生龙女事，谱大曲《薄媚》②

洞庭春水如天，岳阳楼上谁开宴。飘零郑子，危栏倚遍，山长恨远。何处兰舟，彩霞

---

① 白蘋：一种水草，夏秋开小白花。风起则蘋叶动，古人以风起于蘋叶。宋玉《风赋》："夫风生于地，起于青蘋之末。"

② 郑生龙女事：唐沈亚之《湘中怨解》中的龙女和郑生的爱情故事；大曲：古代歌舞兼有的乐曲；薄媚：大曲曲牌名。

浮漾，笙箫一片。有娥眉起舞，含嚬凝睇，分明是、旧仙媛。

风起鱼龙浪卷，望行云、飘然不见。人生几许，悲欢离聚，情钟难遣。闻道当时，氾人能诵，《招魂》《九辩》①。又何如乞我，轻绡数尺，写《湘中怨》。

满江红·用前韵， 留别巴陵诸公， 时至元十四年冬②

行遍江南，算只有、青山留客。亲友间、中年哀乐，几回离别。棋罢不知人换世③，兵余犹见川流血。叹昔时、歌舞岳阳楼，繁华歇。

寒日短，愁云结。幽故垒，空残月。听闾阎谈笑，果谁雄杰？破枕才移孤馆雨，扁舟又泛长江雪。要烟花、三月到扬州④，逢人说。

（《天籁集》卷上）

作者简介： 白朴（1226～1306），原名恒，字仁甫，后改名朴，字太素，号兰谷，陕州（今山西河曲县）人。"元曲四大家"之一。著有《天籁集》，代表杂剧有《唐明皇秋夜梧桐雨》《董秀英花月东墙记》等。

疏影·笋薄之平江

瑶尊蘸翠。短长亭送别，风恋晴袂。腊树迎春，一路清寒，能消几日羁思。霜华不惜阳关柳，悄莫系、行人嘶骑。对梅花、一笑分携，胜约别来相寄。

人物仙蓬妙韵，瑞鸾敛迅翼，聊憩香枻。见说使君，好语先传，付与芙蓉清致。客来欲问荆州事，但细语、岳阳楼记。梦故人、剪烛西窗，已隔洞庭烟水。

（《全宋词》）

作者简介： 邓剡（1232～1303），字光荐，一字中甫，号中斋，庐陵（今江西吉安县）人。景定三年（1262）进士，官礼部侍郎。南宋末爱国诗人，庐陵诗派、庐陵词派的代表作家之一。著有《中斋集》《东海集》《续宋书》等。

---

① 闻道当时，氾人能诵，《招魂》《九辩》：郑生龙女的故事中，龙女的名字叫"氾人"，"能诵楚人《九歌》《招魂》《九辩》之书，亦常拟其调，赋为怨句，其词丽绝，世莫有属者。"

② 至元十四年为1277年。

③ 棋罢不知人换世：典出南朝梁 任昉《述异记》："信安郡有石室山。晋时王质伐木至，见童子数人棋而歌，质因听之。童子与一物与质，如枣核，质含之不觉饥。俄顷，童子谓曰：'何不去？'质起，视斧柯烂尽。既归，无复时人。"欧阳修《梦中作》诗："棋罢不知人换世，酒阑无奈客思家。"

④ 三月到扬州：李白《黄鹤楼送孟浩然之广陵》："故人西辞黄鹤楼，烟花三月下扬州。"

摸鱼子·登洞庭湖连天楼, 和刘光远韵

问楼头几多烟景,长风千里吹送。洞庭岛屿留残雪,依约玉龙飞动。天故纵。要老子南来,添得诗囊重。遥山翠耸。更淡淡斜阳,萧萧落木,感慨古今共。

人间世,何处祥麟威风。繁华一枕春梦。江湖无限闲风月,待我往来吟弄。君莫痛,看起舞纷纷,踏破中宵瓮。深杯自捧。便唤起湘累,汨罗江上,沉醉是奇供。

(《全金元词 下》)

作者简介: 许有壬(1286~1364),字可用,河南汤阴人。延祐二年(1315)进士,官至参知政事,谥"文忠"。善笔札,工辞章。著有《至正集》。

临江仙·岳阳楼望

十二年前楼上客,湖山纵目凭栏。青螺几点贮银盘。水连天不辨,挂席一舟还。

今日重来携旧侣,相逢未变朱颜。何人吹笛倚风寒。梅花九月落,片片下关山。

(《霞城集》卷二十四)

作者简介: 程诰(生卒年不详,约明孝宗时人),字自邑,号浒溪山人,安徽歙县人。著有《霞城集》。

满江红

登楼晚眺,眼界宽、胸中开浩。况正值、秋令平分,湖波澄潦。红叶矶头北雁嗷,白蘋洲上西风峭。夕阳里、何物衬奇观,帆与棹。

乾坤句,输才调。忧乐心,仍怀抱。感时事忽漫,自欹乌帽。鸟道人呼烟未消,龙沙马度烽犹报。独惭我、胸中少甲兵,空长啸。

(《岳阳纪胜汇编》卷四)

作者简介: 贾大亨(1490~?),字贞甫,上虞(今浙江绍兴市)人。嘉靖十七年(1538)进士,历监察御史、湖广巡按使等职。

摸鱼儿·洞庭秋月①

展平湖一片玻璃,何处天围四野。金风轻卷千波雪,阵阵落晖低亚。真潇洒,渐西晶②连天接住东光射。冰轮③上也,见镜吸空明,练飞霜影,一荡清无罅④。

凭槛处,百尺丽谯飞榭,玉楼闪冉光乍。清魂摇曳浑无定,灵肉欲随羽化。君莫诧,君不见南来猿鹤悲清夜。天孤月寡。叹吹笛王孙⑤,朗吟仙客⑥,倦理云䡾驾⑦。

(《船山遗书》第七卷)

作者简介:王夫之(1619~1692),字而农,号姜斋、夕堂,学者称船山先生,湖南衡阳人。与顾炎武、黄宗羲并称明清之际三大思想家。著有《周易外传》《读通鉴论》《宋论》等。

浪淘沙·岳州阻风, 和林公韫韵

系缆浅沙汀,雨阻风停。衡阳秋绝雁归声。一夜吟魂惊断也,波撼孤城。

休叹岳楼头。代谢无情。湘流东逝客西征。盼得晴湖帆影转,好问湘灵。

无俗念·过洞庭湖, 示林公韫

洞庭秋望,卷雪涛银浪远连天际。镜里君山浮翠蒨,好是湘灵螺髻。鼓瑟音希,斑筠泪染,想像虚无里。涉波忠信,虹螮任走精魅。

十年游倦情惊,鹭莎鸥荐,梦影江湖愧。锋镝化离迁客试,转盼吴头楚尾。去国心伤,怀乡肠转,尽悔浮名累。家山何处,眼前万叠烟水。

(《全清词·顺康卷 第十一册》)

---

① 此为"潇湘大八景词"第二首。
② 西晶:指西落的太阳。
③ 冰轮:指月亮。
④ 罅:缝隙。
⑤ 吹笛王孙:典出东汉马融《长笛赋》:"于是游闲公子,暇豫王孙,心乐五声之和,耳比八音之调,乃相与集乎其庭。"
⑥ 朗吟仙客:指吕洞宾,有"三入岳阳人不识,朗吟飞过洞庭湖"的诗句。
⑦ 云䡾驾:仙人以云为车。

作者简介：丁炜（1627~1696），字瞻汝，又作澹汝，号雁水，福建晋江人。回族。顺治十二年（1655），定远大将军济度取漳州，朝廷诏许自行选拔府县官吏，丁炜应试，授漳平县教谕，后官至湖广按察使。清初著名诗人王士祯论诗，以丁炜和宋荦、王又旦等为"金台十子"。著有《问山集》《紫云词》等。

最高楼·和高怀仙题岳阳楼

危阑外，谁唱最高楼？吴楚望中收。洞庭波阔潜龙怒，巴陵山冷夜猿愁。碧天空，云影断，识归舟。

看几阵、纷披霜后叶。看一片、迷离沙上月。风乍起，雁行收。雪消乌石留孤屿，春回青草出芳洲。为觥奇，相伴引，约重游。

（《全清词·顺康卷 第十册》）

作者简介：宋俊（生卒年不详，约康熙时人），字长白，山阴（今浙江绍兴市）人。诸生。著有《岸舫词》。

烛影摇红·楚中寄外

瑶瑟声悲，洞庭落木秋风急。兰旌桂棹水中央，渺渺烟波隔。独倚危栏百尺。正黄昏、长天一色。汀沙月淡，野戍烽高，寒山凝碧。

双鲤沉浮，锦书三载无消息。江南江北折垂杨，历乱愁如织。岁暮虚传画鹢。浪花残、莲歌寂。云迷翠羽，露冷琼枝，流光暗掷。

（《全清词·顺康卷 第十二册》）

作者简介：赵氏（生卒年不详，约康熙时人），女，佚名，钱塘（今浙江杭州市）人。湖南观察赵云岑之女，海宁查容之妻。

西河·登岳阳楼

湖水碧。千帆荡漾欹侧。孤峰数点小于螺，望中历历。层波横卷半天来，几回欲没孤日。

试凭吊，追往昔。矶头曾作疆场。舳舻千里耀旌旗，战余流赤。而今锋镝已全消，败垣犹长荆棘。

岳阳画栋耸百尺。有仙翁、饮此题壁。我是天涯狂客。尽无妨、醉倚楼头横笛。万倾湖光须臾吸。

（《全清词·顺康卷 第十五册》）

作者简介：董儒龙（1648～1718），字蓉仙，号神庵，江苏宜兴人。官平远知州等职。著有《柳堂词稿》。

贺新郎·登岳阳楼谒吕真人像

系缆依江郭。访岳阳、层楼独上，望穷寥廓。犹有仙翁遗像在，共说当年跨鹤。尝买酒、垆边清酌。三醉此中人不识，但佯狂、啸咏风前落。瞻拜处，尚依约。

繁华信比秋云薄。总被那、情牵意惹，利缠名缚。争奈黄粱犹未熟，一枕邯郸梦恶。又谁似、先生先觉。尘网何时能摆脱，叹衰年、正自伤飘泊。湖水涌，晚风作。

（《全清词·顺康卷 第十九册》）

作者简介：高深（生卒年不详，约康熙时人），字赞两，号龙渊，江苏如皋人。著有《绿雪山房稿》《楚江吟》。

台城路·登岳阳楼

三年行尽西南路，重来岳阳楼下。宿雾占风，晴霞辨雨，变态空濛难写。乾坤作冶。看万象俱融，镜光东泻。一笛飘萧，秋心吹满洞庭野。

旧来战尘初洗，凭轩休涕泗，目断戎马。远浦沉烟，轻舻点叶，既济风波翻怕。琴高待跨。奈地少云多，鱼龙未化。剩有闲情，坐观垂钓者。

（《敬业堂诗集》卷五十）

作者简介：查慎行（1650～1727），初名嗣琏，字夏重，号查田，后改名慎行，字悔余，号他山，浙江海宁人。康熙四十二年（1703）进士，官至翰林院编修。为东南诗坛领袖，诗风仿苏轼。著有《敬业堂诗集》《他山诗钞》等。

水调歌头·题岳阳楼图①

落日与湖水，终古岳阳城②。登临半是迁客，历历数题名。欲问遗踪何处，但见微波木叶③，几簇打鱼罾。多少别离恨，哀雁下前汀。

忽宜雨，旋宜月，更宜晴。人间无数金碧，未许著空明。淡墨生绡④谱就，待俏横拖一笔，带出九疑⑤青。仿佛潇湘夜，鼓瑟旧精灵⑥。

（《纳兰词全集》）

作者简介： 纳兰性德（1655～1685），原名纳兰成德，叶赫那拉氏，字容若，号楞伽山人，满洲正黄旗人。康熙十五年（1676）进士。"清词三大家"之一，词风"清丽婉约，哀感顽艳，格高韵远，独具特色"。著有《通志堂集》《饮水词》等。

水调歌头·岳阳楼

岂是梦中到，始觉楚天长。轩皇张乐去后，太古别离场。一曲湘灵鼓罢，再听氾人歌尽，天老月荒荒。十二晚峰碧，万里瘴云黄。

龙锁脱，蛇骨断，蚌帆张。阴阴一片腥起，微带酒花香。不用凭轩流涕，只要朗吟飞去，倒影落潇湘。挥手谢时辈，千载定还乡。

（《两当轩全集》卷十七）

作者简介： 黄景仁（1749～1783），字汉镛，一字仲则，号鹿菲子，武进（今江苏常州市）人。宋朝大诗人黄庭坚后裔。曾入毕沅幕下。一生大部时间游走各地。诗负盛名，为"毗陵七子"之一，七言诗极有特色。著有《两当轩全集》。

多丽·登岳阳楼

楚天青，重湖秋水虚明。数烟鬟骈罗十二，君山恰直东陵。盼寥空，横分吴蜀；规形

---

① 据赵秀亭、冯统一《饮水词笺校》："此词见于《清平初选后集》，作期不晚于康熙十六年。另，今存性德此词手书扇面，词后署：'题画，书为孟公道兄正，松花江渔成德。''孟公'为何人，未悉。"
② 此句化用唐 崔季卿《晴江秋望》："尽日不分天水色，洞庭南是岳阳城。"
③ 微波木叶：《楚辞·九歌·湘夫人》："袅袅兮秋风，洞庭波兮木叶下。"
④ 生绡：未漂煮过的丝织品。古时多用以作画，因亦以指画卷。
⑤ 九疑：即湖南宁远县九嶷山。
⑥ 此处为湘灵鼓瑟的典故。

胜，下控襄荆。多难凭危，阑干万里，朗吟长啸不胜情。怕只有老鱼窥岸，怪我笑谈声。须臾顷，雾昏云暝，骇浪堪惊。

记前贤，八州作督，此间曾驻霓旌。整军容，近驯貔虎；恢戎略，旁詟鲸鲵。蓄眼何人，仔肩此任，寰区内外尽承平。待听取，雨帆烟棹，渔唱起遥汀。长波里，云和一曲，好问湘灵。

（《话山草堂遗集·话山草堂词钞》）

作者简介： 沈道宽（1772～1853），字栗仲，北京大兴人，祖籍鄞县（今浙江宁波市）。嘉庆二十五年（1820）进士，曾任鄞县知县、桃源知县等职。工书法，善画山水。著有《话山草堂遗集》。

望海潮·过洞庭湖

东南吴楚，乾坤日夜，混茫天水同浮。波撼岳阳，气蒸云梦，当年诗句常留。风浪去悠悠，指君山一点，翠色中流。千片轻帆，五湖烟景望中收。

漫言后乐先忧，却关山戎马，陡上心头。浙海潮平，桂林烽静，凯歌次第先讴。天外岳阳楼，正朗吟未已，飞过仙舟。倚白云边，还呼明月酹新愁。

（《香草词》）

作者简介： 陈钟祥（1811～?），字息凡，号趣园、抑叟、亭山山人，贵州贵筑（今属贵阳市）人，祖籍浙江山阴。道光十一年（1831）举人，官四川绵竹知县、直隶赵州知府等职。著有《香草词》《依隐斋诗钞》等。

摸鱼儿·庚午题岳阳楼，用稼轩韵①

问汀洲，几多芳草，青青远黏天去。少年儿女春闺意，又对流光重数。留不住。烟波恨，逡巡踏破湖边路。凭栏不语。待更不伤心，此心仍似，一点未飞絮。

人间似，离合悲欢总误。无情犹有痴妒。愁来漫写《登楼赋》，不遇解人谁诉？梁燕舞。还只恐、洞庭也化桑田土。当年战苦。休更说周郎，风流尽在，千古浪淘处。

（《王闿运辑·湘绮楼词》）

作者简介： 王闿运（1833～1916），字壬秋，又字壬父，号湘绮，湖南湘潭人。咸丰二年（1852）举人，曾入曾国藩幕府，后授翰林院侍读，辛亥革命后任清史馆馆长。著有

---

① 庚午年即1870年。稼轩即南宋著名词人辛弃疾。

《湘绮楼诗集》，编有《湘军志》等。

西湖月·中秋岳阳楼望月

纤阿步上遥空，照一色湖天，素轮端正。露横宵霁，云沉夜气，碧波千顷。乘槎休恨远，定别有、琼宫仙路径。便欲问、今夕何年，咫尺桂华秋影。

依稀木叶微飘，又白雁声来，倚楼孤听。羽衣歌倦，玉绳斜转，四更风定。阑干人正倚，莫此际、云鬟憔悴损。且珍惜、后日流光，片帆归近。

（《湘雨楼词钞》）

作者简介：张祖同（1835~1905），字雨珊，号岘堂、词缘，湖南长沙人。同治元年（1862）举人，为"湘中六家"之一。著有《湘弦离恨谱》《湘雨楼词钞》等。

凄凉犯·登岳阳楼有感

枕山一角，临湖上、高楼胜景如昨。去天尺五，波光映带，晚樯齐泊，斜阳市郭。更霜树、烟痕淡薄。漫销凝、湘云楚水，到眼尽离索。

疑是神仙宅，仿佛蓬莱，控鸾骖鹤。古人往矣，问谁知、世间忧乐？欲赠佳期，空自采、芳洲杜若①。怕西风、雁信未准误密约。

（《民国五百家词钞》）

作者简介：卓孝复（1855~1930），原名凌云，字芝南，号毅斋、巴园老人，闽县（今福建福州市）人。光绪二十一年（1895）进士，任杭州知府、浙江省发审局总办等职。辛亥革命时，时任岳常丰道的卓孝复亲率岳州官吏迎接新军，使得岳州城和平光复。著有《双翠轩词稿》。

八声甘州·晚眺岳阳楼

望烟波万顷白茫茫，夕阳下遥天。正千帆零乱，西风吹冷，砧杵声喧。几阵飞鸦盘绕，噪向女墙边。千古伤心地，满月萧然。

---

① 芳洲杜若：《楚辞·九歌·湘君》："采芳洲兮杜若，将以遗兮下女。"

老我江湖飘荡，喜故乡渐近，明月将圆。奈愁风愁雨，三日滞归船。划君山、平铺湘水①，渺洞庭、杯勺任回旋。休羁绊，惹骚人恨，对此烦冤。

醉太平·望洞庭君山

湖光半环。烟痕半湾。波心一点秋山。是湘君翠鬟？

崖苍藓斑。枫丹叶殷。仙灵招手云间。趁扁舟往还。

《中华诗词文库·北京诗词卷·现当代 上》

作者简介：贺履之（1861～1937），名良朴，号篑庐、南荃居士，湖北蒲圻人。同盟会会员。曾任北京大学画法研究会导师。著有《篑庐全集》《五洲卅年战史》。

洞庭春色·洞庭秋月

雾散天空，露横波阔，邃古一沤。正鱼龙眠稳，不惊珊钓，冯夷湿舞，捧出晶球。冉冉湘灵携瑟至，并邀住，姮娥须暂留。弦徽外，有泠泠爽籁，飞入凉秋。

乘鸾醉仙待返，应记取，胜践危楼。正倚兰无际，雁和人远，乘槎何处，水拍天流。梦向芦花清浅处，笑不载，婵娟何用舟。醒时节，任分流九派，淘尽无愁。

（《程颂万诗词集·三程词钞》）

作者简介：程霖寿（生卒年不详，晚清人），字雨苍，湖南宁乡人。咸丰七年（1857）举人，官常德府教授等职。著有《湖天晓角词》《万涵斋遗稿》《三程词钞》（与二子合著）等。

念奴娇·岳阳楼晚眺

凭高纵目，正湘天秋晚，凄凉无物，古往今来同一瞬。赢得楼头题壁，胜迹东南，江流日夜，风卷波如雪。侧身四顾，谁为当世豪杰。

堪叹草草浮生，征桡初系，又凉飙新发，不见神仙游东处，只见过云明灭。梦冷芳蘅，曲终瑶瑟。峰景青于发，送人千里，洞庭一片秋月。

（《洞庭湖 200 年档案》）

作者简介：韦庐，民国时人，生平不详。

---

① 划君山、平铺湘水：李白《陪侍郎叔游洞庭醉后三首》"划却君山好，平铺湘水流。"

浣溪沙·与无闻登岳阳楼

湖纳潇湘日夜流，同来吴楚倚高秋。乾坤正色此层楼。

壁上龙蛇①看抱负，酒边人物几沉浮。双鸥约我御风游②。

水调歌头·岳阳楼诵杜诗

高咏动千古，来上岳阳楼。万顷横分吴楚，一碧水天浮③。潋滟巴陵美酒④，让与仙家痛饮⑤，谁共万民忧。归计不须问，戎马满邠州⑥。

疑信事，牛酒厄，耒阳舟⑦。百世心魂相感，耿耿一灵修。三尺平江孤冢⑧，何事行吟岁暮，还作汨罗游⑨？白也应解此，记得赠诗不⑩？

（《夏承焘词集》）

作者简介： 夏承焘（1900～1986），字瞿禅，晚年改字瞿髯，号谢邻、梦栩生，浙江温州人。毕生致力于词学研究和教学，是现代词学的开拓者和奠基人。著有《夏承焘词集》《唐宋词论丛》等。

高阳台·巴陵岳阳楼

湖美君山，巴陵古郡，重檐盔顶珠楼。壮丽造型，梁雕栋锦风流。春晖秋月游人醉，辋川图、情畅神游。倚高栏，山色湖光，不羡王侯。

雄篇范老今犹在。敬怀乡尤国，绝唱千秋。杜老诗篇，情丰感富还留。有心再续吟鞭趣，叹桑榆，憔悴花州。怕开帘，云满湘天，情满巴丘。

（《中华当代诗词家大典4》）

---

① 壁上龙蛇：指范仲淹《岳阳楼记》。

② 御风：《庄子·逍遥游》："列子御风而行，泠然善也。"

③ 万顷横分吴楚，一碧水天浮：此句化用杜甫《登岳阳楼》："吴楚东南坼，乾坤日夜浮"。

④ 巴陵美酒：李白《陪侍郎叔游洞庭醉后三首》："巴陵无限酒，醉杀洞庭秋"。

⑤ 仙家痛饮：吕洞宾三醉岳阳楼的传说。

⑥ 归计不须问，戎马满邠州：公元768年，杜甫离蜀抵荆州，本欲北归长安，时吐蕃入寇灵武邠州，京师戒严，遂不果返。

⑦ 疑信事，牛酒厄，耒阳舟：《明皇杂录》记载，杜甫客耒阳，因暴饮暴食而死。此处意思是杜甫死于牛酒之说并不可信。

⑧ 灵修：指屈原；平江孤冢：在屈原投水而死的汨罗江流域的平江县有杜甫墓。

⑨ 何事行吟岁暮，还作汨罗游：杜甫《岁晏行》："岁云暮矣多北风，潇湘洞庭白雪中。"

⑩ 白也应解此，记得赠诗不：杜甫《天末怀李白》："应共冤魂语，投诗赠汨罗。"

作者简介：高坚白（1907～2013），江苏太仓人。江苏省太仓师范学校教师，江苏省诗词协会会员、太仓市诗协理事。著有《娄东坚白诗词曲选集》。

满江红·岳阳楼

百尺楼高，凭碧落，目穷千里。望浩荡，明湖万顷，堆银泻玉。绿到君山春有色，风生北渚秋无际。好烟霞，气象万千千，娇腻腻。

洞庭水，千古事，诗成咏，文为记。去名贤非远，前尘历历。波撼气蒸豪士语，先忧后乐仁人志。仰弥高，怀抱似天宽，如花丽。

（《教苑诗声》）

作者简介：王沂暖（1907～1999），吉林九台人。原西北民族学院教授、甘肃省文史馆馆员，中华诗词学会顾问、甘肃省诗词学会副会长。著有《春沐诗词甲乙稿》《王沂暖诗词选》等。

水调歌头·寄题岳阳楼

谁把晚晴好，都属此楼孤①。层栏耸绝百尺，俯揽洞庭湖。地坼东南吴楚，目极粘天寒浪，出没日翻车。几点湘螺绿，眇眇定愁予②。

登临兴，未应是，古今殊。多少瑰词杰句，壁上走灵珠。闻道黄衫仙客，掣得青蛇在袖，胆气酒边粗。吟罢忽飞去，鄂渚复苍梧③。

（《吴鹭山集 下》）

作者简介：吴鹭山（1910～1986），名艮，又名匏，字天五，号鹭山、鹭叟、觳音老人等，浙江乐清人。原浙江师范学院教授。著有《杜诗论丛》《吴鹭山集》等。

浪淘沙·冒雨游君山喜晴

楼外雨潺潺，烟柳姗姗。轻舟飞渡水天间。万顷波涛收眼底，喜看狂澜。

半日且偷闲，指点江山。湘君为我破愁颜。龙女不闻宫外事，浓睡方酣。

（《君山》）

---

① 自注：杜少陵《（陪裴使君）登岳阳楼》诗有"楼孤属晚晴"句。
② 眇眇定愁予：出自《楚辞·九歌》："目眇眇兮愁予。"
③ 此处的黄衫仙客即指吕洞宾。本段化用了吕洞宾《自咏》诗："朝游鄂渚暮苍梧，袖有青蛇胆气粗。三醉岳阳人不识，朗吟飞过洞庭湖。"

作者简介：杨第甫（1911～2002），湖南湘潭人。曾任湖南省政协副主席，中华诗词学会首届副会长。著有《吹尽狂沙》《心潮集》等。

临江仙·岳阳楼大修竣工志喜

云梦烟波三万顷，楚天遥接混茫。君山宛在水中央。风光无限好，值得醉千场。

波撼云蒸新气象，风流人物三湘。此楼千载阅兴亡。明时增壮丽，金碧更辉煌。

（《诗词浙大》）

作者简介：周采泉（1911～1999），原名周湜，笔名是水、稀翁，浙江宁波人。浙江大学教授、浙江文史馆馆员。著有《柳如是杂论》《老学斋全集》等。

沁园春·岳阳楼大修竣工

登岳阳楼，瞰洞庭湖，如入画中。正气蒸云梦，星分吴楚，春涛浩瀚，烟雨迷蒙。风约帆张，波浮螺出，浑似米颠①泼墨浓。清时味，更澜安四海，郁郁葱葱。

人工巧夺天工。喜翠滴丹流新旧容。有范公文记，心怀天下；杜陵诗律，念切边烽。太白联佳，道州书雅②，胜迹由来誉望隆。须呼酒，许平生豪兴，不减元龙。

（《洞庭湖200年档案》）

作者简介：刘家传（1911～1993），字廉秋，湖南湘乡人。原湖南师范学院讲师，中华诗词学会理事、湖南诗词协会名誉会长。著有《廉秋诗词选》《南征草》等。

满江红·岳阳楼新修落成

古建新修，凭栏眺、巴陵胜状。开玉镜、洞庭澄碧，烟波浩荡。映日浮光游客兴，流风余韵骚人唱。看今朝、诗满岳阳楼，多豪放。

通巫峡，屏北障；南极远，潇湘漾。历沧桑尘劫，岿然尤恙。天地运行强不息，山川灵毓添奇壮。听嘤鸣、雅集结文缘，同欢畅。

---

① 米颠：宋代著名画家米芾（1051～1107）的别号。

② 太白联佳，道州书雅：前指岳阳楼三楼的李白"水天一色；风月无边"联；后指岳阳楼一楼的何绍基书窦垿百字长联。

作者简介：罗冠群（1914～），广东兴宁人。广东中华诗词学会理事、广州白云诗书画社副社长。著有《罗冠群诗词选集》、编有《罗翼群诗集》等。

临江仙·岳阳楼

岳郡孙刘争割据，名楼雄冠南州。洞庭西望此登楼。楚天云水阔，螺髻载青浮。

千载江湖廊庙句，关情后乐先忧。台澎但愿复金瓯，炎黄同一脉，携手好同游。

作者简介：陶晋圭（1916～），号菊庵，湖南长沙人。原湖南诗词学会主席、中华诗词学会会员。著有《西行吟草》、编有《湖南千家诗选》等。

念奴娇·戊辰夏重上岳阳楼①

君山隐隐，上岳阳楼望，洞庭波阔。浪拍遥天云翳散，万顷湖光一白。子美雄篇，希文卓论，浩气苍冥塞。凭轩怀想，娥鬟十二清绝。

慢嗟独钓鳊鱼，端居莫补，欲渡无舟楫。我辈登临时世异，不再心惊落叶。岸芷汀兰，浴凫飞燕，即景多欢悦。前贤宛在，与君同醉今夕。

作者简介：钟树梁（1916～），四川成都人。成都大学教授，四川省诗词学会、四川杜甫学会名誉会长。著有《杜诗研究丛稿》《钟树梁诗词集》等。

沁园春·丙子深秋登岳阳楼②

四面巴陵，胜概堂堂，何独此楼。看洞庭浩淼，乾坤荡漾，范公作记，滕子增修。千古湖山，万家忧乐，闲倚朱阑舒远眸。何由得，那亲朋一字，老病孤舟。

悠悠。八十春秋，尽输与沧溟狎浪鸥。笑昔年迁客，今朝畸士，才消困顿，漫展风流。不用忧谗，何虞招谤，快意优游相唱酬。吾衰矣，且稽留陋巷，敢羡黔娄。

---

① 戊辰年为 1988 年。

② 丙子年为 1996 年。

（《玉林诗文续集》）

作者简介：赵玉林（1917～2017），号佛子明璧，福建福州人。国家一级美术师、福建省文史馆馆员、《福建文史》副主编。中华诗词学会名誉理事、中国书法家协会会员。著有《赵玉林书法选集》《玉林诗文续集》等。

临江仙·登岳阳楼

洞庭湖水云天醉，岳阳偏对君山。盎然秋兴唱阳关。子于川上望，鱼舸走风帆。

白浪排空八百里，笔端气象万千。莫看老耋鬓毛斑。高谈四化业，无语不欣然。

（《陈雷诗抄》）

作者简介：陈雷（1917～2006），黑龙江桦川人。中共中央原顾问委员会委员、中共黑龙江省委原副书记、黑龙江省人民政府原省长。著名书法家。著有《征途岁月》《陈雷诗抄》等。

水调歌头·岳阳楼

万顷洞庭水，百尺岳阳楼。画栋飞檐雄峙，气象壮神州。南望潇湘平野，东咽吴山秀色，日夜地天浮。杜句范章在，千载共悠悠。

云梦泽，帝子渚，杜若洲。人杰地灵堪数，才俊古今稠。更喜长风浩荡，此日全新华厦，中外竞神游，耳畔歌声起，眼中芦荻秋。

（《岳阳新咏》）

作者简介：秦似（1917～1986），原名王缉和，广西博白人。原广西壮族自治区政协副主席，中国语言学会理事、广西文联副主席。著有《秦似杂文集》《现代诗韵》等。

扫花游·同周秉钧教授登岳阳楼

危栏共倚，望楚水吴山，长空一色。湖山犹昔，叹雄图残霸，只余陈迹。莫抚苔碑，中有百愁丛积。忍重忆，尽去国伤谗，词人迁客。

往事如去翼，早几换残阳，已非故国。旅怀正激。更齐烟千点，遍江南北。目断层楼，误作蕊宫琼室。数峰碧，问谁闻，旧时湘瑟。

（《王石波先生纪念文集》）

作者简介：王石波（1919～2011），字左军，湖南望城人。湖南师范大学中文系教授、湖南省文史馆馆员。著有《文字学》《王石波先生纪念文集》等。

忆江南·登岳阳楼望湖有感

凭栏久，忧乐两相参。唢呐横吹八百里，洞庭郁结几多年？小了"白银盘"！

(《中国百年旅游诗词（下）》)

作者简介：谭佛维（1919～1997），湖南津市人。原扬州师范学院中文系教授，中国历史文献研究会理事。在王国维诗学的综合研究与资料的整理、校订与辑佚方面有突出贡献。著有《王国维诗学研究》《王国维哲学美学论文辑佚》等。

水调歌头·登岳阳楼

神往巴陵胜，徙倚岳阳楼。烟波浩渺无际，日月递沉浮。屈指今来古往，多少骚人迁客，望远更添忧。袅袅西风起，木落洞庭秋。

时屡换，楼几毁，又重修。我来恰值新霁，万里豁双眸。且莫坐观垂钓，堪羡同奔四化，破浪纵飞舟。赤县春如海，何处觅瀛洲！

(《霍松林选集》第2卷)

作者简介：霍松林（1921～），甘肃天水人。1949年毕业于南京中央大学中文系，1951年赴陕执教，为陕西师范大学文学研究所所长、教授、博士生导师。著名中国古典文学专家、文艺理论家、诗人、书法家。著有《唐音阁随笔集》《唐音阁吟稿》等。

沁园春·岳阳楼

豁目湘天，泛洞庭舟，登岳阳楼。看金碧交辉，光摇云汉；波澜壮阔，气挟雄州。古迹犹存，新姿俊发，百堵皆兴着意修。凭栏久、揽湖山胜状，思绪奔流。

东风正骋长洲，喜千里人来胜旧游。念去国灵均①，问天搔首；匡时范相，后乐先忧。红遍桃花，香飘兰芷，春色如今一望收。《清平乐》，对君山展笑，付与吟讴。

(《洞庭湖200年档案》)

作者简介：丁国材（1921～），笔名桂臣，四川宜宾人。原湘潭柴油机厂干部，湖南省

---

① 灵均：指屈原。

楹联学会会员、湘潭市嘤鸣诗社社员。著有《松窗杂咏》。

卖花声·过洞庭湖

遥望岳阳楼，烟水悠悠。湘资沅澧接天流。玉鉴银田千万顷，几点渔舟。
七泽恣优游，盛夏如秋。芙蓉国里且淹留。未到君山心已快，忘了白头。

（《赣南诗词 第 2 期》）

作者简介：魏向炎（1921～2000），江西安义人。原江西人民出版社编辑，中华诗词学会发起人之一、江西诗词学会名誉理事。著有《抱璞集》《学诗浅说》等。

水调歌头·岳阳楼

自少闻名久，今上岳阳楼。堪笑朗吟仙侣，把酒醉无休。另有文章佳句，论说分明先后，天下乐和忧。借鉴传千古，思绪涌心头。
微风吹，平湖滚，静江流。放眼水天开阔，一色更悠悠。见得山河辽远，顿觉胸怀宽广，舞蹈放歌喉。四害清除去，快畅此回游。

（《冰火室存稿》）

作者简介：李进（1922～2002），笔名夏阳，江苏泰州人。原江苏省文化局局长、中国文联全国委员会委员、中国作家协会江苏分会主席。著有《冰火室存稿》。

满江红·登岳阳楼①

同倚高楼，有谁道，江山如旧。试怀想，兴衰异局，流芳遗臭。玉戛金锵歌伴舞，刀横剑竖樽盈酒。恁风流，尽过客匆匆，今安有？
嗟涸谢，沉寂久。重修葺，明时后。引三湘志士，五洲朋友。贾赋屈骚前哲去，先忧后乐今人揿。水东流，淘不去声名，斯为寿。

（《红叶方阵·龙再宇卷》）

作者简介：龙再宇（1922～），湖南凤凰人。原湘西州副州长，湖南诗词学会常务理事、湘西诗词学会会长。著有《边城诗草》《红叶方阵·龙再宇卷》等。

---

① 题注：戊辰（1988年）五月，予应邀出席全国"屈原杯龙舟赛"去岳阳，曾游览岳阳楼等古迹名胜。

沁园春·参加岳阳楼大修落成典礼暨岳阳诗会喜赋

天下雄奇，山浮螺黛，流汇潇湘。看水阔天空，鸥飞鱼跃；云悠岚秀，燕舞莺翔。鲁榭滕楼，杜诗范记，千古文章出岳阳。流风远，任晦明风雨，陵谷沧桑。

名楼今又重光，惹墨客骚人共举觞。有书圣挥毫、银钩铁划；湘妃鼓瑟，玉振金锵。政善人和，物华宝聚，张乐钧天彻八荒。凭栏处、见水天一色，红旭辉煌。

（《石壁居诗词》）

作者简介：赖春泉（1922～），广东兴宁人。原《广州日报》主任编辑，广东中华诗词学会常务理事、广州诗社副社长，《广州诗词报》总编辑。著有《石壁居诗词》、编有《粤海风涛》等。

鹊踏枝·登岳阳楼

宝顶金盔多壮丽。遥想当年，矢集龟蛇势。几度沧桑烟景异，风骚胜过纷华地。

信步登楼情底事。川迥湖开，一畅清冷意。黛染君山斜照里，波光云影晴虹媚。

（《中国百年旅游诗词（下）》）

作者简介：萧挺（1922～），原名萧仁沛，笔名晓萌，安徽肥西人。原华东师范大学副校长，中华诗词学会常务理事、上海诗词学会名誉会长。著有《解味集》《诗词曲格律》，编有《上海近百年诗词选》等。

渔家傲·甲子重游岳阳楼述怀①

天水无边浑似雾，燕轻欲共春风舞。借得高楼凭帝所，人私语：天堂就在人游处。

莫道诗穷嗟日暮，来人自有惊人句。八百洞庭风正举，风休住，高歌卷向京华去。

（《未闲集》）

作者简介：黄道奇（1924～2011），原名黄维中，湖南湘潭人。原湖南人大常委会副主任，湖南省作家协会会员。著有《未闲集》《黄道奇杂文集》。

---

① 甲子年为1984年，时岳阳楼方大修。

鹧鸪天·重游岳阳楼

风月无边一望收，沧桑历尽岳阳楼。天灾人祸今非昔，岚影波光春复秋。
追忆事，忆前游，流亡谁共万民忧。重来已是承平日，鸥鹭丛中且泛舟。

（《湖南华大同学诗词选》）

作者简介：颜震潮（1924～），字雨辰，湖南湘阴人。湖南诗词协会会员、《湖南诗词》执行编委。著有《雨辰吟草》。

满庭芳·贺岳阳楼修竣

五色云开，晴光四溢，大江千里回头。洞庭飞赤，亮羽逐奔流。城上新霞拥处，楼影里、烟雨盈眸。旌旗展，高檐奋举，壮气领神州。

文章千古事，风华易逝，岁月难留。只忠贞不泯，后乐先忧。兴废从来屡见，精神在、更复何求。春风拂，江山万里，处处岳阳楼。

（《苦丁斋诗词》）

作者简介：丁芒（1925～），笔名轶明、艾洛莱等，江苏南通人。中华诗学研究会名誉会长、中国散文诗学会副主席、中华诗词学会顾问。著有《苦丁斋诗词》《军中吟草》等。

忆江南·登岳阳楼望洞庭

岳阳好，名楼万古传。湖景岂容山隔断，天光自与水相连。风月信无边！

（《吟苑英华》）

作者简介：刘范农（1925～），湖南岳阳人。中学校长，中华诗词学会会员、洞庭诗社社员。著有《刘范农诗联文集》。

临江仙·岳阳楼

巴丘山下阅军楼，盔顶华盖阁檐。恰是鲲鹏欲飞天。长江万里涌，洞庭伴千年。
斑竹遥望喜泪连，绿茵独秀君山。古往今来留美谈。魂牵帝王心，梦绕东吴船。

（《心语》）

作者简介：李建中（1925～），笔名峦风，陕西合阳人。中国古代文化研究会副会长、国际诗词艺术家联合会名誉会长。著有《人生哲理百字诗》《心语》等。

望江南·春游洞庭登岳阳楼

一

机莫失，登上岳阳楼。放眼方知天地阔，拓怀竟解古今愁，风物醉心头。

二

情曷已，把酒展吟眸。但愿春风常拂我，岂甘老气便横秋，不负洞庭游。

（《中华当代诗词家大典 3》）

作者简介：姚淑春（1925～），笔名瘦均，湖南安化人。安化洞天格律文学社顾问。著有《德馨堂诗稿》《德馨堂联话》。

高阳台·岳阳楼重修竣工有感

水寨陈兵①，闲庭顾曲，古今多少豪英。楚尾吴头，洪波犹撼严城。巴陵无限醉秋酒，更几回飞过洞庭。算而今，风云陵谷，事往难凭。

江南自是春常驻，有汀兰岸芷，绾住流莺。政美音和，谁诉别恨离情！高台杰阁今非昔，这湖光，分外空明。后忧先乐，古调同赓。

（《荒唐居诗词钞》）

作者简介：胡退之（1926～2000），原名霞光，字义银，笔名胡须、辛酸、星森，号荒唐居士，湖南衡东人。原中华诗词学会理事、湖南省诗词协会副会长。著有《荒唐居集》《荒唐居诗词钞》等。

水调歌头·登岳阳楼

久慕洞庭水，今上岳阳楼。云天浩渺无际，雪浪没渔舟。包孕巴陵胜状，吞吐万千气象，三楚望中收。多少兴亡事，都付大江流。

---

① 水寨陈兵：岳阳数前身为东吴鲁肃的阅军楼。

登高楼，思文叟，久凝眸。心存天下忧乐，一《记》著千秋。后世谁堪伯仲，今古几多贤圣，吟啸未能休。千载传华藻，贵是为民忧。

(《赵大民戏剧诗文选 第4卷 诗词》)

作者简介：赵大民（1926～2015），原名赵汝康，笔名赵达，河北乐亭人。国家一级编剧，中国戏剧家协会会员。著有《赵大民戏剧诗文选》《红色工会》等。

水调歌头·岳阳之秋

院内看金桂，楼外赏黄花。水天一色，澄澈秋水映明霞。旭日嫣红帆影，几处渔歌互答，丝网起鳞虾。嘈杂进鱼市，商贾遍天涯。

重湖口，三楚地，五洲车。新街阔道，星罗棋布路横斜。昔日平沙飞雀，今日繁枝栖凤，画栋万人家。中外人欢聚，相共庆芳华。

望海潮·岳阳之夏

路通京广，江联吴楚，岳阳楼望湖天。杨柳拂堤，芙蓉出水，黄梅时雨如烟。港与五洲联。看货装湘蜀，轮下洋川。口岸开通，一帆风顺洞庭船。

南风荡绿湖田，更青青棉稻，瓜果林园。结构更新，高科引进，揭开历史新篇。炎夏益心坚。让一方热土，造福黎黔。重塑巴陵胜状，遍地垒金砖。

(《湖南当代诗词选 第二辑》)

望海潮·岳阳

洞庭门户，长江天堑，奔腾波撼新州。临水开市，依山建厂，烟囱林立巴丘。瘠地变金瓯，望人流滚滚，车队悠悠。万国衣冠。熙攘直上岳阳楼。

经营仅几春秋，便千行发达，五谷丰收。外引内联，洋为我用，广将科技搜求。四海结亲俦。让风帆挂满，破浪飞舟。两个文明建设，捷足占鳌头。

(《中国百年旅游诗词（下）》)

作者简介：李曙初（1926～），湖南平江人。湖南诗词学会副会长、洞庭诗社社长、《洞庭诗苑》主编。著有《洞庭诗抄》《锦葵吟》等。

水调歌头·登岳阳楼

岳阳楼久在梦中，今秋才得登览。天水茫茫，神思飞越时空。以几千年之往古证几千年之未来，虽千回百折，正美好无涯。

不负湖山约，今得赋登楼。滔滔吴楚斯割，秋水拍天浮。千里潇湘风雨，万古人间歌哭，天地入浮沤。明灭君山影，我欲驾青虹。

问人生，缘底事，堕繁忧？好凭烈风高浪，浩荡送行舟。大笑问今何世，真向高寒飞去，星际小勾留。唤起湘灵瑟，清壮发新讴。

（《蒯轩诗词 上》）

作者简介：刘征（1926～），原名刘国正，北京人。著名的语言教育家、作家，中华诗词学会副会长、《中华诗词》主编、中国毛泽东诗词研究会副会长。著有《蒯轩诗词》《流外楼诗词》等。

水调歌头

我亦飘零久，风雨一扁舟，长念洞庭风月，何日得重游？欣获葺修消息，沉醉范公文字，心系故园秋。欲乘江汉水，来对岳阳楼。

数乡愁，都付与、大江流，凭轩东望，惆怅平生志未酬。且喜春回大地，装点中华锦绣，群添四化筹。桑榆真未晚，方称岁月稠。

（《洞庭湖 200 年档案》）

作者简介：朱镛（1927～），湖南长沙人。

水调歌头·岳阳楼大修竣工

一

久客巴陵郡，爱上洞庭楼。几番风雨回望，多少乐和忧。追想繁华梦折，胜迹犹遭批斗，风月水天羞。十载冰霜劫，长恨志难酬。

驱迷乱，翻岁月，挽沉舟。江天解冻，无限春意暖心头。纵有危礁险嶂，唤取新潮滚滚，争逐百舸流。忘却荒唐事，昂首放歌喉。

二

岁序新花甲，胜迹得重修。放怀挥笔题咏，一洗古今愁。桑梓花团锦簇，楼阁金辉碧映，德泽播千秋。自有经纶策，盛事早绸缪。

开新纪，飞异彩，耀神州。征程似锦，家国重任在肩头。历史重铺画卷，寰宇频传笑语，举国报丰收。旭日当空照，人物更风流。

眼儿媚·洞庭秋兴

渔帆点点雁群高，秋色喜多娇。一楼耸峙，三湘争汇，万顷银涛。

斜阳垂柳迷人处，村酒醉今朝。棉山稻海，民欢物庶，语重情豪。

（《鹿洞吟草》）

作者简介：熊楚剑（1928～），湖南浏阳人。原岳阳市政协副主席，湖南省诗词协会会员、洞庭诗社副社长。著有《鹿洞吟草》。

采桑子

难忘壬午诗人会，雅集名楼，唱咏名楼。雨霁晴岚好个秋。

邀来多士重欢聚，又庆重修。赋颂重修，哪管希文在上头。

（《玄石山诗话》）

作者简介：王自成（1928～），又名麦夫，湖南长沙人，祖籍湖南汨罗。高级教师，湖南诗词学会常务理事、湖南省楹联学会常务理事。著有《拾穗轩诗词选》。

贺新郎·登岳阳楼

胜状斯湖萃。显神雕、俊奇画卷，玉台雄丽。任是波光晴岚漾，或化洪涛骤起。总镇定，无关宏旨。砥柱中流钦卓士，展经纶，叱咤风云寄。羡逝者，禀豪气。

一楼曾踞千秋史。纵历朝，几番兴废，依然耸峙。独上凭栏思量久，朗颂名文一纸。阅多少仁人磨砺，挺立庙堂成伟器。敢先忧后乐相终始。开眼界，学高致。

（《福建诗词 第14集》）

作者简介：刘岳（1928～），原名孝琳，字与夫，福建罗源人。福建省诗词学会会员、罗源凤山诗社副社长。

西江月

玉宇洞庭胜水，岳阳天下名楼。新妆彩动耀千秋，盛世政通功就。

斑竹湘云笑舞，楚江骚客欢讴。湖山吞吐壮神州，拍浪韶声歌奏。

（《玄石山诗话》）

作者简介：姜海峰（1929～），笔名笑天、海天，吉林怀德人。安徽大学中文系教授、中国文化艺术研究院调研员、全球汉诗总会名誉顾问。著有《李煜评传》《海天斋诗词曲选》等。

满江红·重上岳阳楼

醉上重楼，闲眺望，山川如旧。残照外，故人零落，不堪回首。记得龙潭灯下读，四山落寞山风吼。枪声起，避寇荒原中①，春消瘦。

今相聚，性蕴厚。樽盏尽，杯中酒。放怀同一醉，此生难有。莫道人间欢愉少，相知何患分离骤。宴散后，原地久天长，同康寿。

（《常州三羊诗选·砚山诗存选》）

作者简介：羊汉（1929～），字守牧，江苏常州人。中学校长，江苏省诗词协会副会长、常州叔舟诗社社长。著有《砚山诗存》。

菩萨蛮·春游岳阳楼

岳阳楼上春三月，游人如织同欢悦。三醉洞庭杯，诗从令后催。

小乔坟畔柳，鲁肃坟前酒。眼底是君山，沙鸥去复还。

（《甘苦诗文集》）

作者简介：甘苦（1930～），湖南湘阴人。中学教师，湖南作家协会会员。著有《甘苦诗文集》《海韵情音》等。

浣溪沙·春日洞庭泛舟二首

一

枕底涛声唤梦醒，柳阴千里转啼莺。谁邀日月共浮沉？

---

① 自注：枪声起，指一九四五年四月十六日，日寇进犯湖南雪峰山北之小镇龙潭，师生仓促北走。

海国春来云漫漫，山楼雪后竹茵茵。儿童遥颂范公文。

二

谁遣湖光万斛金，青螺龙女幻耶真？楼头一悟百年身。

屈子祠前春水碧，湘君墓侧泪痕新。人生难得是痴情。

（《岳阳新咏》）

作者简介：刘先（1930～），原名刘宜寿，湖南常德人。中学高级教师，中华诗词学会会员、湖南诗词协会常务理事，《武陵诗刊》主编。著有《刘先诗文选集》、编有《诗国沉思》等。

南歌子·岳阳楼

盔顶黄璃瓦，檐盘赤甲螭。古楼神彩焕新姿。绿树如烟缭绕动情时。

放眼平湖阔，酣歌气象奇。昔人对景寄遐思。忧乐安危写了几多诗。

（《岳阳新咏》）

作者简介：朱茂松（1931～），笔名劲草，湖南望城人。民进党员，原湖南省政协副主席，岳阳市楹联学会副会长。著有《后洞集——朱茂松诗词联文选》。

一剪梅·岳阳楼远眺

地踞名楼广厦联，高耸蓝天，装点蓝天。青螺晴日影翩跹，风里云旋，雨里迷烟。

万顷波涛万里川，商旅盈船，诗酒盈船。兴亡俯仰数千年，俗了神仙，换了人间。

（《岳阳新咏》）

作者简介：徐文彬（1931～），湖南华容人。原岳阳市司法局局长，岳阳市楹联学会副会长。著有《爪痕集》《闻滨诗词联稿》等。

水调歌头·游岳阳楼感怀

李杜咏怀地，仲淹撰文楼。登临无限神往，迷惘雨中游。极目云山壁立，拍岸江涛涌雪，百感集心头。亭阁有兴废，身世历沉浮。

天地意，哲人墨，共周流。先忧后乐殊想，千载谁能侔。寄语观光游客，领得文明教化，杂念早该休。半晌凭栏立，遐想逐飞鸥。

（《东瓯诗词》）

作者简介： 单志坪（1931～），浙江青田人。中华诗词学会会员、丽水地区诗词学会秘书长。著有《览锦楼吟稿》。

沁园春·登岳阳楼

登上名楼，环视潇湘，几醉双眸。望岳阳城郭，车驰坦道；洞庭烟水，浪逐飞舟。鸥戏鳞波，鸟鸣云树，高峡平湖叠嶂稠。凭栏处，正春潮澎湃，雨霁风柔。

范公忧乐名篇，传千载，炎黄代代讴。应遵循古训，引为今鉴；诗呼民瘼，笔刺贪侯。啸咏清廉，放歌美德，愿创文明遍九州。观远景，喜江山如画，韵意悠悠。

（《康乐诗情 第8期》）

作者简介： 徐治（1931～），江苏盐城人。原盐城市郊区交通局局长，口华诗词学会会员、江苏省诗词协会理事。著有《三余吟草》。

鹧鸪天·重上岳阳楼

极目楚天上岳阳，洞庭漭漭入长江。千条航道连乡镇，万里通衢接四方。

波万顷，映霞光，水天一色碧三湘。范文忧乐镌心上，再展宏图意气昂。

（《桑榆诗文集》）

作者简介： 朱达焕（1931～），广东兴宁人。原河南信阳师范学校高级讲师，中华诗词学会、河南诗词学会会员。著有《桑榆诗文集》。

江城子

巴陵胜状、洞庭湖，水云浮，任飞舟。浩渺波光，激浪洗清秋。一览君山如砥柱，塞天地，障横流。

百回读记泪凝眸。老黄牛，乐先忧，天下兴亡，种种奔心头。如此江山如此景，谁不倚、岳阳楼？

（《洞庭湖200年档案》）

作者简介： 鲁汉（1932～），原名彭药材，号楚巴士，湖南临湘人。原岳阳市文化局副局长，湖南省书协理事、洞庭诗社副社长。著有《望湖楼集》《未了缘居集》等。

浪淘沙·游岳阳

眺望凭雕栏，水阔天宽，《岳阳楼记》涌心间。浩荡洞庭奔腾势，吞水衔山。
靠岸上君山，竹点斑斑，清茶婆娑舞杯边。墨客骚人今古众，广著诗篇。

（《闲情杂咏》）

作者简介： 陈侠（1932~），黑龙江大庆人。原大庆市教师进修学校副校长。著有《闲情杂咏》《直白歌》等。

望海潮·登岳阳楼

巴陵形胜，奇观天下，名楼自古人夸。灵秀洞庭，吞江撼岳，连河接港帆遮。渔唱动莲花。一山点螺黛，鸥鹭眠沙。货殖工商，地生香稻并银茶。
新潮滚滚无涯。看长虹远跨，铁塔斜拉。三省畅行，交通网络，多元汇合称佳。车水马龙哗。大步奔新纪，科教兴华。追赶当今富国，来日看奇葩。

（《中国国粹范例词经》）

作者简介： 李任重（1933~），湖南临湘人。高级工程师，中华诗词学会会员、中华诗词文化研究所研究员。著有《爪痕集》《读史吟草》等。

玉楼春·登岳阳楼

岳阳楼对天下水，云底君山湖上翠。渔舟飞鸟自天来，装点名楼臻壮伟。
范公奇笔惊神鬼，千古诗文随骥尾。无边风月乱仙凡，赚得纯阳三次醉。

（《越梦诗词文选》）

作者简介： 杨凤生（1933~），笔名越梦，上海人。越剧教师，《中华诗人大辞典》主编。中华诗词学会会员、全球汉诗联盟总会理事。著有《越梦诗词文选》，编有《中华词谱大全》《散曲小令曲谱》等。

踏莎行·援朝北上， 途经巴陵， 一睹岳阳楼风采①

雄据洞庭，高耸云霄，千古名楼有绝唱。先天下之忧而忧，后天下之乐而乐。

---

① 此词作于1952年，时作者参加中国人民志愿军。

抗美援朝，保家卫国，心潮恰似洞庭涌。英雄虎胆赴战场，暂将生死寄高楼。

（《流金岁月——刘亮如诗歌、杂文选》）

作者简介：刘亮如（1935～），湖南桃江人。高级讲师，长期从事粮食经济问题和心理学问题的研究。著有《粮食企业管理概论》《流金岁月——刘亮如诗歌、杂文选》等。

临江仙·醉吟岳阳楼

湘渚白蘋风瑟瑟，游船汽笛惊鸥。洞庭湖水望悠悠，涵天八百里，浴日万千秋。

天淡云闲烟浩渺，骚人雅会琼楼。拈筹分韵举吟瓯，金龟堪佐酒，尽醉莫言休

（《中国百年旅游诗词（下）》）

作者简介：钱明锵（1935～2012），浙江苍南人。经济师，中华诗词学会理事、新时代诗社社长。著有《钱明锵赋集》《颐园诗稿》等。

菩萨蛮

如云似梦称奇绝，吴天楚水迢迢碧。春满洞庭湖，名楼又复苏。

君山茶树绿，美酒丰年足。唤起舞婆娑，谪仙①诗更多。

（《玄石山诗话》）

作者简介：林家英（1935～），女，福建惠安人。兰州大学中文系教授，中国韵文学会理事、甘肃诗词学会副理事长。著有《雪泥鸿迹小集》《诗海拾贝集》等。

水龙吟·双春甲子年重修岳阳楼

岳阳楼下滔滔，浪飞涛涌乾坤雪。激流横泻，波澜浩瀚，浮今沉昔。逝者如斯，龙潜蛟隐，浪平风息。看洞庭波静，潇湘澄澈，江流远，湖天阔。

更缀君山浮翠，胜蓬莱、遐思飘逸，巴陵形胜，古楼容焕，神州增色；甲子重春，中兴州王，普天欢悦。颂江山无限，中华无限，浩歌声彻。

（《洞庭湖200年档案》）

作者简介：朱琪（1935～），浙江湖州人。原延庆县人大常委会副主任，中华诗词会

---

① 谪仙，指李白。

员、北京诗词学会理事。

浪淘沙·咏熊希龄①

几上岳阳楼，沧海横流，维新梦里谪沅州。山路崎岖多险隘，壮志难酬。

东渡欲何求？浪涌归舟，袁门依旧不胜愁。唯有香山慈幼院，兴味悠悠。

（《李旦初文集》第6卷《敲金击石集·嘤鸣词》）

作者简介：李旦初（1935～），湖南安化人。原山西大学副校长，中华诗词学会理事、山西省诗词学会副会长。著有《李旦初文集》、编有《山西当代诗词选》等。

柳梢青·登岳阳楼

荆楚关津，巴陵胜地，千古名楼。浪涌银山，气吞云梦，烟锁清秋。

倚栏晴日舒眸，斜照里，唱晚渔舟。对酒高歌，希文遗句，响溢神州。

（《梅竹轩吟草》）

作者简介：张玉辉（1936～），湖南新化人。冷水江市六中高级教师，湖南省诗词协会会员、波月诗社社员。著有《梅竹轩吟草》。

沁园春·岳阳楼②

骄若鸿鹄，一展玉翅，俯视龙窟。揽洞庭风色，影飞明灭；青莽京台，凭高何殊。月悬云梦，波逐巴陵，浪迹天涯涕泗流。君山下，把浊酒几杯，横笛孤舟。

信步渔樵归晚，问雪泥红蓴春几度？念湘娥泪坠，拂袖清吟；名士谪居，萧骚肺腑。甫老愁肠，淹公落笔，襟怀天下风雨稠。楼头上，仰斯人忧乐，彪炳千秋！

（《长庚诗词集——山河篇》）

作者简介：冷启明（1937～），湖北郧县人。东风汽车公司高级工程师。著有《长庚诗词集——山河篇》。

---

① 熊希龄（1870～1937），字秉三，湖南凤凰人。曾参与戊戌变法，充当考察宪政五大臣出洋的参赞，后拥立袁世凯，出任北洋政府国务总理，后致力于慈善事业。本词是对熊希龄一生的概括。

② 题注：在长天一览的洞庭湖畔，一座千年古楼巍然耸立，其闻名于天下，是在北宋滕子京重修楼阁、范仲淹作《岳阳楼记》之后……

风入松·登岳阳楼

洞庭百里晚潮生，雨住彩霞红。白帆点点君山远，一汪水、一片蛙鸣。举步攀高赏景，何须把酒临风。

范公挥笔吐豪情，平易铸炽诚。珠玑璀璨盈香壁，品佳句，气爽神清。忧乐心中有序，捷足未必先登。

（《当代艺术家诗词楹联作品精选集》）

作者简介： 陈东白（1937~），辽宁黑山人。中华诗词学会会员、辽宁省楹联学会副会长。著有《东白诗词集》《带刺的蔷薇》等。

渔家傲·和司马从戎 《渔家傲·登岳阳楼》

举目风光今胜昔，龙船竞发如梭织。时值祭瞻端午日。追漫忆，当年起棹渔船觅。
远望波澜穷目极，欧阳李白情难抑。触景寄怀黎庶疾。千古益，登临赏景心胸激。
原作：
冬去春来湘水易，波光依旧云飞急。万点湖舟南北客，争朝夕，渔歌声处人难觅。
斯水离楼涛若切，故人别后无消息。杨柳依依游子戚。南风习，忽闻一曲怀乡律。

（《大张人诗词集》）

作者简介： 张喜海（1937~），字爱洋，号腾云，河南许昌人。高级工程师，中华诗词学会会员、河南诗词学会理事。著有《大张人诗词集》。

蝶恋花·小乔墓前吟

初嫁小乔尤窈窕。肤若凝脂，新髻世间早。相敬如宾情佼好，游舫荡漾月华皎。
赤壁周郎方略妙。鼎立三分，不幸夫先老。憔悴花容难镜照，一抔黄土后人悼。

（《诗画品三国》）

作者简介： 郑尚可（1938~），四川合江人。中学高级教师，北京作家协会会员。著有《锦瑟年华》《烟雨行吟》等。

汉宫春·戊寅年秋于长沙咏岳阳楼[①]

潇洒奇观，洞庭边漫步，爽快开颜。长桥两里，水中鱼串游欢。登楼远眺，赏风光。眼底飘然。真悦目，白云霞彩，碧空秋雁盘旋。

确静境寻幽胜，望诗书满壁，气宇昂轩。骚人聚朋墨客，酒赋杯馋。先忧后乐，志频添、奋斗驰前。灵地秀、悠悠丽景，辈出名士人贤。

沁园春·辛巳年春于长沙咏登岳阳楼[②]

绕上楼阁，满壁诗书，绚丽画妍。望潇湘南抵，巫峡通北；巴陵胜状，万顷涛翻。岸芷汀壮，春潮涌涨，把酒临窗喜气添。骚人客，爱聚集于此，览景吟欢。

吞江衔远山连。更怒号阴风浊浪旋。怅日星隐耀，长浇淫雨；莫游商宦，虎啸猿喧。进退思君，难消民瘼，范论先忧后乐严。酬宏愿，誓报国激励，壮志昂轩。

(《魄聚魂凝》)

作者简介：李先奎（1940~），笔名迪拓、天马斋居士，四川西充人。中华诗词学会会员、四川省作家协会会员。著有《沧桑悠悠》《魄聚魂凝》等。

大酺·岳阳楼行

那水连天，天连水，水天茫茫云影。闲登楼上望，见洞庭无际，风平浪静。若过轮船，沙鸥惊起，一幅天然图景。君山遥相望，见依托岳阳，白帆飞艇。又北有长江，湘江南接，水天相映。

湖光波万顷。洞庭水、海客生游兴。在楼下、沙滩枷锁，耸立三亭，入园中、绕行花径。战乱曾遭毁，越千秋、当今和靖。普天客、何须请。滕郎范氏，千古佳章传咏。醉我三日未醒。

(《清源诗词选集 第2集》)

作者简介：曾钦元（1940~），四川简阳人。原简阳市教师进修学校校长，简阳市教育学会理事。著有《清源诗词选集》。

---

① 戊寅年为1998年。
② 辛巳年为2001年。

少年游·岳阳楼

掷毫搂袖，洞庭遗叹，千颂泛波澜。兴客骚人，登楼赞赏，情系乐忧言。

悠悠岁月酣酬唱，今古虔依然。仙圣长歌，心装民患，西楚注香荃。

水调歌头·洞庭赞歌

放眼水天阔，万里登烟波。君山遥对湘楚，巴丘着绮罗。白莲丹橘环岸，青鸟银帆搏浪，微露润蓑。锦鲤偶藏躲，群鸯闹藤萝。

醉仙乡，拥旭日，览春潮，名楼寻境，千古忧乐注心窝。百尺楼栏舒眼，扬子江涛泛舸，锦簇廊庙朝膜，百卉芳踪径，斛带任风嗦。

莺啼序·春到洞庭分外娇

朝阳绽开笑脸，岭峦新翠闹。柳飞絮，银雪飘飘，水荡鱼跃船早。浪波激，天阔雁叫，鸥喧鹭绕春来到。靓湖姐，快语歌谣，望岳阳笑。

胜地名传，感悟古调，历代崇范老。乐忧语，新岳阳楼，一阙篇妙宏浩。厦千间，诗骚感召，古今系、千家彰效。为民想，高节留芳，贪横长漂。

洞庭放眼，翠染君山，伴水乡蓬葆。陌上秀、婉歌情韵，爱恋相随，巧笑相聊，悄藏春貌。含娇雅调，遥山羞黛，洞庭湖水留娇好，吐吞间、震动湖天晓。山光回顾，人风骚鳍逍遥，热情客旅相蹈。

洞庭夕照，堤畔霞烧，汽艇灯淡扫。巴陵佳对，晚色衢明，万盏珠灯，伴瑶月好。良宵火树，花枝眉俏，和风熏染烟弥漫，水粼粼，鸣鸟和蛙调，同歌新岳阳楼，风流巴陵，万家春耀。

（《中华诗词十二家》）

作者简介：姜照明（1941～），四川成都人。高级政工师，中华诗词学会会员、四川老年诗词研究会理事。

南乡子·登岳阳楼

今上岳阳楼，万象洞庭眼底收。阅尽兴亡千古事，悠悠，绿浪依然岁月稠。
客咏庙廊留，范相奇文誉九州。唤醒沧桑悲喜梦，同讴，后乐先忧吟不休。

（《悟之斋文存》）

作者简介：张世俊（1942～），天津人。原北京西城区政协主席，中国书法家协会会员、中国生态书画院常务副院长。著有《张世俊诗词书法集》《悟之斋文存》等。

鹧鸪天·重上岳阳楼

一

未暑先蒸万顷晴，湖光烟渺隐渔舲。穿飞鸥鸟欢鸣戏，醉舞南风享太平。
观骇浪，复移情，叹今乐众少忧膺。范公何必登楼赋，千古催人到洞庭？

二

缅望君山奠二湘，怀夫泪洒翠修篁。洞庭不见梳妆影，遗冢仍牵万众肠。
斑竹泪，襄流长，千年湖蓄碧汪汪。仅忧无乐非缘国，空守名楼私太强！

浣溪沙·再登岳阳楼浅唱

历史回廊矗此楼，火洪兵燹屡难勾。古书巨卷气吞瓯①。
秀水灵山收悦目，洞庭宽臆逾千秋。拓神更喜范翁忧。

（《清拙吟续集》）

作者简介：方广奎（1942～），天津宝坻人。中华诗词学会会员、中华诗词文化研究所研究员。著有《清拙吟》《清拙吟续集》。

清平乐·岳阳

洞庭一望，始识平湖广。今又登临怀古往，遥对君山惆怅。
小乔香塚何寻？湘妃似在波心。天下仍多忧患，岳阳楼记长新。

（《邓乔彬教授七十华诞纪念文集》）

---

① 瓯：原为瓦器，通常比喻神州山河为金瓯。

作者简介：邓乔彬（1943~），广东珠海人。暨南大学中文系教授、博士生导师，中国宋代文学学会副会长、中国词学会学术委员，《词学》主编。著有《唐宋词美学》《宋词与人生》等。

水调歌头·登岳阳楼

昔读范公记，知此岳阳楼。未能得隙临览，抱憾数十秋。今日登斯楼也，饱赏山川胜景，夙愿幸云酬。放眼洞庭水，烟霭锁渔舟。

论风雅，评悲喜，说乐忧。宏文如鉴，高悬千载照公侯。值此太平盛世，国策民生为本，黎庶少烦愁。共谱和谐颂，欢笑满神州。

（《消闲吟》）

作者简介：王景荣（1943~），字寒樵，黑龙江巴彦人。原中央政法委副秘书长、中国法学会副会长。著有《犯罪社会学》《消闲吟》等。

水调歌头·登岳阳楼

九月二十四日，余从白鹤山出发北上，于石首乘船至武汉，经岳阳楼感赋。

少读范公赋，今上岳阳楼。巴陵果据形胜，万顷洞庭收。吴苑似无似有，楚水时翻时伏，浩渺度孤舟。风雨黯云梦，天地共沉浮。

倚危槛，抒感慨，对深秋。千年高韵鸿迹，回首大江流。自古兴衰荣辱，到底冰销雾散，毕竟是神州。多少人间事，忧乐上心头。

沁园春·过洞庭湖

北上未果，至河北保定清风寨返回，于岳阳乘船至石首回常德，过洞庭湖感赋。

游子何归？木叶萧萧，秋雨霏霏。叹洞庭浩渺，鱼龙杂混；大江翻滚，清浊一杯。澧派沅流，湘波资水，何处寻求是与非？苍茫处，看君山点点，砥柱巍巍。

千年旧事堪悲。有多少痴情与愿违！惜零陵芳草，声闻瑶瑟；黄陵斑竹，泪尽湘妃。月有阴晴，海多潮汐，且向霜天问早梅。邀帝子，唤冥冥鸿雁，待我同飞。

（《后乐堂词》卷二）

水调歌头·重上岳阳楼用原韵

只为别时久，重上岳阳楼。故城游览，乾旋坤转渺难收。依旧惊涛万顷，不没青螺一点，浪里看飞舟。借问洞庭水，桑海几沉浮？

话今昔，观兴废，数春秋。历来多少，骚人墨客竞风流。楚壁吴藩何处，宋碣唐碑犹在，磨洗认神州。忧乐古今事，新韵待从头。

临江仙·游三醉亭

三醉岳阳人不识，说来犹自堪惊。眼前唯见小楼亭。神仙何处有，落魄一书生。

难得人生醒亦醉，何时忘却营营①。借他三剑②一身轻。洞庭风雨夜，来伴月黄昏。

临江仙·游怀甫亭

怀甫亭前思渺渺，肃然到此登临。洞庭千古共沉吟。当时挥泪处，游客亦沾襟。

老病孤舟飘泊日③，南征北望难禁④。诗书一卷付瑶琴。中华从此后，代代有知音⑤。

（《后乐堂词》卷十）

作者简介： 张传锡（1944～），字松樵，号后乐堂主人，湖南常德人。原湖南文理学院高级经济师、湖南诗词协会常务理事。著有《后乐堂词》、编有《历代常德诗词选注》等。

沁园春·岳阳楼

擅胜巴陵，万顷烟波，簇拥一楼。看西来爽气，霁天空阔；北通巫峡，翠黛沉浮。极

---

① 何时忘却营营：典出宋 苏轼《临江仙·夜饮东坡醒复醉》："长恨此身非我有，何时忘却营营。"
② 三剑：南宋人吴曾《能改斋漫录》载吕洞宾自传石刻云："实有三剑：一断烦恼，二断贪嗔，三断色欲，是吾之剑也。"
③ 老病孤舟飘泊日：杜甫《登岳阳楼》诗："亲朋无一字，老病有孤舟。戎马关山北，凭轩涕泗流。"
④ 南征北望难禁：杜甫《南征》诗："老病南征日，君恩北望心。"
⑤ 代代有知音：此句是反用了杜甫《南征》诗："百年歌自苦，未见有知音。"

目潇湘，俯观吴楚，宛似栖身碧玉瓯。逢三五，更团圆明月，清韵悠悠。

何由凭吊千秋？为词客骚人隽语留。诵少陵绝唱，昔闻今上；希文妙记，后乐先忧。逝者如斯，时贤迈往，华夏中兴拓壮猷。前程远，待扬帆破浪，各竞风流。

（《洞庭湖 200 年档案》）

作者简介：吴亚卿（1945～），号未立斋，浙江德清人。中华诗词学会发起人之一，中国楹联书法艺委会委员、浙江省辞赋学会副会长。著有《未立斋吟稿》《未立斋词选》《吴亚卿书法选》等。

鹧鸪天·感范仲淹《岳阳楼记》

地冻天寒怀圣君，山重水复念黎民。纵观今古幽情咏，横览山河垂意吟。
描进退，话晴阴，设身处地见期心。高官个个知忧乐，但愿人人像范臣。

（《平洋诗词》）

作者简介：马荣富（1945～），字平洋，吉林扶余人。原中国人民解放军空军驻上海航天局副总军事代表，上校军衔。著有《平洋诗词》。

菩萨蛮·岳阳楼远望

纵观天下无忧水，欢颜最数洞庭美。浪捧一君山，波浇千里川。
渔歌飘远近，月影摇金币。后乐正当时，喜吟工部诗①。

渔家傲·洞庭秋

极目洞庭真浩渺，君山隐隐十分小。帝子泣别竹也老。云也吵，岳阳楼上秋风早。
且唱渔歌招鹭鸟，保护水质防蓝藻。户户船船秋事了，钱不少，丰年都道休渔好。

（《探寻集》）

作者简介：易行（1945～），本名周兴俊，北京人。原线装书局总经理兼总编辑，中华诗词学会副会长、中华诗词研究院副院长。著有《探寻集》《中国诗学举要》等。

---

① 工部诗：指杜甫《登岳阳楼》诗。

甘 州

览风潮起落洞庭湖，范子岳阳楼。问魂归何处？江山社稷，百姓心头。满目苍生苦乐，挥笔写春秋。字字千年诵，天下之忧。

长叹世风低下，纵贪官腐政，物欲横流。对上乖如鼠，对下气如牛。处江湖疾呼民主，步庙堂高位限民自由。当应使，百年遗臭，万世蒙羞。

（《三叶草》）

作者简介：王智钧（1946～），陕西咸阳人。原华夏出版社社长，中国残疾人联合会副理事长。著有《三叶草》《甲午诗稿》等。

念奴娇·岳阳楼

夕阳虹雨，正东风浩荡，洞庭波涌。遥看君山晴翠远，几个白鸥飞动。点点渔舟，沉沉暮霭，一抹红霞送。良辰美景，此时心迹谁共？

回首屋宇轩昂，堂皇金匾，万丈光芒拱。不是文章千古在，楼接青云谁宠？天下情怀，先忧后乐，仰止高山重。心潮无际，望穿荆楚云梦。

巫山一段云·登高小憩

忘却萦怀事，山花作枕头。闲看云起复云收。物我两悠悠。

寡欲无遗憾，多情不免愁。几人解得乐和忧？心寄岳阳楼。

（《半路斋诗词》）

作者简介：李锡庆（1946～），湖南隆回人。攀枝花学院教授，中华诗词学会会员。著有《半路斋诗词》、编有《新编实用归纳词谱》等。

水龙吟·湖望

湖天十里风光，水随山转春无尽。清波浩荡。岸青松翠，映山红隐，州岛楼台，杜鹃声唱，游人心沁。尽芳菲世界，鸳凫鱼戏。轻舟里，渔郎俊。

几度游湖漫兴，叹曾经，问谁人近？此间风景。洞庭湖淼，仲淹忧奋。滕阁巍巍，有王勃序，更添雄峻。今词朋诗侣，采风到此，也消魂讯。

（《燕飞集》）

作者简介： 贺银燕（1946～），江西莲花人。曾任中学校长，中华诗词学会、江西诗词学会会员。著有《燕飞集》。

念奴娇·登岳阳楼寄怀

名章赫赫，映楼台，不尽湖江山色。天地苍茫云海动，无数春秋流过。万象灵光，千年骚客，俊彩挥华墨。十番更替，其间多少情朵！

齐赞丽句中天，和光甘露，美誉称无我。莫论风烟难料定，毕竟人来高贺。振翅雄鹰，伏檐燕雀，相向分迷错。人生苦短，此情何云追索？

（《新中国 60 年辽宁文学精品大系·诗词卷》）

作者简介： 陈巨昌（1946～），河北乐亭人。原辽宁省作协党组书记，中华诗词学会、中国作家协会会员。著有《长弦诗絮》《击楫絮咏》等。

水调歌头·登岳阳楼

行别长沙雨，晴上岳阳楼。枫红层岭初染，鹤影矗芦洲。华发骋怀送目，浩渺烟波万顷。一洗古今愁，尽览巴陵胜，无限洞庭秋。

楚天阔，君山碧，大江流。范公千载无恙，相见话沉浮。五秩沧桑塞北，冰雪风霜肝胆，未敢忘乐忧。夕照斜晖里，楼记诵从头。

（《疏影清浅集》）

作者简介： 项宗西（1947～），浙江乐清人。原宁夏回族自治区政协主席、政协第十二届全国委员会经济委员会副主任。著有《疏影清浅集》。

西江月·三上岳阳楼

汇纳九江洪波，吞衔潇湘巫谷。烟淼八百托君山，装点芙蓉南国。
扼抑四方水陆，自古军家必获。赤壁杀声今犹在，贵在以劣胜多。

（《戎马心韵》）

作者简介：任之通（1947～），江苏灌云人。解放军国防大学硕士生导师、少将军衔。中国书法家协会会员、中国将军书画研究院副院长。著有《任之通书法集》《戎马心韵》等。

生查子·戊子仲夏回汨罗老家与表妹登岳阳楼①

湖上采莲声，迎我家乡客。才送楚园星，又赏湘楼月。
情染岳阳楼，春老相思结。心醉故山茶，往事凭谁说。

（《瑜园诗选 5》）

作者简介：周启安（1947～），女，湖南汨罗人。中华诗词学会会员、鹰台诗社常务理事，《鹰台诗词》编委。著有《水云轩诗文选》《三友集》（合著）。

桂枝香·岳阳楼

名楼放目，恰春日景明，鳞波烟縠。芷岸兰汀芳榭，绾莺相逐。岳灵湘韵君山萃，但依稀、黛螺如簇。画图谁写，巴陵擅美，洞庭输绿。

指弹间、风云倏忽。忆仙人三醉，杜陵舟独。千古凭栏指点，漫嗟陵谷。岑楼又喜新修葺，对前贤、风雅今续。最萦人处，先忧后乐，自当同勖。

（《陟高集》）

作者简介：郑欣淼（1947～），陕西澄城人。原故宫博物院院长，故宫学专家。中华诗词学会会长、中华诗学研究会名誉会长。著有《社会主义文化新论》《陟高集》等。

临江仙·登岳阳楼

少小便将名赋诵，老来始上斯楼。茫茫烟雾掩巴丘。水天连一色，隐约现渔舟。
自古庙堂多肉食，不忘名利双谋。厚颜学说乐和忧。范公今若在，不语泪长流。

（《诗情词意里的中国——当代山水人物诗词一千首》）

作者简介：伍锡学（1948～），湖南祁阳人。祁阳县文化局退休干部，湖南诗词协会理事、永州诗社副社长。著有《南园草》《甘泉草》等。

---

① 戊子年为 2008 年。

满庭芳·登岳阳楼

水天一色，碧波万顷，洞庭风光尽收。湖山云霞，最美岳阳楼。南极潇湘千里，北通江、巫峡飞鸥。君山爱，斑竹含情，传书几多愁。

悠悠。千古事，戎马关山，老病孤舟。今寒士欢颜，巴陵中流。临风吟悟庙堂，胜状梦，万世筹谋。铭记否？后天下乐，廉慎而先忧。

（《江苏社科名家文库·宋林飞卷》）

作者简介：宋林飞（1948～），江苏南通人。南京大学社会学系教授、博士生导师，中国社会学会会长。著有《现代社会学》《"中国经济奇迹"未来与政策选择》等。

临江仙·岳阳楼

自古洞庭天下水，巴陵胜状名楼。烟波浩淼荡仙舟。口衔山影远，腹饮大江流。

杜范诗文增灿烂，骚人迁客来稠。怡情赏景任巡游。关山戎马泪，边塞庙堂忧。

（《李文朝诗词诗论选》）

作者简介：李文朝（1948～），山东梁山人。原解放军电视宣传中心主任，少将军衔。中华诗词学会常务副会长、中国作家协会诗歌委员会副主任、《中华诗词》杂志社社长。著有《李文朝诗词诗论选》《古枝新蕾》等。

念奴娇·登岳阳楼

烟波飘渺，洞庭望，千里水天无际。斜日洒辉浮水面，尽染秋湖金碧。小艇翻涛，渔舟摇浪，远去悠悠舶。明珠天赐，岳阳姿可倾国。

吴楚多有名楼，醉巴陵古韵，三湘胜迹。赋看唐贤，词宋杰，饱览千秋神笔。忧国双公，小乔何在，空对流芳册。临风危倚，古今多少过客。

（《上饶诗词三百首》）

作者简介：傅金良（1949～），号之瑜，江西广丰人。

贺新郎·岳阳楼

千古岳阳楼，雄踞潇湘地，自领无限锦绣。观夫巴陵胜状，莫若洞庭中秋。衔远山，长江东流。水天相连横无际，更朝夕，美妙一望收。神州娇，赖此楼！

迁客骚人去悠悠。唯范翁与楼共存，英名不朽。先天下之忧而忧，何惧浊浪怒吼！岿然立，临风把酒，而今又春和景明，巫峡处，平湖翔沙鸥。问斯君，可乐否？

（《江山多娇》）

作者简介：夏永奇（1949～），笔名江山、春歌，吉林大安人。中国作家协会会员、白城市文联副主席。著有《江山多娇》《陋梦斋词片》等。

渔家傲·读《岳阳楼记》

古往今来夸彩笔，《岳阳楼记》常温习。遥望青松千百尺，身腰直，何愁风雨烟如织。但愿苍生无菜色，可怜紫绶多迷惑。试问江湖行走客，谁知悉？莫教留恋《花间集》。

（《一路行吟集》）

作者简介：罗辉（1950～），湖北大冶人。原湖北省人大常委会副主任、湖北省诗词学会会长。著有《一路行吟集》《流光情寄鹧鸪天》等。

一剪梅·登岳阳楼

梦惹魂牵古岳州，百代遗篇，千载风流。愧无佳句对湖山，足未登楼，心已登楼。翘首披襟向晚秋，眼底浮云，天际飞舟。一言警世总关情，乐到眉头，忧上心头。

沁园春·君山

梦里君山，小览匆匆，恰遇晚秋。觐湘妃一墓，泪沾斑竹；沁芳五井，影照琼楼。铸鼎台前，朗吟亭下，天趣绵绵逐逝鸥。仙乡里，竟流连忘返，豪兴难收。

诗酬恨不如流，更念及巴陵胜事稠。羡刘公心领，螺青银白；吕仙神会，暮宿朝游。笔下乾坤，书中岁月，浩饮高眠李杜舟。今方信，到醒如醉处，宠辱无忧。

（《华夏吟友 第2卷》）

作者简介：张福有（1950～），吉林集安人。原吉林省委宣传部副部长、中华诗词学会副会长、中国作家协会会员。著有《张福有诗词选》《诗词曲律说解》等。

生查子·登岳阳楼

践约伴诗友，同登岳阳楼。洞庭烟雨雾，君山似扁舟。湘资沅澧水，长江万里流。乘兴登胜境，何来许多愁。

遥想当年事，鲁肃阅军楼。舰船樯橹动，战事巧运筹。诗仙酒八斗，工部泪横流。壁立范高论，思忖乐与忧。

（《移动的足迹——旅游诗词选》）

作者简介：孔祥发（1951～），云南屏边人。国家一级书画师，云南省屏边文联主席、屏边老年大学常务校长。著有《移动的足迹——旅游诗词选》。

贺新郎·寄咏岳阳楼

天下洞庭水，看茫茫横波堆雪，好风吹袂。遥向君山举大白，唤起湘妃无寐，舞万顷凌波如醉。笛韵悠悠华灯里，想都督笑指楼船队。据江东，气吞魏。

几宵月照隆中对？叹斜空金星暗下，草堂花萎。把酒临风长歌后，多少游人挥泪，恨千古英才常毁。回首西方多冷雪，待春分四海寒潮退，遍寰宇，芳草翠。

（《洞庭湖200年档案》）

作者简介：谢忠华（1951～），笔名华云、何家英，福建宁德人。福建省诗词学会会员、宁德市诗词协会副主席。

虞美人·岳阳楼晚眺

名楼薄暮游人少，楼外烟波渺。洞庭深处是君山，好个青螺百里拥银盘。

周郎当日操戈处，唯见沙鸥舞。算来百派总东流，何必儿曹恩怨辨曹刘？

（《诗潮金典文库·2014年中国诗词精选》）

作者简介：黄扬略（1952～），广东徐闻人。深圳报业集团总编辑、暨南大学兼职教授。

念奴娇·登岳阳楼

岳阳楼上，对湖光百里，汉唐情操。还有宋音流韵在，入我楚徒怀抱。血火周郎，华章范相，风度翩翩到。掏他肺腑，古今心事谈笑。

不断云梦烟云，洞庭雨雾，总在心头绕。应揽湖风生浩荡，一地鸡毛横扫！放马天山，飞车铁漠，气若昆仑照。只今犹叹：鬓边华发难了。

（《南园词》）

作者简介：蔡世平（1955～），湖南湘阴人，国家一级作家、著名词人，《中华诗词》编委，湖南理工学院中国当代诗词研究所所长。著有《南园词》《蔡世平散文》等。

浪淘沙·岳阳楼抒怀

放眼仁琼楼，点点帆舟。君山竹舞蓼花羞。芦笛一声三界外，惊起沙鸥。

柳毅勇传书，千古风流。轻拍庭柱细清喉。后乐先忧萦玉宇，情漫神州。

（《梧棠院诗词选》）

作者简介：戴俊卿（1955～），河北承德人。承德市人民检察院党组成员、政治部主任，中国汉诗研究会研究员。著有《梧棠院诗词选》。

行香子·登岳阳楼

城上天宽，湖上波欢。到斯楼、喜对君山。吕仙若在，应共凭栏。看苇边鸥，云边鹭，日边船。

爽风来也，雅趣生焉。赏雕屏、犹叹当年。高情一赋，乐后忧先。问几人同？几官愧？几家传？

（《中国百年旅游诗词（下）》）

作者简介：陈中寅（1955～），湖南祁东人。中学高级教师，湖南诗协常务理事兼学术委员，衡阳市《雁声》诗刊副主编。著有《待笛轩吟稿》。

念奴娇·登岳阳楼述怀

登楼纵目，水天处，渺渺迷茫空阔。巨鉴云光浮动处，镶嵌青螺闪烁。轻艇飞波，白鸥掠影，风卷戏残雪。烟波浩渺，激起沉思难灭。

遥想千古前贤，天涯漂泊，朝夕思忧乐。肝胆铸成冰雪洁，悲喜常知荣辱。感叹而今，豪华酒桌，几个谈民瘼。消除分化，不知何年何月？

（《诗情词意里的中国——当代山水人物诗词一千首》）

作者简介：张梅琴（1955～），女，山西平遥人。中华诗词学会理事、山西诗词学会副会长。著有《张梅琴短诗集》《朵梅集》等。

鹧鸪天·岳阳楼怀古

沙岸数点渔舟横，城楼飞檐几春莺。洞庭一湖说太守，湘江万里听涛声。

窦兰泉①，范希文，落笔千秋楼知名。烟波浩渺忘悲喜，船载忧乐总关情。

（《山河放歌》）

作者简介：苏华祥（1955～），云南宣威人。曲靖市政协常委、教科文卫体委员会主任。中华诗词一级作家、中国诗词家协会名誉会长。著有《岁月如歌》《山河放歌》。

鹧鸪天·登岳阳楼

岳阳楼前雨如悬，万点珍珠打钓船。重修功归滕太守，作文以记范仲淹。

庙堂高，江湖远，不悲不喜望君山。先忧后乐常叮嘱，不登斯楼不当官。

（《惠风集》）

作者简介：杨学锋（1959～），笔名阳雪，山东德州人。山东省新闻出版局副局长，中国书法家协会会员、山东省书法家协会理事。著有《惠风集》。

念奴娇·端阳寄怀

节回端午，教诗人长记，汨罗江曲。自古难平离国恨，岁岁波涛相逐。湖上君山，洞庭帆影，潇湘斑痕竹。岳阳楼里，凭栏谁送愁目。

年年意气难销，江南才子，更有情千斛。富贵功名浑不足，诗里风光盈腹。笔墨乾坤，

---

① 窦兰泉：指窦垿（1804～1865），号兰泉，云南曲靖人。岳阳楼百字长联的作者。

文章神韵，总在心头矗。遗风浩荡，诗词王国扬矗。

（《光远诗抄》）

作者简介：洪登亮（1962～），湖北阳新人。中共阳新县委宣传部副部长，湖北诗词学会会员、阳新县作家协会副主席。著有《楚山吟》《光远诗抄》等。

水调歌头·岳阳楼补记次韵大涵雪野

水阔堪游目，舟小若翔鸥。已经风写霜染，湘汉万重秋。八百年来烟雨，三五杯中忧乐，云气覆青丘。寂寞文章在，欲罢不能休。

轩皇去，尧女泣，两难酬。当时云雁，惯看明月变银钩。目送沧波万里，掬起光华一片，白日似丸浮。楚地多风物，独自莫登楼。

（《静渊集》）

作者简介：楼炳文（1963～），浙江义乌人。原浙江省委统战部副部长、浙江省民族宗教事务委员会副主任。著有《静渊集》。

水调歌头·岳阳

寂寞洞庭水，帆去笼愁烟。湘君郁积无解，柳毅书难传。散发濯缨诗祖，一身女萝薜荔，悲愤只问天。满腔心事谁诉，岸芷与汀兰。

老病舟，迁徙客，夕阳残。楼台画戟销尽，今我见犹怜。千古英魂安在，万点斑竹何处，忧乐此江山。孤星照故国，同彼热泪潸。

（《借我百年醉一回》）

作者简介：周石星（1965～），湖南岳阳人。湖南广播电视台副总编辑。著有《借我百年醉一回》《光明自在心》等。

定风波·岳阳楼

天下之忧似水长，岳阳楼上看斜阳。前度范公今不在，何奈，江湖远隔帝王乡。

欲勒燕然多壮志，终是，百无一用读书郎。枉有一腔丹碧血，如沸，洞庭秋色尽苍茫。

定风波·岳阳楼上望君山

和还姜玉峰先生

菡萏香飘百里长,接天碧叶挽斜阳。澹荡荷风吹不定,掩映,依稀帝子在仙乡。

寂寞君山楼外远,彼岸,英皇已失有情郎①。遥看洞庭云梦里,迢递,孤帆一点水茫茫。

(《半坡烟雨半坡风》)

作者简介: 了凡(1969~),本名徐非文,上海川沙人。西江月文化发展(上海)有限公司董事长,中华诗词学会、上海诗词学会会员。著有《半坡烟雨半坡风》。

鹧鸪天·登岳阳楼

百读名文仰范公,岳阳楼记记分明。悉知忧乐分先后,谁有襟怀若洞庭?

波万顷,良千重,心潮澎湃意难平。赋闲虽处江湖远,还借斯楼说废兴。

(《诗情词意里的中国——当代山水人物诗词一千首》)

作者简介: 潘培铭(1973~),笔名浪波,河北平乡人。河北省文联主席,中国诗歌学会理事、中国文联委员。著有《花与山泉》《浪波抒情诗选》等。

水调歌头·岳阳楼

又把危楼倚,正值洞庭秋。大江呼啸东注,从不为谁留。我欲乘槎而上,直立星河下望,应似一银瓯。料向此间醉,天地两悠悠。

鲁公筑,滕公复,范公忧。几行烟树,黄叶还记吕公不?遥对君山薄暮,多少骚人来去,鹭起泪盈眸。但得诗文在,何必问沉浮?

(《光阴故事》)

作者简介: 紫筠(1975~),江苏邳州人。著有《照水集》《光阴故事》。

---

① 英皇已失有情郎:指娥皇、女英君山哭舜帝之事。

浪淘沙·岳阳楼抒怀

凭楼望洞庭，一派苍茫。秀水灵山驰神往，满目琳琅望天长，无限风光。

徜徉迷人处，红栏镂窗。流金溢彩有雕梁，两字关情传千古，天下兴亡！

（《耘文诗稿》）

作者简介： 郑玉恒，河北滦南人。原滦南县文体局副局长。著有《耘文诗稿》。

水调歌头·重游岳阳楼

千里骋"高速"，转眼到巴丘。欢欣得称心愿，重上岳阳楼。台榭崇阁屹立，雄壮巍峨胜旧，俊美更风流。登览楚天阔，烟隐洞庭舟。

雨滂沱，画檐雷，兴方稠。甘霖普降，田野秧应绿油油。君看新修广厦，商贸工交兴旺，百业喜丰收。巨变沧桑事，忧乐在心头。

（《潇湘流韵》）

作者简介： 向孙萱，湖南科技学院教授。著有《潇湘流韵》。

满庭芳·游岳阳楼

水漾金湖，山青两岸，碧云红日楼嫣。百花含笑，朵朵映蓝天。鱼戏波旋浪滚，清风舞，群鸟翩翩。游人醉，留连忘返，个个乐心田。

身前，多景点。茫然哪去？还看新篇。小城喜飞腾，奇迹年年，大厦大桥大道，竞争艳，遍布其间。遥观处，生机一片，像世外桃园。

（《世界传世诗词艺术家大辞典》）

柳梢青·岳阳楼

水面山奇，云中楼富，壁上文佳。鸟戏蓝天，花娇绿地，客笑平台。

名城盛世新姿，典雅处，游人醉痴。凤舞晨曦，龙玩晚景，心旷神怡。

（《八桂诗词 2007 年第 2 期》）

作者简介： 吴曙良，湖南岳阳人。中学语文教师。洞庭诗社社员。

八声甘州·岳阳楼

念汤汤万古洞庭波，记几代沉浮？有秦皇汉武，千秋功业，碧水悠悠。谪客匆匆聚散，官梦一夕休。唯见长江水，无语东流。

看后浪推前浪，指江川万里，处处飞舟。竞激流勇进，先天下而忧。借东风，暖中流水，聚豪杰、重葺岳阳楼。十年后、旧人新业，此地重游。

（《洞庭湖200年档案》）

作者简介：*周冰，未详。*

大江东去·岳阳楼

巴陵胜状，尽收入、一碧洞庭春色。日夜潇湘波欲撼，巫峡云来气接。斑竹临风，青螺出水，争映楼头月。桃花源上，花随流水来谒。

屈子泽畔行吟，美人香草，千载闻清越。后乐先忧天下士，儒雅风流吾则，遥想斯人，当惊导代，山色湖光别。芙蓉国里，而今蔚起奇杰！

（《洞庭湖200年档案》）

作者简介：*李德宪，未详。*

望海潮·上岳阳楼并游洞庭湖

危楼飞榭，朱楹画栋，焕然溢彩流光。雄冠三湘，豪吞九水，茫茫巨浸连江。兰屿踞中央，縠波漫西极，地远天长。目尽东南，重峦叠嶂莽苍苍。

轻舟稳泛沧浪，听咸池乐奏，响彻遐方。螺岛赏奇，龙堆觅秀，一时如入仙乡。风正布帆张。把洞庭佳景，收贮诗囊。乘兴归来，喜看桑梓沐春阳。

（《洞庭湖200年档案》）

作者简介：*冯甘霖，未详。*

念奴娇·今上岳阳楼

雕栏画栋，登临处，揽尽巴陵胜状。四水春潮送新绿，扬子畅迎碧浪。百舸如织，夹岸高楼千幢。游人共语，道是春归心上。

酌酒喜对东风，情飞槛外，淡笑心神旷。欣忆九州生气动，十月惊雷震荡。栋宇重辉，江湖溢彩，万众歌声放。范公知否？忧乐当作新唱。

（《洞庭湖 200 年档案》）

作者简介：李永平，未详。

水调歌头·岳阳楼

天下一枝秀，南国岳阳楼。更添范相文字，千古逞风流。遥想凭栏英杰，多少文章泰斗，长啸傲巴丘。青史说兴废，波浪没王侯。

洞庭月，依旧在，送归舟。十年劫后，花树香草待从头。洗刷精神污垢，装扮河山锦绣，彩笔写春秋。志士知甘苦，后乐必先忧。

（《洞庭湖 200 年档案》）

作者简介：韩世群，未详。

浪淘沙·重阳登岳阳楼

登望洞庭澜，往事千年。飞扬鲁肃水师帆，飘渺青螺神女苑，神话奇传！

楼阁换新颜，巨匠诗妍！范公抱负国为先；最喜润芝书杜韵①，警世名篇！

（《南山吟》）

作者简介：高清，未详。

踏莎行·登岳阳楼赏洞庭

瞩目洞庭，增辉华夏。波澜壮阔遥飞达，彩霞清水鸟鱼翔，湖光山色美如画。

人旺楼兴，风和景雅。游观妙笔琼璋挂，深情厚谊薄功名，先忧后乐周天下。

（《衡岳心声》）

作者简介：王林华，著有《衡岳心声》、《骚韵撷璆》等。

---

① 润芝书杜韵：指毛泽东书杜甫《登岳阳楼》诗，现制成雕屏悬挂于岳阳楼三楼。

曲

【正宫】 洞庭钓客

年光流水何曾住，早忘却姓吕岩父。记蓬莱阆苑相逢，一别风流如雨。

【幺】算人间碧海桑田，只似燕鸿来去。岳阳楼剑气凌云，度老树神仙此处。

（《全元散曲 上》）

作者简介：冯子振（1257～1348），字海粟，号瀛洲洲客、怪怪道人，湖南湘乡人。元大德二年（1298）进士，官集贤院待制、彰德节度使等职，晚年归乡著述。世称其"博洽经史，于书无所不记"，且文思敏捷。元代散曲名家。著有《华清古乐府》《海粟诗集》等。

【正宫】 端正好·太平年

汉钟离原是个帅首，蓝采和本是个俳优，悬壶翁本不曾去沽油，铁拐李险烧了尸首，贺兰仙引定曹国舅，韩湘子会造逡巡酒。吕洞宾三醉岳阳楼，度了数千年的绿柳。

（《全元曲》第 10 卷）

作者简介：邓学可（生卒年不详，元代人），名熙，庐陵（今江西吉安市）人。工书善曲。

【中吕】 红绣鞋·简吕实夫理问

红锦香中乐句，紫薇花下诗余，玉麈风流映金鱼。岳阳楼三醉酒，渭水岸六韬书，高名垂万古。

（《全元散曲 上》）

作者简介：张可久（约1270～约1350），字仲远，号小山，庆元（今浙江宁波市）人。曾任地方小吏。著名散曲家，为现存元散曲数量最多的作者。著有《张小山小令》。

【中吕】 阳春曲·赠茶肆

金樽满劝羊羔酒，不似灵芽泛玉瓯，声名喧满岳阳楼。夸妙手，博士便风流。

（《全元散曲 下》）

作者简介：李德载，元代人，生平不详。

【双调】 收江南

呀，则俺呵曾经三醉岳阳楼，踏罡风吹上碧云游，枉下俺这大罗仙来度脱你个报官囚①。空笑杀城南老柳，则教你做一场蝴蝶梦庄周。

（《全元曲》第 6 卷《陈季卿误上竹叶舟》）

作者简介：范康（生卒年不详，元代人），字子安，浙江杭州人。道士，杂剧家。作品有《杜子美游曲江》《陈季卿误上竹叶舟》等。

【仙吕】 尾声

俺这梅他粉包了心，檀黄嫩，插在那银瓶里宜得水温，如麝如兰香喷喷，端的有欺霜傲雪的精神。哎，你个许真人②，白日飞升，比不的岳阳楼下枯干了的柳树神。他也无那神仙的福分，则有些江梅丰韵，冷清清今夜待黄昏。

（《全元曲》第 9 卷《瘸李岳诗酒玩江亭》）

作者简介：无名氏，元代人。

【双调】 大德歌·登岳阳楼重读 《岳阳楼记》

为识天下忧，重上岳阳楼。喜桂子满三秋，苍波渡金鳌，落霞伴归舟。湖阔恰如襟怀阔，楼高品格优。

（《当代散曲百家选》）

---

① 报官囚：本指呈报待决的囚犯，此喻为功名利禄牵累而不得自由之人。
② 许真人：即晋代汝南（今属河南）人许逊。好神仙修炼之术。相传许在洪州（今江西南昌）西山，举家四十二口拔宅升天而去。宋代封为"神功妙济真君"，世称许真君。

作者简介：周成村（1946～），湖南安化人。原湖南省军区政治部组织处处长，中华诗词学会常务理事、中国散曲研究会常务理事。著有《散曲漫谈》《一得居散曲集》等。

【兰州鼓子】 岳阳楼

鼓子头：重阳酒醉，紧闭仙目，磕磕绊绊，荡荡悠悠。朝后退，向前走，洞宾他把衣衫抖，手扶柳仙把酒求。

诗篇：洞宾爷酒醉岳阳楼，手扶栏杆暗暗点头。这几载未把仙山下，许多的故景改为荒丘。张家村改为李家寨，定国公的宅子宿府里修。幽州城改为顺天府，里九外七尽住的满洲。七八岁的阿哥把京语道，二八佳人梳满头。还有两件未改过，但则见西直门外高粱桥下水向东流。水东流，水东流，后宅门紧对钟鼓楼。到晚来钟敲一百单八点，万岁爷封他禁夜侯。

鼓尾：黄豪仙人喜回府，后面跟着一老叟。怀里抱着一坛酒，他言说事毕今朝要吃够。洞宾闻听将头点，叫柳仙拿过酒，就在此地用几斗，刚要越过南山口。刘伶杜康未在家，杏花村中有好酒。一心要访李太白，咱们三人，携手同上岳阳楼。

作品简介：选自《兰州鼓子荟萃》。

剧

作者简介：马致远（约 1250～约 1321），字千里，号东篱，大都（今北京市）人。"元曲四大家"之一。主要作品有《破幽梦孤雁汉宫秋》、《吕洞宾三醉岳阳楼》等。

作品简介：本剧是以吕洞宾为主要人物、以岳阳楼为主要背景的神仙道化剧。本剧共四折并一个楔子，讲述了吕洞宾至岳阳楼三次度化柳树精的故事。全剧体现了道家的虚无世界观和道教修身养性的方法。集文学性、哲学性、宗教性于一体，具有较高的艺术价值。

吕洞宾三醉岳阳楼

第一折

（净扮酒保上，诗云）俺家酒儿清，一贯买两瓶。灌得肚儿胀，溺得膫儿疼。自家店小二是也，在这岳阳楼下开着一个酒店。但是南来北往经商客旅，做买做卖，都来这楼上饮酒。今日早晨间，我将这旋锅儿烧的热了，将酒望子挑起来。招过客，招过客！（正末扮吕洞宾提墨篮上，云）贫道姓吕名岩字洞宾，道号纯阳子。先为唐朝儒士，后遇钟离师父点化，得成仙道。贫道在蟠桃会上饮宴，忽见下方一道青气，上彻云霄，此下必有神仙出现。贫道视之，却在岳州岳阳郡。不免按落云头，扮作一个卖墨的先生。长街市上，来往君子，都来买贫道好墨也！（唱）

【仙吕·点绛唇】 这墨光照文房，取烟在太华顶上、仙人掌。更压着五李三张，入砚松风响。

【混江龙】 梭头琴样，助吟毫清彻看书窗。恰行过一区道院，几处斋堂。竹几暗添龙尾润，布袍常带麝脐香。早来到洞庭湖畔，百尺楼傍。（做上楼科，云）是好一座高楼也！（唱）端的是凭凌云汉，映带潇湘。俺这里蹑飞梯，凝望眼，离人间似有三千丈。则好高欢避暑，王粲思乡。

（酒保云）我在这门首觑者，看有甚么人来。（正末唱）

【油葫芦】 俺只见十二栏干接上苍。（酒保云）招过客，招过客！（正末云）休叫，休叫。（酒保云）你怎生着我休叫？（正末唱）我则怕惊着玉皇，谁着你直侵北斗建糟坊。（酒保云）你看我这楼上有牌，牌上有字，上写着"世间无此酒，天下有名楼"。（正末唱）写道是岳阳楼形胜偏雄壮，更压着你洞庭春好酒新炊荡。（酒保云）老师父，你看这边景致。（正末唱）翠巍巍当着楚山。（酒保云）休道是楚山，连太山、华山都看见了。师父，你看这边景致。（正末唱）浪淘淘临着汉江。（酒保云）不要说汉江，连洞庭湖、鄱阳湖、青草湖都看见了。（正末云）正是鸡肥蟹壮之时。（唱）正菊花秋不醉倒陶元亮？（酒保云）师父，你来迟了，我这酒已卖尽，无了酒也。（正末云）你道是无酒呵，（唱）怎发付团脐蟹一包黄？

（酒保云）这里有酒呵，把甚么与我做酒钱？（正末云）至如我无有钱呵，（唱）

【天下乐】我则待当了环绦醉一场。（酒保云）说便这等说，实是无了酒也。（正末云）你道无酒，你闻波。（唱）那里这般清甘，滑辣香？（酒保云）酒有，只你醉了不好下楼去。（正末唱）但将老先生醉死不要你偿。（酒保云）师父，这楼上好凉快哩。（正末唱）我特来趁晚凉，趁晚凉入醉乡。（酒保云）老师父，天色将晚了。（正末云）还早哩。（唱）争知俺仙家日月长。

（云）小二哥，你供养的是一尊甚么神道？（酒保云）这是初造酒的杜康。我供养着他，这酒客日日常满。（正末唱）

【那吒令】我待和你唤上那登真的伯阳，你觑当更悬壶的长房，不强似你供养那招财的杜康？（酒保云）师父，我买活鱼来做按酒。（正末唱）更休说钓锦鳞刍新酿，待邀留他过往经商。

【鹊踏枝】自隋唐，数兴亡，料着这一片青旗，能有的几日秋光？对四面江山浩荡，怎消得我几行儿醉墨淋浪！

（酒保云）师父，我这酒赛过琼浆玉液哩。（正末唱）

【寄生草】说什么琼花露，问什么玉液浆。想鸾鹤只在秋江上，似鲸鲵吸尽银河浪，饮羊糕醉杀销金帐。这的是烧猪佛印待东坡，抵多少骑驴魏野逢潘阆。

（酒保云）小人听得说，王弘送酒，刘伶荷锸，李白摸月，也不似先兰这等贪杯。（正末唱）

【幺篇】想那等尘俗辈，恰便似粪土墙。王弘探客在篱边望，李白扪月在江心丧，刘伶荷锸在坟头葬。我则待朗吟飞过洞庭湖，须不曾摇鞭误入平康巷。

（云）小二哥，打二百长钱酒来。（酒保云）先交了钱，然后吃酒。（正末云）你也说的是，与你这一锭墨，便当二百文钱的酒。（酒保云）笑杀我也！量这一锭墨有什么好处，那里便值二百文钱？（正末云）我这墨非同小可，便当二百文钱也不多哩。（唱）

【后庭花】这墨瘦身躯无四两，你可便消磨他有几场。万事皆如此，（带云）酒保也，（唱）则你那浮生空自忙。他一片黑心肠，在这功名之上。（酒保云）我不要这墨，你则与我钱。（正末云）墨换酒，你也不要？（唱）敢糊涂了纸半张。

（酒保云）他是个出家人，我那里不是积福处，留下这墨写帐，也有月处。罢罢，打二百文钱酒与他。老师父，酒便与你，自己吃不了，请几个道伴来吃。（正末云）小二哥，你也说的是。你看着，我请几个道伴来者。疾！你来，你来！（酒保云）在那里？（正末云）疾！你也来，你也来！（酒保云）你看这先生风了。（正末云）一个舞者，一个唱者，一个把盏者，直吃的尽醉方归。（酒保云）我说这先生风了，当真风了。把袍袖往东一拂道，你来你来；往西一拂道，你也来你也来。一个舞者，一个唱者，一个把盏者，都在那里？（正末云）可知你不见哩。（唱）

【金盏儿】 我这里据胡床，望三湘，有黄鹤对舞仙童唱。主人家宽洪海量醉何妨。直吃的卷帘邀皓月，再谁想开宴出红妆。但得一尊留墨客，（带云）我困了也，（唱）我可是两处梦黄粱。

（正末做睡科）（酒保云）如何？我说你吃不了二百钱的酒。我说你请几个道伴来吃，你不肯，兀的不醉了！他睡着了，可怎生是好？我这楼上，妖精鬼魅极多，害了他性命，怎生是好？我索唤起他来。（做唤科）师父，你起来。这楼上妖精极多，鬼魅极广，枉害了你性命。（正末不醒科）（酒保云）他睡着了，叫不醒，怎生是好？且下楼去，收了旋锅儿，落了这酒望子，上了这板闼，我再上楼去叫他去。"可扑、可扑。"老师父，你不起来，妖精出来吃了你，不干我事。我自去也。（下）（外扮柳树精上，诗云）翠叶柔丝满树枝，根科荣茂正当时。为吾屡积阴功厚，上帝加吾排岸司。小圣乃岳阳楼下一株老柳树是也。我在此千百余年。又有杜康庙前一株白梅花在此作祟。我上楼巡绰一遭，可是为何？恐怕他伤害了人性命。今日天晚，须索上楼巡绰一遭。好奇怪，我往常间上这楼来，坦然而上，今日如何心中惧怯？既来，难道回去？须索上去。（做见科）呀！上仙在此，须索回避咱。（正末喝云）业畜，那里去？回来！（柳云）早知上仙在此，只合远接。接待不着，勿令见罪。（正末云）好可怜人也！（唱）

【醉中天】 我见他拄着条过头杖，恰便似老龙王。（柳云）早知上仙在此，合当参拜。（正末唱）你这般曲脊驼腰来我跟前有甚勾当？（带云）我看你本相。（唱）我这里斜倚定栏干望。（柳云）师父，望甚么？（正末云）你道我望甚么？（唱）原来是挂望子门前老杨。（柳云）小圣在此千百余年也。（正末云）噤声！（唱）你道是埋根千丈，你如今絮沾泥则怕泄漏春光。

（云）柳也，你有几般儿歹处哩。（柳云）师父，我有什么歹处？（正末唱）

【忆王孙】 亚夫营里晚天凉，炀帝宫中春昼长。按舞罢楚台人断肠，你只是为春忙。（柳云）再有什么歹处？（正末唱）饿得那楚宫女腰肢一捻香。

（云）兀那老柳，这岳阳楼上作祟的元来是你！（柳云）不干小圣事，是杜康庙前一株白梅花在此作祟。（正末云）待我看来。真是个杜康庙前一株白梅在此作祟。好、好，兀那老柳，你跟我出家去罢。（柳云）师父，我去不得。（正末云）你为何去不得？（柳云）我根科茂盛，枝叶繁多，去不得。（正末云）他是土木形骸，到发如此之语。（唱）

【金盏儿】 我是个吕纯阳，度你个绿垂杨。你则管伴烟伴雨在溪桥上，舞东风飘荡弄轻狂。如今人早晨栽下树，到晚来要阴凉。则怕你滋生下些小业种，久已后干撇下你个老孤桩。

（云）老柳，你跟我出家去来。（柳云）既领师父教训，情愿跟师父出家。但我土木形骸，未得人身，怎生成的仙道？（正末云）你也说的是。土木之物，未得人身，难成仙道。兀那老柳，你听着，你往下方岳阳楼下卖茶的郭家为男身，名为郭马儿；着那梅花精往贺家托生为女身，着你二人成其夫妇。三十年后，我再来度脱你。（做与墨篮科，云）你与我将着这物。（柳做头顶科，云）师父，我这般将着么？（正末云）不是，再将者。（三科）（正末云）都不是，将来，将来。他是土木之物，未曾得人身，如何便能知道。你看者。（正末抱篮科，唱）

【赚煞】似我这般抱定墨篮儿。（柳抱篮科，云）师父，这般将着可好么？（正末唱）兀的不才似一个人模样。（柳云）师父，你怎生识的小圣来？（正末唱）我底根儿把你来看生见长。（柳云）师父仙乡何处？（正末唱）我家住在白云缥缈乡。（柳云）那里幽静么？（正末唱）俺那里无乱蝉鸣聒噪斜阳。（柳云）徒弟去则去，则是舍不的这一派水也。（正末唱）量湖光，不大似半亩芳塘。（柳云）徒弟省了也。（正末唱）你险做了长亭系马桩。（柳云）敢问师父两句言语，合道不合道是怎么说？（正末云）你一句句问将来。（柳云）师父，合道是怎生？（正末唱）合道在章台路旁。（柳云）不合道可是怎生？（正末唱）不合道你则在灞陵桥上。（云）你若肯跟我出家，教你学取一个。（柳云）学取那一个？（正末唱）我着你学取那吕岩前松柏耐风霜。（同下）

第二折

（柳改扮郭马儿引旦儿上）（诗云）龙团凤饼不寻常，百草前头早占芳。采处未消顶峰雪，烹时犹带建溪香。自家郭马儿是也。这是我浑家贺腊梅。在这岳阳楼下开着一座茶坊，但是南来北往经商客旅，都来我这茶坊中吃茶。我听得老的曾说来，三十年前，这岳阳楼上卖酒，如今轮着俺这一辈卖茶。俺两口儿自成夫妇，已经数载，寸男尺女皆无。但是那过往的人剩下的残茶，我都吃了他的。可是为何？这个唤作偷阴功，积福力，但生得一男半女，也不绝了郭氏门中香火。今日开开茶坊，我烧的旋锅儿热了。我昨日多饮了几杯，今日有些害酒。大嫂，茶客也未来哩，我且在这阁子里歇一歇，若有茶客来时，着我知道。（旦儿云）理会的。（郭马睡科）（正末上，云）徐神翁，你与我缆住小舟，我度脱了郭马儿，咱两个同舟而归。贫道当初在这岳阳楼下，度了一株柳树，因他是土木之物，不得成道，教他托生为人，如今岳阳楼下卖茶郭马儿便是。又着白梅花精托生在贺家为女，他两个配为夫妇，可又早三十年矣。过往君子吃剩的残茶，此人便吃了。虽然如此，争奈浊骨凡胎，无人点化。常言道：玉不琢不成器，人不磨不成道。休道是他，至如吕岩，当初是个白衣秀士，未遇书生，上朝求官，在邯郸道王化店遇着钟离师父，再三点化，才得成仙了道。假如遇不着钟离师父呵，（唱）

【南吕·一枝花】犹兀自骑着个大肚驴，吃几顿黄粱饭。则今日有缘游阆苑，可正是无梦到邯郸。（云）有人说道，你这等醉生梦死的，那神仙大道却怎生得来？（唱）休笑我行步艰难，无症候妆些残患。如今便岳阳楼来了两番，空听的骇浪惊涛，（带云）呆汉子，

（唱）洗不净愚眉肉眼。

（云）我这般东倒西歪，前合后偃的，（唱）

【梁州第七】我为甚不带酒伴推着醉里？（带云）人问先生尘世如何？（唱）我可甚点头来会尽人间？休笑我形骸土木腌臜扮，强如紫绶，胜似白襕。袖藏着宝剑，腹隐着金丹，消磨尽绿鬓朱颜。恰离了云幌星坛，（带云）世俗人休笑俺神仙无定也，（唱）早来到绿依依采灵芝徐福蓬莱，恰行过高耸耸卧仙台陈抟华山，又过了勃腾腾来紫气老子函关。把船弯此间，正江楼茶罢人初散。你这郭上灶吃人赞，则俺乞化先生左右难，来寻你下塌陈蕃。

（正末寻郭科，云）这个阁子里无有，这个阁子里也无有。（做见科，云）这厮在这里。马儿也，如今桃花放彻，柳眼未开。（打郭科）（郭惊科）倒吓我一跳，早是不曾打着我的耳朵。（正末云）打了你耳朵，不曾伤着你六阳魁首。马儿，你看波。（郭云）你着我看什么？（正末云）兀的不是乌江岸。（郭云）乌江岸在那里？（正末云）兀的不是华容路。（郭云）华容路在那里？（正末哭笑科）（郭云）这师父风僧狂道，着我看兀的不是乌江岸，兀的不是华容路，哭了又笑，笑了又哭，正是个风魔的哩。（正末云）古人英雄，今安在哉？华容路这壁是曹操遗迹，乌江岸那壁是霸王故址。曹操奸雄，夜眠圆枕，日饮鸩酒；三分霸王，有喑哑叱咤之勇，举鼎拔山之力，今安在哉？（唱）

【贺新郎】你看那龙争虎斗旧江山。（郭云）你笑什么？（正末唱）我笑那曹操奸雄。（郭云）你哭什么？（正末唱）我哭呵，哀哉霸王好汉！（郭云）老师父，你怎么哭了又笑，笑了又哭？（正末唱）为兴亡笑罢还悲叹，不觉的斜阳又晚，想咱这百年人则在这捻指中间。（郭云）不争老师父在楼上玩赏，可不搅了我茶客。（正末唱）空听得楼前茶客闹，争似江上野鸥闲，百年人光景皆虚幻。（正末看科）（郭云）我也学你看一看。（正末唱）我觑你一株金线柳，犹兀自闲凭着十二玉栏干。

（郭云）老师父，你来我这里有甚勾当？（正末云）我来问你化一盏茶吃。（郭云）化一盏茶吃，你可是甜言美语的。出家人那里不是积福处！大嫂，造一个茶来与师父吃。（正末云）我不这般吃。你则依着我，丁字不圆，八字不正，深深的打个稽首："上告我师，吃个甚茶？"我便说与你茶名。（郭云）你看么，我见他是出家人，则这般与他个茶吃，他又这般饶舌。也罢，依着他，左右茶客未来哩。他又风，我又九伯，俺大家耍一会。我依着他，丁字不圆，八字不正，深深的打个稽首："上告我师，吃个甚茶？"（正末云）我吃个木瓜。（郭云）哎哟，好大口也，吊了下吧！我说道你吃个甚茶，说道我吃个木瓜。（正末云）郭马儿，你学谁哩？（郭云）我学你哩。（正末云）但学的我尽勾了也。（郭云）学你腌臜头一世。罢、罢，大嫂造个木瓜来。（正末吃茶科）（郭云）将盏儿来。（正末云）我不与你盏儿。（郭云）怎生不与我盏儿？（正末云）你则依着我，丁字不圆，八字不正，深深的打个稽首："上告我师，茶味如何？"我便与你盏儿。（郭云）罢、罢，我便依着你，这些不必说了。师父稽首，茶味如何？（正末云）这茶敢不好。（郭云）好波，你与我贴招牌哩。（正末云）罚一个。（郭云）怎生罚一个？（正末云）依旧的问将来。（郭云）我依着你，依旧打个稽首，师父要吃个甚茶？（正末云）我吃个酥佥。（郭云）好紧唇也。我说道师父吃个甚茶？他说道吃个酥佥。头一盏吃了个木瓜，第二盏吃了个酥佥。这师父从来一口大一口小。（正末云）郭马儿，我是一口大一口小。（郭云）一口大一口小，不是个吕字？旁边再一个口，我这茶绝品高茶。罢、罢，大嫂，造个酥佥来与师父吃。（正末接茶科，云）郭马儿，你这茶里面无有真酥。（郭云）无有真酥，都是什么？（正末云）都是羊脂。（郭云）羊脂昨日浇了烛子，那里得羊脂来？（正末云）插上你呵，多少羊脂哩。（郭云）怎怎么样说，我是柳树了。（正末吃茶科）（郭云）将盏儿来。（正末云）我不与你盏儿，依旧的问将来。（郭云）我依着你。师父，茶味如何？（正末云）这茶敢又不好。（郭云）可早两遭儿。（正末云）再罚一个，你依旧问将来。（郭云）就依你问。师父要吃个甚茶？（正末云）我吃个杏汤。（郭云）这师父倒会吃，头一盏儿吃了个木瓜，第二盏吃了个酥佥，第三盏吃个杏汤，再着上些干粮，倒饱了半日。（正末云）马儿，你若不是我呵，是做了干梁也。（郭云）看将起来，我是块木头。罢、罢，大嫂，造个杏汤来与这师父吃。（旦儿云）杏汤便有，无有板儿也。（郭云）师父，杏汤便有，无有板儿也。（正末云）你说杏汤便有，无了板儿。三十年前解开你，都是板儿。（郭云）师父，我怎当的你这一句那一句。大嫂，造一个杏汤来。（正末吃茶科）（郭云）将盏儿来。（正末云）我不与你盏儿，依旧的问将来。（郭云）我依着你。师父，茶味如何？（正末云）郭马儿，你这茶……（郭云）敢又不好？（正末云）你怎生抡了我的？（郭云）我学你道哩。（正末云）则要你学我道哩。（郭舔茶盏科）（正末云）郭马儿，我见你两次三番舔。（郭云）舔甚么？（正末云）舔我这茶盏底，是何缘故？（郭云）师父，你不知。我与浑家贺腊梅自做夫妻，数载有余，寸男尺女俱无。但是南来北往经商客旅，做买做卖，都来我这楼上吃茶，剩下残茶，我都吃了。却是为何？这是偷阴功积福德，但得一男半女，也绝不了郭氏门中香火。（正末云）原来如此。我着你大积些阴功如何？（郭云）恁的呵，更好。（正末云）将盏儿来。郭马儿，你吃了我吐的残茶，教你有子嗣。（正末吐科）（郭做意不吃科，背云）看了他那嘴脸，我吃他吐的茶，就绝户了也成不的。我哄他一哄，看他说什么。师父，你肯吃我的剩饭，我便吃你的残茶。（正末云）将你那剩饭来。（唱）

【梧桐树】你道是两碗通轻汗，独不闻一粒度三关。管什么馄饨皮、馒头馅和剩饭，总是个有酒食先生馔。

（正末又吐科）（郭云）可磣杀我也！（正末云）你吃了我的残茶，我便吃你的剩饭。（郭云）我和你说，我也不吃你残茶，也不要你吃我的剩饭。你披着半片羊皮，乞儿模样好嘴脸。（正末唱）

【隔尾】你休笑这丐儿披定羊皮懒，你会首休猜做大卧单。（云）马儿，我吃了三盏茶，无一盏真的。（郭云）怎生无有一盏真的？（正末唱）我吐与你木瓜里枣、酥佥里脂、杏汤里瓣。（云）马儿，你吃了者。（郭云）吃不得。只恁般左难、右难。（云）马儿，吃了者。（郭云）其实吃不得。（正末云）你不吃，接了盏者。（正末哄科，云）打碎了盏儿也。(郭云)倒吓我一惊。(正末唱)我看你怎发付松风兔毛盏。

(带云)马儿，你看我吐的不小可也。(唱)

【牧羊关】这吐也无那竹叶云涛泛，也无那石铛雪浪翻。这吐呵但开口满帘香散，更压着仙酒延年，更压着蟠桃般驻颜。也不索采蒙顶山头雪，也不索茶点鹧鸪斑。比尔你吸取扬子江心水，(带云)马儿也，(唱)可强似汤生螃蟹眼。

(云)马儿吃了者。(郭云)吃不得。(正末云)贺腊梅，你吃了者。(旦儿吃科，云)稽首，弟子省了也。(正末云)你怕不省也，郭马儿还不省哩。将盏儿来。(正末抹盏底残茶与郭科)(郭云)好东西也，吃下去醍醐灌顶，甘露洒心，好东西也！师父，才抹到我口里是什么东西？(正末云)我恰才抹到你口里的，可是那残茶。(郭云)在哪里？再与我些吃。(正末云)都无了。(郭云)往哪里去了？(正末云)贺腊梅吃了也。(郭云)他吃了可怎么说？(正末云)他吃了先得了道也。(郭云)我呢？(正末云)你还在道旁边哩。(郭云)看起来我是柳树。(正末云)谁说你是榆树来？(郭云)我吃了你这残茶怎么说？俺浑家吃了你这残茶怎么说？(正末云)你吃了我这残茶，你是我的道伴；你浑家吃了我这残茶，他是我的仙友。(郭云)且住者。我吃了他的残茶，我是他道伴；俺浑家吃了他的残茶，倒和他为仙友！道伴也罢，这仙友可难为。看起来俺老婆养着你哩！(做怒打正末科)(正末唱)

【红芍药】把一片岁寒心烧做了火焰山，哎，你弟子好是凶顽。(郭扯袍科)(正末唱)把一领布袍襟扯住不容还，碎纷纷直似灵幡。(郭打科)(正末唱)打的我比春牛少片板，总是我不合劝修行吐尽心肝。(云)郭马儿，你休恼了我也。(郭云)恼了你，可怎么的我？(正末唱)把岳阳楼翻做鬼门关。休只管卖弄拳儇！

(郭打科)(正末唱)

【菩萨梁州】打的我死狗儿弯跧，青泥也腐烂，头披也髻散。呀，葫芦里瀽了些灵丹。(郭云)甚么灵丹，都是些羊屎弹子。(正末唱)扭回头遥望北邙山。(郭云)正是个风僧狂道。(正末唱)知他是你痴呆，我是疯魔汉？(郭云)大嫂，炉中添上些炭。(旦儿云)理会的。(正末唱)炉中有火休添炭，大都来有几年限。打、打、打先生不动惮，更怕甚圣手遮拦！

(末做架住起身科，云)郭马儿，跟我出家去来。(郭云)这师父打不改的。(正末唱)

【哭皇天】我着你早寻个香火新公案，煞强似久堕风尘大道间。只为你瘦伶仃无人盼，才长大便争攀。若不是我把长条自挽，则你在洞庭湖上，扬子江边，受了些风吹日炙，雪压霜欺，险些儿做了这岳阳楼、岳阳楼酒望竿。(郭云)我就跟你出家去，有甚么好处？(正末唱)我着你逍遥散诞，你自待偎慵惰懒。

【乌夜啼】愁什么楚王宫、陶令宅、隋堤岸，我已安排下玉砌雕栏。则要你早回头静坐把功程办，参透玄关，勘破尘寰。待学他严子陵隐在钓鱼滩，管什么张子房烧了连云栈。竞利名，为官宦，都只为半张字纸，却做了一枕槐安。

【三煞】想人能克己身无患,事不欺心睡自安,便百年能得几时闲?去向那石火光中,急措手如何选办?你何不早回看,直到落日桑榆暮景残,方才道倦鸟知还。

【二煞】争如我盖间茅屋临幽涧,披片麻衣坐法坛。倒也躲是非、忘宠辱、无牵绊,不强似你在人我场中,把个茶博士终朝淘渲?(做笑科,云)郭马儿,你及早省悟,也是迟了。(唱)我笑你忒愚顽,枉了我度你亲身三两番,还不省也天上人间。

(云)郭马儿,跟我出家去来。(郭云)我跟你出家去,你那里有什么道伴?(正末云)你若肯出家,我着你看两个道伴。(郭云)那两个道伴?(正末唱)

【黄钟尾】我着你看蓝采和舞春风六扇云阳板。(郭云)那一个呢?(正末唱)我着你看韩湘子开冬雪双茎锦牡丹。疾回头,莫怠慢。(郭云)师父,我送你下楼去。(正末唱)下江楼,近水湾。(云)呀,徐神翁等不得我,先去了也。(郭云)在哪里?(正末唱)你与我撑开船,挂起帆。(云)郭马儿,上船来。(郭云)你先上船。(正末云)我先上船。(郭推正末科,云)推他娘在这水里!(正末云)呀,这厮险些儿不闪我在水里!(唱)行至蓬莱宫、方丈山,俺那火送行人世不曾西出阳关,早则不凝望渭城和泪眼。(下)

(郭云)那师父去了也。今日茶也不曾卖的,被他打搅了一日。天色已晚了,收拾了旋锅儿,闭了茶肆。大嫂,咱还家中去来。(下)

楔 子

(郭马上,云)自家郭马儿。自从见了那个师父,但合眼便见他道:"郭马儿,跟我出家去来。"我可怎生出的家?我如今不卖茶了,在这岳阳楼下卖酒。我今日打点些按酒去。我不往前街上去,怕撞着那师父,我往这后街里去。(正末冲上,云)郭马儿,你往那里去?(郭云)我躲他,正撞在怀里。师父,我如今不卖茶了,在岳阳楼下卖酒。请师父吃三钟。(正末云)你请我吃三钟,我在你这楼上醉了两醉也。你再请我吃一醉。(做行科)(郭云)上的这楼来。师父,你吃一碗。(正末云)你也吃一碗。(郭云)师父,你再吃一碗。(正末云)你也再吃一碗。(郭云)师父,你再吃一碗。(正末云)你送我下楼去。(郭云)我送师父下楼去。(正末云)郭马儿,跟我出家去来。(郭云)我怎生出的家?我若跟你出家,可把我媳妇发付在哪里?(正末云)你杀了你媳妇者。(郭云)杀了我媳妇,可着谁偿命?(正末云)敢是你偿命。(郭云)可知哩。我便要杀俺媳妇,可也无兵刃。(正末云)兀的不是一口剑?(郭云)师父,是一口好剑。(正末唱)

【仙吕·赏花时】这剑曾伴我三十年来海上游,夜夜光芒射斗牛。(云)郭马儿,我与你这一口剑,要些回答的礼物。(郭云)可要什么回奉的礼物?(正末唱)要一颗血淋淋妇人头。(郭云)好容易也。(正末唱)为你个墙花路柳,(带云)若不是恁两个呵,(唱)谁肯三醉岳阳楼。(下)

(郭云)这师父正是风僧狂道,好没生与我一口剑,教我杀了俺媳妇儿。我可怎生舍

的？这一口剑拿到家中切菜，也有用处。今日又被他歪死缠，不曾卖的酒，且回家中去来。（下）

第三折

（郭马儿上，云）自从那师父与了我一口剑，拿到家中，三更前后，不知什么人把我媳妇杀了。剑上写着四句诗道："朝游北海暮苍梧，袖里青蛇胆气粗。三醉岳阳人不识，朗吟飞过洞庭湖。"后面写着"洞宾作。"我如今先告知社长，然后见官去也未迟哩。可早来到社长门首。我试唤他一声：社长在家么？（丑扮社长上，云）谁叫门哩？我开开这门看。（见科）（郭云）社长拜揖了。昨日有个不知姓名的胡先生，与了我一口剑，着我拿到家里。三更前后，不知什么人把俺媳妇杀了。剑上写着四句诗道："朝游北海暮苍梧，袖里青蛇胆气粗。三醉岳阳人不识，朗吟飞过洞庭湖。"后面写着"洞宾作"。（社长云）你媳妇杀了么？（郭云）杀了。（社长云）杀了罢，干我膫儿事！（郭云）你是个当坊社长，不和你说和谁说？（社长云）马儿，我和你说，"洞宾作"，想必是洞中一块宾铁拿来打成这口剑，则怕是这个杀了你媳妇儿。（郭云）不是。（社长云）既然不是，依着你怎么说？（郭云）我如今和你告官去，讨一纸勾头文书，长街市上寻那个道人去。但有人念这四句诗的，便是他杀了俺媳妇儿。（社长云）这也说的是。（郭诗云）我如今先去找寻他，慢慢地告请官差捕。（社长诗云）便纵然寻着胡先生，也当不得你这丑媳妇。（同下）（正末愚鼓简子上）（词云）披蓑衣，戴箬笠，怕寻道伴；将简子，挟愚鼓，闲看中原。打一回，歇一回，清人耳目；念一回，唱一回，润俺喉咽。穿茶房，入酒肆，牢拴意马；践红尘，登紫陌，系住心猿。跨彩鸾，先飞到，西天西里；驾青牛，后走到，东海东边。灵芝草，长生草，二三万岁；娑罗树，扶桑树，八九千年。白玉楼，黄金殿，烟霞霭霭；紫微宫，青霄阁，环珮翩翩。鹦鹉杯，凤凰杯，满斟玉液；狮子炉，狻猊炉，香喷龙涎。吹的吹，唱的唱，仙童拍手；弹的弹，舞的舞，刘衮当先。做厮儿，做女儿，水煎水燎；或鸡儿，或鹅儿，酱炒油煎。来时节，刚才得，安眉待眼；去时节，只落得，赤手空拳。劝贤者，劝愚者，早归大道；使老的，使小的，共结良缘。人身上，明放着，四百四病；我心头，暗藏着，三十三天。风不着，雨不着，岂知寒暑；东不管，西不管，便是神仙。船到江心牢把柁，箭安弦上慢张弓。今生不与人方便，念尽弥陀总是空。（唱）

【正宫·端正好】 我劝你世间人，休争气，及早地归去来兮。可乾坤做一床黄绸被，单搦着陈抟睡。

【滚绣球】 我穿着领布懒衣，不吃烟火食。淡则淡淡中有味，又不是坐崖头打当牙椎。人问我姓甚的？住那里？要寻我煞是容易，酒排沙紧对着钟离。怕你虎狼丛吃闪呆獐般看，是非海淹着死马儿医。树倒风吹。

（郭同社长，云）兀的不是那道人来了！听他念甚的。（正末云）朝游北海暮苍梧，袖里青蛇胆气粗。三醉岳阳人不识，朗吟飞过洞庭湖。（郭云）好也，可是你杀了我媳妇，你

逃走到哪里去！（做扯末科）（正末唱）

【倘秀才】你在当街上把师父扯曳，这是我劝弟子修行的气力。（郭打科，云）我打你个弟子孩儿！（正末云）你打不得。（唱）打、打、打，今世饶人不是痴，天生下这顽皮，壮吃。

（正末顿脱郭手科）（唱）

【滚绣球】好生地放了者。我为甚不惹你？赤紧的简子唤作惜气，但行处愚鼓相随。愚是不省的，鼓是没眼的。柳呵今日蓝葱般人脆，一口气不回来教你落絮沾泥。则俺那洞中有客鹤来早，抵多少秋后无霜叶落迟，看那个便宜。

（云）郭马儿，你当街截住我是怎的？（郭云）你因何杀了我媳妇儿？我如今撞见，你有甚话说？（正末唱）

【叨叨令】则为这泼家私满镜里白髭髯，熬煎得铁汤瓶一肚皮长吁气。一头把老先生推在荒郊内，哎，你个浪婆娘又搂着别人睡。不杀了要怎么也波哥，不杀了要怎么也波哥？争如我梦周公高卧在三竿日！

（郭云）你赖不过，我今告着你哩。（正末云）你凭什么勾我？（郭云）我凭勾头文书勾你。（正末云）你文书那里？（郭出文书科）（正末云）你念我听。（郭念云）奉州官台旨，即勾唤杀人贼一名胡道人。是你不是你？（正末云）将来我看。（做换文书科，云）疾！你再读，看是谁就拿谁。（郭云）是。读，看是谁就拿谁。（念科云）奉州官台旨，勾唤杀人贼一名郭马儿。（惊科）这上面可怎么写着我？（正末唱）

【倘秀才】我不信那官人敢断谁，则为你愚不省将勾头来吊你，正是俺自有心猿百字碑。哎，村物事，泼东西，怎到得那里？

【滚绣球】俺那里白云自在飞，仙鹤出入随。俺那里洞门不闭。（郭云）师父，则怕那里有俺媳妇么？（正末唱）你可也再休提家有贤妻。（郭云）师父，这里是那里？（正末云）马儿，你看波。（唱）这壁银河织女机，那壁洞中玉女扉，怎发付你那酒色财气？则你那送行人何曾道展眼舒眉，你是个红尘道上千年柳，你觑波白玉堂前一树梅。（旦儿上，郭见科，云）兀的不是我浑家贺腊梅哩！（正末云）疾！（旦下）（郭云）师父，俺媳妇那里去了？才在这里，怎生不见！（正末唱）怎知这就里玄机！

（郭云）我也道花枝般好媳妇被你杀了不成？快教他出来，还了我罢。（正末唱）

【伴读书】你道是花枝儿媳妇天然美，又道是笋条儿一对青年纪；端的谁遣来两个成匹配？到今日又谁拆散你这芳连理？可怎生不解其中意，还认作儿女夫妻！

（郭云）你藏了我媳妇儿，我便肯干罢？社长，你也帮我一帮，扭他见官去来。（社长云）勾头文书原着我协同着你拿这胡道人，我帮你，我帮你。（正末唱）

【笑和尚】我、我、我要你媳妇儿做甚的，你、你、你扭住我欲何为？敢、敢、敢挟着这一纸文书的势。看、看、看你媳妇儿在哪里，有、有、有谁是个杀人贼，来、来、来咱和你去当官对。

（郭云）社长，适才我那媳妇你也看见的，到官去你与我做个质证。（社长云）你不要

等他唱曲，只拿他到官司去。（正末唱）

【煞尾】再休想一枝逗漏春消息，则要你三岛追随路不迷。拜辞了潇湘洞庭水，同去蟠桃赴仙会。酒泛天浆滋味美，乐奏云璈音调奇。绛树青琴左右立，都是玉骨冰肌世无比。我劝你这片凡心早收拾，莫为娇妻苦萦系。（郭云）你拐了我媳妇儿，更待干罢！社长，你帮我拖他到官去，好歹要还我媳妇来。（正末云）这呆汉昏迷不醒，枉了我三遭儿也。（唱）似这等呆脑呆头劝不回，咍，可不干赚了我奔走红尘九千里。（做顿袖脱科，下）

（郭云）好，两个后生拿一个先生，被他溜了。我不问那里赶上去。（社长云）这里有两条路，你往这头，我往那头，两路抄将来，不怕他会飞上天去。（郭云）说的是。赶、赶、赶！（同下）

第四折

（正末打愚鼓简子上，云）罗浮道士谁同流，草衣木食轻王侯。世间甲子管不得，壶里乾坤只自由。数着残棋江月晓，一声长啸海门秋。饮余回首话归路，笑指白云天际头。（郭马儿冲上拿科，云）拿住！我如今再不等你溜了，和你见官去来。（正末唱）

【双调·新水令】则这杀人贼须是你护身符，教你做神仙悟也不悟。你看承我做酒布袋，请看这药葫芦。不是村夫，还有三卷天书。（郭云）什么天书，敢是化缘的疏头。（正末唱）你休猜做化缘疏。

（郭扯末云）告官去来。（正末唱）

【驻马听】你将我袍袖揪捽，误了你龙麝香茶和露煮。将我环绕扯住，怎教凤城春色典琴沽。建溪别馆觅钱箍，蓬莱仙岛休家去。（郭云）你杀了人，往那里去？（正末唱）我若是欠人债负，俺那里白云满地无寻处。

（郭云）我的媳妇儿，你送的那里去了？（正末云）不是你的媳妇。（郭云）倒是你的媳妇？（正末唱）

【沉醉东风】是我绾角儿宿缘伴侣，垂髫时儿女妻夫。是我的媳妇儿？泼男女，尚古自参不透野花村务！（郭云）你是个出家人，如何要老婆？（正末唱）道士须当配道姑。（带云）呆汉！（唱）则俺两口儿先生姓吕。

（郭云）你不要强，和你告官去来。（正末唱）

【七兄弟】由你到大处告去，只拣爱的做。你道是踏破铁鞋无觅处，算来全不费工夫，可干吃了半碗腌臜吐。

【梅花酒】想您个匹夫，不识贤愚。蠢蠢之物，落落之徒，休猜俺做左道术。俺自拿着揾鼻木，您拽着我布道服。俺急切里要回去，您当街里缠师父。俺为甚的不言语？您心下儿自踌躇。

【收江南】俺则待朗吟飞过洞庭湖，您在茶坊中说甚蜜和酥。（外扮孤一行上，云）什么人乱嚷，与我拿过来者！（正末唱）扇圈般一部络腮胡，更狠似道录，马头前不慌杀了贺仙姑。

（郭云）这个道人杀了我的媳妇，大人与我做主咱！（孤云）兀那道人，清平世界，浪荡乾坤，你怎敢杀人！（正末云）郭马儿告我杀了他媳妇儿，他媳妇贺腊梅见在，不曾死。（孤云）贺腊梅在那里？叫来我看。（正末云）现在此处。疾！（旦儿上，云）师父，唤你徒弟，那厢使用？（正末云）这不是他媳妇儿！（孤云）郭马儿，你告这道人杀了你媳妇儿，如今你媳妇现在，做的个告人徒自己徒。左右，推出去杀坏了者。（孤一行下）（郭云）可怎了也？（正末云）郭马儿？你告着我杀了你媳妇儿，如今你媳妇现在，做了个诬告人死罪，自己反坐。如今要杀坏你，要我救你不救？（郭云）可知要救我哩。（外扮钟离引众仙上，云）郭马儿，你认的我么？（郭云）怎生官人也不见了？祇候也不见了？都是一伙先生？敢是我错走在五龙坛里来了？（正末云）郭马儿，你认的这众仙么？（郭云）这位做官的胡子是谁？（正末唱）

【水仙子】这一个是汉钟离现掌着群仙箓。（郭云）这位拿着拐儿的，不是皂隶？（正末唱）这一个是铁拐李发乱梳。（郭云）兀那位着绿襕袍的，不是令史哩？（正末唱）这一个是蓝采和板撒云阳木。（郭云）这老儿是谁？（正末唱）这一个是张果老赵州桥骑倒驴。（郭云）这位背葫芦的是谁？（正末唱）这一个是徐神翁身背着葫芦。（郭云）这位携花蓝的是谁？（正末唱）这一个是韩湘子韩愈的亲侄。（郭云）这位穿红的是谁？（正末唱）这一个是曹国舅宋朝的眷属。（郭云）敢问师父你可是谁？（正末云）贫道姓吕名岩字洞宾，道号纯阳子。（唱）则我是吕纯阳爱打的简子愚鼓。

（郭云）了！三十年前我是岳阳楼下老柳树，俺浑家贺腊梅，就是杜康庙前白梅树。后来托生下方，配为夫妇，直待师父三度点化，才归正道。稽首，我弟子早省悟了也。（钟离云）你二人既得省悟，听吾指示。（词云）你本是人间土木之物，差洞宾将你引度。今日个行满功成，跨苍鸾同登仙路。（郭、旦拜谢科）（正末唱）

【收尾】则我向岳阳楼来往经三度，指引你双归紫府。方才识仙家的日月长，再不受人间的斧斤苦。

（《全元曲》第 3 卷）

作者简介：谷子敬（生卒年不详，元末明初人），金陵（今江苏南京市）人。杂剧家。作品有《吕洞宾三度城南柳》、《枕中记》等。

作品简介：本剧是以吕洞宾为主要人物、以岳阳楼为主要背景的神仙道化剧。本剧共四折并一个楔子，讲述了吕洞宾至岳阳楼三次度化柳树精的故事。本剧是以马致远的《吕洞宾三醉岳阳楼》杂剧加工演变而成，其思想内涵也与马的杂剧柜似，但具体的度化过程和故事情节有不同。

西王母重餐天上桃　　吕洞宾三度城南柳

楔　子

（正末扮吕洞宾上，云）贫道姓吕名岩字洞宾，道号纯阳子。隐于终南山，遇钟离师父，授以长生之术，得道成仙。昔日师父曾说，这岳州城南一株桤树，生数百余年，有仙风道骨，教我度脱他。如今来到这岳州地面，不免扮作一个货墨的先生，去访问咱。哦！远望城南一片绿荫，就是那株树了。原来在岳阳楼边，且往这楼上一看。（做到楼科，叫云）酒保何在？（丑扮酒保上，云）老汉姓杨，在这岳阳楼下开着一个酒店。今日没什么客，只有一个先生在楼上。我试问咱。（做见科，云）师父，买几多钱的酒？（正末云）买五十文钱的酒。相饶些下酒来。（酒保云）这先生真是个乞化的，买得五十文钱酒，怎生又要案酒？兀的酒在这里。实是迟了，没什么下酒。（正末云）有酒无肴，怎生吃得下？我这墨篮里有王母赐的蟠桃一颗，将来下酒。（饮酒啖桃科，云）咱凭栏看这柳树，果有仙风道骨。争奈他土木之物，如何做得神仙？必然成精之后，方可成人；成人之后，方可成道。我恰才吃的这颗桃，本是仙种。我将桃核抛于东墙之下，长成之后，教他和这柳树俱成花月之妖，结为夫妇。那期间再来度脱他，也未迟哩。（做下楼科，云）这桃终是仙种，顷刻间可早开了花也。你听我嘱咐咱。（唱）

【仙吕·赏花时】今日个嫩蕊犹含粉脸羞，密叶空攒翠黛愁。夸艳冶逞风流，结上些莺朋燕友，可索及早里便抽头。

【幺篇】休则管恼乱春风卒未休，恐怕你憔悴秋霜非是久。只等的红雨散绿云收，我那期间寻花问柳，重到岳阳楼。（下）

第一折

（旦扮桃花精，净扮柳树精，同上）（桃云）妾身乃天上仙桃，此乃城南柳树。昔日吕洞宾师父到此，有意度脱这老柳，将我种向邻墙，与老柳配做夫妇，以此成为精灵。俺两个都是妖物，白日里不敢出来，则去深山里潜藏，晚夕方敢来这楼上宿歇。似这等风吹日晒，雪压霜欺，知他几时能勾脱生？如今天明了也，俺两个又索往深山中潜藏去来。（下）

（正末上，云）贫道吕岩，自从他天上仙桃配上城南老柳，贫道不自去点化他，如何成人？则索离了仙府，又往人间走一遭去也呵。（唱）

【仙吕·点绛唇】 别却蓬壶，坦然独步尘寰去。回首仙居，兀良，在缥缈云深处。

【混江龙】 仙凡有路，全凭着足底一双凫，翱翔天地，放浪江湖。东方丹丘西太华，朝游北海暮苍梧。暂离真境，来混尘俗。觑百年浮世，似一梦华胥，信壶里乾坤广阔，叹人间甲子须臾。眨眼间白石已烂，转头时沧海重枯。箭也似走乏玉兔，梭也似飞困金乌。看了这短光阴，则不如且入无何去，落的个诗怀浩荡，醉眼模糊。

（云）可早来到岳阳楼也，且买几杯酒吃。酒保何在？（酒保上，云）师父要多少钱酒？（正末云）打一百钱酒。（酒保云）酒在此。（正末云）是好高楼也！我且看景致咱。（唱）

【油葫芦】 高耸耸雕栏十二曲，接太虚，层梯百尺步云衢。一会家望齐州则索低头数，只恐怕近天宫不敢高声语。这楼襟三江，带五湖，更对着君山千仞青如许，咱这里不饮待何如？

【天下乐】 拼着个醉倒黄公旧酒垆，笑三也波闾楚大夫，如今这汨罗江有谁曾吊古？怕不待骑鲸的飞上天，荷锸的埋入土，则问你独醒的今在无？

（酒保云）这先生买了一百钱酒，则管要添。料这穷道人，那里讨钱还我！没了酒也。（正末云）他怕我无钱，就说无了酒。我饮兴方浓，怎生是好？（酒保云）你要酒先数钱来。（正末云）我委实无钱了也。（酒保云）便无钱，有什么随身物件来当？（正末云）道人有何物？（唱）

【金盏儿】 俺道人呵只身躯走江湖，量随行有甚稀奇物？只不过墨篮、琴谱、药葫芦。则你那尊中无绿蚁，皆因我囊里缺青蚨。怎做得神仙留玉珮，卿相解金鱼。

（做解剑科，云）将这剑当下如何？（酒保云）我不要他。（正末云）我这剑非同小可。（唱）

【么篇】 这剑六合砌为垆，二气铸成模。呼的风、唤的雨、驱的云雾，屠的龙、诛的虎、灭的魑魅。霜锋如巨阙，冰刃胜昆吾；光摇牛斗暗，气压鬼神伏。

（云）你当下这剑有用他处。（酒保接剑，挂背上科，云）这剑是有用处，也好切菜。先生，酒不打紧。如今天色晚了，这楼上有两个精怪，到晚便出来迷人，酒客晚间不敢在这楼上吃酒。（正末云）有什么精怪？我不怕他。（酒保云）你有什么术法，却不怕他？（正末唱）

【醉中天】 我比你无些惧，你问我有何术？（指剑科）则是这袖里青蛇胆气粗，怕什么妖精物！我若是拔向尊前起舞，手到处百灵咸助，怎容他山鬼揶揄？

（酒保云）既然先生不怕，我与你酒自斟自饮，我下楼去也。（下）（桃、柳精上，云）俺二人恰从山中出来，如今天色晚也，咱去楼上宿歇去来。（做上楼，惊拜科，云）不知上仙在此，合当万死！（正末唱）

【后庭花】原来是逞妖娆娇艳姝，弄精神老匹夫。玄都观为头树，彭泽庄第一株。（云）我问你咱。（唱）你待何如？敢又去迷人害物！（柳云）弟子不敢。（正末唱）索问甚荣与枯，无知的衰朽木，反不如花解语。

（带云）桃呵，（唱）

【醉扶归】你自一点芳心苦，（柳云）弟子几时得度脱？（正末云）柳呵，（唱）几时得万结翠眉舒？（桃、柳各长吁科）（正末唱）您两个对月临风自叹吁，正是你绿惨红愁处。（桃云）我这等仙种，师父如何配与我柳树？（正末唱）只合与妖桃共居，天生下连枝树。

（柳云）师父，弟子端的几时得托生？（正末云）你要托生，你只在老杨家成人。（桃云）弟子却是如何？（正末云）你也索跟他将去。（柳云）师父别有甚遗下言语？（正末云）你听我说。（诗云）独自行来独自坐，无限世人不识我。唯有城南柳树精，分明知道神仙过。（唱）

【赚煞】为甚么桃脸破红颜，柳眼垂青顾？认得俺东君是主。堪笑时人空有目，如育般岂辨贤愚！这火凡夫都是些懵懂之徒，不识回仙元姓吕。则不如把红尘跳出，袖白云归去，我则待朗吟飞过洞庭湖。（下）

（柳云）师父不肯度脱，俺去了也。我想，师父说教俺老杨家成人，必是老杨在师父跟前唆说，不肯度脱咱两个。等老杨上楼来，把他迷杀了，却不是了当！兀的不是老杨来也。（酒保背剑上，云）天色晚了，我上楼收拾咱。（见科，叫云）有鬼，有鬼！（桃、柳向前科）（酒保云）我可也不怕他，有师父当下的剑，将来砍这妖怪。（做拔剑砍科，砍中柳科，柳走下）（又砍桃科，桃走下）（酒保云）天色昏黑，不知砍着什么东西，只是咯咯的响。我试点火来照一照。（做照科，云）原来砍着门前那老柳树、墙边桃树。哦！原来就是这两件物成精作怪。明日把柳树截作系马桩，埋在门前，把桃树锯敞桃符，钉在门上，着他两个替我管门户。把这剑挂在楼上，镇着家宅。我想那当剑先生也是高人，他曾说这剑有用处，果应其言。等他来赎剑时，请他吃一个烂醉，也当是我的谢意。（下）

第二折

（正末上，云）光阴好疾也。自离了岳阳楼，来山中住得一两日，世上早二十年也。自从城南桃、柳成其精灵，贫道故将宝剑留与老杨，着他手砍了他土木形骸，教柳树就托生在杨家为男子，教桃托生在邻舍李家为女子。他两个成人，结为夫妇。且教他酒色财气里过，方可度脱他成仙了道。则为你这花和柳，教我走三遭也。（唱）

【正宫·端正好】不争我三入岳阳城，又则索再出蓬莱洞，跨黄鹤拂两袖天风。到世间不是我尘缘冗，则被这花共柳相搬弄。

【滚绣球】怕不你柳色浓，花影重，色深沉暮烟偏重，影扶疏晓日方融。柳呵，少不的半树枯，半树荣。桃呵，少不的一片西，一片东。燕剪就乱丝也无用，莺掷下碎锦也成空。几曾见柳有千年绿，都说花无百日红，枉费春工。

（带云）众神仙都也笑我忙些什么？（唱）

【倘秀才】那些也清阴半空？何处也红芳万种？原来昨日今朝事不同！寻旧迹觅遗踪，空留下故冢。

（云）我上楼试着咱。（做坐定科，云）怎生不见人来？（桃、柳精改分同上）（净云）自家是岳阳楼下卖酒老杨的儿子，生下来头发便白，因此人皆叫我老柳。我今年二十岁了，娶得个浑家，是东邻李家女儿，名唤做小桃，和我同年同月同日生。我父亲亡故多年，我独自管着这酒楼。不知怎生，俺这妇人常不言语，可似哑的；我十分爱他，他却不爱我，这家缘全然不管。恰有个酒客上楼去了，我去问他。娘子，你好生看着门户。（做上楼见正末科）（正末云）老柳，你在这里，你认的我么？（净云）我不认的你。（正末云）二十年前我和你厮见来。（净云）这先生你敢错认了，我恰才二十岁，这二十年前那里得我来？你认的是俺父亲老杨，如今死过多年了。（正末背云）他是不认的。我去他身上，带意儿说上几句，看他省的省不的。（唱）

【滚绣球】当日死了你那老太公，怎生下你这个小业种。樗散材怎能勾做梁作栋？你这片岁寒心不到的似柏如松。留下一枝儿继你祖宗，那取五株儿做你弟兄。槁木般病形骸更没些沉重，干柴般瘦身躯直怎么龙钟！枉将你翠眉颦损闲愁甚？空自把青眼睁开不认依，我须是昔日仙翁。

（云）你看这挂的剑，原是我昔日当下的，今日特来回赎哩。（净云）先生休胡说。这口剑不曾生我时，有个神仙留下。我父亲说，这口剑曾除了楼上两个妖精，以此挂着镇宅。你怎么说是你的？你比那神仙多几岁？（正末云）我不与你说，唤你浑家来，他便认的我。（净云）奇话，俺那浑家从不曾出来卖酒，他那里认你？我唤他出来，看认的你么？（做唤科）（旦上，见正末拜科）（正末云）小桃，你也在这里？（唱）

【脱布衫】则见他乌云坠蝉鬓鬅松，秋波困醉眼蒙胧。酒力透冰肌色浓，枕痕印粉腮香重。

【小梁州】为甚么这两朵桃花上脸红？须是你本面真容。想着那去年今日此门中，你将我曾迎送，这搭里再相逢。

（旦云）师父，怎这许多时不见师父来买酒吃？（正末唱）

【幺篇】恰便似汉刘郎误访桃源洞，奈惜花人有信难通。（净看旦笑科）（正末唱）他频将柳眼窥，你把花心动。怕不年高德重，人则道临老入花丛。

（净云）好是蹊跷，俺这浑家见了这先生，就会说话了，又似认得他一般。（正末云）老柳，再打酒来，不少你钱。（净取酒上，云）今日见了师父，俺浑家又会说话，我喜之不胜。俺夫妻二人伏待师父，只管吃醉，不要还酒钱。（正末唱）

【滚绣球】我待从容饮巨觥，他可殷勤捧玉钟，出红妆主人情重，强如列珍馐炮凤烹龙。（净云）师父，我会舞，等浑家也唱一个曲儿，替师父送酒何如？（做舞、唱科）（正末唱）你看樽中酒不空，筵前曲未终，怎消得贤夫妇恁般陪奉。（净云）师父，俺两口儿这般歌舞，堪做一对儿。（正末唱）你那小蛮腰敢配不上樊素喉咙。休看那舞低杨柳楼心月，且听这歌尽桃花扇底风，倚翠偎红。

（云）感你两个好意。我虽醉，有句话与你两个说。想人生青春易过，白发难饶。你两个年纪小小的，则管里被这酒色财气迷着，不肯修行办道，还要等什么？（唱）

【白鹤子】年光弹指过，世事转头空。则管苦恋两枝春，可怎生不悟三生梦。

（云）你跟我出家去罢。（净云）跟你去呵怎生？（正末云）跟我去呵。（唱）

【幺】学长生千岁柏，不老万年松。我将你柳向玉堂栽，花傍瑶池种。

（净云）不跟你去却怎生？（正末唱）

【快活三】少不得叶凋也翠幕倾，花落也锦机空。管取你一般潇洒月明中，栖不得鸾和凤。

【鲍老儿】那期间白雪飘飘灞岸东，飞絮将斜阳弄；红雨霏霏汉苑中，残英把春光送。老了锦莺，愁翻粉蝶，怨杀游蜂。芳菲渺渺，韶光苒苒，岁月匆匆。

（净云）师父，怕不如此说，我怎生舍得这家缘过活，夫妇恩情，便跟随你去？（旦云）他不肯去，小桃情愿跟师父出家。（正末唱）

【啄木儿尾】怕不你霜凝时刚挨得秋，雪飘怎过冬？觑了这没下稍的枯杨成何用！想你那南柯则是一梦，争如俺桃花依旧笑春风。（同旦下）

（净云）这泼妇真个跟了那先生去了。我也顾不得家缘活计，取下这剑来，带着赶将去。贼道，我不到的放过你哩。（下）

第三折

（正末改扮渔翁上。云）老夫渔翁是也。驾着一叶扁舟，是俺平生活计。谁似俺渔人快活也呵！（唱）

【南吕·一枝花】蝇头利不贪，蜗角名难恋。行藏全在我，得失总由天。甘老江边，富贵非吾愿，清闲守自然。学子陵遁迹在严滩，似吕望韬光在渭川。

【梁州第七】虽是个不识字烟波钓叟，却做了不思凡风月神仙。尽他世事云千变。实丕丕林泉有分，虚飘飘钟鼎无缘。想着那闹吵吵东华门外，怎敌得静巍巍西塞山前。脚踪儿不上凌烟，梦魂儿则想江堧。觑了那忘生舍死的将军过虎豹关中，耽惊受恐的朝士拥麒麟殿前，争如俺少忧没虑的依家住鹦鹉洲边，苟延，数年。我其实怕见红尘面，云林深市朝远。遮莫是天子呼来不上船，饮兴陶然。

【隔尾】旋沽村酒家家贱，自钓鲈鱼个个鲜。醉与樵夫讲些经传。春秋有几年，汉唐事几篇？端的谁是谁非，咱两个细敷演。

（云）因和那樵夫饮了几杯酒，不觉得醉了。咱脱下这蓑衣来铺着，就这矶头上睡一觉咱。（睡科）（净上，云）不想俺那浑家跟着先生去了。我随后赶来，到这渡头，原来是个截头路。兀的见一只渔船流将下来，我带住这船，等有人寻时，教他渡过我去。（做带船）

（正末醒科，云）怎生不见了渔船！（唱）

【牧羊关】恰才共野老清晨饮，因此伴沙鸥白昼眠，觉来时怎生这钓鱼船不见？这其间黄芦岸湖平，白蘋渡水浅。莫不在红蓼花新滩下？莫不在绿杨树古堤边？则见那人影里牵回棹，原来是柳阴中缆住船。

（背云）那里有什么渔翁？就是我故意变化了的，教他不认得。（做叫科，云）兀那汉子，这渔船是老夫的。（净云）这船原来是那渔翁的，我将这船还你。借问渔翁，曾见个出家的先生，引着个年小的妇人，从这里过去么？（正末云）是见有两个人过去。（唱）

【隔尾】见一个庞眉老叟行在前面，见一个绝色佳人次着后肩。恰渡过芳洲早望不见。多管在竹林寺边，桃花坞前，便趁着东风敢去不远。

（净云）他端的是那里去了？（正末唱）

【牧羊关】他去处管七十二福地，辖三十六洞天，这河与弱水相连。山号昆仑，地名阆苑。须不是系马邮亭畔，送客渭城边。离你那汴河堤早程三百，隔您那灞陵桥有路八千。

（净云）遮莫他怎地远，我也要赶上他。渔翁，怎生渡的我过去？（正末云）要我渡你也容易，你息得心上无明火，便渡你过去。（净云）有何难处？我若赶上他，则不伤害他便了。（正末云）你带着剑做什么？（净云）这剑是那先生当下的，我如今送还他去。（正末云）既如此，渡你过去。（净上船，正末收蓑衣，开船科，云）这等的风雪满天，没奈何渡你过去。（唱）

【骂玉郎】觑了这琼花顷刻飘扬遍，银海岛玉山川，沧波万顷明如练。龙鳞般云外飘，鹅毛般江上剪，蝶翅般风中旋。

【感皇恩】可早漫地漫天，更扑头扑面。雪拥就浪千堆，雪裁成花六出，雪压得柳三眠。（净云）这雪看看下得大了。好冷也！（正末唱）你这般愁风怕雪，甚的是带雨拖烟？你索拳双足，瞑双目，耸双肩。

（净云）我起去摇橹，借你蓑衣披着。（作借蓑衣科）（正末唱）

【采茶歌】他将我绿蓑穿，他把那橹绳牵，兀的是柳丝摇曳晚风前。那里是雪片纷纷大如手，须是杨花滚滚乱如绵。

（云）船到岸了。你脱蓑衣还我，你上岸去。（净脱蓑衣科，云）渔翁，我这一去，寻得俺那浑家着寻不着？（正末唱）

【哭皇天】谁着你锁鸳鸯系不紧垂杨线，今可去觅鸾胶续继弦。遮莫你上碧霄下黄泉，赤紧的天高地远。你若不依着我正道，我若不指与你迷途，柳呵，你便柔肠百结，巧计千般，浑身是眼，寻不见花枝儿般美少年。枉将你腰肢摆困，怎得你眉头放展！

（净云）我不认的去路。渔翁，指引我去咱。（正末唱）

【乌夜啼】见放着一条捷径疾如箭，索甚么指路金鞭！管教得见你那春风面，行处休俄延，坐处莫流连。要问时则问那昔年刘阮洞中猿，待寻呵再休寻旧时王谢堂前燕。那里也白玉楼，黄金殿，休看作亚夫营里，陶令门前。

（净云）那里是什么所在？俺浑家知他是有也无？（正末唱）

【贺新郎】那搭儿别是一重天，尽都是翠柏林峦。那里取绿杨庭院，数声鹤唳呵不比那两个黄鹂啭。纵有那惊俗客云间吠犬，须无那聒行人风外鸣蝉。你休错认做章台路，管取你误入武陵源，那里有碧桃千树都开遍。你去那丛中寻配偶，便是花里遇神仙。

（净云）多谢渔翁指引。若寻得俺浑家回来，还再谢你。（正末云）正道不远，只在这里便是。（唱）

【煞尾】天宽呵无由得遇青鸾便，海阔也有信难通锦鲤传。也不索登长空，临巨渊，过重山，涉大川，只隔得一片白云便相见。天涯在你目前，海角在你足边。不比你那送行处，西出阳关路儿远。（下）

（净云）幸得这渔翁渡我过来，又指引我正道，则索依着他前面去。走了许远，只见四面云山，重重叠叠，知他是那里！兀那松荫下有个洞门，里面必定有人。我索问一声。（做敲门，旦上开门科，问云）是谁？（净做见科，云）我那里不寻，那里不见，原来你却在这里！咱和你回去来。（旦云）这便是家，我那里去？师父在里面等我。（净云）这歪刺骨无礼。我偌远赶来寻你，你不回去，只恋着那先生，是什么缘故？这等泼贱，不杀了要他何用？（做拔剑，杀旦科，云）我把这死尸丢在洞门前水里流将去。我藏了这剑，等那先生出来，也杀了他，方才出的我这一口臭气。（外扮公人上，云）杀人贼，那里去！（净慌走，公人赶上拿住科，云）咱拿杀人贼，见官去来。（左右报复，云）（外扮孤上，云）今日升衙，是谁这等吵闹！（公人云）拿得杀人贼在此。犯人当面。（孤云）这厮如何白日杀人？（净云）小人不曾杀人。我的浑家被一个先生引到这里，小人寻见了，教他跟我回去，被那先生把我浑家杀了。不干小人事。（孤云）你认的那先生么？（净云）小人认的。（孤云）左右，押这厮去寻那先生来对理。（押净下）

第四折

（正末上，云）贫道吕岩。若不引小桃到此，怎能赚得老柳也到这里？我着小桃出洞相迎，眼见的老柳将小桃杀了。他如今已入长生之境，如何杀得他？老柳必然逃避，遮莫你走到那里，贫道要寻你，有何难哉！（唱）

【双调·新水令】恰携的半堤烟雨过潇湘，有心待栽培在九重天上。谁想从朝不见影，到晚要阴凉。空教我立尽斜阳，临岐处漫凝望。

（柳上，云）兀的不是那先生。（公人云）恰才拿住这贼，他道这妇人是他浑家，指攀你杀了来。（正末唱）

【驻马听】则为你体性癫狂，柳絮随风空自忙。可怜芳魂飘荡，撇得桃花逐水为谁香？你是个人天台逞大胆的莽刘郎，扫蛾眉下毒手的乔张敞。只待学赚神女楚襄王，送的下巫峡你却在阳台上。

（公人云）同见官去，你两个折证咱。（行科，孤上做见科）（正末云）贫道稽首。（孤云）兀那道人，那厮指你杀了他媳妇。端的是谁杀来？（正末云）他浑家跟我修行办道，这厮寻见，将他杀了。不干贫道事。（净云）是他杀了！（正末云）则看谁有刀仗，便是杀人的。（孤云）这个说的是。左右搜看。（公人搜净，见剑科）（正末唱）

【乔牌儿】自古道捉贼先见赃，索甚当官与招状！觑了这残红数点在龙泉上，眼见的小桃花剑下亡。

（孤云）这厮白昼杀人，合该偿命，又不合妄指平人，就着这先生亲手杀他。（正末指剑科，云）你可还我剑也。（净哭云）谁想我死在今朝也！（正末唱）

【雁儿落】枉了你千条翠带长，万缕青丝飏。不将意马拴，却把心猿放。

【得胜令】呀，推倒老孤桩，横在小池塘。未做擎天柱，先为架海梁。你看一寸春光，能有几日柔条旺？犯着咱三尺秋霜，管教你登时落叶黄。

（做杀净，闭目科）（正末背剑，打渔鼓、简子，孤、公人各改扮众仙上）（正末云）弟子如今省了也。（净开目科，云）恰才杀了我，如何又活了？呀！原来我是城南柳树精，可知头上生出柳枝来。（做打稽首，云）师父，原来这官府公人都是神仙，可是那几位？（正末云）这七人是汉钟离、铁拐李、张果老、蓝采和、徐神翁、韩湘子、曹国舅。（唱）

【水仙子】这个是携一条铁拐入仙乡，这个是袖三卷金书出建章，这个是敲数声檀板游方丈，这个是倒骑驴登上苍，这个是提笊篱不认椒房，这个是背葫芦的神通大，这个是种牡丹的名姓香。（净云）这七位神仙都认的了。师父可是谁？（正末唱）贫道因度柳呵道号纯阳。

（净云）弟子恰才省了也。师父是吕真人，弟子是城南柳树精。（正末云）既知你本来面目，我今番度你成道。如今跟俺群仙，同赴瑶池西王母蟠桃会去。如何不见桃花仙女来此献桃？（旦捧桃上，云）因师父度脱成仙，将自家结了的仙桃，王母娘娘行献寿去来。（见科）（正末云）恰才杀了的是他幻身。他是瑶池仙种，已入长生不死之乡。只为你老柳是土木之物，难以入道，因此教他尘世走这一遭。（唱）

【落梅风】则为你临官路，出粉墙，常只是转眼间花残花放，引的个呆崔护洞门前来谒浆，且喜你桃源故人无恙。

（众仙行科）（旦扮王母引金童、玉女上，云）小圣乃西池金母是也。今日设下蟠桃宴，请八洞神仙都来赴会咱。（众仙见科）（正末云）今日吕岩度的老柳、小桃，特来娘娘前祝寿。你两个过来参见娘娘者。（做见科）（旦献桃，净进酒，众仙奏乐科）（正末唱）

【滴滴金】看了这仙袂飘飘，仙姿绰约，仙音嘹亮，人在五云乡。更有那宝殿参差，蓬山掩映，瑶池摇漾，全不比半亩方塘。

【折桂令】端的是隔红尘景物非常，上面有彩凤交飞，青鸟翔翔。和那瑶草为邻，灵椿共茂，丹桂同芳。只教你占断风清月朗，根盘的地老天荒。我为甚折取垂杨，移向扶桑？

但能勾五千岁遐龄，索强如九十日韶光。

（王母云）蟠桃宴罢。老柳，你既成仙，可随洞宾去，小桃只在小圣左右。众仙听我剖断他两个咱。（词云）柳共桃今番度脱，再不逞妖娆袅娜，说与你金缕千条，道与你红云一朵。你休去灞岸拖烟，你休去玄都喷火。柳丝把意马牢拴，桃树把心猿紧锁。你做了酒色财气，你辞了是非人我。今日个老柳惹上仙风，和小桃都成正果。（旦、净谢科）（正末唱）

【随尾】从此后溪花喜有人相傍，岩枝怕甚风摇荡。今日个繁华梦恰才醒，翠红乡再休想。

（《全元曲》第 7 卷）

谱

千古一楼

（杨洪基 演唱）

1=D 4/4 2/4

余致迪　作词
邓东源　作曲

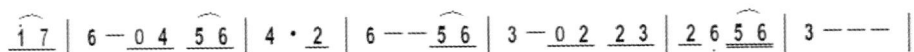

每分钟58拍或更慢

1̇7 | 6 - 0 4 5̂6 | 4·2 | 6 - - 5̂6 | 3 - 0 2 2 3 | 2 6 5̂6 | 3 - - - |

碧　波　涌出　一座　楼，　湖　风　吹不老 你的灵　毓，
风　雨　洗亮　千古　楼，　惊　涛　卷不起 你的风　流，

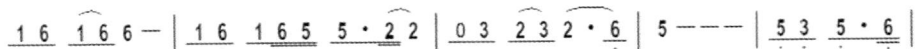

1 6 1̂6 6 - | 1 6 1 6 5 5·2 2 | 0 3 2̂3 2·6 | 5 - - - | 5 3 5·6 |

四根金 柱　撑起 千年的风　范，　一抹　飞　霞　飘在心 里
三层飞 檐　雕尽 万般的气　象，　九州　神　韵　总在画 里

6 - - - | 6 1 7̂6 2 - | 3 5 5 7̂6 2 - | 3 5 5 6 1·1 | 3 - - - |

头。　　凭栏远 眺，　青螺 捧在 手，　斑竹 还为谁 滴 愁？
头。　　亭坊留 连，　梅香 牵衣 袖，　江花 犹唱洞 庭 柳。

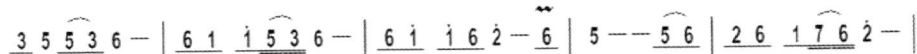

3 5 5̂3 6 - | 6 1 1̂5 3 6 - | 6 1 1̂6 2 - 6 | 5 - - 5̂6 | 2 6 1̂7 6 2 - |

凭栏远 眺，　青螺 捧在 手，斑竹 还为谁 滴 愁？ 啊 云在水里　走
亭坊留 连，　梅香 牵衣 袖，江花 犹唱洞 庭 柳。 啊 歌在楼上　唱

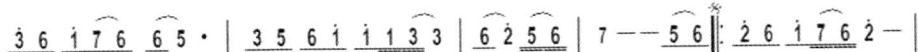

3 6 1̂7 6 6 5· | 3 5 6 1 1 3 3 | 6 2̂5 6 | 7 - - 5̂6 ‖: 2 6 1̂7 6 2 - |

水在云里 游，　　多情最是岳阳楼，　岳阳　楼，　啊　云在水里　走，
楼在歌里 走，　　潇洒最好岳阳楼，　岳阳　楼，　啊　歌在楼上　唱，

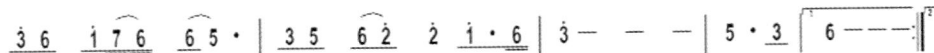

3 6 1̂7 6 6 5· | 3 5 6̂2 2 1·6 | 3 - - - | 5·3 |「6 - - - :‖

水在 云里　游，　多情 最　是岳 阳 楼　　岳 阳 楼。
楼在 歌里　走，　潇洒 最　好岳 阳 楼　　岳 阳

6 - - 5̂6 :‖ 5 - - 3 | 6 - - - | 6 - - - | 6 0 0 0 ‖

楼　（啊）岳　阳 楼。

作者简介： 词作者佘致迪（1943～），湖南邵东人。著名歌词作家、诗人、文学评论家。国家一级编剧，湖南省音乐文学学会会长。代表词作有《党啊，亲爱的妈妈》《辣妹子》。著有《歌词创作导引》《佘致迪曲艺作品选》等。

曲作者邓东源（1965～），湖南祁阳人。国防科技大学教授，国家一级作曲家，中国音乐家协会理事、湖南省文联副主席。代表曲作有《又唱浏阳河》《军中女孩》。有个人作品集《又唱浏阳河》。

演唱者杨洪基（1941～），辽宁大连人。中国人民解放军总政歌剧团男中音歌唱家，国家一级演员、解放军艺术学院教授，少将军衔。代表歌曲有《滚滚长江东逝水》。作品专辑有《20世纪中华歌坛名人百集珍藏版》《美丽的大海》等。

镜花水月

演唱：李玉刚　　　　词曲：胡力

1 = ♭D　4/4

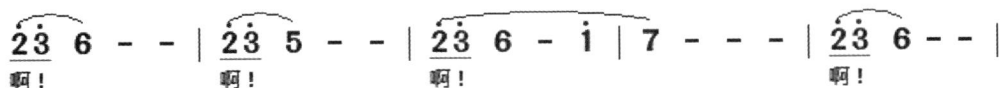

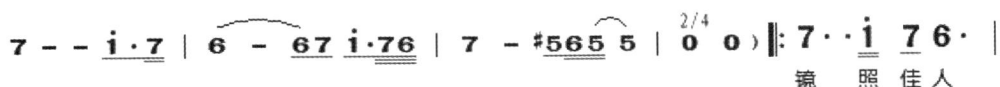

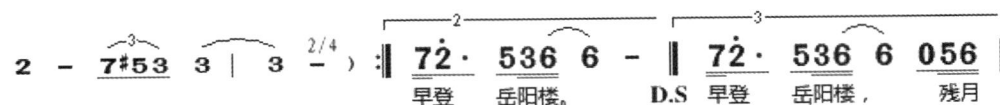

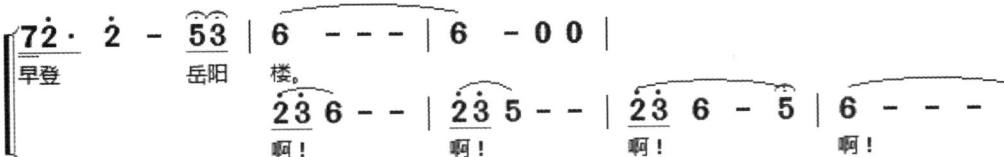

作者简介： 词曲作者胡力，黑龙江鹤岗人。中国十大青年作曲家、华语乐坛著名音乐制作人。代表作品有《新贵妃醉酒》（李玉刚演唱）、《蓝天》（成龙、孙楠演唱）等。

演唱者李玉刚（1978~），吉林公主岭人。中国歌剧舞剧院国家一级演员。他的表演方式融合了中国民族艺术、将传统戏曲和歌剧等艺术元素结合为一体。代表作品有《新贵妃醉酒》《镜花水月》等。

今宵岳阳楼

（雷佳演唱）

作词 易 茗
作曲 雷 蕾

1=G 4/4 3/4

♩=68

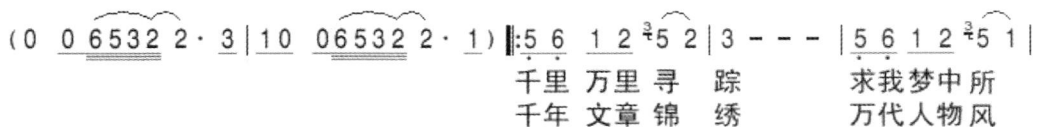

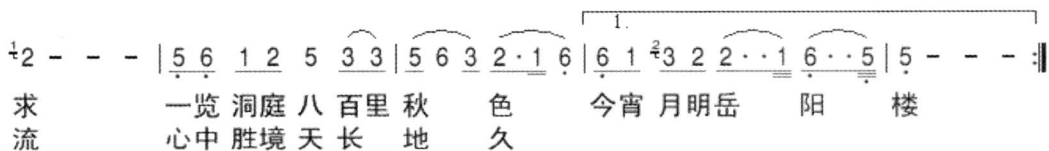

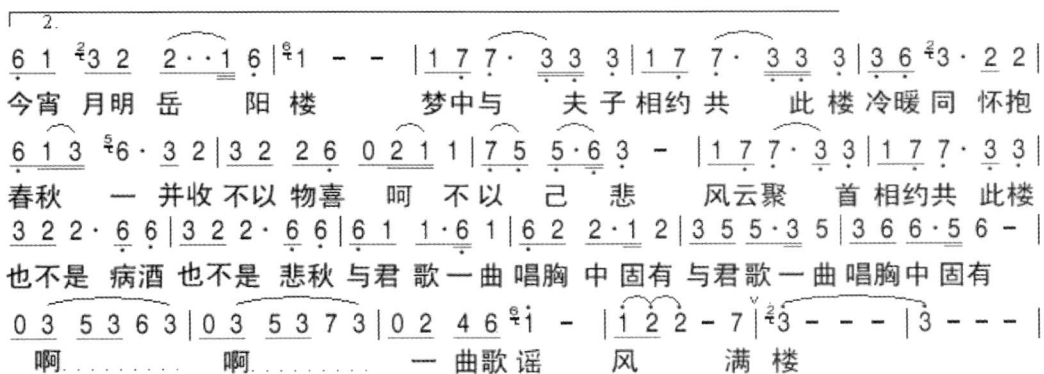

转1=B（前3=后1）

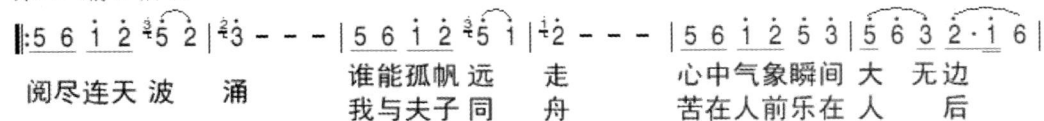

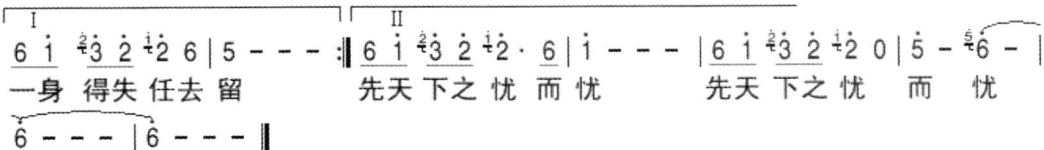

作者简介： 词作者易茗（1952~），本名李南冈，北京人。中国音乐家协会会员、中国音乐文学学会常务理事。代表作品有电视剧《渴望》《水浒传》主题曲。

曲作者雷蕾（1952~），女，北京人，与易茗为夫妻关系。北京电视艺术中心一级作曲家，中国音乐家协会会员、中国轻音乐学会常务理事。代表作品有电视剧《渴望》《便衣警察》主题曲。

演唱者雷佳（1979~），女，湖南益阳人。中央军委政治工作部歌舞团歌唱家，国家一级演员，中华全国青年联合会常委、中国音乐家协会理事。代表作《芦花》《复兴之歌》等。

黄鹤楼

简　介

　　黄鹤楼，位于湖北省武汉市长江南岸的蛇山之上。始建于三国时期东吴黄武二年（223），为军事戍楼。后逐渐发展成为观景楼阁。其名称由来，一说是原楼建在黄鹄矶上，古汉语中"鹄"与"鹤"为通假字，遂名；一说有仙人"每乘黄鹤于此楼憩驾"；一说原址为辛氏开设的酒店，一道士为了感谢她千杯之恩，于壁间画鹤，鹤能起舞，自此酒店生意兴隆。十年后，道士复来，取笛吹奏，骑鹤而去。为纪念仙翁，辛氏就地起楼，取名"黄鹤楼"。唐永泰元年（765），黄鹤楼已具规模。诗人崔颢作《黄鹤楼》一诗，使其名满天下。后屡毁屡建十余次。最后一座建于清同治七年（1868），毁于光绪十年（1884）。1957年建武汉长江大桥时，占用了黄鹤楼旧址。现黄鹤楼为1981年重建，选址在距旧址约1000米处，1985年落成，以清同治楼为蓝本。

词

满江红·寄鄂州朱使君寿昌①

　　江汉西来，高楼下、葡萄深碧②。犹自带、岷峨雪浪，锦江春色③。君是南山遗爱守，我为剑外思归客④。对此间、风物岂无情，殷勤说。

---

① 鄂州：今武昌。朱寿昌：苏轼的友人，时知鄂州。
② 葡萄深碧：形容江水颜色。李白《襄阳歌》："遥看汉水鸭头绿，恰似葡萄初酦醅。"
③ 锦江春色：杜甫《登楼》："锦江春色来天地，玉垒浮云变古今。"
④ 南山：终南山，此处指朱寿昌任陕州通判时管辖的地区。遗爱：指地方官离职后留下恩泽。剑外：即剑南，代指蜀地。思归客：此词作于苏轼被贬黄州时期，故云。

《江表传》，君休读。狂处士，真堪惜①。空洲对鹦鹉，苇花萧瑟。独笑书生争底事，曹公黄祖俱飘忽②。愿使君、还赋谪仙诗，追《黄鹤》③。

（《全宋词》）

作者简介： 苏轼（1037～1101），字子瞻，号东坡居士，四川眉山人。嘉祐二年（1057）进士，任中书舍人、知杭州等职。"唐宋八大家"之一。著有《东坡全集》《东坡易传》等。

钗头凤·别武昌

临丹壑④，凭高阁。闲吹玉笛招黄鹤。空江暮，重回顾。一洲烟草，满川云树⑤。住，住，住。

江风作，波涛恶。汀兰寂寞岩花落。长亭路，尘如雾。青山虽好，朱颜难驻⑥。去，去，去。

（《淮海词》）

作者简介： 秦观（1049～1100），字少游，一字太虚，号淮海居士，江苏高邮人。元丰八年（1085）进士，历官国史院编修等职。为"苏门四学士"之一，婉约词派代表人物。著有《淮海集》《淮海词》等。

念奴娇·癸卯亲老生辰寄武昌⑦

楚天木落，际平芜千里，寒霜凝碧。鄂渚波横何处是，当日孙郎赤壁⑧。黄耳⑨音稀，白云望远，又见春消息。嘉辰长记，谢池梅蕊初摘⑩。

---

① 《江表传》：晋虞溥著，记述三国时期事，常为《三国志》裴松之注所引，原书已佚。狂处士：指祢衡。

② 曹公黄祖：曹操、黄祖，均与祢衡遭遇相关。飘忽：此处指曹、黄辈当日虽有权势，然亦转瞬即逝。

③ 谪仙：指李白。《黄鹤》：崔颢所作《黄鹤楼》诗。

④ 临丹壑：晋 孙绰《太平山铭》："上干翠霞，下笼丹壑。"

⑤ 此句化用崔颢《黄鹤楼》："晴川历历汉阳树，芳草萋萋鹦鹉洲。"

⑥ 朱颜：指青春年岁。"驻"，停住。

⑦ 这是一首从北方寄到武昌向父母祝寿的词。癸卯：宣和五年（1123）。

⑧ 孙郎：孙权。赤壁：指赤壁之战原址。

⑨ 黄耳：晋 陆机所饲犬名，借指信使。《晋书·陆机传》："初机有骏犬，名曰黄耳，甚爱之。既而羁寓京师，久无家问，笑语犬曰：'我家绝无书信，汝能赍书取消息不？'犬摇尾作声。机乃为书以竹筒盛之而系其颈，犬寻路南走，遂至其家，得报还洛。"

⑩ 嘉辰：此处指父母生辰。谢池：比喻春景，盖南朝宋诗人谢灵运有"池塘生春草"名句。

遥想黄鹤楼高，兰阶丝管沸，传觞如织。倦客心驰归路绕，不及南飞双翼。固著斑衣，重翻锦字，寄远供新拍①。明年欢侍，寿期应献千百。

（《全宋词》）

作者简介：李弥逊（1085～1153），字似之，号筠溪居士，吴县（今江苏苏州市）人。大观三年（1109）进士，官至户部侍郎。所作词多抒写乱世感慨，风格豪放。著有《筠溪集》《筠溪乐府》等。

水调歌头·呈汉阳使君

大别我知友，突兀起西州②。十年重见，依旧秀色照清眸。常记鲒埼狂客③，邀我登楼雪霁，杖策拥羊裘。山吐月千仞，残夜水明楼④。

黄粱梦，未觉枕⑤，几经秋。与君邂逅，相逐飞步碧山头。举酒一觞今古，叹息英雄骨冷⑥，清泪不能收。鹦鹉更谁赋？遗恨满芳洲⑦。

（《全宋词》）

作者简介：王以宁（约1090～1146），字周士，湖南湘潭人。历官京西制置使等职。为两宋之际爱国词人，其词"句法精壮""绝无南宋浮艳虚薄之习"。著有《王周士词》。

满江红·登黄鹤楼有感⑧

遥望中原，荒烟外、许多城郭。想当年、花遮柳护，凤楼龙阁⑨。万岁山前珠翠绕，蓬

---

① "固著"三句：穿着原有的娱亲斑衣，重翻妻子来信，遥寄新词以供演奏。斑衣：莱衣，表示孝养父母。据《列女传》等记载，楚国隐士老莱子有孝行，行年七十，常穿五色彩衣为婴儿状，以娱父母。锦字：指妻子致书丈夫。典出《列女传·窦滔妻苏氏传》："窦滔妻苏氏，始平人也，名蕙，字若兰，喜属文。滔，苻坚时为秦州刺史，被徙流沙，苏氏思之，织锦为回文旋图诗以赠滔。"拍：乐曲的节奏，这里指演奏乐曲。
② 大别：汉阳龟山。西州：泛指西边的州郡，此处代指汉阳。
③ 鲒埼狂客：称对方。鲒埼，山名，山下有亭。《汉书·地理志》："会稽郡鄞县有鲒埼亭。"
④ 此处借用杜甫《月》诗句："四更山吐月，残夜水明楼。"
⑤ 黄粱梦：唐沈既济《枕中记》载：卢生在邯郸客店中昼寝入梦，历尽富贵繁华。梦醒，主人炊黄粱尚未熟。后因以喻虚幻的事和欲望的破灭。
⑥ 骨冷：形容去世已久。
⑦ 鹦鹉更谁赋：指祢衡的《鹦鹉赋》。长江中的鹦鹉洲即为纪念该赋作者而得名。芳洲：指鹦鹉洲。
⑧ 这首词写于宋高绍兴四年（1134）；这年作者授清远军节度使，湖北路荆、襄、潭州制置使，封武昌开国公，屯兵鄂州（今武昌）。
⑨ 凤楼龙阁：泛指汴京宫殿。

壶殿里笙歌作①。到而今、铁骑满郊畿，风尘恶②。

兵安在，膏锋锷。民安在，填沟壑。叹江山如故，千村寥落。何日请缨提锐旅，一鞭直渡清河洛③。却归来、再续汉阳游，骑黄鹤。

（《全宋词》）

作者简介：岳飞（1103～1142），字鹏举，河南汤阴人。南宋抗金名将，后被以"莫须有"罪名被杀害。后被追谥"武穆""忠武"，封鄂王。著有《岳武穆遗文》。

水调歌头·中秋饮南楼④

细数十年事，十处过中秋。今年新梦，忽到黄鹤旧山头。老子个中不浅⑤，此会天教重见，今古一南楼。星汉淡无色⑥，玉镜独空浮⑦。

敛秦烟，收楚雾，熨江流。关河离合，南北依旧照清愁⑧。想见姮娥冷眼⑨，应笑归来霜鬓，空敝黑貂裘⑩。酾酒问蟾兔，肯去伴沧洲⑪？

（《全宋词》）

作者简介：范成大（1126～1193），字致能，号石湖居士，吴县（今江苏苏州市）人。绍兴二十四年（1154）进士，官至参知政事，谥"文穆"。"中兴四大诗人"之一。著有《石湖居士诗集》《吴船录》等。

---

① 万岁山：宋徽宗政和年间于汴京东北隅所造土山，一名艮岳。张淏《艮岳记》："政和间，遂即其地，大兴工役，筑山号'寿山艮岳'……亦呼为'万岁山'。"珠翠：珍珠、翡翠，女性饰品，此处代指宫女。王昌龄《西宫秋怨》："芙蓉不及美人妆，水殿风来珠翠香。"蓬壶殿：北宋宫中有蓬莱殿。蓬莱系传说中海上三仙山之一，又称蓬壶。

② 风尘：比喻战乱。杜甫《赠别贺兰铦》："国步初返正，乾坤尚风尘。"

③ 请缨：请战。《汉书·终军传》："军自请：'愿受长缨，必羁南越王而致之阙下。'"提锐旅：率领精锐部队。清河洛：扫清黄河、洛河的敌人，即收复中原之意。

④ 这首词写于淳熙四年（1177）作者到达鄂州宴饮南楼赏月时。南楼：旧时又称白云楼，与黄鹤楼、头陀寺、北榭并称为蛇山"四大楼台"。其掌故可追溯到东晋庾亮所登南楼（在今鄂州市），而实际兴建应不晚于唐代。

⑤ 老子：老夫，作者这年已有五十二岁。个中，其中，这里。这句用晋庾亮镇武昌夜登南楼所说的话，《晋书》载"（庾）亮徐曰：'诸君少住，老子于此处兴复不浅。'"

⑥ "星汉"两句：描写南楼中秋月色。作者在《吴船录》中记载这夜"天无纤云，月色甚明，江面如练，平生所遇中秋，似此夕亦有数"。星汉，指银河星座。

⑦ 玉镜：喻月亮。

⑧ "关河"两句：感慨当时北方被金人占领，形成南北分裂。

⑨ 姮娥：嫦娥，神话传说月亮上的仙女。

⑩ "空敝"句：典出《战国策·秦策》苏秦游说秦王："书十上而不行，黑貂之裘敝，终无成而归。"感叹自己奔波多年而事业无成。

⑪ 沧洲：李白《江上吟》："兴酣落笔摇五岳，诗成笑傲凌沧洲。"

满江红·咏雨

斗帐高眠，寒窗静、潇潇雨意。南楼近、更移三鼓，漏传一水。点点不离杨柳外，声声只在芭蕉里。也不管、滴破故乡心，愁人耳。

无似有，游丝细。聚复散，真珠碎。天应分付①与，别离滋味。破我一床蝴蝶梦，输他双枕鸳鸯睡②。向此际、别有好思量，人千里。

（《全宋词》）

作者简介：无名氏，宋代人（1132～1169），字安国，自号于湖居士，乌江（今安徽和县乌江镇）人，出生于鄞县（今浙江宁波市）。绍兴二十四年（1154）进士，官至荆湖路安抚使。为"豪放派"代表词人。著有《于湖居士文集》《于湖词》。

酹江月·武昌怀古

汉江北泻，下长淮，洗尽胸中今古。楼橹③横波征雁远，谁见鱼龙夜舞？鹦鹉洲云，凤凰池月④，付与沙头鹭。功名何处？年年惟见春絮。

非不豪似周瑜，壮如黄祖，亦逐秋风度。野草闲花无限数，渺在西山南浦。黄鹤楼人，赤乌年事，江汉亭前路⑤。浮萍无据，水天几度朝暮！

沁园春·题桃源万寿宫⑥

黄鹤楼前，吹笛之时，先生朗吟。想剑光飞过，朝游南岳，墨篮放下，夜醉东邻。铠煮山川，粟藏世界，有明月清风知此音。呵呵笑，笑酿成白酒，散尽黄金。

知音。自有相寻。休踏破、葫芦折断琴。唱白蘋红蓼，庐山日暮，西风黄叶，渭水秋

---

① 分付：赋予、给予。宋 毛滂《更漏子》："那些愁，推不去，分付一檐寒雨。"

② 蝴蝶梦：典出《庄子·齐物论》："昔者庄周梦为蝴蝶，栩栩然蝴蝶也。"鸳鸯睡：喻夫妻同床共枕。

③ 楼橹：古时军中用来瞭望、攻防的高台。

④ 凤凰池：禁苑中的池塘，后借指掌管机要的中书省，亦指宰相。

⑤ 赤乌年事：吴赤乌三年（240），曾在此修缮城郭、谯楼。《三国志·吴志》："赤乌三年四月，吴令郡县治城郭，起谯楼。"江汉亭：建于府倅厅的一处亭榭。《江夏县志》引《南迁录》："鄂倅公宇，因古城作亭榭，俯瞰江汉，景物最秀。"

⑥ 全词取材吕洞宾的经历，并化用吕洞宾《自咏》诗："朝游岳鄂暮苍梧，袖里青蛇胆气粗。三入岳阳人不识，朗吟飞过洞庭湖。"桃源，"桃花源"的省称。万寿宫，该处应指桃川万寿宫，始名桃源观，为桃花源最早建筑。嘉靖《常德府志》载："桃川宫，晋人建"。桃川宫至宋代，规模已极为宏伟，宋徽宗御书钦赐"桃川万寿宫"匾额，使桃花源成为与南岳、武当、峨眉齐名的我国古代四大道教圣地圣庙之一。

深。三入岳阳，再游溆浦①，自一去优游直至今。桃源路，尽不妨来往，时共登临。

（《全宋词》）

作者简介： 葛长庚（1134～1229），字白叟，又字如晦，号白玉蟾，琼州（今海南省）人，祖籍福建闽清。入道武夷山，嘉定年间应诏至京，封紫清明道真人，主持太乙宫，被后世尊为道教"南宗五祖"之一。擅诗词书画。著有《海琼玉蟾先生文集》。

水调歌头②

　　　编修楼公易镇武昌，安阳岳甫作歌头一阕，奉祖行色。甫再拜。

　　鲁口天下壮，襟楚带三吴③。山川表里营垒，屯列拱神都。鹦鹉洲前处士，黄鹤楼中仙客，拍手试招呼。莫诵昔人句，不食武昌鱼④。

　　望樊冈，过赤壁，想雄图⑤。寂寥霸气，应笑当日阿瞒疏⑥。收拾周黄策略，成就孙刘基业，未信赏音无。我醉君起舞，明日隔江湖。

（《全宋词》）

作者简介： 岳甫（1137～1204），字葆真、大用，号周伯，河南汤阴人。官至吏部尚书。《全宋词》存词两首。

水调歌头

　　　淳熙己亥，自湖北漕移湖南。周总领、王漕、赵守置酒南楼，席上留别⑦。

---

① 溆浦：即溆水。宋张孝祥《浣溪沙》词："溆浦从君已十年，京江仍许借归船。"
② 作者主要活动在孝宗、光宗年间，正值南宋覆亡前宋金对峙之际。该首送别词，从国难时艰的大局着眼，语多劝勉和激励。上片主要是为解除行者登程前掩饰不住的些许不快。下片则更用历史人物之业绩来激壮行人，引发其俊杰之思、豪雄之举。
③ 鲁口，指武昌一带。襟楚带三吴，从王勃《滕王阁序》"襟三江而带五湖"句出，形容武昌形势险要。
④ 不食武昌鱼：三国时吴统治者孙皓一度从建邺迁都武昌，上层人士反对迁都，造作歌谣云："宁饮建业水，不食武昌鱼。"现在词人对行人说，不要讲"不食武昌鱼"，而是应该到武昌去。该句也是词人从时局出发对楼公进行的谆谆劝勉。
⑤ 樊冈、赤壁：三国时都爆发过著名的战役。
⑥ 阿瞒：指曹操。赤壁之战时，因曹操一时疏忽，中了周黄之计，大败。作者以此从反面提醒，要楼公勿蹈曹操旧辙。
⑦ 淳熙己亥：即宋孝宗淳熙六年（1179）。周总领：即周嗣武，浦城（今福建义乌）人，时任湖广总领。王漕：即王正己，字正之。赵守：指赵善括（字无咎），以上诸人都是词人在鄂州（治今武昌）同僚。

折尽武昌柳，挂席上潇湘①。二年鱼鸟江上②，笑我往来忙。富贵何时休问，离别中年堪恨，憔悴鬓成霜。丝竹陶写耳，急羽更飞觞③。

序兰亭，歌赤壁，绣衣香④。使君千骑鼓吹，风采汉侯王。莫把高歌频唱，可惜南楼佳处，风月已凄凉。"在家贫亦好"，此语费平章⑤。

摸鱼儿

淳熙己亥，自湖北漕移湖南。同官王正之置酒小山亭，为赋⑥。

更能消几番风雨，匆匆春又归去。惜春长怕花开早，何况落红无数。春且住，见说道，天涯芳草无归路。怨春不语。算只有，殷勤挂檐蛛网，尽日惹飞絮。

长门事⑦，准拟佳期又误，蛾眉曾有人妒。千金纵买相如赋⑧，脉脉此情谁诉？君莫舞！君不见，玉环飞燕皆尘土⑨！闲愁最苦。休去倚危栏，斜阳正在，烟柳断肠处。

（《全宋词》）

作者简介：辛弃疾（1140~1207），原字坦夫，改字幼安，号稼轩，历城（今山东济南市）人。官江西安提点刑狱、浙东安抚使等职，谥"忠敏"。豪放派代表词人，与苏轼齐名，时称"苏辛"。著有《稼轩长短句》。

醉落魄

梯横画阁，月明江净烟光薄。碧山回绕栏干角。一缕行云，忽向杯中落。

---

① 折柳：古人送别时，有折柳枝相赠之风俗，故又以折柳喻离别。挂席：扬帆。潇湘：指湖南。
② 二年鱼鸟：典出苏轼《常润道中有怀钱塘寄述古》："二年鱼鸟浑相识，三月莺花付与公。"
③ 丝竹陶写：典出《世说新语·言语》："王（羲之）曰：'年在桑榆，自然至此，正赖丝竹陶写。'"急羽：急促的乐声。飞觞：举杯。左思《吴都赋》："里谯世饮，飞觞举白。"
④ 序兰亭：王羲之曾为兰亭宴集作序。歌赤壁：苏轼曾作前后《赤壁赋》。绣衣：全称绣衣直指，在宋代为提点刑狱的代称，座中周嗣武及作者均曾任此职。
⑤ 在家贫亦好：借用唐 戎昱《长安秋夕》："远客归去来，在家贫亦好。"平章：品评。
⑥ 淳熙己亥：即宋孝宗淳熙六年（1179）。王正之：即王正己，字正之。小山亭：在漕司衙内。《舆地纪胜》："小山在东漕衙之乖崖堂。"
⑦ 长门事：汉武帝第一任皇后陈皇后以"惑于巫祝"罪名被废黜，退居长门宫。
⑧ 千金纵买相如赋：典出《文选·长门赋序》："孝武皇帝陈皇后，时得幸，颇妒，别在长门宫，愁闷悲思。闻蜀郡成都司马相如天下工为文，奉黄金百斤，为相如、文君取酒，因于解悲愁之辞。而相如为文以悟主上，皇后复得亲幸。"
⑨ 玉环：杨贵妃小名，唐玄宗的宠妃，安禄山叛乱后，在随玄宗逃至马嵬坡时被缢死。飞燕：赵飞燕，汉成帝宠幸的皇后，后被废为庶人，自杀。

樱歌柳舞俱柔弱，罗衣不耐江风恶。凭谁唤取双黄鹤。骑上瑶台，同赴金桃约①。

水调歌头·奉饯冠之之行

佳客志淮海，贱子②设樽罍③。楚江④昨夜清涨，短棹⑤已安排。休问南楼⑥风月，且念阳台云雨，几日却重来。银烛正凝泪，画鼓且休催。

彩云飞，黄鹤举，两徘徊。林泉归去高卧，回首笑尘埃。我唱更凭君和，君起谁同我舞，莫惜玉山颓。他日扬州路，散策⑦愿相陪。

鹧鸪天·和冠之韵

忆昔南楼旧使君。与君携手蹑浮云。如今更到经行处，妙墨新诗得屡闻。

淮南路，楚江分。离尊⑧相属更论文。明朝一棹人千里，多少红愁与翠颦。

（《全宋词》）

作者简介：赵善括（生卒年不详，宋孝宗时人），字无咎，号应斋居士，隆兴府（今江西南昌市）人，为宋宗室。官常熟令、平江府通判、鄂州知州等职。长诗词，词气骏迈，亦类辛弃疾。著有《应斋杂著》。

念奴娇·中秋夕

素秋新霁，风露洗寥廓，珠宫琼阙。帘幕生寒人未定，鹊羽惊飞林樾⑨。河汉无声，微

---

① 瑶台：中国神话传说中神仙所居之地。《穆天子传》卷三："天子宾于西王母，天子觞西王母于瑶池之上。"金桃：黄桃，此指仙桃。

② 贱子：谦称自己。《汉书·游侠传·楼护》："时请召宾客，邑居樽下，称'贱子上寿'。"

③ 樽罍：樽与罍皆盛酒器。亦指饮酒。唐 杜甫《赠特进汝阳王二十韵》："樽罍临极浦，凫雁宿张灯。"

④ 楚江：楚地境内的江河，此地特指黄鹤山下的长江。唐 李白《望天门山》诗："天门中断楚江开，碧水东流至北回。"

⑤ 短棹：指小船。唐 戴叔伦《泛舟》诗："孤尊秋露滑，短棹晚烟迷。"宋无名氏《水调歌头·建炎庚戌题吴江》词："平生太湖上，短棹几经过。如今重到何事，愁与水云多。"

⑥ 南楼：古楼名。在现湖北省武汉市武昌黄鹤山。宋 陆游《入蜀记》："二十七日，郡集于南楼，在仪门之南石城上，一曰黄鹤山。制度闳伟，登望尤胜。鄂州楼观为多，而此独得江山之要会，山谷所谓'江东湖北行画图，鄂州南楼天下无'是也。"

⑦ 散策：拄杖散步。唐 杜甫《郑典设自施州归》诗："北风吹瘴疠，羸老思散策。"

⑧ 离尊：饯别的酒杯。唐 骆宾王《在兖州饯宋五之问》："别路青骊远，离尊绿蚁空。"

⑨ 林樾：林木，林间隙地。唐 皮日休《桃花坞》诗："黄缘度南岭，尽日寄林樾。"

云收尽，相映寒光发。三千银界，一时无此奇绝。

　　正是老子南楼，多情孤负了，十分佳节。起舞徘徊谁为我，倾倒杯中明月。欲揽姮娥①，扁舟沧海，戏濯凌波袜②。漏残钟断，坐愁人世超忽。

（《全宋词》）

　　作者简介：毛开（生卒年不详，宋孝宗时人），字平仲，信安（今重庆彭水县）人。为人傲世自高，与时多忤。尝为宛陵、东阳二州卒。工于小词，诗文亦甚著名。著有《樵隐集》。

唐多令·重过武昌③

　　安远楼④小集，侑觞歌板之姬黄其姓者乞词于龙洲道人，为赋此《唐多令》，同柳阜之、刘去非、石民瞻、周嘉仲、陈孟参、孟容，时八月五日也。

　　芦叶满汀洲，寒沙带浅流。二十年，重过南楼⑤。柳下系舟犹未稳，能几日，又中秋。
黄鹤断矶头，故人今在不？旧江山，浑是新愁⑥。欲买桂花同载酒。终不是，少年游。

六州歌头·题岳鄂王庙⑦

　　中兴诸将，谁是万人英⑧？身草莽，人虽死，气填膺，尚如生。少年起河朔，弓两石，剑三尺，定襄汉，开虢洛，洗洞庭⑨。北望帝京，狡兔依然在，良犬先烹⑩。过旧时营垒，荆鄂有遗民。忆故将军，泪如倾！

---

①　姮娥：借指月亮。宋　王安石《试院中五绝句》之三："咫尺淹留可奈何，东西虚共一姮娥。"
②　凌波袜：美女的袜子。语出三国魏曹植《洛神赋》："凌波微步，罗袜生尘。"
③　这首词写于宋宁宗开禧二年（1206）作者重游武昌时。
④　安远楼：宋孝宗淳熙十三年（1186）建成。
⑤　二十年：指这次与前次在宋孝宗淳熙十三年（1186）初游武昌时相距的年数。
⑥　旧江山：往时的江山，指未被金兵占领前北宋王朝领土。新愁：南宋权臣韩侂胄发动"开禧北伐"失败。
⑦　岳鄂王庙：原址在武昌城大东门外。岳飞冤案平反后，为纪念他而建忠烈祠，因宋宁宗追封岳飞为鄂王，故人们习惯称该祠为岳鄂王庙。
⑧　中兴诸将：宋高宗建立南宋，南宋初年宋军抵御金军入侵这段历史被称为"中兴"，而岳飞、韩世忠、张浚、刘光世等被称为"中兴四将"（"四将"为谁有多种说法，而岳飞均被列入并排名第一。）
⑨　此句在概括岳飞的一生。起河朔：岳飞为汤阴人（黄河以北旧称河朔）；弓两石：古时以一百二十斤为一石。《宋史·岳飞传》谓其"生有神力，未冠，挽弓三百斤，弩八石。"定襄汉：岳飞于绍兴四年（1134）先后收复郢州、襄阳、随州、邓州、唐州及信阳；开虢洛：岳飞于绍兴六年（1136）、绍兴十年（1140）两度北伐，收复虢洛等地；洗洞庭：岳飞于绍兴五年（1135）平定洞庭湖一带杨幺农民起义。
⑩　狡兔：比喻金军；良犬：比喻岳飞。典出《史记·越王勾践世家》："狡兔死，走狗烹。"

说当年事，知苦恨，不奉诏，伪耶真①？臣有罪，陛下圣，可鉴临，一片心。万古分茅土，终不到，旧奸臣②。人世夜，白日照，忽开明。衮佩冕圭百拜，九泉下，荣感君恩。看年年三月，满地野花春，卤簿迎神③。

浣溪沙·赠妓徐楚楚

黄鹤楼前识楚卿。彩云重叠拥娉婷④。席间谈笑觉风生。

标格胜如张好好⑤，情怀浓似薛琼琼⑥。半帘花月听弹筝。

《全宋词》

作者简介： 刘过（1154～1206），字改之，号龙洲道人，太和（今江西泰和县）人。布衣终身。与刘仙伦合称"庐陵二布衣"，与刘克庄、刘辰翁有"辛派三刘"之称。著有《龙洲集》《龙洲词》。

清波引

予久客古沔，沧浪之烟雨，鹦鹉之草树，头陀、黄鹤之伟观，郎官、大别之幽处，无一日不在心目间；胜友二三，极意吟赏，揭来湘浦，岁晚凄然，步绕园梅，擒笔以赋。⑦

冷云迷浦，倩谁唤玉妃起舞⑧。岁华如许，野梅弄眉妩⑨。屐齿印苍藓，渐为寻花来去。自随秋雁南来，望江国，渺何处。

新诗漫与⑩，好风景长是暗度。故人知否？抱幽恨难语。何时共渔艇，莫负沧浪烟雨。况有清夜啼猿，怨人良苦。

---

① 不奉诏：岳飞被诬的罪名之一是"受诏不救淮西"。

② 旧奸臣：指秦桧，宋宁宗开禧二年（1206）被削封爵，改谥"谬丑"。

③ 卤簿：古代帝王外出时的仪仗队，自汉以后，后、妃、太子、王公、大臣亦皆有卤簿，各有定制。

④ 娉婷：美人，佳人。汉 辛延年《羽林郎》诗："不意金吾子，娉婷过我庐。"

⑤ 张好好：唐代歌伎，与杜牧有往来。杜牧《张好好诗》序："牧大和三年，佐故吏部沈公江西幕，好好年十三，始歌来乐籍中。后一岁，公移镇宣城，复置好好于宣城籍中二岁，为沈著作以双鬟纳之。后二岁，于洛阳东城重睹好好旧伤怀，故题诗赠之。"

⑥ 薛琼琼：唐代教坊筝手，宋人编撰的《丽情集》《绀珠集》《类说》等皆有记载薛琼琼与崔怀宝事。

⑦ 古沔：沔州，唐武德四年（621）复置，移治汉阳，系作者长期客居之地。沧浪：古水名，流经汉阳。鹦鹉：鹦鹉洲。头陀：头陀寺。黄鹤：黄鹤楼。郎官：湖名，在汉阳郡城之南。李白《泛沔州城南郎官湖》："郎官爱此水，因号郎官湖。"大别：山名，即汉阳龟山。

⑧ 玉妃：形容梅花。皮日休《行次野梅》："夐拂萝梢一树梅，玉妃无语独装回。"

⑨ 弄眉妩：将双眉画得妩媚。典出《汉书·张敞传》："又为妇画眉，长安中传张京兆眉妩。"

⑩ 漫与：乘兴而作。杜甫《江上值水如海势聊短述》："老去诗篇浑漫与，春来花鸟莫深愁。"

翠楼吟①

淳熙丙午冬，武昌安远楼成，与刘去非诸友落之，度曲见志。予去武昌十年，故人有泊舟鹦鹉洲者，闻小姬歌此词。问之，颇能道其事，还吴为予言之。兴怀昔游，且伤今之离索也②。

月冷龙沙，尘清虎落③，今年汉酺初赐④。新翻胡部曲⑤，听毡幕、元戎歌吹⑥。层楼高峙，看槛曲萦红⑦，檐牙飞翠。人妹丽，粉香吹下，夜寒风细。

此地宜有词仙，拥素云黄鹤，与君游戏。玉梯凝望久，叹芳草萋萋千里。天涯情味，仗酒祓清愁，花销英气。西山外，晚来还卷，一帘秋霁。

（《全宋词》）

作者简介： 姜夔（1155～1221），字尧章，号白石道人，江西鄱阳人。一生未仕，擅长诗词书法，尤以词见长，精通音乐。著有《白石道人诗集》《白石道人歌曲》等。

水调歌头·武昌南楼落成，次王漕韵

抚景几今古，遗恨此江山。百年形胜，但见幽草杂枯菅。多少名流登览，赖有神扶坏栋，诗墨尚斑斑。风月要磨洗，顾我已衰颜。

擎天手，携玉斧，到江干。一新奇观，领客觞咏有余闲。烟草半川开霁，城郭两州相望，都在画屏间。便拟骑黄鹄，直上扣云关。

鹧鸪天·九日南楼和范总干韵

槛外长江浪拍空。萧萧红蓼白蘋风。三秋告稔三农庆，九日追欢九客同。

烟渚北，月岩东。莫嫌光景太匆匆。登龙戏马英雄事，都在南楼一啸中。

（《全宋词》）

---

① 这首词于宋宁宗庆元二年（1196）寓居湖州时作。
② 淳熙丙午年，即宋孝宗淳熙十三年（1186）；武昌安远楼：即见前刘过《唐多令》注；落之：指参加安远楼落成典礼；离索：离群索居的略语，意思是离朋友而散居。
③ 龙沙：指古代西部边远山地和沙漠地区；虎落：古代遮护城堡或营寨的篱笆，是古代边防工事之一。
④ 汉酺：秦汉时禁止民间平时饮酒，只有在国家有吉庆事时才能聚众饮酒。这句写正月，朝廷为太上皇赵构八十寿辰，诰赐京城内外诸军的活动。
⑤ 新翻：指按旧曲谱填新词。"胡部曲"，古代西北地区少数民族的乐曲。
⑥ 毡幕：游牧民族居住的帐篷。元戎：主帅，这里也指士兵。以上两句写南宋军营里吹奏起北方少数民族的音乐。
⑦ 槛曲：即曲槛，指楼的回旋曲折的栏杆。

作者简介：李廷忠（生卒年不详，宋孝宗时人），字居厚，号橘山，于潜（今浙江杭州市）人。淳熙八年（1181）进士，官知夔州等职。著有《橘山甲乙稿》。

瑞鹧鸪

几时芟棘剪蒿蓬①。付我天然地一弓。乔木茂林森耸耸，遥岑②叠嶂碧重重。

水心台榭超尘表，楼上乾坤跨域中。黄鹤巴陵千古事，那知不是此衰翁。

（《全宋词》）

作者简介：吕胜己（生卒年不详，宋孝宗时人），字季克，号渭川居士，福建邵武人。受学于朱熹，官至朝请大夫。著有《渭川居士词》。

满江红·龚抚干示闰中秋

黄鹤楼前，江百尺、波横光溢。问老子、当年高兴，何人知得。最爱洞庭天际水，分明表里玻璃色。恐今宵、未必似前番，天应惜。

都莫问，鸿钟勒。也休羡，壶天谪。忆故人霜下，乱滩横笛。便好骑鲸游汗漫③，古来蟾影何曾没。更明年、重约再来时，乘槎客。

（《全宋词》）

作者简介：程珌（1164～1242），字怀古，号洺水遗民，安徽休宁人。绍熙四年（1193）进士，官至端明殿学士。著有《洺水集》。

水调歌头·题李季允侍郎鄂州吞云楼④

轮奂半天上，胜概压南楼⑤。筹边独坐，岂欲登览快双眸。浪说胸吞云梦，直把气吞残

---

① 蒿蓬：蒿和蓬。泛指杂草。晋 陶潜《咏贫士》之六："仲蔚爱穷居，绕宅生蒿蓬。"
② 遥岑：远处陡峭的小山崖。唐 韩愈、孟郊《城南联句》："遥岑出寸碧，远目增双明。"
③ 汉漫：古代传说，有个叫卢敖的碰到仙人名叫若士，向他请教，若士用"吾与汗漫期于九垓之外"的理由拒绝了他的请求。见《淮南子·道应训》。
④ 李季允：名埴，曾任礼部侍郎、沿江制置副使兼知鄂州；吞云楼：或为李埴兼知鄂州时所建，"吞云"之称出自司马相如《子虚赋》："吞若云梦者八九于其胸中，曾不蒂介。"
⑤ 南楼：旧时又称白云楼（非今日白云阁），安远楼，与黄鹤楼、头陀寺、北榭并称为蛇山"四大楼台"。其掌故可追溯到东晋庾亮所登南楼（在今鄂州市），而实际兴建应不晚于唐代。

房，西北望神州。百载一机会，人事恨悠悠。

骑黄鹤，赋鹦鹉，谩风流①。岳王祠畔，杨柳烟锁古今愁②。整顿乾坤手段，指授英雄方略，雅志若为酬？杯酒不在手，双鬓恐惊秋。

醉落魄·九日吴胜之远使黄鹤山登高

龙山行乐，何如今日登黄鹤③。风光正要人酬酢。欲赋《归来》，莫是渊明错④？
江山登览长如昨，飞鸿影里秋光薄。此怀只有黄花觉。牢裹乌纱，一任西风作⑤。

（《全宋词》）

作者简介： 戴复古（1167～1248），字式之，号石屏樵隐，天台黄岩（今浙江台州市）人。一生不仕，浪游江湖。江湖派诗人，兼具江西诗派风格。著有《石屏诗集》《石屏词》。

永遇乐·七夕和刘随如

云雁将秋，露萤照夜，凉透窗户。星网珠疏，月奁金小，清绝无点暑。天孙河鼓，东西相望，隐隐光流华渚。妆楼上，青瓜玉果，多少娇儿痴女。

金针暗度，珠丝密结，便有系人心处。经岁离思，霎时欢爱，愁绪空万缕。人间天上，一般情味，枉了锦笺嘱付。又何似，吹笙仙子，跨黄鹤去⑥。

龙山会⑦

去年九日，登南涧无尽阁，野涉赋诗，仆与东溪、药窗诸友皆和。今年陪元戎游升山，诘朝始克修故事，则向之龙蛇满壁者，易以山水矣。拍阑一笑。游兄、几叟分韵得苦字，

---

① 骑黄鹤：崔颢《黄鹤楼》有"昔人已乘黄鹤去"句；赋鹦鹉：汉末文士祢衡曾作《鹦鹉赋》。
② 岳王祠：即岳鄂王庙，见刘过《六州歌头·题岳鄂王庙》注；杨柳烟：谓柳叶低垂，其状如烟。宋 王禹偁《送李中舍罢萧山赴阙》："吴苑醉逢梅弄雪，隋堤吟见柳垂烟。"
③ 龙山：在今湖北江陵西北，东晋桓温曾于九日偕僚佐在此登高，参军孟嘉风吹帽落而不觉，被嘲后即时作文以答，后世传为登高佳话。典出《世说新语·识鉴》篇之刘孝标注。
④ "欲赋"二句：东晋诗人陶渊明曾作《归去来辞》，描述归隐田园的乐趣。但这里的风光胜似该辞所写，莫非是渊明弄错了？
⑤ "牢裹"二句：牢牢地裹住乌纱，任凭西风去发作。这里照应前文"龙山落帽"的典故。
⑥ 黄鹤楼得名一因是带有神异色彩的"仙人跨鹤"传说。
⑦ 龙山会：《晋书·孟嘉传》载，九月九日，桓温曾大聚佐僚于龙山。后遂以"龙山会"称重阳登高聚会。也用作词牌名。

为赋商调《龙山会》。

九日无风雨。一笑凭高，浩气横秋宇。群峰青可数。寒城小、一水萦回如缕。西北最关情，漫遥指、东徐南楚。黯销魂，斜阳冉冉，雁声悲苦。

今朝黄菊依然，重上南楼，草草成欢聚。诗朋休浪赋。旧题处、俯仰已随尘土。莫放酒行疏，清漏短、凉蟾①当午。也全胜、白衣未至，独醒凝伫。

(《全宋词》)

作者简介： 赵以夫（1189～1256），字用父，号虚斋，长乐（今福建福州市）人，为宋宗室。嘉定十年（1217）进士，官至吏部尚书。著有《易通》《虚斋乐府》。

摸鱼儿·送窦制干赴漕趁班②

趁西风、且登黄鹤，挥豪先奏秋赋。燕山桂种清芬在，人物翩翩如许。堪羡处。长安近、蟾宫③相继金闺步。佳哉盛举。看精淬龙泉，厚培鹏背④，自此要津去。

荆州事，多幸乡情相予。几番灯析棋墅。转头江阔轻帆速，梦入吴松鸥鹭。君记取。旧王粲、曾言信美非吾土。故人相语。为细数艰难，满头雪白，无奈戍边苦。

(《全宋词》)

作者简介： 李曾伯（1198～1268），字长孺，号可斋，祖籍怀州（今河南沁阳市），南渡后寓居浙江嘉兴。官至兵部尚书。词的成就很高，风格似辛弃疾。其作后人合编为《可斋类稿》。

沁园春·送翁宾旸游鄂渚⑤

情如之何，暮途为客，忍堪送君。便江湖天远，中宵同月，关河秋近，何日清尘。玉麈生风⑥，貂裘明雪，幕府英雄今几人⑦？行须早，料刚肠肯殢⑧，泪眼离颦⑨。

---

① 凉蟾：指秋月。
② 趁班：指官员上朝、赴朝。
③ 蟾宫：唐以来称科举及第为蟾宫折桂，因以指科举考试。
④ 鹏背：《庄子·逍遥游》："鹏之背，不知其几千里也。怒而飞，其翼若垂天之云。"后以"鹏背"比喻已居或将居高位的人。
⑤ 这首词写于南宋理宗开庆元年（1259）十月，时元兵围攻鄂州，贾似道在鄂州督军。翁宾旸：名孟寅，号五峰，钱塘（今浙江杭州）人。
⑥ 玉麈：指鹿一类的动物之尾做的拂尘，古代名流挥舞这种拂尘以显示高雅。
⑦ 幕府：这里指贾似道在鄂州的官署。
⑧ 殢：困扰。
⑨ 离：附着，颦：皱眉。上片都是写难分难舍的离别之情。

平生秀句清尊。到帐动；风开自有神。听夜鸣黄鹤，楼高百尺，朝驰白马，笔扫千军。贾傅才高，岳家军在①，好勒燕然石上文②。松江上，念故人老矣，甘卧闲云。

水龙吟·过秋壑湖上旧居寄赠③

外湖北岭云多，小园暗碧莺啼处。朝回胜赏，墨池香润，吟船系雨。霓节④千妃，锦帆一箭，携将春去。算归期未卜，青烟散后，春城咏、飞花句。

黄鹤楼头月午。奏玉龙、江梅解舞⑤。薰风紫禁，严更清梦，思怀几许。秋水生时，赋情还在，南屏别墅。看章台走马，长堤种取，柔丝千树⑥。

木兰花慢·寿秋壑⑦

记琼林宴起，软红路、几西风。想汉影千年，荆江万顷，槎信长通。金狄。锦鞯赐马，又霜横、汉节枣仍红。细柳春阴喜色，四郊秋事年丰⑧。

从容。岁晚玉关，长不闭、静边鸿⑨。访武昌旧垒，山川相缪，日费诗筒。兰宫。系书

---

① 贾傅：指西汉的贾谊，在政治和文学上都有奇异才能，曾贬为长沙王太傅，故称；岳家军：指南宋抗金名将岳飞统帅的军队，英勇善战，使金兵闻之丧胆。

② 燕然：山名，在蒙古人民共和国境内，今名杭爱山。这句借用东汉大将窦宪击败匈奴，登燕然山刻石纪功，命班固作《燕然山铭》事，祝愿翁孟寅在抗元斗争中建立功业。

③ 此词抒写作者途经贾似道南屏旧居的所见所感，语多溢美，在一定程度上表现了作者对贾似道的诌媚。这虽是时俗所致，然词人也不免被后人看轻。

④ 霓节：指玉帝的仪仗。唐 吴融《即席》诗："银河正清浅，霓节过来无。"

⑤ "黄鹤"两句：言贾似道督师鄂州，一定会在月夜中登上黄鹤楼，听人用笛子吹奏《梅花落》曲，以解暑热。"玉龙"借代笛子。

⑥ 章台走马：据《汉书·张敞传》："时罢朝会，走马章台街，自以便面拊马。"这儿"章台"，泛指京城中的宫殿、大街。"长堤"，指杭州西湖的苏堤。

⑦ 秋壑：即贾似道。此词是为当朝权相贾似道祝寿的作品，词中暗示贾似道在朝中的极高地位并歌颂其治边功绩，但颂辞中含有隐忧。

⑧ 上片祝寿颂辞。向人祝寿，难免带有奉承、失实之语，如说似道"霜横汉节枣仍红"、"细柳春阴喜色"等句，所以词人会被后人误会为诌媚权贵。

⑨ "从容"三句：也为颂辞。言贾似道在鄂州前线督军，由于他从容布置军事，处理敌情，使敌人不敢贸然侵犯，所以边关虽设，因无敌来犯，可以经常关门大开，使城内外的老百姓可以自由出入。按：元世祖攻鄂之时，似道筑木栅环城，一夕而就，世祖顾扈从诸臣曰"吾安得如似道者用之"。其后廉希宪对世祖亦尝称述此言，是似道在那时候也曾见重于敌国君相。如此看来，梦窗对似道颂辞的描述，也有其一定的事实依据在。

翠羽，带天香、飞下玉芙蓉。明月瑶笙奏彻，倚楼黄鹤声中①。

宴清都·寿秋壑

翠匝西门柳。荆州昔，未来时正春瘦。如今剩舞，西风旧色，胜东风秀。黄粱露湿秋江，转万里、云樯蔽昼。正虎落、马静晨嘶，连营夜沈刁斗。

含章换几桐阴，千官邃幄，韶凤还奏。席前夜久，天低宴密，御香盈袖。星槎信约长在，醉兴渺、银河赋就。对小弦、月挂南楼，凉浮桂酒。

（《全宋词》）

作者简介：吴文英（约1212～约1272），本姓翁氏，入继吴氏，字君特，号梦窗、觉翁，四明（今浙江宁波市）人。一生未仕。其词风格雅致，有"词中李商隐"之称。著有《梦窗甲乙丙丁稿》，又名《梦窗词》。

齐天乐·庆湖北漕知鄂州李楼峰

南楼月转银河曙，玉箫又吹梅早。鹦鹉沙晴，葡萄水暖，一缕燕香清袅。瑶池春透，想桃露霏霞，菊波沁晓。袍锦风流，御仙花带瑞虹绕②。

玉关人正未老③，唤矶头黄鹤，岸巾谈笑④。剑拂淮清，槊横楚黛，雨洗一川烟草⑤。印黄似斗，看半砚蔷薇，满鞍杨柳，沙路归来，金貂蝉翼小⑥。

（《全宋词》）

作者简介：文天祥（1236～1282），字宋瑞，又字履善，号文山，庐陵（今江西吉安市）人。宝祐四年（1256）状元，官至右丞相。南宋末年著名的抗元将领，被俘后拒降被杀。著有《文山诗集》、《指南录等》。

---

① "明月"两句：此言在这里明月当空，笙歌阵阵，杭城贾府中的寿宴正处在高潮之中，但是不知道湖北前线是否还能够登上黄鹤楼，倚栏静坐听乐。结尾处，词人隐隐暗示出湖北一带终不平静也。所以贾似道的治边功绩，终将令人生疑。下片颂辞中，略带隐忧与疑问。
② 御仙花带：绣有御仙花的佩带，宋朝高级官员被罢职后，通服这种佩带。由此推断，李楼峰或曾是在朝廷做过高官而被罢职的人。
③ 玉关：此处指边塞，玉关人指李楼峰。此句用蔡挺（1014～1079）的《喜迁莺》词"谁念玉关人老"句意。蔡挺知渭州（北宋与西夏对峙的前线）时作此词，因此句感动宋神宗，被召还京，官拜枢密副使。
④ 岸巾：同岸帻，即推起头巾，露出前额，形容衣着简率不拘。
⑤ "剑拂"三句：写抵抗南侵的元兵，挽救宋朝江山。
⑥ 金貂：汉朝武官的冠饰，文官侍中、中常侍加金珰，附蝉为文，貂尾为饰。这里借指宋朝高官。蝉翼，指这种冠饰上的蝉纹。

浣溪沙·写墨水仙二纸寄曾心传， 并题其上①

昨夜蓝田采玉游。向阳瑶草带花收。如今风雨不须愁。

零落依稀倾凿落，碎琼重叠缀搔头。白云黄鹤思悠悠。

（《全宋词》）

作者简介： 张炎（1248～1320），字叔夏，号玉田、乐笑翁，临安（今浙江杭州市）人，祖籍秦州成纪（今甘肃天水市），其六世祖是"中兴四将"中的张俊。著有《山中白云词》《词源》。

失调名

鼎里坎离②，壶中天地，满怀风月，一吸虚空。尘寰里，何人识我，开口问鸿濛③。

云中。三弄笛，岳阳楼外，天远霞红。笑骑黄鹤，暂过海陵东④。拂袖呵呵归去，銮和玉佩，风响乔松。君若要，知吾踪迹，试与问仙翁。

（《全宋词》）

作者简介： 吕岩（生卒年不详，传说为唐德宗时生），字洞宾，道号纯阳子，河中府（今山西永济县）人。道教八仙之一，传说甚多，主要集中于宋代。其主要事迹及作品，见于《道藏》中的《钟吕传道集》《吕祖全书》等书词为宋人伪托之作。

临江仙·饯拜都御史

海北天南⑤千万里，绣衣霄汉乘骢⑥。飞来黄鹤喜相逢。清霜鹦鹉月，寒食牡丹风。

---

① 张炎的题画诗词良多，光是题水仙图的除了该首外，还有《清平乐·题墨仙双清图》、《浪淘沙·余画墨水仙并题其上》等，可见他对水仙的喜爱。

② 坎离：坎、离本为《周易》的两卦，道教以"坎男"借指汞，内丹家谓为人体内部的阴精；以"离女"借指铅，内丹家谓为人体内部的阳气。吕岩《百字碑》诗："气回丹自结，壶中配坎离。"

③ 鸿濛：中国道家哲学术语，指构成万物的原始物质。《庄子·在宥》："云将东游，过扶摇之枝，而适遭鸿蒙。"

④ 海陵：今江苏省泰州市。

⑤ 海北天南：形容距离很远。唐 刘禹锡《洛中逢韩七中丞之吴兴口号》之一："海北天南零落尽，两人相见洛阳城。"

⑥ 乘骢：指侍御史。典出《后汉书·桓典传》："（典）辟司徒袁隗府，举高第，拜侍御史。是时宦官秉权，典执政无所回避。常乘骢马，京师畏惮，为之语曰：'行行且止，避骢马御史。'"

仙阙晓班催玉笋，马蹄还上春空。江头官柳得春浓。不如江汉水，万折与俱东。

摸鱼儿·次韵谢张古愚

汉江东、旧家文献，风流意气相许。金台早集荆山凤，声振一庭鹓鹭①。春几处。须信道、甘棠树树含清露。平湖古步。妙一曲钧天，鱼龙出听，未数应钟吕。

吾衰矣，鬓点吴霜几缕。刘郎忘却前度。千年黄鹤归来晚，山色漫留眉翠。东北注。羡滚滚云涛，去接西江水。仙尘异趣。但极目朝阳，清光万里，阿阁送高寿。

摸鱼儿·次韵谢张古愚

又山亭、一番春老，归迟黄鹤何许。殷勤天上乘槎客，还记渚鸥沙鹭。憔悴处。奈青镜难藏，一一都呈露。空庭细步。念一笑三年，相思千里，他日看嵇吕②。

西门柳，烟雨千条万缕。人夸张绪风度。谁知耸壑昂霄意③，春树漫摇柔翠。杯满注。愿回寿松乔，一曲清如水。壶中得趣。问日丽扶桑，风来阊阖④，应许共遐寿。

蝶恋花·寿千奴监司十二月朔

黄鹤山前梅半吐。岁岁年年，谁是冰霜侣。自有使君来共住。黄昏不怕风吹雨。

见说和羹天已许。带得春来，又怕春将去。记取澄清堂上语。八千眉寿从今数。

（《雪楼集》卷三十）

作者简介：程文海（1249～1318），字钜夫，以字行，号雪楼、远斋，建昌（今江西南城）人，祖籍湖北京山。南宋末年，随叔父降元，累迁至集贤直学士，谥"文宪"。历仕四朝，为当时名臣，其文章雍容大雅，诗亦磊落俊伟。著有《雪楼集》《雪楼乐府》。

---

① 鹓鹭：鹓和鹭飞行有序，比喻班行有序的朝官。《隋书·音乐志中》："怀黄绾白，鹓鹭成行。文赞百揆，武镇四方。"
② 嵇吕：三国魏嵇康与吕安的并称。二人相交甚为友善。事见《晋书·嵇康传》。后因以借指挚友。
③ 耸壑昂霄：跳越溪谷，直入云霄。喻出人头地。《新唐书·房玄龄传》："吏部侍郎高孝基名知人，谓裴矩曰：'仆观人多矣，未有如此郎者，当为国器，但恨不见其耸壑昂霄云。'"
④ 阊阖：借指京城。

踏莎行·赠相士

黄鹤楼前，胭脂山①上。敲门有客来相访。自言阅遍世间人，要观尘俗酸寒状。
关塞冰霜，江湖风浪。归来幸得身无恙。君言虽应我方惭，山中道士何劳相。

（《圭塘乐府》卷三）

作者简介： 许有壬（1286～1364），字可用，河南汤阴人。延祐二年（1315）进士，官至参知政事，谥"文忠"。善笔札，工辞章。著有《至正集》《圭塘乐府》等。

苏武慢·鸣鹤遗音

身在云间，目穷天际，一带远山如隔。隐隐迢迢，霏霏拂拂，蔓草寒烟秋色。数著残棋，一声长啸，谁识洞庭仙客。对良宵、明月清风，意味少人知得。

君记取、黄鹤楼前，紫荆台上，神有青蛇三尺。土木形容，水云情性，标韵自然孤特。碧海苍梧，白蘋红蓼，都是旧时行迹。细寻思、离乱伤神，莫厌此生欢剧。

（《柘轩集》卷五）

作者简介： 凌云翰（1323～1388），字彦翀，钱塘（今浙江杭州市）人。元至正十九年（1359）举人，洪武十四年（1381）以荐授成都府学教授。博览群籍，通经史，工诗。著有《柘轩集》。

多丽

问莺花，晚来何事萧索。是东风、酿成新雨，参差吹满楼阁。辟寒金、再簪宝髻，灵犀镇、重护香鰫。杏惜生红，桃缄浅碧，向人憔悴未舒萼。念惟有、淡黄杨柳，摇曳映珠箔②。凭阑久，春鸿去尽，锦字谁托。

奈梦里、清歌妙舞，觉来偏更情恶。听高楼、数声羌笛，管多少、梅花惊落③。鸳带慵宽，凤鞋懒绣，新晴谁与共行乐。料应在、楚云湘水，深处望黄鹤。天涯路，计程难定，长恁飘泊。

---

① 胭脂山：位于黄鹄山北胭脂路一带。《明一统志》："胭脂山，在府城东南五里，其土色赤，故名。"
② 珠箔：即珠帘。唐 李白《陌上赠美人》诗："美人一笑褰珠箔，遥指红楼是妾家。"
③ "听高楼"两句：从唐李白《与史郎中钦听黄鹤楼上吹笛》诗句"黄鹤楼中吹玉笛，江城五月落梅花"中化出。

（《明词综》卷一）

作者简介：杨基（1326～1378），字孟载，号眉庵，祖籍嘉州（今四川乐山市），祖父时迁至苏州。明朝建立后，以荐入仕，官至山西按察使。诗风清俊纤巧，工五言诗，人称"五言射雕手"。著有《眉庵集》。

暗香疏影①

冰肌莹洁。更暗香零乱，淡笼晴雪。清瘦轻盈，悄悄嫩寒犹自怯。一枕罗浮梦醒，闲纵步、风摇琼玦。向记得、此际相逢，临水半痕月。

妖艳不同桃李，凌寒又不与、众芳同歇。古驿人遥，东阁吟残，忍与何郎轻别。粉痕轻点宫妆巧，怕叶底、青圆时节。问谁人、黄鹤楼头，玉笛莫教吹彻。

（《钦定词谱》卷三十四）

作者简介：张肯（生卒年不详，明初人），字继孟，一字寄梦，浚仪（今河南开封市）人。宋濂弟子。诗文清丽有法，尤长南词新声。书牍绝佳，具有姿韵。著有《梦庵集》。

望江南·离思

澄江水，别后几回潮。黄鹤笛声愁里咽，青龙山色梦中遥。秋空正沉寥。

记来时，杨柳暗河桥。箫鼓临风喧祖帐，旌旗和月引征轺。离愁何日销。

（《凭几集》卷四）

作者简介：顾璘（1476～1545），字华玉，号东桥居士，吴县（今江苏苏州市）人。弘治九年（1496）进士，官至南京刑部尚书。其诗矩矱唐人，以风调胜。著有《山中集》《凭几集》等。

长相思·和浚川韵 （六阕）

一

思悠悠。梦悠悠。多梦多思并入秋。相看人白头。

---

① 暗香疏影：南宋吴文英自度曲，以姜夔自度曲《暗香》调为前阕、《疏影》调为后阕合而为一。

苹花洲。蓼花洲。红蓼白苹生远愁。凭高独上楼。

二

岸悠悠。水悠悠。枫叶芦花瑟瑟秋①。孤帆天际头。

白鹭洲。鹦鹉洲。一带澄江②销客愁。醉登黄鹤楼。

三

黄鹂啼。晓梦疑。迢递江南人未归。春愁双鬓知。

雁南飞。乡思迟。长忆江村细雨时。闲看鸥鹭矶。

四

荼蘼香。蔷薇香。庭院轻风白昼长。人闲春草芳。

望潇湘。隔潇湘。天远楼台人一方。相思萦寸肠。

五

晓盈盈。玉池萍。老鹤松梢惊露鸣。石坛花气清。

泉泠泠。绕涧声。山鸟相呼如引朋。道人幽兴生。

六

风萧萧。雨萧萧。独坐虚堂夜寂寥。诗成蜂蜡销。

山迢迢。水迢迢。回首江南归梦遥。频将短鬓搔。

（《赐闲堂词》）

作者简介：夏言（1482～1548），字公谨，号桂洲，江西贵溪人。正德十二年（1517）进士，官至内阁首辅，谥"文愍"。其诗文宏整，又以词曲擅名。著有《桂洲集》、《赐闲堂词》等。

唐多令·南楼追和刘过原韵③

新绿满沧洲，孤帆带远流。更甚人同倚南楼。一片伤心烟雨里，犹记似，别时秋。

华发渐蒙头，相思如旧不？怪江山不管离愁④。二十年前曾载酒，都作了，梦中游⑤。

（《金元明清词选》）

作者简介：李天植（1591～1672），字因仲，浙江平湖人。崇祯间举人，明亡后改名

---

① 枫叶芦花瑟瑟秋：从唐 白居易《琵琶行》诗句"浔阳江头夜送客，枫叶荻花秋瑟瑟"化出。

② 澄江：清澈的江水。这里指长江。

③ 和刘过原韵：即刘过《唐多令·重过武昌》。

④ "怪江山"句：怪江山不理解人世离愁。怪：嗔怪，埋怨。管：理解，关照。

⑤ "二十"三句：二十年前曾载酒来此，如今回首，都成了梦中之游。此处照应刘过原词中的"二十年重过南楼""欲买桂花同载酒"。

确，字潜夫，人称蜃园先生。曾借庙堂辟学塾，教书维持生计，后回蜃园家中卖文织筐度日。著有《蜃园集》、《乍浦九山志》。

暗香·汉口夜泊

半城落日，噪昏鸦惊起，垂天云黑。小艇泊来，不住江南住江北。黄鹤楼荒何在？只十里、烟波凝碧①。听不到、醉酒仙人，楼上夜吹笛。

行客，眠未得。欲寄与暗怀，难附飞翼。停歌月出，鹦鹉洲横动寒色。历历晴川草树，轻浪卷、一江风急②。待晓发，鸡唱也，满帆霜白。

（《秋闲词》）

作者简介： 王庭（1607～1693），字言远，一字尚白，号迈人，浙江嘉兴人。顺治六年（1649）进士，官至山西布政使。著有《秋闲词》。

满庭芳·送友人还会稽③

新绿方浓，残红尽落，多情正自凝眸。不堪南浦，又复送归舟④。便倩江郎作赋⑤，也难写别恨离愁。消魂久，斜阳芳草，天际水悠悠⑥。

问君何处，若耶溪畔，宛委山头⑦。有千岩竞秀，万壑争流⑧。愧我江湖迹遍，到如今，仍坐书囚⑨。迟君至，开襟散发，咏月醉南楼。

（《明词综》卷六）

作者简介： 黄周星（1611～1680），字九烟，号而庵，上元（今江苏江宁）人。崇祯十三年（1640）进士，官户部主事，明亡后遁迹湖州以终。著有《刍狗斋集》。

---

① 楼荒：黄鹤楼于明末毁于兵燹，此时尚未修复。
② 晴川草树：典出崔颢《黄鹤楼》："晴川历历汉阳树。"
③ 会稽：今浙江绍兴。
④ 南浦：地名。《江夏县志》："南浦，一名新开港，在县南五里。"作为送别之处的比喻，典出屈原《九歌·河伯》："与子交手兮东行，送美人兮南浦。"
⑤ 江郎：南朝文学家江淹，著有名篇《别赋》。
⑥ 消魂：亦作销魂，谓为情所感，若魂魄离散。江淹《别赋》："黯然销魂者，唯别而已矣。"
⑦ 若耶溪：在浙江绍兴若耶山下，相传西施曾浣纱于此，故又名浣纱溪。宛委山：在会稽东南，又名石匮山、玉笥山。
⑧ 此处引用顾恺之（字长康）对会稽风景的赞美。刘义庆《世说新语·言语》："顾长康从会稽还，人问山川之美，顾云：'千岩竞秀，万壑争流，草木蒙笼其上，若云兴霞蔚。'"
⑨ 坐书囚：因读书而不能四处漫游。

忆秦娥·坐黄鹤楼上

江千尺。晚来风景秋萧瑟。秋萧瑟，斜阳槛外，数行金戟。

杯干重把阑干拍，楚宫垂柳怜孤客①。怜孤客，飞仙安在，唤他吹笛。

望海潮·黄鹤楼上吊孙吴②

天亡汉室，时方逐鹿③，明公④奋勇争先，战舰摇虹，朱旗曳电，谁知衰草寒烟。竖子自堪传。尚雄蟠水域，身老兵年。拔剑撚髭，满城佳气故宫前。

能招幕府英贤。向荆门握槊，吴会投鞭⑤。白面戎帅，青云霸器，曾言生子当然⑥。成业坐难迁。叹一隅雌伏，失长幽燕⑦。铁锁横江⑧，乌飞龙隐可人怜。

(《静惕堂词》)

作者简介：曹溶（1613～1685），字秋岳，一字洁躬，号倦圃、金陀老圃，浙江嘉兴人。崇祯十年（1637）进士，官御史，清时官至广东布政使。工诗，富藏书。著有《刘豫事迹》《静惕堂诗集》《静惕堂词》等。

贺新郎·登燕子矶阁望大江作

绝壁衔飞阁。倚寒空、嵯峨窈窕，是谁雕琢。六代兴亡如逝水，烟冷千寻铁索。梦不到、乌衣帘箔。结绮临春歌舞散，大江流、尚绕青山郭。悲自语，檐边铎。

滔滔东下风涛作。俯层阑、鼋鼍出没，雪山喷薄。况是清秋明月夜，何处船楼吹角。

---

① 阑干拍：以手拍阑干来宣泄情感。辛弃疾《水龙吟》："把吴钩看了，阑干拍遍，无人会，登临意。"楚宫：楚王宫，指明代楚王府，位于高观山（蛇山七峰之一）南麓，明末张献忠攻克武昌后被毁。

② 孙吴：三国时的吴国。

③ 逐鹿：比喻争夺统治权。

④ 明公：旧时对有名位者的称呼。

⑤ 荆门，山名，在今湖北省宜都市西北，长江南岸。江水湍急，形势险峻。古为巴蜀荆吴之间的要塞；吴会：东汉分会稽郡为吴郡、会稽郡二郡，并称吴会。后也泛指此两郡故地为吴会。

⑥ 曾言生子当然：此化用辛弃疾"生子当如孙仲谋"句。

⑦ 叹一隅雌伏，失长幽燕：雌伏，比喻居居下位，无所作为。幽燕，古称河北北部及辽宁一带。唐以前属幽州，战国时属燕国，故名。此句指孙权事。

⑧ 铁锁横江：《晋书·王濬传》载晋将王濬自成都发兵，顺长江东下灭吴。吴人于江中险滩要害处用铁锁链拦截其船，以抵挡敌军进犯。但终被王濬用火攻破，铁锁断沉，军船无阻，很快到达吴都，吴遂亡。后用"铁锁横江"形容严加防卫。

早惊起、南飞乌鹊。估客船从巴蜀下，看帆樯、半向青天落。吾欲醉，骑黄鹤。

蝶恋花·旅月怀人

月去疏帘才几尺。乌鹊惊飞，一片伤心白。万里故人关塞隔，南楼谁弄梅花笛。
蟋蟀灯前欺病客。清影徘徊，欲睡何由得。墙角芭蕉风瑟瑟，生憎遮掩窗儿黑。

（《二乡亭词》）

作者简介：宋琬（1614～1673），字玉叔，号荔裳，山东莱阳人。工诗，与施润章并称"南施北宋"。其诗以才情隽丽、格合声谐见称，其词有"忧谗"之语，人服其赋情之真挚、用语之苍古。著有《安雅堂全集》，词集名《二乡亭词》。

望海潮·过钱武肃王祠，用秋岳坐黄鹤楼吊孙吴韵[①]

银涛喧鼓，铜牙披鞯，雄开王气之先。虎步凤峦，鹰扬蜃国，登时拥上凌烟。冠剑锦山传。有金符玉册，踵武英贤。吴越高门，尉佗台接鹧鸪前。

千秋舞榭歌筵。赖麾江指海，勇敌秦鞭余耳韩彭，纷纷灰烬，曾闻伟伐岿然。风景逐时迁。顿鼍潮息浙，艮岳输燕。公等无如空言，南渡是何年。

沁园春·前题次韵

骠骑将军，异姓诸侯，功名壮哉。乍南楼傅箭，大航风鹤，中流摇橹，溢浦蒿莱。片语回嗔，千金逃赏，遮客长刀玩弄来。堪怜处，有恩门一涕，青史难埋。

偶然座上嘲诙。博黄绢、新词七步才，似筹兵北府，碧油晨启，把棋东阁，屐齿宵陪。春水方生，吾当速去，老子邀游颇见哀。相携手，尽山川六代，箫鼓千杯。

贺新郎·青藜将南行，招同檗子方虎维则石潭谷梁集雪客秋水轩即席和顾庵韵

帘飔微飔卷。正新秋、一泓秋水，一宵派遣。客舍高城砧杵急，清泪征衫休泫。随旅燕、栖巢如茧。老子逢场游戏久，兴婆娑、肯较南楼浅。眉总斗，遇欢展。

---

① 钱武肃王：即五代十国时期吴越国的建立者钱镠（852～932）秋岳：即曹溶。

西山半角藏还显。记春星、扪萝孤照，来青残匾。早雁渐回沙柳路，催起臂鹰牵犬。虾菜梦、年年难免。且饮醇醪公瑾坐，问风流、军阵今谁典。花月外、舌须剪。

（《定山堂诗余》）

作者简介： 龚鼎孳（1615～1673），字孝升，号芝麓，安徽合肥人。崇祯七年（1634）进士，明时官兵科给事中，清代官至左都御史，谥"端毅"。"江左三大家"之一。著有《定山堂集》《龚端毅公奏疏》等。

沁园春·黄鹤楼

万里澄波，汉耶江耶，登临快哉。有晴云舒卷，层层楼迥；雄风披拂①，面面窗开。作赋祢生②，题诗崔颢，占得人间几许才。都休问，怕苍茫吊古，触绪生哀。

仙踪一去难回。任几度、人民换劫杰。看东连吴会，寒潮断岸；西邻巫峡，暮雨荒台。倚槛多时，凭阑竟日，玉笛何人又《落梅》③。斜阳外，望凌空孤鹤，为我重来。

（《蝶庵词》）

作者简介： 史惟圆（1619～1692），字云臣，号蝶庵、荆水钓客，原名策，又曾名若愚，江苏宜兴人。不求闻达，隐逸终老。阳羡词派重要词人，有"平分髯客（陈维崧）旗鼓"之誉。著有《蝶庵词》。

岁寒三友·夜雨留别张祖望毛稚黄

南楼月夜宝灯红。一饮千钟。诗成镂版，曲就上弦，春似情浓。醉卧锦屏，满身花影重。

流年谁信太匆匆。南北西东。雨黑今宵话别，衰鬓如霜左耳聋。记取后期，桃花黄鹤峰。

（《东江别集词》）

作者简介： 沈谦（1620～1670），字去矜，号东江子。浙江仁和人。少颖慧，六岁能辨四声。长益笃学，尤好为诗古文。崇祯末，为西泠十子之一。入清，以医为业。有《东江集钞》《杂说》等。

---

① 披拂：拨开。南朝宋谢灵运《石壁精舍还湖中作》诗："披拂趋南径，愉悦偃东扉。"

② 祢生：指祢衡，作有《鹦鹉赋》。

③ 《落梅》：即《梅花落》。古笛曲名。唐 李白《与史郎中钦听黄鹤楼上吹笛》："一为迁客去长沙，西望长安不见家。黄鹤楼中吹玉笛，江城五月落梅花。"

醉蓬莱·碧山庄看杜鹃秦以新太翁留饮花下有怀对岩检讨

折一枝笑问，也把鹃呼，尔何愁苦。绿暗园林，点深红千树。但到花间，休论身外，有酒何妨住。况是今朝，弦管莺啼，池亭燕乳。

停杯忽忆，故人千里，鄂渚牙幢①，武昌楼橹②。万一思乡，写断肠佳句。那得凭阑，将花做鸟，向楚天低处。黄鹤楼前，殷勤为我，叫他归去。

八声甘州·南耕斋中食鲥鱼作

汝鱼乎、汝既弄潮来，何如趁潮归。却波涛堆里，橙齑香处，自许轻肥。千古断矶黄鹄，不了是和非。贪听渔翁笛，误触危机。

谢汝崎岖万里，把浪花舞破，来慰晨饥。问途经西塞，果否飐旌旗。幸团圞、故园兄弟，况小窗、雨后漾晴晖。浮生乐、无如斫鲙，安用呼豨。

念奴娇·十六夜对月呈孙北海先生十叠前韵

浩歌被酒，喜举头仍见，昨宵圆月。遥忆高斋歌猛虎，剑气绿人毛发。老子龙头，细书蚕尾，玉试昆吾切。隗嚣旧物，土花千载难歇。

更有粉壁波涛，牙签蝌蚪，摊几供披豁。吟健左车能决肉，日拓黄州快雪。馀子纷纶，是翁夔铄，有角真堪折。南楼高兴，依稀清啸将绝。

贺新郎·秋夜呈芝麓先生

俊鹘无声攫。羡一代、词场老手，舍公安托。歌到阳关刚再叠，月里斜飞兔脚。帘以外、秋星作作。我得公词行且读，任侏儒、饱饭嘲臣朔。大笑绝，冠缨索。

---

① 牙幢：即牙旗。《三国志·吴志·陆逊传》："逊乃益施牙幢，分布鼓角。"
② 楼橹：古代军中用以瞭望、攻守的无顶盖的高台。建于地面或车、船之上。

中朝司马麒麟阁。筹边暇、南楼爱挽，书生酬酢。半世颠狂谁念我，多少五陵轻薄。我有泪、只为公落。后夜明月知更好，问陆郎、舞态应如昨。肯为奏，军中乐。

醉蓬莱·虎邱月夜见有贵官呵止游人者戏填此词

正歌场匦地，舞榭临风，碧天如昼。官自何来，拖麟衫艾绶。从事喧阗，郎君贵倨，禁游童趋走。千载吴山，一场秋兴，月偫花傸。

黄鹤飞仙，玉清谪吏，偶趁风光，閒来林薮。见此尘容，展轩渠笑口。七贵貂蝉，五湖烟水，问谁堪长久。且掣青萍，化为铁笛，作狂龙吼。

贺新郎

途次遇华子瞻。忆二十年前，子瞻与秦对岩太史齐名均齿，游处略同，对岩官禁，近居林下，已十余年，今复从军湘楚，行色甚壮，而子瞻沦落如故。词以寄慨

少日敦槃约。记同游、梁溪二妙，华年相若。绣袷红衫双掩映，宛似连枝花萼。船并舣、绿杨城郭。一客日边红杏放，染炉香、日讲龙楼幄。又十载，归田乐。

弹冠近日之荆鄂。压秋江、水犀下濑，雄姿马槊。帐下庐儿三十万，伐鼓开船黄鹤。旗猎猎、北风夜作。一客纤缡才掩骭，到霜天、败褚那堪著。姑一笑，视寥廓。

（《湖海楼词》）

作者简介： 陈维崧（1625～1682），字其年，号迦陵，江苏宜兴人。康熙十八年（1679）举博学鸿词，授翰林院检讨，曾参修《明史》。阳羡词派领袖。著有《湖海楼诗集》《迦陵文集》《迦陵词》等。

解语花·为云田题楚天狂客图

云田"好游汉浦"句，为宝镫夫人发也。

桃花庙口，鹦鹉洲边，谁写离人意。插天剑倚。肯回顾、多少橘奴鱼婢。黛峰如髻。空目断、骚人遗思。忆当年、汉浦投珠，莫负同心蕊。

一片云浓烟细。想漠漠江天，悲秋顿起。吴山越水。好收拾、偏贮锦奚囊底。风流举止。应只有萧然图史。到他时、黄鹤搋翻，都识青莲李。

（《远志斋集·丽农词》）

作者简介：邹祗谟（1627～1670），字訏士，号程村，武进（今江苏常州市）人。顺治十五年（1658）进士，工诗词。著有《远志斋集》。

渔家傲·黄鹤楼边渔艇

孤篷渔艇烟中驾。晴川自写吴绫帕。渔子不知身是画。呼妇骂。问钱昨夜存多寡。

网得巨鱼惊又诧。复呼阿妇欢然话。黄鹤楼边閒去耍。沽酒罢。归来月上山头乍。

（《蓉渡词》）

作者简介：董以宁（1629～1670），字文友，号宛斋，武进（今江苏常州市）人。少与陈维崧、邹祗谟、黄永齐名，有"毗陵四才子"之名。后弃辞章，专研律历、兵农、经世之学，聚徒授经，弟子数百人。著有《正谊堂文集》《蓉渡词》等。

满路花·酬赠纪仲齐自汉阳之西江，即用原和周清真韵

尽饮郎官酒，快榻龙丘雪。紫马题黄鹤。称双绝。奕叶金貂，醉击珊瑚折。天远孤帆阔。放棹西江，历历晴川时节。

青衫湿泪，还洒榴花血①。春草池塘梦、烟波接。逢迎处处，触景成悲切。待向何人说。且沽斗酒，莫赋骊驹欲别。

（《苍梧词》）

作者简介：董元恺（1630～1687），字舜民，号子康，武进（今江苏常州市）人。顺治十七年（1660）举人，第二年即因"奏销案"被黜，故千端心曲，悉寓于词。著有《苍梧词》，其风格最近《湖海楼》。

山花子·寄程昆仑京口

黄鹤山前黄鹤鸣。杜鹃楼外杜鹃声。记得戴颙招隐地，共经行。

---

① 相传南宋绍兴年间，汉阳军有一孝妇杀鸡孝敬婆婆，不料婆婆吃鸡后暴病而亡。小姑告到官衙，说是嫂子毒死其母。官府听信此言，严刑逼供，屈打成招，被判死刑。孝妇无以自明，临刑前折石榴花一枝，插于石缝，仰天祷告：如果真是我毒死婆婆，此枝即枯；若是冤枉，此枝将复生。孝妇被处死后，榴枝果然复活，不久便秀茂成荫，结出果实。时人认为这是天彰其冤，哀孝妇无辜受难，在石榴花侧，汉阳西门外一里处，立石塔以为纪念。明清两代几次重建，现存建筑为1918年重建。

北固云烟春望远，南徐风雨暮潮生。一片澄江如练影，接芜城①。

（《衍波词》）

作者简介：王士禛（1634～1711），原名王士禛，字子真、贻上，号阮亭、渔洋山人，新城（今山东桓台县）人。顺治十五年（1658）进士，官至刑部尚书，谥"文简"。论诗创神韵说，尤工七绝。著有《带经堂诗话》《精华录》等。

沁园春·赠柳敬亭

席帽单衫，击缶呜呜，岂不快哉。况玉树声销，低迷禾黍，梁园客散，清浅蓬莱。荡子辞家，羁人远戍，耐可逢场作戏来。掀髯笑、谓浮云富贵，曲蘖都埋。

纵横四座嘲诙。叹历落、嵚崎是辨才。想黄鹤楼边，旌旗半卷，青油幕下，樽俎常陪。江水空流，师儿安在，六代兴亡无限哀。君休矣，且扶同今古，共此衔杯。

（《珂雪词》）

作者简介：曹贞吉（1634～1698），字升六，号实庵，山东安丘人。康熙三年（1664）进士，与宋琬、王又旦等并称"金台十子"。尤有词名，今人以之与纳兰性德、顾贞观并称为"京华三绝"。著有《珂雪诗》《珂雪词》等。

满江红·黄鹤楼用梅村词韵

独倚危阑，听不了、江声千尺。想旧日、白云黄鹤，仙人吹笛。隐隐云中沙鸟落，茫茫天外风帆直。问留题、谁复继崔诗，无人识。

弹指事，成陈迹。回首处，愁羁客。俯晴川芳草，西风萧瑟。赤壁争雄今在否，孤臣涕泪还堪忆。叹楚王、宫阙但荒台，横碑石。

（《南耕词》）

作者简介：曹亮武（1637～?），字渭公，号南耕，江苏宜兴人。陈维崧表弟，词亦与迦陵齐名。著有《南耕词》《岁寒词》等。

---

① 芜城：古城名。即广陵城。故址在今江苏省扬州市境。西汉吴王刘濞建都于此，筑广陵城。南朝宋竟陵王刘诞据广陵反，兵败死焉，城遂荒芜，鲍照作《芜城赋》以讽之，因得名。

金缕曲·黄鹤楼怀古同燕邱作

一派哀湍泻。溯来源、岷峨万里，东流日夜①。鹦鹉洲荒芳草没，烟雨晴川台榭。过几点、西风樯马。千古英雄何处觅，但汤汤、瑟瑟滔滔者。吾有泪，浩盈把。

兴亡六代凄凉话②。笑多事、仲谋公瑾，争雄图霸③。帝子不还王气尽，愁煞江山如画④。长太息、浮生幻假。只有仙踪磨不去，卷银涛、鹤影飞来也。一杯酒，向天洒。

（《黄鹤楼诗词三百首》）

作者简介：唐允甲（生卒年不详，清初人），字祖命，号耕坞，安徽宣城人。明末任中书舍人，入清，常住泰州，与万寿祺、余怀、施润章等多有交往，又曾为王士禛《衍波词》作序。著有《耕坞山人集》。

黄鹤洞仙·题西野抱膝图

一角雨余山，隔断天边树。只写蘼芜满地生，溪尽处。定有人家住。

闲兴尽从容，小憩何无侣。若爱村西野菜花，沙嘴路。须把柴篱补。

南楼令

浅草乱山稠。惊沙黑水流。好春光，只似穷秋。刚得一枝花到眼，经雨打，又还休。

遥忆小红楼。玉人楼上头。月溶溶，催和香篝。肯信东风欺绝塞，都不许，把春留。

（《全清词·顺康卷》）

作者简介：高士奇（1645～1704），字澹人，号江村、竹窗，钱塘（今浙江杭州市）人。清监生，累迁至礼部侍郎，谥"文恪"。著有《清吟堂全集》，词集名《蔬香词》《竹窗词》。

---

① 岷峨：岷山、峨眉山。
② 六代：六朝，一般是指中国历史上三国至隋朝的南方的六个朝代，即吴、东晋、宋、齐、梁、陈，均曾定都建康（吴称建业，今南京）而习称六朝。
③ 仲谋：孙权的字；公瑾：周瑜的字。
④ 王气：古人迷信望气之术，认为帝王所在之地有"王气"，国亡则气歇。刘禹锡《西塞山怀古》："王濬楼船下益州，金陵王气黯然收。"全句暗含对明朝覆亡、江山易主的哀愁。

望海潮·黄鹤楼

岚气浮空，潮声带雨，名区自说江湘。赤壁崟崎，洞庭浩渺，天边不断帆樯。楼阁俯斜阳。正烟云万里，归鸟千行。独鹤飞回，忽传玉笛韵悠扬。

凄凉。鹦鹉堪伤①。对萋萋芳草，满目沧桑。夜静月明，涛生天上，看来一片昏黄。伫立向茫茫。有渔舟杳霭，芦荻青苍。把酒中流，当年顾曲想周郎②。

（《瑶华集》卷二十二）

作者简介： 鲍鼎铨（生卒年不详，清初人），庠名允治，字让侯，江苏无锡人。康熙八年（1669）举人，曾任知县。著有《心远堂诗》、《燕台近咏》。

江城子·黄鹤楼

何年黄鹤有高楼，俯江流，对清秋③。暇日群公，携酒共来游④。万顷烟波空浩渺，今古事，问渔舟⑤。

江山留与后人愁，落霞收，淡云浮⑥。铁笛一声，吹起水悠悠⑦。便觉此身真羽化，兹夕里，到瀛洲⑧。

（《黄鹤楼诗词三百首》）

作者简介： 唐祖命（1663～1719），字薪禅，一字心传，号听翁，又号瓣花行者，武进（今属江苏）人。屡试不第，以布衣词客终其生。有《瓣花词》。

石州慢

潦落琴书，子尔长征，关河无伴。远游漫拟灵均，别绪纷飞吴苑。巴邱鼓柁，题诗黄

---

① 鹦鹉：汉末文士祢衡曾作《鹦鹉赋》，此处是感伤他的境遇。
② 周郎：周瑜，据传其自少即精通音乐。《三国志·吴书·周瑜传》："瑜少精意于音乐。虽三爵之后，其有阙误，瑜必知之，知之必顾，故时人谣曰：'曲有误，周郎顾。'"
③ "何年"三句：高高的黄鹤楼是何年出现的啊？俯视江流，向着清秋。清秋：清爽之秋。
④ "暇日"二句：闲暇之日，群公携酒同来一游。公：对长者或同辈的尊称。
⑤ "万顷"三句：万顷烟波空自浩渺无际，这里发生的今古之事，须向江上渔舟问询。
⑥ "江山"三句：国家大事留给后人去操心，且来观赏落霞晚照，淡云飘浮。江山：代指国家。
⑦ "铁笛"二句：仙人铁笛一声，吹起水波荡荡悠悠。悠悠：自由自在。
⑧ "便觉"三句：便觉此身真的羽化成仙，这个夜晚，到了瀛洲。羽化：指飞升成仙。《晋书·许迈传》："玄自后莫测所终，好道者皆谓之羽化矣。"苏轼《前赤壁赋》："飘飘乎如遗世独立，羽化而登仙。"兹夕：这个夜晚。兹，这。瀛洲：传说中的海上三仙山之一。

鹤楼头，秋风袅袅吹江汉。何处九疑云，看遥天帆转。

孤馆。登临应过，向鹦鹉洲边，细腰宫畔。定有哀砧惊梦，洞箫飘怨。月明乌鹊，望中隐隐江南，湘兰沅芷添肠断。红鲤尺书来，忆辞家王粲。

(《小眠斋词》)

作者简介：史承谦（约 1702～1756），字位存，号兰浦，荆溪（今江苏宜兴市）人。被誉为阳羡词人群的第四代领军人物。著有《小眠斋词》。

满江红

凿翠流丹，使全楚、山川襟带。是一片、神工鬼斧，劈开灵界。矶下白龟横断岸，楼中黄鹤飞天外。剩文章、双照大江流，垂金薤。

一斗酒，犹堪载。三分事，聊堪话。甚英雄竖子，倏焉成败。歌舞二乔谁得有，舳舻千里今安在。便江风、山月尚如前，都无奈。

贺新郎

十幅澄江练。袅香丝、文心一缕，惊才绝艳。出水芙蕖生梦颖，丰致嫣然初见。恰又似、朝霞舒卷，张绪风流标格好，比垂杨、一树灵和殿。眼灼灼、更如电。

思骑黄鹤寻仙眷，诉喁喁灯前才子，泪痕清泣。怪底风人俱善感，各带一分哀怨。记当日、春蚕丝缠。剪彩裁云工绮语，把鸳花、金粉思量遍，成往事、说来倦。

念奴娇

两床丝竹，比南楼、老子兴复不浅。胸次依稀，海天阔、彼此低回青眼。十五年情，三千里路，室迩人非远。范张溪黍，家庭真意弥满。

此去艳滪波长，峨眉月冷，别绪何由遣。梦入渝州，猿啸苦、惆怅思君不见。兄上新衔，弟还初服，出处交相勉。宦成可待，十年归未为晚。

(《忠雅堂词集》)

作者简介：蒋士铨（1725～1785），字心馀，一字苕生，号清容、藏园，江西铅山人。乾隆二十二年（1757）进士，授编修。诗与袁枚、赵翼齐名，号"乾隆三大家"，其词笔墨恣肆，戏曲亦为清代大家。著有《忠雅堂集》《铜弦词》、戏曲集《藏园九种曲》等。

洞庭春色·登黄鹤楼

为问司勋，谁家楼也，而汝题诗①。算吾宗老辈，子安去久；玉京旧侣，叔玮来迟②。今日我游因薄谴，看城郭人民半是非③。还闻说，又吴宫楚馆，电卷星移。

千年谪仙又去，空传语，天上相思④。望三湘七泽，无边水气；荆门鄂树，一片斜晖。只有此楼常不改，与江汉茫茫无尽期。归与好，把落梅短笛，鹤背横吹。

（《两当轩集·竹眠词》）

作者简介： 黄景仁（1749～1783），字汉镛，一字仲则，号鹿菲子，武进（今江苏常州市）人。宋朝大诗人黄庭坚后裔。曾入毕沅幕下。一生大部时间游走各地。诗负盛名，为"毗陵七子"之一，七言诗极有特色。著有《两当轩集》。

点绛唇

黄鹤楼头，塞鸿声里清秋暮。水边归路。人立斜阳渡。

十二屏山，有个人凝伫。知何处。暝烟残雾。几点潇湘树。

（《听雨楼词》上卷）

作者简介： 孙云鹤（约1767～?），女，字兰友，又字仙品，仁和（今浙江杭州市）人。四川观察使孙春岩之次女，县丞金玮之妻。工诗词，善骈体文。与其姊孙云凤同为随园女弟子。著有《听雨楼词》、《春草间房》、《侣松轩》等。

蓦山溪·汉口三宿，灯市喧闻，殊有春意

晴川黄鹤⑤，与我周旋久。天外一帆风，破馀寒、轻装来又。箫声吹暖，刚是上元时，

---

① 司勋：官职，司勋员外郎的简称；这里指崔颢，因崔在天宝中曾任此职。

② 子安：传说中的驾鹤仙人。《南齐书·州郡下》："世传仙人子安乘黄鹄过此也。"作者称其为"吾宗老辈"，是把自己也比为仙人；玉京：道教称天帝所居之处；叔玮：传说中的遇仙之人。祖冲之《述异记》："荀瓌字叔玮，事母孝，好属文及道术，潜栖却粒。尝东游，憩江夏黄鹤楼上，望西南有物，飘然降自霄汉，俄顷已至，乃驾鹤之宾也。"

③ 这句作者把自己比为受天帝"薄谴"而下到人间一游的仙人。"城郭"句由丁令威化鹤归辽的歌词变化而来："有鸟有鸟丁令威，去家千年今始归。城郭如故人民非，何不学仙冢累累。"典出《搜神后记》。

④ 谪仙：指曾在黄鹤楼题诗的李白。《新唐书·李白传》："知章见其文，叹曰：'子，谪仙人也！'"

⑤ 晴川黄鹤：指晴川阁和黄鹤楼。

青嶂月，锦街灯，夜色明于昼。

刘郎重到，往事休回首。冷落旧巢痕，想依然、燕支红透。桃花开早，何处媚芳春，迎过舫、送归鞍①，不及长亭柳。

（《鸿雪词》卷下）

河传

黄鹤。城郭。笛声依约。吹尽寒梅。东君有意，还许轻燕飞来。绣帘开。

个中心事沉吟久。曾知否。梦冷鸦啼后。萍漂一叶，闲倚江上楼台。暂徘徊。

（《退庵词》）

作者简介：周之琦（1782～1862），字稚圭，号退庵，河南祥符人。嘉庆十三年（1808）进士，官至广西巡抚。工词，浑融深厚，瓣香北宋。著有《金梁梦月词》《怀梦词》《鸿雪词》《退庵词》，总名《心日斋词》。

洞仙歌

幅巾野服，访梅花清晓。万玉临流香更好。爱疏枝风约，老干苔皱，谁解画、空谷伊人清照。

珊珊倚修竹，离合神光，翠羽明珠并双妙。压寒碧西湖，千树花飞；黄鹤楼、笛声吹老。绕江北江南万重山，怅憔悴、何郎近来诗少。

（《南谷樵唱》）

作者简介：爱新觉罗·奕绘（1799～1838），字子章，号幻园、太素道人，清宗室，荣亲王永琪孙，嘉庆间袭贝勒。好风雅，喜著述。著有《明善堂集》。

苍梧谣

序：夫子以十金易得古玉笛一枝，且约同咏，先成《翠羽吟》一阕，骊珠已得，不敢复作慢词，谨赋《十六字令》，聊博一笑。

听，黄鹤楼中三两声。仙人去，天地有余青。

---

① 归鞍：犹归骑。回家所乘的马。唐 张说《东都酺宴》诗之三："洛桥将举烛，醉舞拂归鞍。"

探春慢·题顾螺峰女史韶画寻梅仕女， 用张炎韵

寒浦藏烟，小桥堆素，人与花分清澹。竹压枝梢，松培老干，簌簌瑶英霏霰。才试着花气，早望见、朱栏一半。若非群玉山头，月明林下香散。

可是汉家宫苑？又不似唐昌，树底忽见。黄鹤楼中，玉门关外，不许笛声吹怨。留待东风至，却还怕、绿阴争暖。笑捻花枝，归来香满庭院。

山鬼谣·题管夫人画竹

认濛濛、万竿修竹，绿烟一片清冷。楚天不问云深浅，日暮凄其风劲。吹不定。望不尽、满川秋水寒光迥。露澄烟 暝。更无数青山，无边青霭，天际远峰映。

伤心更，写出苍梧旧景。美人芳草谁省？千梢万叶矜当世，闲了鸥波小艇。尘梦醒。剩两岸、娟娟瘦玉摇江影。神游目骋。算只有南楼，老人画法，千古妙相并。

(《东海渔歌》)

作者简介：顾太清（1799～1877），女，名春，字梅仙，又字子春，号太清、云槎外史，满洲镶蓝旗人，为奕绘贝勒侧室。清代四大女词人之一。著有《天游阁集》《东海渔歌》、小说《红楼梦影》。

水龙吟·舟夜闻笛

几番吹月梅边，一双瘦鹤支烟冷。江城又晚，飞花渐寂，今宵倦艇。宿鹭惊沙，潜虬舞壑，断肠谁听。趁荒洲渺霭，声来甚处，偏只有、羁魂醒。

长恨芙蓉分镜，遍珠楼、更无人凭。寒潮暗长，丝杨尽老，鳜鱼自惊。前路山阳，旧游黄鹤，那堪愁并。剩苍波一片，稀星薄雾，伴孤鸿影。

忆旧游·与蒋鹿潭话黄鹤楼旧游

记波涵紫堞，雾幂丹梯，频展吟眸。念尔南冠久，问江城玉笛，曾听吹否。去尘顿如黄鹤，萍迹话浮沤。自战鼓西来，楚歌不竞，望断空楼。

前游。漫回首，便十里春风，何处扬州。燐火迷荒岸，任雕镂金粉，都付沧流。素丝暗寻霜色，词客病工愁。怕赋冷晴川，萋萋草碧鹦鹉洲。

（《采香词》）

作者简介：杜文澜（1815～1881），字小舫，浙江秀水人。官至两淮盐运使。工词。著有《采香词》《憩园词话》《词律校勘记》等。

甘州

余少识刘梅史于武昌，不见且二十年。辛亥余为淮南盐官，梅史自吴来访，秋窗话旧，清泪盈睫，其漂泊更不余若也。

怪西风偏聚断肠人，相逢又天涯。似晴空堕叶，偶随寒雁，吹集平沙。尘世几番蕉鹿，春梦冷窗纱。一夜巴山雨，双鬓都华。

笑指江边黄鹤，问楼头明月，今为谁斜。共飘零千里，燕子尚无家。且休卖、珊瑚宝玦，看青衫、写恨入琵琶。同怀感，把悲秋泪，弹上芦花。

（《水云楼词》）

作者简介：蒋春霖（1818～1868），字鹿潭，江苏江阴人。曾任两淮盐官。少工诗，有"乳虎"之称，中年专意于词，论者以与纳兰、项莲生为清词三鼎足。著有《水云楼诗剩稿》《水云楼词》。

多丽·黄鹤楼燕集

试登楼。一卷横锁双流。莽苍苍、西来东注，奔腾不肯回头。长风烟、汉阳晴树，带斜阳、鹦鹉芳洲。风景无殊，江山如昨，几人酾酒豁吟眸。早难道仙人鹤杳，歇绝便千秋。肯辜负、岸边垂柳，柳外轻鸥。

甚年光、乌飞兔走，一般逝水难留。且摩挲、江干立鹄，更呼唤、水底潜虬。酌我琼卮，酬君大斗，便无玉笛也清幽。须办得、人生行乐，富贵等浮沤。划然啸、楚天澄碧，宿霭全收。

（《暖玉晴花馆词》）

作者简介：邓嘉缜（1845～1915），字季垂，江宁（今江苏南京市）人，祖籍苏州。著有《暖玉晴花馆词》。

徵招 · 夔生自广陵游鄂，赋词寄怀却和

几年落拓扬州梦，樊川倦游情味。一笛落梅风，又吟蓬孤倚。江山仍画里。祇无那、暮天愁黟。白帢飘零，红箫岑寂，暗销英气。

迢递。楚天长，怀人处、扁舟旧时曾系。黄鹤倘归来，问飞仙醒未。行歌休吊祢。怕尘浼、素襟残泪。断云碧，醉拂阑干，正夜空如水。

（《半塘定稿》卷二）

作者简介：王鹏运（1848～1904），字幼遐，又作幼霞、佑遐，号半塘、鹜翁，临桂（今广西桂林市）人。同治九年（1870）举人，官至礼科给事中。其词冶众制于一炉，运悲壮于沉郁，为"清季四家"之首，又与况周颐被尊为"临桂词派"。著有《半塘定稿》《半塘剩稿》，编有《宋元三十一家词》等。

夺锦标 · 荆沙登轮舟

月岭高空，罗洲澹远，划断荆南秋影。不用蒲帆桂楫，星驱风驰，火轮雷进。看江船滚滚，早飞过、湘湖如镜。恨青山、到眼须臾，也似平陵萍梗。

怅望碧天夜迥。蟹港渔汀，点缀武昌佳胜。试问当年黄鹤，人去楼空，劫灰犹冷。剩墟烟一角，又消息梧桐金井。正还家好梦，水驿千程俄顷。

（《天倪阁词》）

作者简介：胡薇元（1850～约1920），字孝博，号诗舲、石林、壶庵，大兴（今北京市）人。光绪三年（1877）进士，官至西安知府。长于戏曲诗文。著有《壶庵五种曲》《导古堂文集》《天倪阁词》等。

扬州慢 · 鄂渚晤沈大伯华，用白石韵

黄鹤空矶，赤乌残壁，古愁渐满征程。看朝吴暮楚，隔数点山青。又如梦、东风过了，几人年少，巾扇鏖兵。问扁舟何事，年年来去江城。

与君一笑，早相看华发休惊。剩白月飞觞，青天倚剑，犹赚豪情。倦客甚时东下，今宵梦、先逐潮声。怕秋云吹散，尊前幽恨还生。

卖花声

田翁年七十矣，携一孙明良隐居山中。其家有红白梅数株，匡坐鼓琴，甚自得也。余过靖州遇之，为赋此解。殊汗颜于尘壒，聊绘影于雪泥云尔

竹外一枝斜，凉透纹纱。晓风吹梦堕天涯。输与胎仙眠未醒，抱月偎霞。

芳讯到林家。幽思偏赊。南楼倚笛鬓先华。解道暗香疏影句，不负梅花。

洞仙歌

小庭坐久，忽流来凉月。如积千年万年雪。正软红地少，嫩碧天多，到此际、全没一丝儿热。

夜寒谁倚树，梦影仙尘，玉斧吴刚感迁谪。吹笛上南楼，竟夕徘徊，有一种、秋心难说。待商量骑鲸水西头，倚云海苍茫，问他生灭。

南楼令

秋到舵楼尖。波平湿翠嵌。有冷云、黏住孤帆。几点潇湘篷背雨，和别泪，上青衫。

剪烛共谁谭。霜催酒力酣。怎重衾、添了还添。今夜蘋花明月里，吹笛到，古江南。

满江红·追忆旧游

黄鹤仙人，招我上、江边高阁。只不见、年时吹笛，梅花曾落。老子南楼兴不浅，先生赤壁游真乐。对一洲、芳草忽生愁，才名错。

江夏誉，成飘泊。阳春曲，都萧索。剩劫余新柳，武昌城郭。楚国君臣神女梦，乔家夫婿英雄略。有隔江、山色送前朝，青如昨。

齐天乐·和白华， 用叔问韵， 时余将游庐山

西风又起天涯路，吹残碧云如马。十载江湖，无人到处，惯与闲鸥争霸。一双不借。

更庐阜寻僧，远投莲社。行路寻常，曹将军笔也难写。

销磨旧怀艳冶。向荒台流水，空吊琴雅。夕跨苍龙，朝辞黄鹤，明日芙蓉手把。与君别者。莫只学人间，秋虫吟哑。五岳归来，早将书代话。

（《哭庵词集》）

作者简介： 易顺鼎（1858～1920），字实甫，号眉伽、哭庵，龙阳（今湖南汉寿县）人。光绪元年（1875）举人，曾任广东高雷两州巡道兼兵备道等职。其诗讲究属对工巧。著有《琴志楼编年诗集》《哭庵词集》等。

水调歌头·乃园探梅①

缥缈向山笑，辛苦酿寒胎。多时怪道消歇，独鹤冷徘徊②。盼有东皇一息，天上人间吹遍，斡转费奇才③。绚日众花舞，破夜一枝开。

香凝雪，冰作骨，玉成灰。去年今日满地，依旧地中回。不管盈柯堕砌，只是风光次第，火急待春催。芳讯有时到，客去几重来？

（《黄鹤楼诗词三百首》）

作者简介： 范钟（1856～1909），字仲林，通州（今江苏南通市）人。光绪二十四年（1898）进士，曾任两湖书院教习，官至河南鹿邑县令。兄弟三人皆有诗名，人称"通州三范"。著有《蜂腰馆诗集》。

金缕曲

渐觉秋宵永。悄无人，霜纨在手，短檠孤映。一点凉蟾分素照，可奈更残漏紧。况明夜、阴晴难定。记得朱阑春树底，看飞鸦、乱啄浮云影。沈恨杳，梦犹省。

浪游未减江湖兴。共轻鸥，随潮去住，雨蓑烟艇。双鬓逢人低不惯，谩趁杯醪醉醒。笑皮骨，如今空剩。黄鹄矶边山亦好，只无缘、长向江头凭。松菊在，羡陶令。

（《瞻园词》）

作者简介： 张仲炘（1857～1913），字慕京，号次珊、瞻园，江夏（今湖北武汉市）人。光绪三年（1877）进士，官至江南道监察御史、江苏尊经书院山长。著有《光绪见闻

---

① 乃园：位于武昌蛇山西端南坡，系明清两代湖北按察使司署的后花园。
② 独鹤：北宋诗人林逋性喜植梅养鹤，自称以梅为妻，以鹤为子，后世遂以梅鹤并提。鲁迅《阻郁达夫移家杭州》："梅鹤凄凉处士林"。
③ 东皇：司春之神。《尚书纬》："春为东皇，又为青帝。"

· 123 ·

录》《瞻园词》《湖北金石志》等。

水调歌头·十日归舟，望黄鹤楼

人昔去不返，天讶鹤冲开。凭高争寄遐想，巨笔插峨嵬。千古楼头崔李，未肯题诗九日，更赌阿谁来。天水莽一色，远唾净无埃。

予生晚，恨不共，古人杯。虚夸谢朓战胜，去剪北山莱。几度废池乔木，暗触江东兵气，如月灌楼台。与击渡江楫，去住总徘徊。

寿楼春·散帙得叔由黄鹤楼断句，为足成之，时予辟地汉上

呼江云来前。问仙人素鹤，归去何年。又是山城斜照，绿波晴川。沧海梦，摇空烟。忆旧游、高歌凭阑。看戟走沙明，舟吞叶小，翻尽古时天。

登楼赋，临皋篇。尽吹残铁笛，凄吊芽弦。照彻江山如此，月明婵娟。樵载酒，渔忘筌。数来去、何人能闲。祗年少周郎，功名竞传。谈笑间。

（《十发居士词集》）

作者简介：程颂万（1865～1932），字子大，号鹿川、十发居士，湖南宁乡人。早年入湖北总督张之洞幕，擢候补知府，曾创设广艺兴公司，又督建造船厂。少即工诗，在里结湘社，与易顺鼎等唱酬。亦工词，清而不枯，艳而有骨。著有《宁乡程氏全书》《十发居士词集》等。

满江红·武昌纪游

诗句摩空，既留得、白云黄鹤。又几辈、金戈铁马，英灵磅礴。此派江山忒侥倖，我怀天地同牢落。且振衣、禹稷古行宫，晴川阁。

形胜地，通侯博。凭吊处，丰碑卓。顾瘦怯书生，茜纱衫薄。懒和髯苏说风月，欲寻小范言忧乐。笑经年、三食武昌鱼，流霞嚼。

（《沧江岁晚集》）

作者简介：魏元戴（1867～1929），字建侯，江西南昌人。光绪二十九年（1903）进士，官至吏部主事。著有《沧江岁晚集》。

月当厅 · 抚时伤乱，同梅溪韵

铁笛叫破鱼龙睡，江斐镜影，西子颦心。佩解汉皋，黄鹤一去秋深。巴水洞庭雁风，骤斜阳、惨澹紫磨金。暮潮紧、鲸铿鼍震，共竞呫吟。

湘云。楚雨连巫峡，怕瑶姬、蜀魄空断难寻。泪浅梦轻，谁托轸玉哀音。虫语鸟悲两无绪，短怜霜鬓菊羞簪。摇落尽、居人苦恋，一寸微阴。

(《蜀雅》)

作者简介： 周岸登（1872～1942），字道援，号癸叔、二窗词客，四川威远人。清时官全州知州，辛亥革命后任四川会理，安徽大学、重庆大学、厦门大学教授。著有《蜀雅》《梦碧簃曲稿》《戏剧新花子拾金》等。

浪淘沙 · 黄鹤楼

烟树望中收，故国神游①。江山霸气剩浮沤。黄鹤归来应堕泪，泪满汀洲。

凭吊大江秋，尔许闲愁。纷纷迁客与清流②。若个英雄凌绝顶，痛哭神州③。

(《于右任诗词曲全集》)

作者简介： 于右任（1879～1964），原名伯循，字诱人，号髯翁、太平老人等，陕西三原人。光绪二十九年（1903）举人，1906 年加入同盟会，国民政府时期任国民党中央执行委员、监察院院长等职。擅长诗词及书法，著有《右任文存》、编有《标准草书》等。

踏莎行 · 题词，同里王复纪宣

芳孕兰荪，幽依佳树。美人天末同归路。一编金粉怨多情，逢秋似惜秋无语。

烟草晴川，明珠汉浦。高吟许逐邯郸步。素云黄鹤拥词仙，入室不数相如赋。

(《傅熊湘集 · 钝安词》)

作者简介： 傅熊湘（1882～1930），字文渠，号屯艮，湖南醴陵人。近代著名文学家。著有《钝安词》《废雅楼说诗》《环中集》等。

---

① 故国神游：引自宋 苏轼《念奴娇 · 赤壁怀古》："故国神游，多情应笑我，早生华发。"
② 迁客：被流放或贬谪到外地的官；清流：旧指负有时望、不肯与权贵同流合污的士大夫。
③ 凌绝顶：登上最高峰。杜甫《望岳》："会当凌绝顶，一览众山小。"

蓦山溪·双十闻捷[①]

隔城箫鼓，喧破愁霏晚。卅载话前游，拥黄鹤、玉梯天半。河山两戒，休作画图看。曾几夕、月华清，留照金樽满。

好风吹送，帆影随湘转。千里指江陵，浪花中、峡云初展。青春白首，有梦早还乡，佳丽地，浣尘腥、灯火谁家院。

迷神引

恻恻轻寒珠帘卷。素月几回留看。南楼夜笛，引关山怨。荡晴空，飞归雁。阵云乱。终古龙沙雪，梦中远。花外东风紧，又春晚。

万感人间，未语先肠断。觉客途赊，欢期短。俊游金谷，好风月，今谁管。泪鹃残，林莺老，野鸥散。芳草无情碧，迷望眼。明朝兰舟发，载愁满。

莺啼序·闻人话瞻园师轶事， 怅触心悲， 同遗集中韵

寥空数行雁哽，莽苍苍万苇。素商动、黄鹄矶边，暮云相望愁悴。暗笛奏、梅花自落，余红可许颓阳系。飐荒燐、诗唱秋坟，梦醒何世。

飞鸟东南，迅羽过眼，认梁间燕垒。送箫鼓、明月长桥，旧家门巷遥对。又吴天、霜钟警客，引残酌、城乌寒起。有涯生、如草青袍，每沾清泪。

西风故国，咫尺瓯棱，皱冷半池水。行且住、鹬冠金弹，尽避骢马，路陌讴歌，问谁能似。蓬壶胜境，花砖晴昼，功名还比匡衡薄，换江湖、满目凄凉味。孤光占得，年年载笔登楼，望京赋情千纸。

枫林夜黑，唳鹤亭皋，料倦魂尚滞。最感怆、童乌曾预，数卷玄文，简断编残，砚尘难洗。巫阳筮楚，铜仙辞汉，人间犹有怀旧念，沸沧波、多少惊心事。虚堂静掩宵深，画烛双椽，露零未已。

(《陈匪石先生遗稿》)

作者简介：陈匪石（1884~1959），名世宣，号小树、倦鹤，江苏南京人。早年于南京创办新学，加入同盟会，民国时在华北大学、中央大学任教授。著有《陈匪石先生遗稿》。

---

① 双十闻捷：指爆发于 1911 年 10 月 10 日的武昌起义。

丹凤吟·月夜闻笛

坐听更声初转，月影穿帘，龙吟何处。琅玕尺八，唤动客愁如许。仙人汉上，记曾一厝，黄鹤楼前，落梅无数。古调如今杳矣，任是重翻，犹恐清韵非故。

应是宫墙夜静，霓裳独自偷旧谱。便教桓伊在，也临风三弄，清泪如雨。凉州已罢，指下顿增酸楚。鹤唳清空声渐远，吹梦魂归去，怨来杨柳，奈玉关不度。

渡江云

穷秋自劳，茗香送日，端任既亡，久废操缦。午夜籁细，偶复理之，指涩韵枯，繁忧无端。念往昔，仲弟善琴，亦遽不永。岂声音感人，殆害多益寡乎？占此行复自警也。

南楼惊去雁，晚英院落，暗籁起前轩。画屏茶梦绕，照泪单衾，点滴到孤弦。沧波旧约，荡海色、难觅成连。风乍回、鞠通寒语，更唤楚魂酸。

年年，西堂春误，秀水秋荒，指天涯碧断。空自携、雍门残感，谁报重泉。从今怕弄清商曲，任短歌、留谱花前。霜路稳、催愁曙角休传。

（《二十世纪诗词文献汇编·词部 第二辑 第二册》）

作者简介： 王易（1889~1956），原名朝综，字晓湘，号简庵，江西南昌人。京师大学堂毕业，先后执教心远大学、北京师范大学、东南大学等高校，与汪辟疆、柳诒徵、汪东、王伯沆、黄侃、胡翔东被称为"江南七彦"。工诗，意境酷似陈与义。著有《国学概论》《修辞学通诠》等。

破阵子·辛亥革命老人座谈会上作

黄鹤楼头回望，黄花岗下重过。后轸前车堪作鉴，烈魄英魂总不磨。青编资网罗。

席次高谭忼爽，镫前起舞婆娑。少日同盟谁健者，白首相亲喜更多。人民今共和。

（《梦秋词》）

作者简介： 汪东（1890~1963），初名东宝，字旭初，号寄庵、寄生、梦秋，吴县（今江苏苏州市）人，早年入同盟会，民国时任中央大学文学院教授、文学院院长。为章太炎弟子，精于词学，又擅书画。著有《词学通论》《梦秋词》《汪旭初先生遗集》等。

菩萨蛮·黄鹤楼①

茫茫九派流中国，沉沉一线穿南北②。烟雨莽苍苍，龟蛇锁大江③。

黄鹤知何去？剩有游人处。把酒酹滔滔，心潮逐浪高！

(《毛主席手书选集》)

作者简介：毛泽东（1893～1976），字润之，笔名子任，湖南湘潭人。中国人民的领袖，马克思主义者，伟大的无产阶级革命家、战略家和理论家，中国共产党、中国人民解放军和中华人民共和国的主要缔造者和领导人，诗人，书法家。其主要著作收入《毛泽东选集》。

水调歌头·悼刘禺生先生， 次苏东坡韵

霹雳一声起，正义辄惊天。嚣嚣言院余子，侧目甚当年。把臂中山击楫，顿足项城误国，不怕剑光寒。纪事百诗在，洪宪消人间。

芦林下，云巢结，莫安眠。襟怀儒侠，兴感敲韵折方圆。快语并刀如剪，两袖清风共仰，世载立名全。黄鹤楼头月，长照夜娟娟。

(《佞宋词痕》)

作者简介：吴湖帆（1894～1968），名燕翼，字东庄，号倩庵、湖帆，吴县（今江苏苏州市）人。清代著名书画家吴大澄之孙。二十世纪中国画坛一位重要的画家。早年与溥儒被称为"南吴北溥"，后与吴子深、吴待秋、冯超然在画坛有"三吴一冯"之称。作为鉴定家，他与收藏大家钱镜塘同称"鉴定双璧"。著有《吴湖帆画集》《佞宋词痕》。

水龙吟·江行

横流天地孤舟，洞庭青草随云挂。排山万弩，板矶黄鹄，灵旗风下。猎火惊川，夷歌转阵，竟何为者。痛书生挟策，修翎整羽，心魂在，江声写。

原是波澜低亚。过孤山、布帆一把。风灯暝宿，荻花凄怨，甚时都罢。可近清秋，还

---

① 此词作于1927年大革命失败前夕，作者心情复杂，既有沉重之感，复有振奋之志。
② 九派：长江在湖北、江西一带分为很多支流，因以九派称这一带的长江；一线：指京广线（长江大桥建成前，北段和南段分别称京汉铁路、粤汉铁路）。
③ 龟蛇：汉阳的龟山、武昌的蛇山。

堪摇落，月明偏讶。要金戈故垒，都成采石，壮楼船话。

扬州慢

二十七年秋，奉命巡查军事，由大别山战场观兵武胜关，入豫境，旋徇襄樊，历历犹记前游恫怀，有作。十月二十五日闻武汉不守，军府再迁。

落木兼山，繁霜匼岸，月华冷送军声。渐芳洲隐隐，断云树晴横。自东望武昌千载，填波心泪，都当神京。对新栽行柳，南楼潮外荒城。

秋风恣别，费长堤、营火宵命。尽寂寞壕泥，凄凉墙宇，细草还生。户壁渲遮谁帜，愁颜掩彻夜行兵。念清除故土，明年春水春旌。

（《长毋相忘词集》）

作者简介： 王陆一（1896～1943），原名肇巽，又名天士，陕西三原人。曾任安徽大学文学院长、国民党第五届中央执行委员兼民众训练部副部长等。著有《长毋相忘诗词集》。

太常引·武汉长江大桥通车

人间天上两星桥。江汉正秋宵。黄鹤不须招。看人比江楼更高。

红旗舞处，人民事业，千古浪难淘。容我伴诗豪。挟白月飞过怒涛。

（《天风阁词集》）

作者简介： 夏承焘（1900～1986），字瞿禅，晚年改字瞿髯，号谢邻、梦栩生，浙江温州人。毕生致力于词学研究和教学，是现代词学的开拓者和奠基人。著有《天风阁词集》《唐宋词论丛》等。

满庭芳·武昌怀古

黄鹤天高，赤乌年远，大江淘尽英雄。晴川芳草，何处认吴宫。一自孙髯去后，艨艟渺、浪阔烟空。重回首，山围故国，今日又东风。

匆匆。多少事，食鱼知味，驰马留踪。奈玉笛梅花，吹怨无穷。依旧南楼月色，还迟我、来倚帘栊。惊涛急，临流击楫，休怕水中龙。

（《天璽词》）

作者简介：黄咏雩（1902～1975），号芋园，南海（今广东广州市）人。集商人、诗词人、教育家于一身。著有《天蠁词》《芋园诗稿》等。

多丽·黄鹤楼怀古

暮山青。汉阳烟树冥冥。对楚天，沧波无际，似闻鼓瑟湘灵①。白云飞、昔人何在，黄鹤去、仙梦都醒。泪洒西风，情深故国，每因怀古感飘萍。自江上梅花吹落，玉笛那堪听。空留得鸦横落日，水满寒汀。

对千古兴亡历历，只余一角危亭。浪花深、英雄淘尽；关河老、风物凋零。帆影依阑，钟声送客，隔江渔火正星星。又独立晚风无语，玉兔涌沧溟②。关心处、画中楼阁，屐齿曾经③。

陌上花·丙子上元前一日， 同澄宇登黄鹤楼④

滔滔万里，长江东去，几时流尽？风物依然，历遍兴亡谁信。千年黄鹤今何在，笑指仙人难问。看岚光入画，数峰天外，淡凝妆鬓。

且凭栏把酒，临风寄慨，漫论古今豪俊。更上层楼，怅望昔时形胜⑤。盈城箫鼓春如海，佳节上元初近。只承平旧事，鱼龙漫衍，又萦方寸⑥。

望海潮

人来巴渚，梦回楚泽，蘅兰开遍汀洲。故国春心，新亭泪眼，可堪沧海沉浮。往事任悠悠。祗琴边酒畔，重溯清游。千古名山，寸心得失几时休。

---

① 鼓瑟湘灵：典出《楚辞·远游》："使湘灵鼓瑟兮，令海若舞冯夷。"湘灵，湘水之神。
② 玉兔：传说月亮中有玉兔，此处代指月亮、月光。沧溟：原指幽远的高空或大海，此处指大江。
③ 屐齿：屐底的齿。此处指曾登楼参观。
④ 丙子：1936 年。上元：即元宵节。澄宇：徐澄宇，作者的夫君。徐澄宇（1902～1980），名英，湖北汉川人。南社社员，曾任安徽大学、中央大学、复旦大学教授。著有《诗经学纂要》《诗法通微》等。
⑤ 层楼：指光绪三十四年（1908）为纪念张之洞而建的奥略楼，因该楼坐落于已焚的黄鹤楼故址附近，游人常将其指认为黄鹤楼。
⑥ 鱼龙漫衍：古代百戏节目，大致由人装扮成珍异动物并表演。《汉书·西域传赞》作"漫衍鱼龙"。颜师古注："漫衍者，即张衡《西京赋》所云'巨兽百寻，是为漫延'者也。鱼龙者，为舍利之兽，先戏于庭极，毕，乃入殿前激水，化成比目鱼，跳跃漱水，作雾障日，毕，化成黄龙八丈，出水敖戏于庭，炫耀日光。"方寸：指心。《三国志·蜀志·诸葛亮传》："庶辞先主而指其心曰：'本欲与将军共图王霸之业者，以此方寸之地也。今已失老母，方寸乱矣。'"

熏风又到南楼。想梅花玉笛，吹落江头。江左夷吾，隆中诸葛，一时谈笑风流。天际趁归舟。指青山隐隐，好豁吟眸。待集湘鸿海燕，双桨发轻鸥。

（《澄碧草堂集·碧湘阁词》）

作者简介： 陈家庆（1904～1970），女，字秀元，号碧湘，湖南宁乡人。曾从刘毓盘、吴梅习词，后任教于安徽大学、重庆大学、南京中央政治大学。著有《碧湘阁词》《汉魏六朝诗研究》《澄碧草堂集》（与徐澄宇合著）等。

满江红·敬次岳忠武黄鹤楼词韵

眼底全非，嗟何处、旧时城郭。更难忘、水深火热，五年耽搁。山海关前风雪涌，石头城里弦歌作。待凭谁、收复好江山，锄元恶。

有张禹，无霜锷。有伊尹，藏岩壑。任分崩离析，疆圻荒落。天使吾徒空碌碌，缁尘历尽还京洛。看抛家、游子不能归，辽阳鹤。

（《中兴鼓吹》卷一）

作者简介： 卢前（1905～1951），原名正绅，字冀野，号饮虹、小疏、须红，江苏南京人。曾任教于金陵大学、四川大学、中央大学，抗战后任江苏通志馆馆长。著有《饮虹五种》《明清戏曲史》《中兴鼓吹》等。

八声甘州

1946 年秋复员过武汉，适值孔子诞辰，江汉关借口教师节放假，不办结关手续，致使满船教师及其家属曝秋阳于江上，颇有愤愤不平者，倚声慰之。

问滔滔、江汉汇东流，底事阻归舟？任解维待发，严关不启，飞越无由。道是教师佳节，有假且同休。君自寻烦恼，夫复何尤！

回首惊心往事，恨江防瓦解，谁柱中游！但苍黄西走，巴蜀且淹留。喜重来、江山依旧，白云外、黄鹤耸高楼。君须住、上蛇山去，聊以销忧！

（《中国当代诗词选》）

作者简介： 宛敏灏（1906～1995），字书城，号晚晴，安徽庐江人。曾任教于国立音乐学院、安徽大学、安徽师范学院，安徽师范大学图书馆名誉馆长，原安徽省政协常委。著有《张于湖评传》《安徽两宋词人述评》《晚晴轩诗词稿》等。

一斛珠·寄善基词长

梦儿初煮。天鸡唱破白云去。更谁为写莺啼序。剪翠栽①红，散作天花舞。

豪放稼轩奇绝句。清新婉丽应输与。烟波江上人何处。黄鹤楼头，落笔惊鹦鹉。

满庭芳·和纫诗南楼惜别韵

樽酒南楼，黯然词客，浅笑人语疏灯。暮云朝雨，骊曲不堪听。屏上天香醉蝶，还厮守、惜别无声。轻衣去，画楼依旧，帘外月空明。

青青。垂柳岸，游丝不系，枉说多情。看燕归深巷，人滞孤城。念有天涯是处，春且住、休趁回程。闲窗下，冰心一片，吟望到残更。

附张纫原作：

云水天涯，借家留客，一夜偎暖深灯。短歌无节，犹有可人听。休按阳关叠曲，阑敲遍、未到离声。南楼上，赏心话著，如梦却分明。

丹青。花不语，天香仿佛，蝴蝶多情。料风雨椰林，舞倦还城。红袖题春渐少，明日又、山水游程。回头是，相思影事，怜惜二三更。

（《煮梦庐词草》）

作者简介： 黄松鹤（1907～1988），号漱园，福建厦门人。著有《漱园诗摘》《黄花草堂诗钞》《煮梦庐词草》等。

水调歌头·闻黄鹤楼新建落成喜赋

黄鹤在何处？为我招之来。于今楼阁，凌云杰构更崔巍。玉笛声翻新曲，四海清平入颂，鸥鹭释惊猜。跨岸彩虹现，江汉画图开。

草萋萋，川历历，喜春回。笑他崔颢题句，无计解愁怀。太白也曾伤别，目送孤帆远去。和泪尽馀杯。异代不同调，好景属吾侪。

（《当代诗词手迹选》）

作者简介： 刘家传（1911～1993），字廉秋，湖南湘乡人。原湖南师范学院讲师，中华诗词学会理事、湖南诗词协会名誉会长。著有《廉秋诗词选》《南征草》等。

---

① 栽：疑当为"裁"字。

声声慢·金通尹先生殁汉阳， 赋此志哀

音沉楚水，愁聚吴云，朱弦一恸谁调。老去悲秋，夕阳都在林梢。楼头黄鹤何去，怅翰飞、陡失鸣皋。春草句，料谢家诗梦，应有今宵。

廿载湖滨九宴，记髯翁言笑，光景非遥。解佩贻珠，相思不阻江潮。门墙桃李满树，引东风、绿到柔条。才几日，怎商声、凄抵大招。

南楼令·同乳舟、 锦炎登烟雨楼

烟雨罨红楼。湖光一卷收。偶凭栏、舒展双眸。花柳满堤秾湿处，歌队队，少年游。

老辈著风流。题诗在上头。旧鸳鸯、可有蘋洲。菱角无根随水活，春万里，一扁舟。

（《亭桥词》）

作者简介：许白凤（1912～1997），原名汉，字奇光，浙江平湖人。工诗擅词，其诗清新灵秀、明白如话。著有《亭桥词》《丁卯庐诗》。

唐多令·乙丑九月登黄鹤楼①

白日丽金秋，朱栏俯碧流，历沧桑换了新楼。筋力尚能超百级，携胜侣，豁吟眸。

兴废念悠悠，峥嵘岁月遒，问子安何日重游。笑指山川应不识，花满野，黍盈畴。

（《闲堂词存》）

作者简介：程千帆（1913～2000），曾名会昌，号闲堂，湖南宁乡人。金陵大学、四川大学、南京大学教授，江苏省文史研究馆原馆长、南京市文联名誉主席。著有《文论十笺》《两宋文学史》《闲堂诗存》等。

水调歌头·登黄鹤楼

才下滕王阁，又上黄鹤楼。飞檐画栋重构，壮丽孰堪侔。广野平湖如画，南北虹桥飞

---

① 乙丑年为 1985 年。

越，日夜大江流。芳草萋萋处，疑是鹦鹉洲。

龟山绿，蛇山碧，岁悠悠。立交上下飞舞，彩景眼前收。百丈高楼笋出，万艘艨艟蚁聚，巨埠万商稠。往事多尘灭，仙鹤杳扬州。

（《未悔斋词稿》）

作者简介：马识途（1915～），原名马千木，重庆忠县人，祖籍湖北麻城。曾任四川省文联主席、中国作家协会理事，与巴金、张秀熟、沙汀、艾芜并称"蜀中五老"。著有长篇小说《清江壮歌》、纪实文学《在地下》、《未悔斋词稿》等。

清平乐·重修黄鹤楼二首

一

梦飞三楚，望断晴川树。下笔谁惊鹦鹉赋，漫道世无黄祖。

千山或可支颐，一湖聊当衔卮。只要眼前有景，何关崔颢题诗。

二

几曾槌碎，莫是诗仙醉。飞阁檐牙天半倚，衔住苍峦龙尾。

高楼笔会宏开，江山文藻新裁。料得瀛州仙客，定乘黄鹤归来。

（《夕秀词》）

作者简介：寇梦碧（1917～1990），名家瑞，字泰逢，天津人。曾任天津崇化学会讲师，梦碧词社社长、天津市文史馆特约馆员、中华诗词学会顾问。著有《夕秀词》《六合小沤杂诗》。

水调歌头·闻黄鹤楼重修落成

黄鹤去何久，世事几沧桑。今日飞回旧地，楼宇换新装。两岸龟蛇无恙，千丈虹霓跨水，铁马自腾骧。晴川犹历历，花树更芬芳。

岳阳楼，滕王阁，共轩昂。江南名胜，古来诗赋累千章。看惯飞云卷雨，记取先忧后乐，爱听笛声扬。放眼云开处，黄鹤正翱翔。

（《中华诗词》2011 年 11 月）

作者简介：刘人寿（1927～），湖南湘潭人。中华诗词学会名誉顾问、湖南省诗词协会名誉会长。

浣溪沙·闻黄鹤楼重修竣工

九派荆门万国槎。东湖南浦市廛遮。祢衡鹦鹉莫咨嗟。

摇月晶波春浩荡，窥檐危斗夜欢哗。矶头舞鹤替啼鸦。

（《柏丽诗词稿》）

作者简介：刘柏丽（1928～），原名刘伯利，湖南长沙人。1952 年毕业于北京师范大学外文系，水利部天津勘测设计研究院英语副教授。诗词豪婉兼至，尤擅以诗词曲翻译外文诗歌。著有《柏丽诗词稿》。

南楼令·黄鹤楼重建十周年诗会上作

黄鹤尽情游，白云着意留。历沧桑、千古名留。重建十年光史册，雄姿立，楚江头。

勋业纪新猷，诗人竞放喉。聚一堂、豪兴难收。笑我龙钟狂不减，歌盛世，展风流！

江城子·黄鹤楼赏月晚会归来有寄①

名楼岁岁聚高贤，对婵娟，听丝弦。万种风情，盛世谱新篇。放眼银花燃火树，三镇乐，乐空前。

归来底事不成眠？奈何天，总无缘。遥对清辉，恨不在凡间。七夕中秋都过了，人远隔，月空圆！

沁园春·出席黄鹤楼重建二十周年庆典感赋②

余与黄鹤楼喜有夙缘：1949 年 15 岁从军初来武汉便急往寻访，惜仅见遗址，只在照相馆布景下摄影留念。1985 年重建落成，余忝居验收专家之一负责名楼诗词楹联。1995 年，名楼重建 10 周年与长江日报联合征文时，拙作《我为名楼写长联》一文侥幸获奖。2005 年重建 20 周年时，应邀出席庆典及全国名楼论坛盛会。在该楼与长江日报联合举办之传统

---

① 该词作于 2004 年。
② 该词作于 2005 年。

诗词大赛中，蒙聘任历届评委。

千古名楼，阅尽沧桑，傲立楚天。喜物华天宝，又逢盛世；地灵人杰，再谱新篇。脚踏波涛，身披云锦，笛奏梅花万姓欢。宏图美，赞后生可畏，胜过前贤！

廿年、弹指挥间，看胜迹频频妙景添。听钟鸣世纪，与时俱进；鹤归故里，比翼争先。诗韵长流，诗楼远播，当慰崔公李谪仙。前程远，祝辉煌永驻，亿万斯年！

沁园春·贺黄鹤楼报创刊

千古名楼，胜迹琳琅，远播云霄。笑辛家酒店，仙人画鹤，崔郎诗壁，太白停题。玉笛梅花，白云仙枣，传说撩人总着迷。千年里，虽屡经兴废，永葆光辉！

而今更展新姿。喜如画、楼台又似诗。看大江东去，千舟竞发。长桥横架，万乘争驰。改革春风，振兴时雨，万里神州喜讯飞。祝新报，似桥梁纽带，如友如师！

南楼令·贺黄鹤楼南楼画社成立

2009年5月17日，庆祝中华人民共和国成立60周年、长江日报创刊60周年暨黄鹤楼南楼画社揭牌成立笔会，在黄鹤楼白云阁隆重举行。省市领导李夫全、穆常生、徐晓春、张代重、萧志刚及省市著名学者书画家冯天瑜、陈立言、贺飞白、杨莫安、施江城等数十人出席，余亦蒙邀参与，即席感赋二阕。

黄鹤古矶头，悠哉快此游。越千年、胜迹长留。墨客骚人争咏叹，传佳话，历千秋。

今又展宏猷，欣逢岁属牛。举艺旗、社结南楼。且看丹青齐斗艳，歌盛世，写风流！

唐多令·己丑中秋黄鹤楼雅聚①

在新中国成立60周年之际，又遇中秋佳节。应黄鹤楼公园管理处之邀，汉上著名学者书画家冯天瑜、俞汝捷、陈立言、贺飞白、杨莫安等先生10余人与余雅聚南楼，把盏畅叙，感赋是阕：

文字结良俦，常教作胜游。喜今宵、又聚名楼。佳节争临天意好，迎国庆，又中秋。

三镇豁双眸，鲜花一望收。好江山、尽展新遒。此日放怀同一醉，人不老，地风流！

---

① 己丑年为2009年。

临江仙·黄鹤楼迎春茶话会上感赋

2014 年元月 10 日，余应黄鹤楼之邀出席马年迎春茶话笔会。冯天瑜、俞汝捷、陈立言、贺飞白、杨奠安等十余位著名学者书画家与会，挥毫泼墨，促膝谈心，气氛热烈，感而有赋。

窗外寒梅争放，人间岁序更新。鹤楼雅聚总相亲。开怀谈改革，促膝话诗文。

又见神州奔马，再挥健笔迎春。江山入画美无伦。同歌中国梦，壮志欲凌云！

沁园春·黄鹤楼重建三十周年感赋①

重建黄鹤楼于 1985 年 5 月底竣工，6 月 4 日至 6 日，中共武汉市委宣传部邀请杨江柱、韩柏村、蓝蔚、黄佟、徐明庭、马昌松、李少云等十余位文化专家，对名楼的文化设施进行最后的验收检查，以便对外开放。笔者作为诗词楹联专家亦应邀叨陪末座。检查组由市老领导黎智、巴南岗领衔带队，下榻于汉口新华饭店，于今三十年矣！值比名楼重建三十周年大庆之际，聊诌数语以志之。

扬子江边，黄鹄山头，直耸楚天！忆孙郎慧眼，筑成哨所，辛家美酒，引到神仙。趣事逸闻，口传史载，博得名楼盛誉添。尤争道，有崔公绝唱，李白难言！

无端福祸连绵。竟屡毁、重修似转旋。幸欣逢盛世，乾坤再造，喜圆美梦，胜迹重观。近悦远来，摩肩接踵，齐赞光辉三十年！余何幸，伴归来黄鹤，喜结文缘！

江城子·中央电视台来访感赋②

中央电视台自来汉与武汉电视台嘱题"盆景五十首"绝句后，又来黄鹤楼与余及王兆鹏先生等采谈"诗词中国"，今复冒酷暑及连日暴雨，来黄鹤楼嘱余采谈崔颢名诗《黄鹤楼》。余伤老朽，仓惶应命，感而有赋。

京城仆仆到江城，鹤楼登，暑如蒸。暴雨连绵，触目亦心惊。愧我老来诗味减，孤负了，故人情！

---

① 该词作于 2015 年。

② 该词作于 2016 年。

江城子·端午黄鹤楼雅聚感赋

丁酉①端午，黄鹤楼文化专家向欣然、夏武全、王兆鹏、姚伟钧、张薇、白雉山等，暨书画名家陈立言、贺飞白、杨莫安、施江城、刘柏荣、张军等 20 余人，欢聚一堂，喜庆佳节，感而有作。

卅年相伴岂寻常，总难忘，谊情长。玉笛梅花，乐我白云乡。自慰此生何幸也，楼畔住，近长江。

而今大地沐春光，国隆昌，众安康。引我诗肠，又发少年狂。莫笑江郎才已尽，歌俚句，庆端阳！

（黄鹤楼档案）

作者简介： 白雉山（1934～），本名杨村，号白雉山人，湖北鄂州人。著名诗词楹联专家。著有《烟雨阁楹联选集》《烟雨阁诗钞》《黄鹤楼楹联选注》等。

鹧鸪天

一

天下江山第一楼，米颠豪句忒风流。西迎二水来云半，东送千帆下石头。

怜绝唱，叹淹留，九州形胜孰堪俦？当年武穆挥戈地，北伐宏图憾未酬。

二

跨鹤何曾到此游，橘皮枣食杳难求。声名岂赖神仙著，天下江山第一楼。

遭火劫，复营修，屡焚屡建费良谋。人生建树当如此，一往情深不可收。

三

柳岸朝朝系客舟，熙来攘往半山游。风光自古撩人醉，多少英豪击节讴。

观代谢，感沉浮，不才偶亦被诗囚。安排笔砚重吟望，天下江山第一楼。

（《黄鹤新咏》）

作者简介： 俞汝捷（1943～），浙江上虞人。1966 年毕业于复旦大学中文系，湖北省社科院研究员、湖北省文史馆馆员、湖北省文艺理论家协会副主席、中国作家协会会员。著有《人心可测——小说人物心理探索》《黄鹤楼碑廊诗注》《长江小说史略》（合著）等。

---

① 丁酉年为 2017 年。

水调歌头·登黄鹤楼

鄂渚凭栏处，极目大江流。西辞绝唱犹在，今古一芳洲。更有风流人物，曾对滔滔酹酒，烟雨鹤几头。莫道诗人老，千载白云悠。

思往事，赏新景，更登楼。万里烟波江上，风好竞千舟。攘攘当今世界，多少英雄逐鹿，无奈小寰球。但濯龙泉剑，天下任优游。

（首届黄鹤楼诗词大赛获奖作品）

作者简介： 黄小遐（1954～），湖北武汉人。中华诗词学会会员、武汉诗词楹联学会副会长。著有《江畔寻吟》。

沁园春·登黄鹤楼

携一壶醪，约二三朋，饮跨鹤楼。正铁船飞雪，怒涛滚滚，闲云块彩，爱日悠悠。紫陌车驰，琼林阁耸，百万钢城歌未休。骄阳外，更丹枫素菊，醉煞金秋。

从来骚客尝游。惜千古、华章总说愁。看多情崔颢，烟波兴叹，达观李白，玉笛咽幽。最苦祢衡，一篇咏鸟，发尽牢骚抛了头。流年改，唤诗魂再起，共写风流。

（首届黄鹤楼诗词大赛获奖作品）

作者简介： 刘野博，湖北石首人。

水调歌头·黄鹤楼问鹤

黄鹤竟何去，一去几春秋？谁闻鹤有黄羽，先鹤抑先楼？人道子安叔玮，或曰费祎吕祖，孰与结同俦？画壁怎能舞，何日鹤重游？

倚危栏、论今古、小寰球。看驯高峡云雨，禹甸展鸿猷。仙鹤多情亦老，唤醒龟蛇鹦鹉，奔月棹神舟。崔颢如犹在，江上不应愁。

（第二届黄鹤楼诗词大赛获奖作品）

作者简介： 莫光辉，余不详。

沁园春·中秋夜同台湾友人登黄鹤楼

偕友凭栏,俯瞰长河,仰视高空。望双江阔水,波光潋潋,一轮桂魄,银色溶溶。大厦高楼,万家灯火,道道长桥气势雄。闻歌舞,更江滩结彩,闪闪霓虹。

三秋桂子香浓。置锦簇、花团月色中。喜和谐社会,频吹玉笛,繁荣盛世,奏响编钟。佳节思亲,情牵宝岛,此节相同意应同。共携手,盼神州一统,华夏腾龙。

(第三届黄鹤楼诗词大赛获奖作品)

作者简介:管用和(1937~),湖北孝感人。曾任湖北省作家协会副主席、武汉文联副主席、武汉作家协会主席,系文学创作一级作家、中国作家协会会员、中国音乐家协会会员。著有《管用和诗选》《管用和文选集》等。

最高楼·登黄鹤楼

梅花落,谁与我登楼。南浦有行舟。谁吹玉笛江城暮,谁言黄鹤去悠悠。望晴川,鹦鹉在,汉阳秋。待唤取、故人来五月。待记取、落梅诗已绝。谁醉了,许多愁。乡关不见唯芳草,萋萋千载为谁留。鹤归来,云自在,水东流。

岭上桃花陌上桑。东风无力醉群芳。三更五点疏星雨,惊破鹅黄二寸长。莺觅偶,蝶寻双。柳丝梢扰小鸳鸯。农夫不解春娇意,翻土犁田各自忙。

(第五届黄鹤楼诗词大赛获奖作品)

作者简介:文伟,余不详。

沁园春·纪念辛亥革命100周年

黄鹤楼边,剑影刀光,炮火硝烟。听惊雷震宇,城头易帜,号声遍地,壮士挥鞭。黄埔操兵,雄师北伐,倒海翻江振破天。摧枯朽,废千年帝制,换了人间。

先生一往无前。拓民主、新河启后贤。喜"联俄联共",农工闯阵,除污除垢,内外锄奸。百岁春秋,沧桑巨变,两岸三通奏凯旋。抬头望,看鲲鹏展翅,直上云巅。

(第五届黄鹤楼诗词大赛获奖作品)

作者简介:朱海清(1942~),湖南衡山人。原衡山县人大常委会主任,中华诗词学会、中国楹联学会会员、衡山县诗学会名誉会长。著有《辛闲集》《无闲集》。

莺啼序·黄鹤楼

千年鹤飞迹在，对高楼浩叹：古今事、骚客匆匆，日月依旧轮换；有谁认、长流碧水，红花绿柳吟诗赞；去兮哉、人逝如风，雾皆飘散。

料想当年，跨鹤上殿，玉皇惊且怨：在仙界、如土珍珠，彩霞如梦如幻；有琼浆、青春不老，却无味、无聊游宴；纵长生、无绪无欢。把人间羡。

曾经鹤矣，若老还生，喜今日武汉；告玉帝、倘能来此，小住三时，胜过千年，再无期盼。人声鼎沸，高楼林立，渔歌欢唱春江岸；正相思、玉女痴心看：男耕女织，浓情蜜意天天，把心爱尽呈现。

登楼远眺，玉带绵延，万里遥指算：展画卷、山河珠串，五岳清风，四海彤云，任心随变；从容写就，桑田沧海，垂髫黄发和白线；莫空思、天地难随愿。楼高千丈云端，丽日晴空，为谁急唤？

（第六届黄鹤楼诗词大赛获奖作品）

作者简介：胡立利，余不详。

沁园春·登黄鹤楼

晓色晴开，烟水茫茫，江汉朝宗。揽西来爽气，琴台听曲，东升旭日，古刹闻钟。霞落晴川，花飞鹦鹉。胜迹人文别样浓。龟蛇峙，抱贞心千载，长伴苍松。

万家商旅融融。展九省、通衢水陆空。喜天时地利，名城引凤，人和政洽，大业腾龙。吉庆分香，汉街流韵，四海高朋乐楚风。凭畅想，跨白云黄鹤，笑指长虹。

（第六届黄鹤楼诗词大赛获奖作品）

作者简介：苏方河，湖北人，余不详。

临江仙·登黄鹤楼有感

千古人文焕彩，云笺更写风流。鹤楼雄峙楚江秋。涛声频问讯，兴废仗谁谋？
隔岸琼台隐隐，连天细雨方收。长风万里送行舟。且从新武港，直向亚非欧。

（第七届黄鹤楼诗词大赛获奖作品）

作者简介：程平，湖北人，余不详。

沁园春·登黄鹤楼

一座名楼，四方美景，绣在眼前。忆壮游雅韵，萦留千古，先人风采，刻在心间。万里云开，四时帘卷，舟影轻分半月弦。千秋事，让人们传颂，声伴滔澜。

春风拂暖河山。叹八面、晴岚醉眼观。看西陵云雨，江拦石壁，洪湖荷蕊，渔唱金滩。月隐夔门，山横西塞，水道黄金喜浪翻。凭栏处，悦两江四岸，语笑歌欢。

（第七届黄鹤楼诗词大赛获奖作品）

作者简介：华珍，湖北人，余不详。

贺新郎·登黄鹤楼有感

欲展千年翅，向长空、凌霜啸月，白云闲戏。汉水晴川芳草外，历历萋萋岁岁。收眼底、山河逶迤。一线西来如白练，且登临、无限凭栏意，过往客，烟波里。

雄浑揽胜巍然地，历沧桑、无情兵燹，几曾兴毁？楼运从来连国运，楼盛国昌应是。倩取笔、诗仙来矣，三十年华情正好，看江天、鹤梦腾飞始，送目处，卷涛起！

（第七届黄鹤楼诗词大赛获奖作品）

作者简介：郑永钤（1948~），安徽合肥人。中华诗词学会会员、安徽省散曲学会会长、《安徽散曲》主编、安徽省篆刻研究会会员。工书画。著有《郑永钤诗词选》。

金明池·登黄鹤楼

楼上推枰，船中麈扇，却话当年夜雨。曾记取、梅花笛弄，怜芳草鹦鹉如许。细搜寻、骚客碑文，一应似、老树昏鸦垂暮。叹阅马红楼，紫阳阡巷，岁月悠悠流去。

江左周郎今何处？晏四海群英，唤春留住。东风驭、归来黄鹤，还记得、旧时门户。最倾心、沌口车城，跨七彩虹桥，龟蛇欢诉。纵天堑长江，尽销离恨，九派涛声如故。

（第八届黄鹤楼诗词大赛获奖作品）

作者简介：张维，湖北武汉人，余不详。

贺新郎·黄鹤楼抒怀

我亦基层久！廿年来、风风雨雨，尚堪回首。荆楚平安无遗恨，别泪最难消受。纵添了、霜丝几斗。一片初心如旭日，但牵怀，黄鹤楼边柳。春已去，仍相守。

白云屡染征衫袖。倚蛇山，帆飘入牖，两江谁绣？赢得离愁成何事？多少案情犹究。警不绝、暗潮依旧。小巷长街留足迹，愿秋阳，朗照双亲寿。书至此，情难朽。

（第八届黄鹤楼诗词大赛获奖作品）

作者简介： 涂运桥，余不详。

曲

【双调】 蟾宫曲·送客之武昌

折垂杨都是残枝，诗满银笺，酒劝金卮。自在庐山，君游鄂渚，两地相思。白鹿洞谁谈旧史？黄鹤楼又有新诗。拈断吟髭，笑把霜毫，满写乌丝。

(《全元曲》)

作者简介：周德清（1277－1365），字日湛，号挺斋，江西高安人。北宋著名词人周邦彦后人。终身不仕。精音韵、戏剧，工乐府，善音律。著有《中原音韵》。

【中吕】 红绣鞋·泊皋亭山下

石骨瘦金珠窟嵌，树身驰璎珞褴褛，秋影秋声绕蓬龛。青山黄鹤楼，白水黑龙潭，野猿啼碎胆。

(《全元曲》)

作者简介：乔吉（约1280～约1345），一称乔吉甫，字梦符，号笙鹤翁、惺惺道人，山西太原人，流寓杭州。元代杂剧家、散曲作家。后人辑有《文湖州集词》《乔梦符小令》《梦符散曲》。

【仙吕】 后庭花·拟古

铜壶更漏残，红妆春梦阑。江上花无语，天涯人未还。倚楼闲，月明千里，隔江何处山？

刺船鹦鹉洲，题诗黄鹤楼①。金谷铜驼梦，湘云楚水悠②。少年游，好怀依旧，故人还在不？

---

① 刺船：撑船。
② 金谷：洛阳西北有金谷涧，晋代石崇于此建金谷园，后多用以泛指贵族园林。铜驼：洛阳宫城南门外有铜铸骆驼一对，晋代索靖预感天下将乱，曾指铜驼而叹："会见汝在荆棘中耳！"此处借金谷、铜驼慨叹世事的变迁、繁华的短暂。

（《全元曲》）

作者简介：邵亨贞（1309~1401），字复孺，号清溪，云间（今上海松江区）人。曾任松江训导。博通经史，文辞富赡，善篆隶。著有《野处集》《蚁术诗选》《戏术词选》等。

【南吕】 一枝花·赠素云

轻柔缟淡妆，缥渺瑶华动。分开山雾紫，冲破海霞红。飔飔溶溶，聚散如春梦，飘零似转蓬。离恨天几弄儿昏迷，风流地一遭儿乱拥。

【梁州】可怎么黄鹤楼头不遇，常则是青山画里相逢。淡丰姿消得个人知重。笼夜月梨花庭院，弄春阴杨柳帘栊。讴清歌依依金屋，舞霓裳队队瑶空。又不肯化甘霖相趁游龙，常则待带斜阳常背征鸿。没乱煞老梁公归兴凄凄，吸嗽煞怕谢安芳心冗冗，奚落煞闷襄王佳会匆匆。好风，怪风。绕天涯几度相迎送。不落锦胡洞。多在巫山十二峰，无影无踪。

【尾声】一任他漫天巧结银河冻，半霎儿满地平铺素剪绒，则落得高卧先生恣抟弄。向瀛洲海东，入蓬莱洞中，煞强似太岳祠中受恩宠。

【南吕】 一枝花·黄鹤楼

峥嵘倚上流，突兀当雄镇。高明临大道，迢递接通津。从去了鹤山仙人，千载无音信，丹青再创新。架飞楹联走拱不下班倕，敞天窗攒藻井堪攀翼轸。

【梁州】龟背织朱帘闪闪，鸳翎甃碧瓦鳞鳞。雕阑一目天之尽。洞庭半掬，云梦平吞。荆襄俯瞰，汉沔中分。长空远水泫泫，光风霁月纷纷。吕岩笛夜夜闻音，陶令柳年年报春，崔颢诗句句绝伦。后人，议论。都道是物华胜压东南郡，况与洞天近。降节琅玕度彩云，万象腾文。

【尾声】汀花岸草春成阵，沙鸟风帆暮作群，我待要闲蹑金梯散孤闷。仰之北辰，俯之大坤，气势高寒立不稳。

（《全元曲》）

作者简介：汤舜民（生卒年不详，元末明初人），名式，字舜民，号菊庄，浙江象山人（一说宁波人）。曾补本县吏，而非其志，后落魄江湖之间。著有杂剧《风月瑞仙亭》《娇红记》，散曲集《笔花集》。

鹦鹉曲

　　大儿孔文举，小儿杨德祖①，余子碌碌不足数。身着岑牟前击鼓，祢生狂夫老瞒②沮。我辱衡，衡辱我，我欲杀之犹雀鼠。一投荆，再送楚，黄鹤矶头赋鹦鹉。鹦鹉才多为舌误③，举世何人不相妒，生莫逢仇主簿。

（《李东阳集》卷一《拟古乐府》）

　　作者简介：李东阳（1447～1516），字宾之，号西涯，湖南茶陵人。天顺八年（1464）进士，官至内阁首辅，谥"文正"。诗文典雅工丽，为茶陵诗派的核心人物。著有《怀麓堂集》《燕对录》等。

---

① 孔文举：即孔融；杨德祖：即杨修。二者皆为三国时名士。
② 老瞒：指曹操。
③ 自注：纪唐夫诗："鹦鹉才高却累身。"

剧

作者简介： 朱凯（生卒年、籍贯均不详），字士凯。元代戏曲作家。曾任江浙行省掾史，较长时间在杭州生活。自幼孑立不俗，与人寡合，后与钟嗣成相友善，曾为钟所作《录鬼簿》写序。

作品简介： 该剧共四折，取材于《三国志平话》"玄德黄鹤楼私遁"而有增饰渲染。描写赤壁战后，周瑜在黄鹤楼设碧莲会，企图乘机擒服刘备；诸葛亮命赵云改扮渔翁，援救刘备脱险。第三折中，周瑜借讲论古今英雄，劝降刘备的一段戏，运用长篇对白，发挥了宾白在塑造人物上的作用。

刘玄德醉走黄鹤楼

第一折

（冲末诸葛亮领卒子上，云）前次春花桃喷火，今日东篱菊绽金。谁似豫州存大志，求贤用尽岁寒心。贫道复姓诸葛，名亮，字孔明，道号卧龙先生，琅琊阳都人也，在于卧龙冈办道修行。自玄德公请贫道下山，拜为军师，头一阵博望烧屯，杀夏侯惇十万雄兵，片甲不回。不想曹操不舍，亲率领八十三万雄兵，来取新野。来至三江夏口，主公命某过江，问东吴借水兵三万，周瑜为帅，黄盖为先锋。俺两家合兵一处，拒敌曹操。贫道祭风，周瑜举火，黄盖诈降，烧曹兵八十三万，片甲不回。今曹操败走华容路，贫道领关、张二将，追赶曹操。说与赵云众将，紧守赤壁连城：休要有失。则今日追曹操走一遭去。施谋略欺管乐，领雄兵密排军校。先拿住百计张辽，直赶上奸雄曹操。（下）（外扮周瑜领卒子上，云）腹中韬略隐黄公，匣藏宝剑掣青龙。坐筹帷幄贫壮士，决胜牛里作元戎。某姓周名瑜，字公瑾，乃庐江舒城人也。某幼习先王典教，后看韬略遁甲之书，某每回临阵，无不干功。幼年间曾与长沙孙策同堂学业，孙策已亡，后佐于江东孙权麾下，为大将之职。因刘、关、张着孔明军师过江，问俺江东借俺赤壁连城，暂且屯军。俺主公拜某为帅。黄盖为先锋，领水军数万。战于赤壁之间。某与孔明并力而攻，将曹兵八十三万，一火焚之，皆某之功。又折了俺手将黄盖，诚恐此人久后乘胜必取荆州。某想赤壁之战，非干己仇。折某虎牙之将，某常怀深恨，未曾报仇。某闻知诸葛孔明领众将往华容路，追赶曹兵去了。乘此机会，某设一计：俺这江东有一楼。名曰是黄鹤楼；设一会，乃是碧莲会。我修一封书，差手将鲁肃，直至赤壁连城，请刘玄德过江赴会。若刘玄德来时，其瑨设三计：头一计酒至半酣，席间问其强弱，应答不合莫心，用剑斩之。第二计着大将于樊，把住楼门，一切人等，不放上下；若无某令箭，不许下楼。第三计酒酣之际，要刘备顺情归吾。意有不从，击金钟为号，伏兵尽举，擒住刘备，困于江东。不放回示璧连城。方称某平生之愿。设计已定。小校与我唤将鲁肃来者。（卒子云）理会的。鲁肃安在？（鲁肃上，云）自小曾将武艺习，南征北讨惯相持。临军望尘知敌数，对垒嗅土识兵机。某乃鲁肃是也。某文通三略，武解六韬，十八般武艺，无有不拈，无有不会。今佐于江东孙权手下为下将。正在教场中演武艺，元帅呼唤。不知有甚事。须索走一遭去。说话中间，可早天到也。小校报复去。有鲁肃在于门首。（卒子云）理的。喏，报的元帅得知。有鲁肃在于门首。（周瑜云）着他过来。（卒子云）过去。（做见科，云）元帅呼唤小将。那里使用？（周瑜云）唤你天别无甚事。我与你这封书。你过江直至赤壁连城，请刘玄德去。若见了玄德。你道俺元帅在黄鹤楼上安排筵宴，请玄德公过江赴碧莲会。你小心在意，疾去早来。（鲁肃云）小将得令。则今日领着元帅将令，直至赤壁连城，请玄德公过江赴碧莲会，走一遭去。云山水陆俱完备，定计铺谋驱铁骑。赤壁相邀玄德公，谨请早赴碧莲会。（下）（周瑜云）玄德公也。若你不来时，万事罢论；若来呵，便插翅也飞不过这大江去。排兵布阵用心机，鲁肃疾去莫延迟。玄德若赴碧莲会，不还荆州不放回。（下）（刘备领卒子上，云）骏马雕鞍紫锦袍，胸襟压尽五陵豪。有人采问宗和祖，附凤攀龙是故交。小官姓刘名备，字玄德，大树楼桑人也。某有两八兄弟，二兄弟姓关名羽，字云长，是这蒲州解良人也；三兄弟姓张名飞，字翼德，是这涿州范阳人也。俺三人结义在桃园，曾对天盟誓：不求同日生，则求当日死；一在三在，一亡三亡。俺弟兄三人，自从南阳卧龙冈请下孔明师父来，拜为军师。自博望烧屯，杀夏侯惇十万雄兵，片甲不回。曹操不舍，亲领雄兵百万，来取新野。某遣孔明军师，过江结好于东吴，借起军马数万，拜周瑜为帅，与曹操战于赤壁，火烧兵百万，大败而回。某屯军于赤壁城中，有俺孔明师父，言先取荆州为本，后图西蜀，未为晚矣。今孔明军师领云长、张飞取荆州去了，未见回还。小校门首觑者，看有甚么人来。（卒子云）理会的。（鲁肃上，云）某乃鲁肃是也。奉着周瑜元帅的令，持着书呈，前来赤壁连城，请玄德公黄鹤楼上赴碧莲会去，可早来到也。小校报复去，有周瑜元帅差鲁肃持书。在于门首。（卒子云）理会的。（做报科，云）喏，报的元帅得知，有东吴国周瑜元帅手下鲁肃，持书来见。（刘末云）周瑜持书呈来，不知主何意？着那下书的人过来。（做见科）（刘末云）来者何人？（鲁肃云）小将乃东吴国周瑜手下鲁肃是也。奉俺元帅的将令，持书一封，请玄德公过江，黄鹤楼上赴碧莲会去。（刘末云）将那书来，我看这书咱。（看书科，云）越殿襄王大德刘公阁下开拆，周瑜谨封。（拆书科，云）我拆开这封皮，书曰：高皇创业，良将安邦，立明君二十四帝，统国祚四百余年，目今献皇在位。建安十三年岁在戊子，因曹操乃是奸臣，欲图汉室。天时不顺，大率雄师，战于赤壁。明公乃王室之胄，英才盖世，众士慕仰，若水之归海。用诸葛之神机，凭关张之勇，借瑜吴主江东水军，恃长江险阻之势，纳部将黄盖之能，火烈风，雷鼓大振，北军大败。瑜与明公水陆并进，追至南郡。曹仁败于夷陵，孔明等追操未还，仗公之威德也。今因武昌有黄鹤楼，瑜设碧莲会，请明公以贺近退曹兵，共享清平之世，坐叙契阔之情。俯赐降临，幸勿间阻，伏惟高照不宜。东吴大帅周瑜顿首百拜书。越殿襄王玄德公府下。（看毕书科，云）书中的意，我尽知道了也。兀那鲁肃，你先回去，说与你元帅，我便来也。（鲁肃云）出的这门来，不敢久停久住，回元帅的话去。蒙差遣心劳意攘，刘玄德须当一往。黄鹤楼暗钓鲸鳌，难逃这天罗地网。（下）（刘末云）鲁肃去了也。（卒子云）去了也。（刘末云）今有周瑜请我赴宴，我待不去来，想当初赤壁鏖兵之时，多亏了周瑜元帅助俺破曹；我待去来，争奈孔明师父与两个兄弟不在。我唤刘封来，与他商议。小校与我唤将刘封来者。（做唤刘封科）（净刘封上，云）六韬三略不曾习，南征北讨要相持。高头战马牵过来，从早到晚上不得。某乃刘封是也。我十八般武艺，件件不通，诸般不会。自破曹之后，俺屯军在赤壁连城。俺二叔叔云长，三叔叔张飞，同军师诸葛，西征曹军去了，止有赵云和某，镇守着赤壁连城。正在灶窝里打盹，父亲呼唤我，想来左右是着我吃酒，见父亲一遭去。可早来到门首了。小校报复去，有刘封来了也。（卒子报科，云）喏。报的主公得知，有刘封来了也。（做见科）（刘封云）父亲唤您孩儿，有何事商议？（刘末云）刘封，唤你来别无甚事。今有江东周瑜，差人持书呈来，请我黄鹤楼上赴宴，唤你来商议，你意下如何？（刘封云）父亲，想东吴国周瑜，好请父亲赴会，若不去呵，不惹的他怪？不妨事，则管去。若有好歹，您孩儿来接应父亲。（刘末云）虽然这等，我还不曾与赵云商议。（刘封云）父亲，你没正经。您孩儿主张了便罢，又叫他来怎的。（刘末云）小校与我唤将赵云来者。（正末扮赵云上，云）某乃真定常山人也，姓赵名，字子龙，观玄德公麾下为上将之职。今日玄德公请俺众将，不知有甚事商议，须索走一遭去。可早来到也。小校报复去，道有赵云在于门首。（卒子云）喏，报的主公得知，有子龙将军来了也。（刘末云）着他过来。（卒子云）过去。（做见科）（正末云）元帅唤赵云，有何事商议？（刘云）赵云，唤你来别无甚事。今有周瑜，请我过江黄鹤楼上赴碧莲会，特来请你商议，我去好，不去好？（正末云）元帅要赴碧莲会，敢不可去么。（刘末云）怎么不去？（正末云）则怕周瑜有歹意。（刘末云）周瑜他便有歹心，凭着俺孔明师父用计，众将英雄，量他到的那里？（刘封云）父亲，想周瑜无歹意。他助咱军马，赤壁鏖兵，破了曹兵百万，如今请父亲饮酒，有甚么歹意？便有歹意呵，凭着俺二叔叔云长，三叔叔张飞，又有老官人赵云，又有侄儿刘封，又有诸葛军师，俺人强马壮，量他到的那里？（正末云）噤声。（唱）

【仙吕·点绛唇】卖弄你马壮人强，驱兵领将，东吴往。咱可便同共商量，商量的都停当。

（刘末云）周瑜请我饮酒，他岂有歹意？（刘封云）哎，老赵，想俺父亲在襄阳会上，也不同小可也。（正末唱）

【混江龙】不比那襄阳会卜，他则待兴心儿图谋汉家邦。（刘封云）想周瑜破了百万曹兵，他正是擎天玉柱，架海金梁，他有甚歹意？父亲你赴宴走一遭去，有甚么事！（正末唱）你道他是擎天的玉柱，架海金梁，才杀退霸道奸雄曹孟德，那周瑜不弱如兴刘火楚的这汉张良。索仔细，莫荒脚，涉大水，渡长江。看了这黄鹤楼胜似他那宴鸿门，觑了他这碧莲会更狠如临潼上。（刘封云）他见俺父亲，不得不敬，务要走一遭去。（正末唱）他遣来使相请，咱可便不上落的这何妨？

（刘封云）老赵，你闲言剩语的，父亲休听他。你赴宴走一遭，料着不妨。（刘末云）子龙将军，刘封也说的是。那周瑜他敬意请我，若不去呵，则道我怕他哩。（正末云）元帅，道的个筵无好筵，会无好会，不可去也。（刘封云）老赵，你越老的糊涂了，凭着我十八般武艺，无有不拈，无有不会。他若有歹心呵，我杀的周瑜片甲不回。（正末云）嗏声。刘封，你说差了也。（刘封云）我怎么说的差了也？（正末唱）

【油葫芦】哎！你个一勇性的刘封不忖量，你做不得些好勾当。（刘封云）想周瑜请俺父亲饮酒，你左拦右当，必有侥倖。（正末唱）恼的我气扑扑愤怒夯胸膛，咱正是低着头往虎窟龙潭创，却正是合着眼去那地网天罗里撞。（刘末云）子龙将军，那周瑜安排筵宴，请我饮酒，岂有歹意？（正末唱）你道他饮玉瓯，在画堂。（刘封云）父亲说的是。他若有歹意呵，凭着父亲坐下的卢马，把檀溪河也跳过去了。料着不妨事。（正末唱）凭着这儿的卢战马十分壮，怎跳过那四十里汉阳江？

【天下乐】无拈指黄鹤楼敢番做战场，我想，那周瑜有智量，晃晃列着刀共枪。鱼不可离了水，虎不可离了冈，他可敢安排着恶战场。

（正末云）主公，周瑜差谁来请主公来？（刘末云）周瑜差手将鲁肃下请书来。赵云，怕你不信，请书在此。（正末云）将书来我看。（唱）

【后庭花】拿着这虚飘飘的纸一张，上写着黑真真字儿行。他则是仗剑施威计，埋伏打凤凰。这件事不寻常，那里有风波千丈，我言语不是谎。

（刘末云）凭着俺三兄弟张飞英勇，可量他到的那里也？（正末唱）

【金盏儿】你道是张翼德气昂昂，性儿刚，（刘封云）俺三叔叔张飞，十八骑人马，在那当阳桥上，喝了一声，桥塌三横水逆流，唬的曹兵倒退三十里远。（正末唱）在那当阳桥喝退了曹丞相，据着他一冲一撞卖弄高强。（刘封云）凭着俺三叔叔坐下乌骓马，手中丈八矛，万夫不当之勇。（正末唱）倚仗着当三军不刺刺乌骓骑，敌万夫光灿灿丈八点钢枪。（刘封云）俺三叔安喜县鞭督邮，又在石亭驿中，将袁祥提起腿，掼的花红脑子出来。不妨事，父亲走一遭去。（正末唱）你休卖弄安喜县鞭督邮，石亭驿摔袁祥。

（刘末云）子龙将军，你放心。想周瑜当此一日，助俺破曹，他与俺结为唇齿之邦。他今日请我赴会，岂有歹心？你紧守城池，我赴罢宴便来也。（正末云）我劝元帅不听，坚意的要去，你小心在意者。（刘末云）子龙将军，你放心，不妨事。（刘封云）老赵，你多虑，料着不妨事。（正末唱）

【尾声】他那里明明地捧着瑶觞，暗暗的藏着军将，用计铺谋怎防？着主公坐在那难走难逃筵会上，你心下自索参详，自度量，不比寻常，他则待赚虎离窝入地网。（刘封云）哎，赵叔，你不知道，那黄鹤楼近在水边。若水长呵，我安排战船，搭起浮桥，接应我父亲。他便跌下水去，落的他睡一觉。（正末唱）那黄鹤楼接天水长，翻波滚浪，（正末云）若主公不听赵云谏当呵，（唱）知他是甚风儿吹过汉阳江？（下）

（刘封云）老赵，你去，我父亲他也不听你说。父亲走一遭，则管嚼食去。（刘末云）刘封，你与赵云紧守着城池。则着三五骑人马，跟我过江，直至黄鹤楼上赴宴，走一遭去。子龙心下莫踌躇，今朝止马践程途。过江亲赴碧莲会，直至那黄鹤楼上见周瑜。（下）（刘封云）父亲去了也。为甚么我赍发的俺父亲过江去？那周瑜是个是智多谋的人，俺父亲若有些好歹，他这个位，就是我承袭。凭着我这般好心肠，天也与我半碗饭吃。（下）

第二折

（诸葛亮领卒子上，云）笔头扫出千条计，腹内包藏万卷书。贫道诸葛亮是也。领关、张二将，追赶曹操于华容路上。我夜观乾象，玄德公有难。谁想周瑜请玄德公黄鹤楼上饮宴去了。周瑜他要伤害玄德公。量你怎出贫道之手。想当日赤壁之间，贫道问周瑜要一枝令箭镇坛，贫道留到今日。我将此箭藏在拂拂子里面，凭此箭着主公无事而回。令人与我唤将关平来者。（卒子云）理会的。关平安在？（关平上，云）善变风云晓六韬，将门累世显英豪。能征惯战施勇猛，父子坚心辅圣朝。某乃大将关平是也，俺父亲是关云长。颇奈曹操无礼，追赶俺至三江夏口，孔明师父求救于孙权，孙权助俺水军三万。俺师父将曹操百万雄兵，在赤壁之间，一火焚之。今曹操脱命而走，师父同俺父亲，追赶到华容路，安营下寨。今有军师呼唤，不知有甚事，须索走一遭去。可早来到也。小校报复去，道有关平来了也。（卒子云）理会的。喏，报的军师得知，有关平来了也。（诸葛亮云）着他过来。（卒子云）理会的，着过去。（见科）（关平云）师父呼唤关平，那厢使用？（诸葛亮云）关平，则今日将着暖衣、拂拂子，直至黄鹤楼上，与伯父送暖衣，走一遭去。小心在意，疾去早来。（关平云）理会的。则今日辞别了师父，直至黄鹤楼上，与伯父送暖衣、拂拂子，走一遭去。跨下征马宛有似风，黄金甲衬锦袍红。关平岂敢违军令，不分星夜到江东。（下）（诸葛亮云）关平去了也。令人说与姜维，扮作一渔翁，手上写八个字，是"彼骄必褒，彼醉必逃。"主公见了，自有脱身之计。随后着云长、张飞，芦花深处，接应玄德公去。一支箭顷刻成功，八个字救出英雄。芦花岸张飞等候，周公瑾耻向江东。（下）（净扮姑儿上）（唱）

【豆叶黄】那里，那里酸枣的林儿西里，您娘教你早来家，早来家，恐怕那狼虫咬你。来摘枣儿，摘枣儿，你道不曾摘枣儿，口里核儿那些来？张罗，张罗，见个狼呵，跳过墙呵，唬杀你娘呵。

（云）我做庄家不须夸，厌着城里富豪家。吃的饭饱无处去，水坑里面捉虾蟆。（唱）

【禾词】春景最为头，绿水肯泉绕院流。桃杏争开红似火，工留，闲来无事倒骑牛，村童扶策懒凝眸。为甚庄家多快乐？休休，皇天不负老实头。

（云）自家村姑儿的便是。清早晨起来，头不曾梳，脸不曾洗，喝了五六碗茶，阿的们大烧饼，吃了六七个，才充了饥也。我要看些田禾去，那小厮每说，兀那田禾里有狼。我是个女孩，怎么不怕那狼虎？我不免叫伴哥儿，同走一遭去。伴哥儿，行动些儿。（正末扮禾俫上，云）伴姑儿，你等我一等波。（唱）

【正宫·端正好】则听的二姑把三哥来叫，（禾旦云）俺看田苗去来。（正末唱）东庄里看取些田苗。落荒休把这山庄绕，咱可便寻一条家抄直道。

（禾旦云）俺这江南，青的是山，绿的是水。你看那渔舟唱晚，响穷彭蠡之滨；雁阵惊寒，声断衡阳之浦。家家采下茶苗，杜鹃春啼晓；夏蝉高噪绿杨枝，秋蝉晚噪。俺庄家好快活也。（正末唱）

【滚绣球】俺这里对青山堪画描，端的是景物好。你觑那红叶儿秋蝉晚噪，俺这里家家采下茶苗。（禾旦云）俺江南好暖和也。（正末唱）则这江南地暖风寒少，俺这里春夏秋冬草不调，绿水千条。

（禾旦云）你看那黄菊近东篱，村老忙将马骞驴骑。牛金牛表扶策走，只吃的东歪西倒醉如泥，受用有谁知？紫袍金带虽然贵，其实不如俺淡饭黄斋粗布衣。伴哥儿，我打东庄里过来，看了几般儿社火，吹的吹，舞的舞，擂的擂。不是我聪明，我一般般都记将来了也。（正末云）伴姑儿，道我恰才打那东庄头过来，看了几般儿社火，我也都学他的来了也。（禾旦云）伴哥儿，我不曾见，你试学一遍咱。（正末云）试听我说一遍咱。（唱）

【叨叨令】那秃二姑在井口上将辘轳儿乞留曲律的搅，（禾旦云）瞎伴姐在麦场上，将碓儿捣也捣的。（正末唱）瞎伴姐在麦场上将那碓臼儿急并各邦的捣。（禾旦云）那小厮们手拿着鞭子，哨也哨的。（正末唱）小厮儿他手拿着鞭杆子他厮厮飕飕的哨，（禾旦云）牧童儿倒骑着水牛，叫也叫的。（正末唱）那牧童儿便倒骑着个水牛呀呀地叫。（禾旦云）俺庄家好快活也。（正末唱）一弄儿快活也么哥，一弄儿快活也么哥，（禾旦云）俺庄家五谷收成了，甚是安乐。（正末唱）正遇着风调雨顺民安乐。

（关平骡马儿上，云）自幼攻习学六韬。南征北讨建功劳。下寨安营依三略，亦心敢勇保皇朝。某乃关平是也，父乃关云长。俺父亲随军师诸葛，同叔父张飞。追袭曹兵去了。某奉军师将令，有俺伯父往江东黄鹤楼上请赴碧莲会去了，军师差某与俺伯父送暖衣去。来至这半途之中。遇着这三条路，不知那一各路往江东去，正行之间，兀的不是两个庄家，我问他一声咱。（禾旦云）伴哥儿。一个官人来也，你向前答应答应。（正末唱）

【倘秀才】那匹马紧不紧疾不疾荡红尘一道，风吹起脖项上绛毛缨一似火燎他斜拽起团花那一领锦战袍。端的是人英勇，马咆哮，（关平云）兀那庄家你住者，我和你有说的话。（正末唱）他那里高声儿叫住着。

（关平云）兀那庄家，你休惊莫怕，你近前来，我不是歹人。我问你，这三条路，不知那一条路，往江东黄鹤楼上去。你试说与我。（正末云）官人。你往江东黄鹤楼上去，我说与你这一条路，你则牢牢地记着，（关平云）你说，我记着。（正末唱）

【货郎儿】你过的这乞留曲律蚰蜒小道，听说罢官人你记着。你过的一横涧搭一横桥，更有那倒塌了的山神庙。（关平云）再有甚么记号？（正末唱）破墙匡草团瓢，转山坡过岭桥，河取鱼儿水不着，春夏秋冬草不凋。贪看云中鹘打雁，你可休离俺这山庄，可便错去了。

（关平云）兀那庄家，你这江南地面，一年四季，怎生春种夏锄，秋收冬藏，从头至尾，慢慢地说一遍，我试听咱。（正末唱）

【尾声】俺这里风调雨顺民安乐，百姓每鼓腹讴歌贺圣朝。则这一带青山堪画描，四野田畴景物好。倒大来无是无非，（关平云）多生受你，慢慢地去。（唱）可兀的快活到老。（下）

（禾旦云）官人，恰才俺伴哥唱了去也，我也唱一个官人听。（禾旦唱）

【楚天遥】重重叠叠山，曲曲湾湾水。山水两相连，送伊十万里。送你几时回，两行凄惶泪。庄家每快活，忱着甜瓜睡。

（云）官人忙便罢，若闲时，家来教你打几个掊拾。（下）（关平云）闪了路径也。将着这暖衣，直至黄鹤楼上见伯父，走一遭去。漫辞惮途路艰难，也不怕江水潺潺。送暖衣黄鹤楼上，着伯父急早回还。（下）

第三折

（周瑜领卒子上，云）安排打凤牢龙计，准备兴邦立国机。某乃周瑜是也。我遣鲁肃持书一封，直至赤壁连城。请刘玄德赴会，此人欣然而来。某今日在此黄鹤楼上，安排筵宴，等待刘玄德，他此一来中我之计。英雄甲士，暗藏在壁衣之后。令人楼下飘者，若刘玄德来时，报复我知道。（卒子云）理会的。（刘末上，云）忆昔当年涿郡东，桃园结义会英雄。纷纷四海皆兄弟，谁似三人有始终。某乃刘玄德是也。今有周瑜元帅，差鲁肃请我黄鹤楼上赴碧莲会。离了赤壁连城，可早来到这江东黄鹤楼下。令人报复去，道有刘玄德至此也。（卒子报科，云）喏，报的元帅得知，刘玄德至此也。（周瑜云）道有请。（卒子云）理会的。有请。（周瑜见科，云）呀、呀、呀，玄德公，一自霜松露菊，鸿雁秋风，大战于赤壁之下，彼各两分，叹光阴迅速，日月逡巡；奈关山迢递，途路跋涉，恨不能一面之会，使某刻石而记于心怀，雕木而印于肺腑。某常思玄德公信义愈明，德服内外，严正而不失其道，追景升之顾，则情感三军；恋义兵之随，则甘于同败，终济大业。某常思玄德公往昔之好，今具浊酒菲肴，敢劳玄德公，屈高就下，枉驾来临，诚为周瑜万幸也！（刘末云）元帅，自赤壁相别，久不得会。元帅破曹操百万雄师，有如此重恩，未能答报，今日感蒙置酒张筵，刘备何以克当？（周瑜云）玄德公，自建安之秋，九月既望，猛风烈火，水陆并进，人马烧溺，北军大败，曹操引军步走，某与玄德公袭至南郡，曹操残兵饥疫，死者甚众。某想当时共讨曹操，正所谓扶三纲立人极，诛乱臣贼子，于千百载之下，使古今信义，无时而不明也。若非除残去秽，今日个焉能坐视江陵？某常思玄德公，无时不挂于心，某故此远劳尊体也。（刘末云）元帅深通虎略，善晓龙韬，展济世之神机，运安邦之妙策。扫除残暴，剿灭奸邪，真乃天下英雄，诚为庙堂伟器。今日重会尊席，实乃刘备万幸也。（周瑜背云）某着军兵四面埋伏，威慑刘备，看此人有惧怯之心么？玄德公，俺江东鄙琐，虽是个微末境界，你看那江涛险峻，山势嵯峨。今日俺宴会此楼，四围眼景，观之不足。玄德公，你看俺这楼外之景咱。（刘末看科，云）元帅。黄鹤楼乃江南之胜景。某推开这吊窗，我试倚栏观看咱。好是奇怪也，他既请我赴会，可怎生四面八方兵山相似？刘备也，你寻思波，早是不来呵，也罢。我自有个主意。元帅，是好景致也。元帅，此楼外四围之景，山川秀丽，草木清奇，西北有大江之险，东南望翠岭之巅。乃吴主兴隆之地，真乃为霸业之乡，诚为虎踞龙蟠之势也。（周瑜云）玄德公可休要作疑，某周瑜我并无歹心。俺盘桓数日，慢慢地回去。小校抬上果桌来者。（卒子云）理会的，果桌在此。（周瑜云）令人将酒来，斟满者。玄德公，量周瑜有何德能，有劳玄德公远远而来。蔬食薄味，不堪奉用，玄德公满饮此杯。（刘末云）刘备碌碌庸才，着元帅置酒张筵，元帅先请！（周瑜云）玄德公请！（刘末云）将酒来，元帅满饮一杯！（周瑜云）酒且慢行，看有甚么人来？（关平上，云）某乃关平是也。奉军师将令，直至黄鹤楼，与伯父送暖衣去。可早来到也。小校报复去，我是关云长的孩儿，奉俺军师将令，着某与俺伯父送暖衣来。（卒子云）你则在这里等候着，我报复去。（报科，云）喏，报的元帅得知，有关在于楼下，来见元帅。（周瑜云）关平此一来有何事？着他上楼来。（卒子云）着你上楼去。（关平做见科）（周瑜云）关平，你此一来有何事？（关平云）小将奉俺军师将令，与伯父送暖衣来。（周瑜云）既然与你伯父送暖衣来，将酒来，着关平饮一杯酒。（关平云）小将不能饮酒。（刘末云）关平，你回去见孔明军师，你说道元帅请我赴碧莲会，饮宴罢，我可便来也。（关平云）伯父饮罢宴，早些儿回来，您侄儿先回去也。下的楼来，不敢久停久住，回军师话，走一遭去。（下）（周瑜云）关平去了也。令人将酒来，玄德公满饮此杯。（刘末云）元帅请。（周瑜云）再将酒来，玄德公满饮一杯。（周瑜放杯科，云）小校，与我唤一个精细伶俐的来。（卒子云）理会的。兀那楼下有聪明伶俐的，着一个上楼去，答应元帅。（净扮俊俏眼儿上，云）若论乖觉非是骗，跳下床来不洗脸。精细伶俐敢为头，道我是智慧聪明俊俏眼。自家于樊的便是。元帅见我聪明伶俐，与了我个异名儿，叫作俊俏眼。不问远方那里来的人，我就认得他，我把他的胆认破了，我着他苦一世。元帅，此一唤我来，则是赏我几盅酒吃罢了。我见元帅去。（做见科，云）元帅唤小的有何事？（周瑜云）我道是谁？原来是于樊。玄德公，这小的唤做于樊。我见他聪明乖觉，别的不打紧，他一双好眼，不问远方来的人，不是我这国的，他便认将出来。我见他精细伶俐，与了他个异名儿，唤做俊俏眼。（刘末云）这小的是一对好眼。（俊俏眼云）我颇颇儿的。（周瑜云）兀那俊俏眼，我与玄德公饮酒，替我掌着令。你见我这对令箭么？（俊俏眼云）小的每见。（周瑜云）你将着一枝，我收着一枝。你与我把着楼门，一切人等，不许放上放下。如有下楼的，对上我这支箭的，你便放他下楼去；如无令箭的，休道是别人，就是我，你也不许放下楼去。（俊俏眼云）得令。就是我老子，我也不放他。（做下楼科，云）为甚么俺元帅不着别人把这楼门，别人不会干事。元帅见我精细伶俐，唤我做俊俏眼。我这两个眼，不问甚么人，我便就认出他来，他怎生瞒的过我？我把住这楼胡梯，有令箭的，放下楼去，无令箭的，休想我放他下楼去。（正末扮姜维上，云）某乃大胆姜维是也。因周瑜请俺主公黄鹤楼上赴会去了，孔明军师在我手里，写着两行字。我扮作个渔夫，将着这对金色鲤鱼，黄鹤楼上推献好新，走一遭去。（唱）

【双调·新水令】我将这锦鳞鱼斜穿孔绿杨枝，舞两风晚凉恰至。残荷凋翡翠，红叶染胭脂。景物宽时，（云）我缆住船者。（唱）我这里上江岸步行至。

（云）我来至这黄鹤楼也。我打听的周瑜差他那心腹人？唤做俊俏眼，把着楼胡梯。我怎生推一个乍熟儿，他说我姓张。我便姓张，他说我姓李。我便姓李。我则得上的这楼去呵，我自有个主意。先见他去者。（俊俏眼做盹睡科）（正末云）这厮睡着也，我着这厮吃一个巴掌道。（做打净科）（俊俏眼做惊科，云）是谁打我来？（正末云）道你认的我么？（俊俏眼云）我认的你，有些面熟，你敢是鱼儿张么？（正末云）谁道是虾儿李来？（俊俏眼云）你那里去来？（正末云）我听的元帅在这黄鹤楼上筵宴，我将着这一对金色鲤鱼。元帅跟前献口味来。（俊俏眼云）是一对好金色鲤鱼也。你前日许了鲜鱼儿、鲜虾儿，你许下我，你怎生不送来与我？（正末云）你怎生举荐我一举荐，我把这鱼元帅跟前献了，到明日你来我那船上来，我着你虾儿、鱼儿挑一担来，可不好？（俊俏眼云）休说谎，我如今便替你说去。你明日好鲜虾儿、鲜鱼儿，可与我挑一担来。你则在这里，我替你说去。（俊俏眼做上楼见科）（周瑜云）这厮做甚么？（俊俏眼云）楼下有一个打鱼的，见元帅这里饮酒，献一对金色鲤鱼，与元帅跟前献好新来。（周瑜云）打鱼的献口味，你认得他么？（俊俏眼云）小的每认得，他每日在这江边打鱼，他唤做鱼儿张。（周瑜云）既然你认的，着他过来。（俊俏眼做下楼见正末科，云）我替你说过了也，着你过去哩。休忘了我的鲜鱼儿、鲜虾儿，明日送来。（正末云）我这襄衣斗笠，放在这里。（俊俏眼云）你放下，我替你看着。（正末上楼科）（周瑜云）兀那厮，你甚么人？（正末云）小人是这打鱼儿的小张儿。（周瑜云）你来做甚么来？（正末云）听知的元帅在此筵宴，小的每无甚么孝顺，将着这一对金色鲤鱼，元帅跟前献口味来。（周瑜云）玄德公，他知道俺在此饮酒，将这一对鱼来献新。（刘末云）也是他孝顺的心肠。（周瑜背云）我如今指着这鱼，双关二意，乱道数句，我讥讽这大耳汉，看他知道么？（周瑜对刘末云）玄德公，俺今日在此楼上饮酒，感的这野人来献新，不才周瑜乱道数句，玄德公跟前呈丑咱。（刘末云）刘备洗耳愿闻。（周瑜云）这鱼他在那碧波中游戏，不提防撒网垂钩，则为他失计吞食，今日落在俺渔翁之手。鱼也，你也难回渊浪，自损你那残生。你若是做小伏低，我着你活拨拨的远趁江湖；你若是弄巧呈乖，我着你须臾间除鳞切尾。你可也难逢子产，今日个正遇着杨胥。鱼也，你若是肯随顺呵，我着你享峥嵘独步过龙门；你若是施逞能强，着你受金刀肝肠皆粉碎。（刘末云）元帅，高才，高才。（刘末背云）这匹夫好无礼也！他指着此鱼讥讽我，则除是这般。元帅，小官也有数句乱谈，单题着此鱼。元帅污耳！（周瑜云）某愿闻咱。（刘末云）这鱼生于水底，长在烟波，趁风涛滚滚入东吴，不提防误落在渔翁手。这鱼他将那丝纶垂钓，怎牵万丈鲸鳌？鳞甲生辉，斩眼着江翻海沸；锦鳞随浪，涌身发怂跳龙门。若遇春雷，试看蛰龙归大海，吐雾喷云入大渊，腾身雷震动山川。那时头角峥嵘际，搅海翻江上九天。（周瑜背云）这厮好无礼也！他着言语讥讽我。如今待要走向前去，一剑挥之两段，着人便道，周瑜乃江陵大师，酒酣之际，杀了刘备，着后代史官点笔，骂名不朽。待不如此来，可不干走了这大耳汉。我如今将计就计，着这渔翁推切鲙，走向前去，一剑刺了刘备，着后人便道刘备着个渔翁杀了，可也不干我事。兀那渔翁，你近前来，你是土居也那寄居？（正末云）孩儿每是这江东部民土居。（周瑜云）哦，原来是俺这江东的部民。孩儿也，你再近前来，你与我做个心腹人，可是恁地？（正末云）小人理会的。（周瑜云）兀那渔翁，你这鱼是针钩上钓来的，是网索上打来的？（正末云）元帅，这鱼也不是板罾撒网，听小人说一遍。（周瑜云）你说，我试听咱。（正末唱）

【殿前欢】这鱼儿他自寻思，可是他为吞香饵可便中钩儿。（周瑜云）这鱼可在那里来？（正末唱）他在那水晶宫卫相传示，（周瑜云）兀那渔翁，你将这鱼除鳞切尾，逗盐加酱，当面制造，急忙下手。某带酒也。（睡科）（正末唱）准承望命在参差。任渔公自三思，空有翻波志，他可便眼见的在钢刀下死。这龟儿比并着，玄德你与我仔细寻思。

（刘末低问科，云）姜维，敢是军师教你来？（周瑜醒科，云）兀那厮，你不切鲙，说甚么哩？切鲙！（又睡科）（正末唱）

【夜行船】小可渔夫该万死，义不曾差说了言词。进忠言玄德可也无不是。（周瑜怒科，云）你则依着我，下手切鲙。（又睡科）（刘末惊科，云）兀那小张儿，好生的切鲙。（正末云）小人理会的。（正末切鲙科，云）元帅，小人切了银丝鲙也。（周瑜不醒科）（正末云）他睡着了也。（正末舒手科）（唱）你休看手梢儿，我手心里公事。

（刘末看，云）写着"彼骄必褒，彼醉必逃。"军师的计策，我知道了也。（正末唱）

【水仙子】你休恋那玉箫银管饮金卮，你将这碧莲会筵席且告辞。（刘末云）军师说甚么来？（正末唱）俺军师把元帅多传示，（刘末云）关、张二弟，曾说甚么来？（正末唱）这其间在江边敢没乱死。（刘末云）军师再说甚么来？（正末唱）俺军师细说言词，（刘末云）俺军师可怎生不着人接应我那？（正末唱）这其间安排着军校，（刘末云）可在那里接应？（正末唱）在堤圈杨柳枝，（刘末云）我怎生得过这江去？（正末唱）先安排下个渔船儿。

（周瑜醒科，云）兀那厮，你说甚么哩？其中有奸诈。小校那里？把这厮拿下楼去，杀坏了者。（卒子云）理会的。（刘末云）元帅息怒，量他则是个打鱼的人，有甚么奸诈处？看小官面皮，饶了他罢。（周瑜云）看玄德公面皮，将这厮抢下楼去。这厮敢泥中隐刺。（正末唱）

【尾声】小人怎敢泥中刺？（周瑜云）若不看玄德公的面皮，杀了这厮多时了。（正末唱）休、休、休，可不道大官不觑帘下事。（正末云）我下的这楼来。（俊俏眼云）你献了那口味也？（正末云）我献了口味也。我那蓑衣斗笠呢？（俊俏眼云）兀的不是？明日替我送将虾儿、鱼儿来！（正末唱）恰便似火上浇油，命掩参差。畅道万语千言，三回两次。若不是玄德公言词，险些儿三尺龙泉剑下死。（下）

　　（周瑜云）将酒来，玄德公满饮一杯。（刘末云）元帅先饮。（周瑜云）接了盏者。玄德公，你出一酒令，俺横饮几杯咱。（刘末云）小官不敢。（周瑜云）便好道东家置酒客制令。（刘末云）哦，着小官行个酒令，元帅差矣。正是以能问于不能，以多问于寡。小官焉敢在元帅跟前行令？正是弄斧于班门。小官行一杯酒，请元帅行个令，小官依令而听之。（周瑜云）既然玄德公不肯出令，某不敢违命。某周瑜出一令，单为席间取一笑耳。论这古往今来，谁是英雄好汉？言者当，理当敬酒；言者不当，罚凉水饮之。玄德公请开谈。（刘末云）元帅不问，小官也不敢多言。若论自古英雄，昔日鲁公项羽，谓之好汉。（周瑜云）项羽他怎生是英雄好汉？（刘末云）昔日鲁公姓项名羽，字籍，乃临淮下湘人也。幼失父母，雄威少壮，力能举鼎，势勇拔山，喑呜叱咤，目有重瞳。刘项相持，共立怀王。统兵北路，虎视咸阳。诈设鸿门会，火烧阿房宫。渡河交战，九败章邯。荣阳城火焚纪信，倚勇烈威镇诸侯。赢沛公七十二阵，左有龙且，右有范增。楚汉元年五月五日，自号为楚霸王。岂不为好汉也？西楚重瞳独霸强，喑呜叱咤志轩昂。拔山举鼎千斤力，自古英雄说霸王。元帅，一个好霸王也。（周瑜云）玄德公差矣。项羽乃项燕之子，项梁之侄。虽力举千斤，能勇而不能怯固也。那项羽鸱心蹠蚌，向恶从鄙。微利不时，毒苦天下。杀宋义夺印，后入关背约；坑新安无辜之卒，杀轵道已降之主。劫墓取财，开宫恋女。屠虏咸阳士庶，烧阿房宫院。弑义帝于江中，佐迁诸侯于别地。他称爵称尊，所过无不残灭，无所容于天地之间。那项羽不听韩生之谏，不纳范增之言，被淮阴跨夫盗粟韩信，逼至乌江，自刎阴陵，他岂为英雄好汉？霸王英雄兮自刎乌江。玄德公，你道的差了，你罚凉水，某则饮酒。（刘末云）元帅息怒，是小官差了也。元帅土酒。小官罚凉水。（周瑜云）玄德公，俺不论古往英杰，则论方今之世，谁是英雄好汉？（刘末云）元帅言道，不论古往英杰，则说方今之世，谁是英雄好汉？元帅，想方今之世，曹操为之好汉。（周瑜云）曹操怎生是英雄好汉？（刘末云）想曹操筹谋广运，智略多端，心如曲珠，意有百幸。夜卧丸枕，日服鸩酒三杯。威伏汉室，自为大将军封武平侯，挟天子以擅征伐，寻为丞相。赞拜不名，入朝不趋，剑履上殿，自立为魏公，加九锡，纳其三女为贵人，进位于诸侯之上。宫禁侍卫，莫非曹氏之人。曹操以雄兵百万，虎将千员。左有百计张辽，右有九牛许褚，独霸许，虎视中原。岂不谓之好汉？豪杰滚滚竞山川，孟德奸雄掌大权。战将千员兵百万，一个曹公英勇占中原。元帅，一个好曹操也！（周瑜云）玄德公，你又差了也。想曹操奸雄足智，任侠放荡。然托名汉相。实为汉贼，功非扶汉，意在篡君。仗兵势雄威，霸许都之地。虽然讨袁绍，吕布，下关西，定荆州，他那其事虽顺，其情则逆。他夜卧丸枕，日鸩酒，不离了许昌之地，某等合兵，一举而焚于亦壁之下，他岂为英雄好汉？曹操奸雄兮不离许昌。玄德公，你又道的差了，你再罚凉水，某则饮酒。（刘末云）是、是、是，小官又差了也。元帅饮酒，小官罚凉水。（周瑜云）玄德公，俺不论古往今来英雄好汉，则说俺二人，谁是英雄好汉？（刘末云）哦，元帅言道不论古往今来，也不论方今之世，则说今日俺二人饮酒，谁是英雄好汉？（背科，云）可着我说甚么的是？则除是这般。元帅，非小官饶舌，不才刘备，乃景帝玄孙，中山靖王刘胜之后。然汉之宗叶，奈懦弱孤穷。纷纷世乱，因未遇隐于楼桑；今发忿峥嵘，受天恩官居越殿。堪恨曹操奸雄，威权太重。群臣皆惧，汉室宗枝，尽皆隐姓埋名。然刘备将寡兵微，我则待立刘朝，复兴汉世。非小官之能，一托军师诸葛神机，二赖关、张二弟之勇；非小官自夸，曹兵百万称羽、飞二弟为万人敌也。若论汉室英雄，小官刘备我是英雄好汉。（周瑜云）玄德公，你怎生是好汉？你又差了也。你既然有盖世之才，而无应卒之机。斩之不能禁释，谁不知你是孤穷刘备？你在新野被曹操领兵追袭，不敢领兵攻拒，弃妻子而奔于夏口，若不是关、张二弟扶持，这其间定死在奸雄之手。刘备孤穷兮倚仗关、张。德公，你又道差了也。（刘末云）是、是、是，小官失言，元帅是好汉。（周瑜云）我怎生是好汉？（刘末云）想曹操统一百万雄兵，到此三江夏口，被元帅则一阵，破曹于赤壁之间，杀得曹操片甲不回，元帅岂不是好汉？（周瑜云）则这一句，才合着我的心，玄德公言者当也。昔日霸王英雄兮自刎乌江，曹操英雄兮独占许昌。刘备英雄兮倚仗关张，赤壁鏖兵兮美哉周郎。（做笑科，云）将酒来，你也饮一杯，我再饮一杯。（刘末云）元帅再饮一杯。（周瑜云）且住者，我恰才贪欢喜，多饮了几杯酒，觉我这酒上来了，我权时歇息咱。（做猛醒科，云）周瑜也，你好粗心也！我若睡着了呵，倘或玄德公盗了我这箭呵，不干走了他？则除是这般。玄德公，你慢慢地住几日去，我与你身上无歹意。周瑜若是有歹心呵，你见我这一枝箭么？我撅箭为誓，丢在这江里。（周瑜撅箭、丢在江里、睡科）（刘末做慌科，云）嗨。我指望盗他这枝令下楼去，谁承望他撅折了，丢在这江里。我怎能勾下这楼去？军师也，你既然差关平来，送暖衣、挂拂子来与我，可怎生无计救我回去？（刘末做拿挂拂子搁地科，云）我何日得过这江去？（刘末见挂拂子响科，云）好奇怪也，这挂拂子里面，可怎生这般响？我试仔细看咱，原来是两截儿的。我把你拔开看咱，兀的不是一支箭？我看咱，这箭不是周瑜的箭？可怎生得到军师手里？军师你好强也，有了这箭也，我与你下这楼去。（做下楼科）（俊俏眼云）那里去？（刘末云）有元帅将令，着我回去。（俊俏眼云）你有令箭么？（刘末云）我无令箭呵，怎生能勾下楼去？（俊梢眼）将来我看！（刘末云）兀的不是令箭？（俊俏眼云）正是一对。既有了令箭，你去。（刘末云）我下的这楼来。刘备也，你好险也！若不是军师之计，我几时能勾过这江去？军师也，则你这彼骄必褒真良将，彼醉必逃思故乡。周瑜也，比及一醉酒醒寻玄德，那其间我片帆飞过汉阳江。（下）（周做醒科，云）霸王英雄兮自刎乌江，曹操奸雄兮独占许昌，刘备孤穷兮倚仗关张，赤壁鏖兵兮美哉周郎。皇叔！（俊俏眼云）黄鼠做了添换了。（周瑜云）刘备安在？（俊俏眼云）他下楼去了。（周瑜云）谁叫你放他下楼去了？（俊俏眼云）他传着元帅将令，将着元帅的令箭，因此上我放他去了。（周瑜云）住、住、住，我的令箭，我记的撅折了，丢在这江里，他怎生又有这枝令箭来？（俊俏眼云）他将着元帅的令箭,小的不敢不放他回去。(周瑜云)他怎生又有这枝令箭来?(猛见拄拂子科,云)兀那个是甚么东西?(俊俏眼云)这个是诸葛亮差关平送来的拄拂子。(周瑜云)你将来,我试看。(做看科,云)原来这拄拂子是空的,这里面藏着令箭。他那里得我这枝令箭来呵?我想起来了也,他祭风时,问我要枝令箭镇坛。我又中这懒夫之计也。我正是使碎自己心,笑破他人口。既然走了,更待干罢?我如今便差甘宁、凌统、韩当、程普四将,领兵追赶刘备去,务要擒拿将他来。忙差军校去如飞,统兵领将急忙追。若还赶上刘玄德,永困江东誓不回。(同下)

第四折

(刘封领卒子上,云)帅鼓铜锣一两敲,辕门里外列英豪。三军报罢平安喏,买卖归来汗未消。某乃刘封是也。自从我的父亲过江黄鹤楼上赴宴去了,音信皆无。俺父亲本不去,可是我送的父亲去了。若是军师来呵,我自有言语支对他。左右那里?门首觑者,军师来呵,报复我知道。(卒子云)理会的。(孔明上,云)决胜千里施谋略,坐筹帷幄掌三军。幼年隐迹南阳野,复姓诸葛号卧龙。贫道诸葛孔明是也。颇奈曹操无礼,他领八十三万雄兵,与某交战。俺主公结好于江东,吴王遣周瑜为帅,黄盖作先锋,贫道祭风,周瑜举火,黄盖诈降,关、张伏路,杀曹兵大败亏输。乱军中走了曹操,贫道领关、张追赶。某夜观乾象,见主公有难,某急差关平,后差姜维,接应主公去了。某料俺主公无事回还,贫道今日收兵,回于赤壁连城。可早来到也。左右接了马者,报复去,道有军师下马。(卒子云)理会的。报的将军得知,军师下马也。(见科)(刘封云)呀、呀、歹,早知军师来到,只合远接,接待不着,勿令见罪。(孔明云)刘封,俺主公安在?(刘封云)苦、苦、苦,我父亲么?正在帐中闲坐,不想周瑜使鲁肃将书来,请我父亲过江黄鹤楼上饮宴。我便道:父亲不可去,军师又不在,则怕父亲有失。我左右挡不住,俺父亲一人一骑过江,黄鹤楼上赴会去了。(孔明云)谁着你父亲一人一骑过江,黄鹤楼上社会?假若你父亲有失呵怎了?我不和你说,等你两个叔叔来,看你怎生回话?(刘封云)这个。军师,干我甚么事?(关末上,云)凭吾义勇扶刘主,一杆青龙立汉朝。某关云长。奉军师的将令,着某在华容路等曹操,不想乱阵间走了曹操去。今日回营见哥哥军师去。可早来到也。小校接了马者,报复去,道有关某果了也。(卒子云)理会的。喏,报的军师得知,有二将军来了也。(孔明云)道有请。(卒子云)有请。(见科)(孔明云)云长,曹操安在?(关末云)关某在华容路上,等着曹操交战,乱阵中不想走了曹操也。(孔明云)既是他走了,也不必追赶。(关末云)住、住、住,我哥哥玄德公安在?(孔明云)二将军,你休问我,问你侄儿刘封去。(关末云)刘封,你父亲安在?(刘封云)二叔息怒。自从叔叔同军师去之后,不想周瑜遣鲁肃持一封书,请我父亲过江黄鹤楼上社会去。我便道:他那里筵无好筵,会无好会,则怕周瑜那厮生歹心,你休去。我父亲恼了。扯出剑来要杀我,我害慌躲避了,俺父亲不想就上马,一人一骑过江去了。(关末怒,云)好也落,你怎生赍发哥哥过江去?

若有疏失怎了？把这厮拿住，一壁等三兄弟来，俺一同的问这厮。（刘封云）二叔叔，不干孩儿事。若三叔叔来，劝一劝。（孔明云）左右那里？门首觑者，等张飞来，报复我知道。（卒子云）理会的。（正末扮张飞上，云）某乃张飞是也。奉军师将令，华容路上追赶曹操，不想曹操见某，走了也。回军师话，走一遭去。左右那里？接了马者。（卒子云）理会的。（正末唱）

【南吕·一枝花】拨回獬豸身，滴溜扑跳下乌骓骑。舒开狻猊爪，（正末见刘封走科，云）刘封那里去？（唱）我这里揸住锦征衣。嘴缝上拳捶，手指定奸谗嘴，我拷你个忤逆贼。（刘封云）三叔息怒。（正末云）你父亲那里去了？（刘封云）周瑜请的过江饮宴去了也。（正末唱）你怎生赍发的我哥哥。去他那四十里长江那壁。

【梁州】则为那周公瑾两三杯酒食，更压着那一千个他这党太尉的筵席。我跟前莫得夸强会。若还他无灾无难，无足无非；若有些个争竞，半米儿疏失，米、来、来，我和你做一个头敌。则我这村性子不许收拾！割舍了，喝曹操唬了他那三魂，鞭督邮拷折你这脊背。休恼番，石亭驿摔袁祥撞塌头皮。若还，得回，俺哥哥无事宋家内，使心量有奸细。船到江心数十里，则怕他背后跟追。

（刘封云）三叔，您侄儿当不住父亲，他坚意的要去，不干我事。（正末唱）

【隔尾】休得要临崖勒马收缰急，直等的船到江心那其间补漏迟。点手儿旁边唤公吏，你与我麻绳子绑者柳树上，高高的吊起，直等的俺哥哥无事来家，恁时索放了你。

（云）令人与我将刘封吊起来者。（做吊净科）（刘封云）三叔，我又不曾欠粮草，怎生吊起我来？（正末云）令人报复去，道有张飞来了也。（卒子云）理会的。喏，报的军师得知，有三将军张飞来了也。（孔明云）道有请。（卒子云）理会的。有请。（见科）（正末云）军师，张飞来了也。（孔明云）一壁有者。（正末云）二哥勿罪也。（孔明云）小校门首觑者，看有甚么人来。（卒子云）理会的。（刘末上，云）欢来不似今朝，喜来那逢今日。小官刘备是也。谁想周瑜有伤害某之心，酒酣之际，眈睡着了，多亏军师妙计，小官以此得脱回还。可早来到也，左右接了马者。兀的不是三兄弟张飞。兄弟也，咱争些儿不得相见也。（正末云）哥哥来了也。（唱）

【隔尾】俺哥哥到黑龙江流的是潺潺水，（净云）爹爹救我咱。（正末唱）红蓼堤边呀呀的叫唤谁？（刘末云）兀那吊的是谁？（正末唱）是你那孝子曾参可人意。（刘末云）三兄弟，为甚么吊起他来？（正末唱）见哥哥无些个信息，怕有些个疏失，因此上将他在柳树梢头，着他便吊望着你。

（刘末云）兄弟，不于刘封事，饶了他者。（孔明云）主公煞是惊恐也。（刘末云）若不是军师神机妙策，铺谋定计呵，刘备怎能勾回还也。（正末云）收拾战船，我和他交战去，务要拿住周瑜，与俺哥哥报仇，有何不可？（孔明云）三将军，既然今日主公回来了也，休得躁暴。（正末唱）

【絮蛤蟆】军将便似鱼鳞砌，枪刀便似雁翅般齐，我又索与你迎敌。自从桃园结义，又在徐州失配。不曾相持对垒，不曾翻天倒地，我无处发付气力。付能逢着今日，红锦征袍喜披，黄锦腰带坚系，再把乌骓扣革皮，又把包巾整理。我听的冬冬鼓擂，忽的摇旗，出的相持。美也，兀的不欢喜煞爱厮杀的张飞，迎敌。马蹄儿踏碎了东吴国，你是那周公瑾，我是这张翼德，眼儿里见了，耳朵儿听者。

（孔明云）住、住、住，三将军息怒，众将休闹。比及周瑜来请主公赴会，贫道已知多时了也。某先差关平，后差姜维，我料周瑜怎出贫道之手，今日主公果然无事回还，三将军可以饶免刘封，贫道今劝三将军休兵罢战。可是为何？近日间俺向东吴家借军破了曹操，不争俺与他交锋呵，则显的俺忘恩背义也。既今日主公无事回还了，当以杀羊宰马，做一个庆喜的筵席。则为那三江夏口列英雄，赤壁焚烧百万兵。周瑜慢使千条计，怎比南阳一卧龙。领兵先借荆州地，后取西川白帝城。四方宁静干戈息，永保皇图享太平。

（《全元曲》第 7 卷）

　　作者简介：沈璟（1553～1610），字伯英，晚字聃和，号宁庵、词隐，吴江（今江苏苏州市）人。万历二年（1574）进士，曾任兵部职方司主事、吏部验封司员外郎等职，后充任顺天乡试同考官，因科场舞弊案受人攻击，辞官回乡。家居 30 年，潜心研究词曲，考订音律，与当时著名曲家王骥德、吕天成、顾大典等探究、切磋曲学，并在音律研究方面有所建树。著有传奇 17 种，总称"属玉堂传奇"，现存 7 种：《红蕖记》《双鱼记》《桃符记》《一种情》（即《坠钗记》）《埋剑记》《义侠记》和《博笑记》。

　　作品简介：《义侠记》取材于小说《水浒传》中武松故事。从景阳冈打虎开始，至上梁山受招安结束，并添出武妻贾氏，写她同母亲访寻武松，路遇孙二娘等情节。《义侠记》共 36 出，此处选录第 22 出。

第二十二出　失霸

　　〔丑上〕新鹰初放兔初肥。即是关河朔雁飞。人世难逢开口笑。菊花须插满头归。自家是施小管营手下一个火家。我们小管营开得好座酒店。真个是店如星布。酒不雷同。卿相解金貂。不羡长安市上。神仙留玉佩。休夸黄鹤楼中。善助诗人锦绣肠。能添壮士英雄胆。糟皮落水。游鱼知味成龙。酒气熏天。飞鸟闻香化凤。刘伶问道谁家好。李白回言此处高。道犹未了。小管营早到。

　　【七娘子】〔小生〕英姿俊骨夸身世。少年时方逞狂游。闲系青骢。醉偎红袖。从来不把眉儿皱。

　　施恩是我姓和名。我父中城做管营。快活林中称地虎。安平寨内养家丁。自家从幼学得些鎗棒。孟州人题我一个诨名。叫作金眼彪。东门外有个快活林。山东河北客人都来做买卖。有许多大酒店大赌坊。自家领着百十个囚徒。开一个酒肉店。但有过路妓女。先来参见了。然后许他赶座头。叫小厮。〔末上应〕有。〔小生〕唤两个妓女答应。〔末〕理会得。妓女们走动。〔小旦上〕舞爱前溪绿。歌怜子夜长。〔小丑上〕翠眉萦曲度。云鬟俨分行。〔见末介末〕大爷唤你。快去。〔小旦小丑〕大爷叩头。〔小生〕起来。小厮们看酒。〔末〕有酒。〔小旦小丑递酒介〕

　　【朱奴儿】装百宝真珠臂韝。看宫锦舞罢缠头。花拥弦歌人倚楼。料断送一生惟酒。〔小生合〕欢情凑。又何物是愁。天大事权落后。〔净醉上〕

　　【前腔】我近来从潞州。张团练是我交游。闻得快活林中多粉头。寻一个前来行酒。〔撞进见介扯小丑〕你来。你来。劳生受。权分个座头。休只把砖儿厚。

　　〔小生〕叫小厮。打这野狗出去。〔净〕打谁。〔打倒末介小生〕你来。我和你比个手段。〔净〕爹正要寻你哩。〔脱衣打介〕

　　【四边静】〔小生〕你们直恁不即溜。却来讨僝僽。大胆步难行。自作自家受。〔净合〕风尘邂逅。龙争虎斗。眼下决雌雄。筵前便承受。

【前腔】〔净〕强中自有强中手。你还不见机走。让了快活林。残生尚能救。

〔小生合前打倒小生介净踏住介〕实对你说。爹就是本营张团练的好友蒋门神。爹的鎗棒掌脚。天下无双。你快快搬了去。把这一方的买卖都让与爹。就饶了你。〔小生〕大丈夫保身为重。罢。我让与你了。〔净〕既如此。放你去。〔放介末扶介净〕爹好洒落。〔对小旦〕你元去接客。〔对小丑介〕你就做爹的小娘子罢。〔小丑〕我跟了不要这等拳头练练哩便好。〔净〕哎。〔小旦〕正是笑啼俱不敢。〔小丑〕方信做人难。〔净〕既肯甘心让。还将善眼看。〔俱下小生吊场上〕

【朝天子】嗳。讨得个还将善眼看。今日回家去有甚颜。〔要走介〕我再和那厮打一顿。猛拼此去不生还。〔末扯介〕大爷。免摧残。从今努力加餐。要复雠也不难。〔小生合〕要复雠也不难。

〔末〕胜负兵家不可期,包羞忍耻是男儿。〔小生〕常将冷眼观螃蟹,看你横行到几时。

（摘自《六十种曲·义侠记》）

作者简介： 单本（1562～1636），字槎仙，会稽（今浙江绍兴市）人。明代戏曲作家。所撰传奇 2 种：《蕉帕记》，今存；《露绶记》，已佚。《传奇汇考标目》增补本还著录有《鼓盘记》《合钗记》《菱镜记》3 种，不知何据。

作品简介：《蕉帕记》是明代万历年间产生的一部爱情传奇。该剧虽以生、旦分饰龙骧、弱妹两个主要角色，并以大量篇幅描写他们的结合，但从全剧来看，真正的主人公却是那个由小旦扮演的狐仙长春子，本剧对这一人物形象刻画得尤为成功。该剧虽然描写的是传统题材的爱情戏，但在这部爱情剧中，作者不仅突破了传统的爱情观，提出了一种新的爱情观念，而且将爱情描写和对社会政治的批判结合起来。这样，作品的思想意义就远远超出了一般悲欢离合的爱情剧的范围，表现了更为深广的社会生活内容。该剧共 36 出，此处选录第 20 出。

第二十出　脱化

【双调·新水令】〔末钟离、小生洞宾、净铁拐、中净果老上〕倒骑白鹤下青霄，望西山云时间到。〔小生〕又不是城南来度柳。〔众〕又不是华北去偷桃。〔合〕为一个多娇。他在睡酣处唤将觉。

〔小旦暗上跪正场介众〕列位师父。你看这业畜呵。

【驻马听】〔众〕捏怪兴妖。出脱千般新做作。藏头露脚。腾那一种旧苗条。〔小旦伏地叩头介众〕他躬身羞敛假纤腰。低头怕露虚花貌。那女人，恁为着何事。则管叩头也！〔小旦〕弟子敢求列位师父们的长生不死的方儿。〔众大笑介〕您要咱们不死的方儿么。列位才懂得路头儿走错。求咱的贮葫芦不死的长生药。

咱们不是仙家。您错寻了路头也。〔小旦〕弟子千年来打摩下一双慧眼。好不认得真哩。

【乔牌儿】〔众〕您怎不趁这秋风早泛着五湖棹。多情范蠡还年少。随他归去好。

〔小旦〕这些旧事。不索重提。弟子则求列位师父们一粒脱化的金丹。〔众大笑介齐点小旦裙介〕

【搅筝琶】〔众〕您自有闲炉灶。煮不干水一瓢。配搭上姹女婴儿。受用过刘晨阮肇。风流界。尽逍遥。炼什么白锤红茅。把朱颜一时留住了。倒大坚牢。

〔小旦〕弟子一心向道。再不要提起欲界事情也。〔众〕哦。您要除欲界。只怕洗不净那花园晚会四个字儿哩。〔小旦羞介〕弟子惶愧知罪也。

【雁儿落】〔众〕你将绿依依窗前一叶蕉。变翠的轴上千丝料。瞒了他聪明的卓氏姬。骗了他懵懂的张京兆。

〔小旦〕这是弟子帝门外道。从今皈依正果了也。〔众〕您要皈依正果。须翻一个偌大的筋斗才好哩。〔小旦叩头介〕但凭师父们点化。〔众〕起来。您须听咱说者。从今后呵：

【得胜令】〔众〕再不许付粉弄蹊跷。拜斗逞妖娆。花月场来撮俏。燕莺群去调包。腥臊，须带顶温凉帽，麞糟，用金蝉来脱壳。

〔钟铁〕这妮子既然坚心好道。纯阳子。你收他在门下。做个弟子罢。〔吕〕师父在上。弟子怎敢。〔众〕不必谦逊。就是你替他翻个筋斗。待他早登证果。〔吕稽首介〕列位师父。你弟子吕岩却斗胆了也。柳树精何在。〔丑柳树精上〕黄鹤楼前一株柳。撞着师父来吃酒。一时点化上蓬莱。长年只把丹炉守。师父叫柳树精。有何法旨。

【折桂令】〔吕众〕央及你个岳阳城大干长条。你可竖着腰叉。挺着肩梢。〔指小旦介〕撩他去蜃市茫茫。沧溟渺渺。弱水滔滔。〔柳〕师父。这个标致妇人。只怕吃不得这样鼻头酸哩。〔吕〕咄。这方法将他洗澡了。恐怕污我波涛。没半点尘嚣。换一副皮毛。你两个回来呵。〔指柳介〕咱赏你几粒金丹。〔指小旦介〕咱与你别样丰标！

〔柳〕来来来。小娘子。你将俏身子跨着我的肩膀。这两只小脚不要撑开哩。〔小旦〕撑开来待怎么。〔丑〕俺有个柳树桩儿。碍着你不当稳便。〔小旦〕说也不该。〔丑〕俺领着师父的法旨。大海中走一遭来也。〔柳驮小旦旋下吕〕列位师父。咱要他翻这个筋斗。不是要处。〔内锣鼓介吕〕你看他忽剌剌架着一朵祥云。前往弱水涡儿去也。

【甜水令】〔众〕咱家是大汉钟离。纯阳铁拐。骑驴张老。作队镇游遨。今日用个金针。拨开瞳子。救着儿曹。世人也休认作闲话渔樵。

〔吕〕你看那女子脱了凡胎。另换一套装束。那海中龙神旛幢鼓乐送上来也。〔小旦换色衣丑驮介生扮龙孙旦扮龙女各持宝旛外扮龙王执笏送上内作细乐介〕

【收江南】〔合〕呀。咱离了水晶宫恰便驾鲸鳌。早分开揭天千丈浪头高觑波中旛影闪鲛绡。卷风涛雨雹。卷风涛雨雹。则一霎到蛟门不觉路迢。〔众先下小旦丑驮复旋介〕

【清江引】〔小旦〕凌空瑞烟前后遶。渐渐离云峤。回看碧海中。便有旛旗导。铁杵儿磨绣针工到了〔小旦下肩叩头介〕弟子叩谢师父。今日方证大道也。〔众〕起来。柳树精。你到海中。可见些什么来。

【前腔】〔丑〕蒙差海中真懊恼。走过龙王庙。教拿柳树精。逼要随身宝。俺说不曾带得。下次补来。他不肯。叫虾将军鳖都督割下屌！

〔吕〕咄，胡说！去守丹炉者。〔柳应下。小旦〕敢求师父们替弟子取个法名。〔吕〕还是老师父。〔钟〕你用过苦工三千余年。今日方归大道。取为长春子罢。〔小旦〕多感师父了也。〔叩头介众〕长春子。〔小旦〕弟子有。〔众〕你有一桩心事不曾下得。你须听者。

【鸳鸯煞】〔众〕你有个大恩人赤紧无些报。他是个俊多才牢记休忘却。你做一个点首朱衣。检卷天曹。到座主房中用些方略，颠倒文书，惹起科场闹。那时节才得个名姓高标，指点他一路前程恰非小。〔齐下〕

（摘自《六十种曲·蕉帕记》）

作者简介：汤显祖（1550～1616），字义仍，号海若、若士、清远道人，临川（今江西抚州市）人。万历十一年（1583）进士，官礼部主事、遂昌知县等职。曾从罗汝芳读书，又受李贽思想的影响。在戏曲创作方面，反对拟古和拘泥于格律。作有传奇《牡丹亭》、《邯郸记》、《南柯记》、《紫钗记》，合称《玉茗堂四梦》，以《牡丹亭》最著名。在戏曲史上，和关汉卿、王实甫齐名，在中国乃至世界文学史上都有着重要的地位。

作品简介：《邯郸记》取材于唐代作家沈既济的传奇《枕中记》。穷途潦倒的书生卢生在邯郸的一个小客店遇到来世间超度凡人的仙人吕洞宾，卢生抱怨自己命运不济，吕仙则给他一个瓷枕入睡。卢生在梦中经历了一连串宦海风波，五十余年人我是非，一梦醒来，店小二为他们煮的黄小米饭尚未熟。作品通过卢生的命运，深刻揭露了封建社会官场的丑恶现实。该剧共30出，此处选录第3出。

第三出　度世

〔扮吕仙褡袱葫芦枕上〕〔集唐〕蓬岛何曾见一人。披星戴月斩麒麟。无缘邀得乘风去。回向瀛洲看日轮。自家吕岩。字洞宾。京兆人也。忝中文科进士。素性饮酒任侠。曾于咸阳市上。酒中杀人。因而亡命。久之贫落。道遇正阳子钟离权先生。能使飞升黄白之术。见贫道行旅消乏。将石子半斤。点成黄金一十八两。分付贫道仔细收用。贫道心中有疑。叩了一头。禀问师父师父。此乃点石为金。后来仍变为石乎。师父说。五百年后。仍化为石。贫道立取黄金抛散。虽然一时济我缓急。可惜悞了五百年后遇金人。师父哑然大笑。吕岩吕岩。一点好心。可登仙界。遂将六一飞升之术。心心密证。口口相传。行之三十余年。忝登了上八洞神仙之位。只因前生道缘深重。此生功行缠绵。性颇混尘。心存度世。近奉东华帝旨。新修一座蓬莱山门。门外蟠桃一株。三百年其花才放。时有皓劫罡风。等闲吹落花片。塞碍天门。先是贫道了一位何仙姑来此。逐日扫花。近奉东华帝旨。何姑证入仙班。因此张果老仙尊又着贫道驾云腾雾。于赤县神州再觅一人。来供扫花之役。道犹未了。何姑笑舞而来也。〔何仙姑持帚上〕好风吹起落花也！

【赏花时】翠凤毛翎札箒叉。闲踏天门扫落花。你看风起玉尘砂。猛可的那一层云下。抵多少门外即天涯。

〔见介〕洞宾先生何往。〔吕〕恭喜你领了东华帝旨。证了仙班。果老仙翁诚恐你高班已上。扫花无人。着我再往尘寰。度取一位。敢支分杀人也。〔何〕洞宾先生大功行了。只此去未知何处度人。蟠桃宴可赶得上也。

【么】你休再剑斩黄龙一线差。再休向东老贫穷卖酒家。你与俺高眼向云霞。洞宾呵，你得了人早些儿回话；迟呵，错教人留恨碧桃花。〔下〕

〔吕〕仙姑别去。不免将此磁枕褡袱驾云而去也。枕是头边枕。磁为心上慈。〔下〕

〔丑上〕我这南湖秋水夜无烟。奈可乘流直上天。且就洞庭赊月色。将船买酒白云边。〔内笑介〕小二哥发誓不赊。又赊了。〔丑〕赊的赊一月。买的买一船。小子在这岳阳楼前开张个大酒店。因这洞庭湖水多。酒都扯淡了。这几日赊也没人来。好笑好笑。〔内叫介〕小二哥。那不是两个赊的来了。〔丑〕请进请进。〔扮二客上〕一生湖海客。半醉洞庭秋。小二哥。买酒。〔丑应介客看壶介〕酒壶上怎生写着洞庭二字。〔丑〕盛水哩。〔客笑介〕也罢。拚我们海量。吞你几个洞庭湖。〔丑〕二位较量飲。〔一客〕小子鄱阳湖生意。飲八百杯罢。〔一客〕小子庐江客。飲三百杯。〔丑〕这等消我酒不去。八百鄱阳三百焦。到不得我这把壶一个腰。〔客〕好大壶嘴哩。〔做飲唱随意介丑〕又一个带牛鼻子的来了。

【中吕·粉蝶儿】〔吕上〕秋色萧疏。下的来几重云树。卷沧桑半叶浅蓬壶。践朝霞。乘暮霭。一步捱一步。刚则背上葫芦。这淡黄生可人衣服。

【醉春风】则为俺无挂碍的热心肠。引下些有商量来的清肺腑。这些时瞪着眼下山头。把世界几点儿来数数。这底是三楚三齐。到底是三秦三晋。更有找不着的三吴三蜀。

说话中间。前面洞庭湖了。好一座岳阳楼也！

【红绣鞋】趁江乡落霞孤鹜。弄潇湘云影苍梧。残暮雨。响孤蒲。晴岚山市语。烟水捕鱼图。把世人心闲看取。

边旁放着一座大酒店。店主有么。〔丑应介〕请进请进。〔作送酒介〕

【迎仙客】〔吕〕俺曾把黄鹤楼铁笛吹。又到这岳阳楼将村酒沽。好景，好景。前面汉阳江。上面潇湘苍梧。下面湖北江东。请了。〔丑〕请什么子。〔吕〕来稽首是有礼数的洞庭君主。〔丑〕鬼话。〔内雁叫介吕〕听平沙落雁呼。远水孤帆出。这其中正洞庭归客伤心处。赶不上斜阳渡。

〔吕作醉介〕酒是神仙造。神仙吃。你这一班儿也知道吃什么酒。〔二客恼介〕哎也哎也。可不道一品官。二品客。到不高如你。我穿的细软罗缎。吃的细料茶食。用的细丝锞锭。似你这般。不看你吃的。看你穿的哩。稀泥稀烂的。醒眼看醉汉。你醉汉不堪扶。〔吕笑介〕

【石榴花】俺也不和他评高下。说精粗。道俺个醉汉不堪扶。偏你那看醉人的醒眼不模糊则怕你村沙势比俺更俗。横死眼比俺更毒。〔二客云〕野狐骚道。出口伤人。还不去。还不去扯破他衣服。〔吕〕为什么扯断丝带。抓破衣服。骂俺作顽涎骚道野狐徒。

〔客〕好笑好笑。便那葫芦中。那讨些子药物都是烧酒气。

【斗鹌鹑】〔吕〕你笑他盛酒的葫芦。须有些不着紧的信物。硬擎着你七尺之躯。俺老先生看汝。〔客〕看什么子。无过是酒色财气。人之本等哩。〔吕〕你说是人之本等。则见使酒的烂了胁肚。〔客〕气呢。〔吕〕使气的腜破胸脯。〔客〕财呢。〔吕〕急财的守着家兄。〔客〕色呢。〔吕〕急色的守着院主。

【上小楼】〔吕〕这四般儿非亲者故。四般儿为人造畜。〔客〕难道人有了君臣。才是富贵。有儿女家小。才快活。都是酒色财气上来的。怎生住的手。〔吕〕你道是对面君臣。一胞儿女。帖肉妻夫。则那一口气不遂了心。来从何处来。去从何处去。俺替你愁。俺替你想。敢四般儿那时才住。

〔客〕一会子先生一些阴阳昼夜不知。〔吕笑介〕你可知么。

【么】问你个如何是毕月乌。〔客〕月黑了就是。〔吕〕如何是房日兔。〔客想介〕醉了房儿裹吐去。〔吕〕你道如何是三更之午。十月之余。一刻之初。〔客〕听他什么。只喤酒。〔吕笑介〕问着呵。则是一班儿嘴秃速。难道偏则我出家人有五行攒聚。

〔众瞧介〕包儿裹是个磁瓦枕。打碎他的。〔吕〕怎碎的他呵。〔客〕是什么生料。碎不的他。

【白鹤子】〔吕〕是黄婆土筑了基。放在偃月炉。封固的是七般泥。用坎离为药物。

〔客〕怎生下火？

【么】〔吕〕扇风囊。随鼓铸。磁永料。写流珠。烧的那粉红丹色样殊。全不见枕根头一线儿丝痕路。

〔客笑介〕枕儿两头大窟弄。先生害头风出气的。

【么】〔吕〕这是按八风。开地户。凭二曜。透天枢。〔客〕到空空的亮。〔吕〕有甚的空笼样枕江山。早则是连环套通心腑。

列位都来眈上一会么。〔客〕寡汉睡的。〔吕笑介〕到不寡哩。

【么】半凹儿承姹女。并枕的好妻夫。〔客〕有甚好处？〔吕〕好消息在其中。但枕着都有个回心处。

〔客〕难道有这话。我们再也不信。〔吕〕此处无缘。列位看官们请了。

【快活三】不是俺袖青蛇胆气粗。则是俺凭长啸海天孤。则俺朗吟飞过洞庭湖。度的是有缘人人何处。

〔下众笑介〕那先生被我们啰唣的去了。我们也去罢。相逢不饮空归去。洞口桃花也笑人。〔众下吕上〕好笑好笑。一个大岳阳楼。无人可度。只索望西北方迤逦而去。

【鲍老儿】这是你自来的辛苦。一口气许了师父。少不得逢人问渡。遇主寻途。是不是口邈着道词。一路的做鬼妆狐。

呀。一道清气。贯于燕之南赵之北。不免掖转云头。顺风而去。

【满庭芳】非关俺妄言祸福。怎头直上非烟非雾。脚踏下非楚非吴。眼抹裹这非赤也非乌。莫不是青牛气函关直竖。莫不是蜃楼气东海横铺。没罗镜分金指度。打向假随方认取。呀。却原来是近清河邯郸全赵那边隅。

仔细看来。是邯郸地方。此中怎得有神仙气候也。

【要孩儿】史记上单注着会歌舞邯郸女。俺则道几千年出不的个蔺相如。却怎生祥云气罩定不寻俗。满尘埃他别样通疏。知他芦花明月人何处。流水高山客有无。俺到那有权术。偷鞭影看他驴橛。下探竿识得龙鱼。

【尾声】欠一个蓬莱洞扫花人。走一片邯郸城寻地主。但是有缘人。俺尽把神仙许。则这热心儿。普天下遇着他都姓吕。

日月秘灵洞，云霞辞世人。

为结同心侣，逍遥下碧空。

（摘自《六十种曲·邯郸记》）

作者简介：邵璨（生卒年不详，约明宪宗时人），字文明，江苏宜兴人。工于作曲，作有《香囊记》传奇。

作品简介：《香囊记》写的是宋代张九成与妻、母、弟悲欢离合的故事。终场诗概括全剧内容为："忠臣孝子重纲常，慈母贞妻德允臧，兄弟爱慕朋友义，天书旌异有辉光。"在思想上，紧步丘浚的《五伦全备记》的后尘，宣扬封建礼教。结构松散，情节芜杂，许多重要关目几乎都是模仿前人的剧作。剧中一些人物的唱词，多用《诗经》和杜甫的诗句写成，宾白亦多文语，成为明代剧坛上"以时文为南曲"的代表作之一。这种追求典雅工丽的风气，开了明代戏曲史上骈丽派的端绪。《香囊记》一出现，即被当时的封建文人赞颂为能"正人心、厚风俗"的"大雅"之作，刻本甚多，流传广泛，造成了深远影响。文辞上追求骈俪，是明代传奇中骈俪派的始作俑者。该剧共42出，此处选录第7出。

第七出　题诗

〔丑上〕杨柳青青间杏花。清风翠幔出林斜。停骖谩许游人醉。抱瓮无妨稚子赊。浮腊蚁。泛晴霞。瓶罍曲蘖是生涯。中山传得神仙术。不比寻常买酒家。自家开一个小店。在扬州城外津要路口。多有官员人客来到沽酒。不免净扫屋宇。铺设座位。伺候则个。〔末扮吕洞宾上〕朝游北海暮苍梧，袖里青蛇胆气粗。三醉岳阳人不识，朗吟飞过洞庭湖。自家烟霞色相。土木形骸。真海外之仙流。岂尘中之幻质。朝游吴楚。暮返齐梁。浮踪不定。两舄只似飞凫。变态无常。一身犹如化鹤。口诵黄庭两卷经。修成宝篆。肘传丹篆千年术。养就金砂。曾陪王母宴。见方朔偷桃。尝过蔡经家。被麻姑鞭背。开山种玉。点石成金。壶中甲子潜消。洞里乾坤不老。数着残棋江月晓。一声长啸海天秋。贫道吕岩的便是。曾授管霄霞长生不死之术。二百年浪迹于三山五岳间。人皆知为道人。今日经过睢阳城外。此间有一个酒肆。不免取醉一回。酒保那有。〔丑〕师父有何吩咐。〔末〕好酒取三五百文钱的过来。〔丑〕自家开一个小店在此。来来往往并不曾见有人吃得四五十文钱的酒。这个道士就要买三五百钱。看他也不是凡间人相。岂不闻黄鹤楼老姬之事乎。且不要与他论价。只将酒器多多铺设在此。看他吃得多少。正是神仙留玉佩。卿相解金貂。〔下末坐饮酒介净扮渔翁上〕罢钓归来不系船。江村月落正堪眠。纵然一夜风吹去。只在芦花浅水边。〔见末介〕店官买酒。〔末〕渔翁不要用钱买。我尽沽得在此。就吃了几瓯去。〔净诨介〕客官。你是那裏。感承你赐酒。十分快活。我唱一个曲儿与你吃。

【划锹儿】鱼竿钓罢菰蒲岸。扁舟泊在蓼花滩。濯足楚江晚。时过杏坛。〔合〕相逢此间。传杯弄盏。哪管世途风波满眼。

【前腔】〔末〕山盂半杓胡麻饭。仙瓢数粒九华丹。从教白石烂。沧溟水干。〔合前〕

【前腔】〔净〕烟波万里谁为伴。忘机数点白鸥闲。东西没牵绊。风宿水餐。〔合前〕

【前腔】〔末〕身穿紫帔烟霞暖。腰横宝剑雪霜寒。云踪任萧散。朝游暮还。

〔合前净作醉介末〕这个渔翁他到来问我是那里？你怎么晓得我？

【沽美酒】我采山花可疗饥。收木叶可纫衣。身似流云迹似飞。吞六气。去三尸。经几度伐毛洗髓。一颗粟密藏人世。三尺剑快斩妖魑。挥羽扇能分江水。握神符曾为霖雨。老渔翁你好痴。要知我住居。笑指着白云天际。

〔题诗介〕鸿雁联登第。豺狼不可当。沙场千万里。会合紫香囊。〔下〕醉余回首是归路。数点远峰沧海东。〔下净醒介〕呀。道士那里去了。我也唱个山歌回去了罢。

【山歌】杨柳青青江水平。菰蒲深处钓舟横。瓦盆沽酒醺醺醉。不说蓑衣卧月明。〔下〕

（摘自《六十种曲·香囊记》）

滕王阁

简　介

　　滕王阁，位于江西省南昌市赣江边。始建于唐永徽四年（653），由唐太宗李世民之弟李元婴修建，因李元婴被封"滕王"，故名。上元二年（675），洪州都督阎伯屿重修此阁，王勃写成《秋日登洪府滕王阁饯别序》，滕王阁遂誉满天下。唐至清代滕王阁屡毁屡建二十余次。现滕王阁为1989年原址重建。

词

满江红·滕王阁

　　画栋珠帘，临无地、沧波万顷。云尽敛、西山横翠、半江沉影。斜日明边回白鸟，晚烟深处迷渔艇。听棹歌、游女采莲归，声相应。

　　愁似织，人谁省？情纵在，欢难更。满身香犹是、旧时荀令。宦海归来尘扑帽，酒徒散尽霜侵鬓。最愁处、独立咏苍茫，西风劲。

（《宣卿词》）

　　作者简介：袁去华（生卒年不详，南宋人），字宣卿，号适斋，江西奉新人。绍兴十五年（1145）进士，官善化知县、石首知县等职。长于辞赋，词风悲壮慷慨，充满爱国忧民的情思。原著有《迪秦类稿》，已佚，现存《宣卿词》。

醉落魄·江阁二首

一

　　梯横画阁，碧阑干外江风恶。笑声欢意浮杯酌。秋水春山，相对称行乐。

谁家青鸟穿帘幕，暗传空有阳台约。天公着意秤停着。寒色人情，都凭两情薄。

二

梯横画阁，月明江净烟光薄。碧山回绕阑干角。一缕行云，忽向杯中落。

樱歌柳舞俱柔弱，罗衣不奈江风恶。凭谁唤取双黄鹤。骑上瑶台，同赴金桃约。

（《应斋杂著》卷六）

作者简介： 赵善括（生卒年不详，宋孝宗时人），字无咎，号应斋居士，隆兴府（今江西南昌市）人，为宋宗室。官常熟令、平江府通判、鄂州知州等职。长诗词，词气骏迈，亦类辛弃疾。著有《应斋杂著》。

贺新郎·赋滕王阁

高阁临江渚。访层城、空余旧迹，黯然怀古。画栋珠帘当日事，不见朝云暮雨。但遣意、西山南浦。天宇修眉浮新绿，映悠悠、潭影长如故。空有恨，奈何许！

王郎健笔夸翘楚。到如今、落霞孤鹜，竞传佳句。物换星移知几度，梦想珠歌翠舞。为徙倚、阑干凝伫。目断平芜苍波晚，快江风、一瞬澄襟暑。谁共饮？有诗侣。

（《稼轩长短句》）

作者简介： 辛弃疾（1140～1207），原字坦夫，改字幼安，号稼轩，历城（今山东济南市）人。官江西安抚使、枢密都承旨等职，谥"忠敏"。豪放派代表词人，与苏轼齐名，时称"苏辛"。著有《稼轩长短句》《南渡录》等。

齐天乐·登滕阁

雨帘云栋重寻处，青红半空飞去。槛影侵鸥，檐光送雁，摇荡秋容一里。歌珠舞翠。怎禁得无情、一江流水？可是西山，半眉新绿向人觑？

十年留下胜赏，尽坐临无限、须付谁人才思？怀蝶闲愁，危樯往恨，欲拍阑干无绪。新碑旧记。更今古匆匆、一番兴废。立尽斜阳，共谁评半语？

（《滕王阁集》卷十六）

作者简介： 龙紫蓬，宋代人，生平不详。

大江西上曲·滕王阁

闲登高阁，叹兴亡、满目风烟尘土。画栋珠帘当日事，不见朝云暮雨。秋水长天，落霞孤鹜，千载名如故。长空澹澹，去鸿嘹唳谁数？

遥忆才子当年，如椽健笔，座上题佳句。物换星移知几度？遗恨西山南浦。往事无凭，昔人安在？漫向寻歌舞！长江东注，为谁流尽今古？

（《词综》卷二十六）

作者简介：高永（1186～1231），字信卿，号应庵，初名夔，字舜卿，渔阳（今天津市蓟县）人。性格倜傥尚义气，轻财好交游，喜谈兵。工诗能词，风格豪放悲壮。原有集，已佚。

满江红·登滕阁

万里西风，吹我上、滕王高阁。正槛外、楚山云涨，楚江涛作。何处征帆林杪去？有时野鸟沙边落。近帘钩、暮雨卷空来，今犹昨。

秋渐累，添离索。天正远，伤漂泊。叹十年心事，休休莫莫。岁月无多人易老，乾坤虽大愁离著。向黄昏、断送客魂销，城头角。

（《滕王阁集》卷十六）

作者简介：吴潜（1196～1262），字毅夫，号履斋，安徽宁国人。嘉定十年（1217）状元，官至左丞相。著有《履斋遗集》《履斋诗余》。

贺新郎·登滕王阁用稼轩韵①

陈迹空凫渚，怅繁华、等闲一梦，便成今古。佩玉鸣鸾人如画，何处为云为雨？只明月、还生春浦。帝子当时无穷欲，奈浮云、回首浑非故。天有意，肯轻许。

江湖襟带雄吴楚，更翩翩、三王文采，骊章骈句。一旦飞来韩家笔，才见龙翔凤舞。漫千载、怀人延伫，豪杰纷纷今谁在？笑世间、华屋争寒暑。瀛海远，去无侣。

（《许有壬集》卷八十）

作者简介：许有壬（1286～1364），字可用，河南汤阴人。延祐二年（1315）进士，官至参知政事，谥"文忠"。善笔札，工辞章。著有《至正集》《圭塘小稿》等。

---

① 本词用韵为辛弃疾《贺新郎·赋滕王阁》，见前。

金缕曲·泊南浦

南浦归帆暮，喜重看、螺江烟柳，鹤汀云树。画栋朱帘歌舞地，风景已非前度！只浩游、波涛如故。相望飞扬鹏翅展，羡雄城，防卫多貔虎。又喜免、乱离苦。

旧时犹记登临处，共诗朋赋友同饮，吟咏怀古。两鬓星星今老矣，却似荼蘼孤注。叹桃李、不知春去。独有洪崖青不改，似于人，恋恋能相顾。招我隐，有佳趣。

（《石门集》）

作者简介： 梁寅（1303~1389），字孟敬，新喻（今江西新余市）人。元末累举不第，后征召为集庆路儒学训导，明洪武初征修礼书，后结庐于石门山。著有《石门集》《石门词》等。

贺新郎·滕王阁用稼轩韵

画栋支牛渚。凭高一瞬东流尽，渺然终古。急管繁弦听渐杳，漠漠愁云欲雨。卧吹三弄渔归浦。芳草王孙何处也？西山暮、帘卷青如故。算流年，今几许？

惭愧子安才楚楚。漫留题、叹息豪华，腐儒章句。看取草亭容膝地，仰遗风人鼓舞。采采兮萍香延伫。世路驱人，明日又抖尘襟、水殿清无暑。淡忘归，遗伴侣。

（《滕王阁集》卷十六）

作者简介： 李麟（1558~1636），字次公，号龙眠后身，鄞县（今浙江宁波市）人。擅绘白描佛像与人物肖像，亦能诗词，风格清新流利。传世作品有《文殊维摩图》等。

贺新郎·滕王阁次韵①

秋绕芦花渚。感江湖、一片忧怀，登楼吊古。绣闼雕甍浑不见，浪遏飞云卷雨。寒声断、衡阳雁浦。西山望暮烟凝紫，几森森、乔木家还故。物华处，知谁许。

瑶琴一曲神凄楚。漫追寻、断础荒砯，缔章绘句。爽籁飘飘逸兴飞，乐也自歌自舞。尊酒尽、沙头独伫。雨霁虹销天气朗，试新衣、乍寒仍乍暑。萍水客，瀛洲侣。

（《全明词补编》）

---

① 本词用韵为辛弃疾《贺新郎·赋滕王阁》，见前。

作者简介：赵迁（生卒年不详，明孝宗时人），武昌（今湖北武汉市）人。弘治八年（1495）举人，曾任江山知县等职。

南浦·滕王阁怀古

天高气爽，看平楚、落叶动秋声。南国惊霜征雁，带影下寒城。漠漠轻舟过，雨湿帆飞远，几点微星，更萧条鸦集，陌头衰柳，残照万峰青。

瑟瑟江澄染练，忆从前、何事不凝情？日月销磨今古，不见旧旗旌。青雀黄龙何在也？阶除唯有树长生。叹去来、月上阑干，空际水波明。

法曲献仙音·滕王阁怀古

云净山妍，席来帆送，色改枫林远渡。风弄涛声，日侵衰草，惊起宿鸥眠鹭。人去阁空何处？忽忆当年舞。

豪华所，问一时登临意兴，莫频嗟，几度变更今古？想年少王郎，洒墨时、曾将谁顾？倚槛兴怀，思前朝、有似朝露。盼从空笛声、鹤影悠然西骛。

（《滕王阁续集》卷十九）

作者简介：喻综，明代人，余不详。

满江红·赠赵千门谪官武陵

竹马鸠车，游嬉日、追随里巷。九万里、风搏羊角，相期同上。作赋无过潘岳敏，论年颇愧袁丝长。记蜃楼、影里望蓬莱，心何壮！

八叉手，谁能两？三舍退，予非让。惜娥眉嫁晚，仙宫蕊榜。一柱观头堪挂笏，匡庐飞瀑三千丈。羡滕王、高阁醉凭栏，王恭氅！

（《全清词·顺康卷》）

作者简介：宋琬（1614～1673），字玉叔，号荔棠，山东莱阳人。顺治四年（1647）进士，官至浙江按察使。长于诗文，与施闰章齐名，有"南施北宋"之称。著有《安雅堂全集》。

点绛唇·南昌寓楼见周屺公题壁依韵和之

一派波声，片帆吹过鄱阳雨。晚霞收暑，是我登楼处。

浪迹天涯，事事浑无绪。何时去？往年西浦，酹酒同怀古。

（《全清词·顺康卷》）

作者简介：吴绮（1619～1694），字园次，号听翁，时称"红豆词人"，江都（今江苏扬州市）人。顺治拔贡，官至湖州知府，人称"三风太守"，谓其多风力、尚风节、饶风雅。能诗词，尤长骈文，诗词通俗流畅，并有戏曲创作。著有《林惠堂集》《艺香词》等。

满江红·舟泊滕王阁下

森森寒涛，看百尺、蜃楼高结。问此处、何年画栋，几时明月？帝子阁空云已散，词人赋就名还揭。下长帆、对酒数凭栏，江天雪。

帘卷处，岚光叠。霞影外，沙沉铁。叹楼船组甲，当年烟灭。鹢首凄清凫雁度，波心瀺灂鱼龙咽。搅笙歌、客醉旧江山，乡心切。

念奴娇·寄罗弘载越中

兰桡画桨，岭南舟、共泛湖天寥廓。髯客扬舲兰渚去，折柳滕王高阁。江上登楼，樽前击钵，转眼分今昨。云山千叠，旧游顿尔萧索。

闻道戍堞烽烟，戈船鼛鼓，宛委军声恶。当日应徐无恙否？八口可安林壑。阮瑀从军，陈琳草檄，岂叹功名薄？为询罗隐，壮怀肯令飘泊？

（《棠村词》）

作者简介：梁清标（1620～1691），字玉立，一字苍岩，号棠村，河北正定人。明崇祯十六年（1643）进士，官庶吉士，顺治初降清，累迁至兵、刑、户各部尚书。著有《蕉林诗文集》《棠村词》等。

虞美人·喜来我平归自江右寄诗并询徐大文、张祖望、吴云章消息

布帆婀娜江州至，贻我相思字。怀中一日九开看，记得旧时风雨、夜阑干。

潮平若泛西陵渡，须把滕王赋。南州榻冷剑城凉，借问延陵、何日下南昌？

（《清词别集·毛翰林词》）

作者简介： 毛奇龄（1623～1716），本名甡，字大可，又字齐于，号西河、河右，人称"西河先生"，浙江萧山人。明季诸生，康熙十八年（1679）召试博学鸿儒，授翰林院检讨，预修《明史》。著有《毛诗续传》《春秋毛氏传》《毛翰林词》等。

贺新郎·怀滕王阁

乙卯春，赴楚中丞方先生幕，遇石尤于马当江。忆子安当日风送滕王阁，遂使童子成名后世。江神昔多怜才，今何妒也？时闻滕阁重修，因草怀阁词，用辛稼轩贺新郎词原韵。

雪迹空鸿渚。看山色、撩人无数，壁垩苔古。往长江一带奔流，惊浪拍天如雨。迷离烟树低前浦。生前艳说马当风，似今日、江神浑无故。昔怜才，今何许？

齐盟狎主兼吴楚。岂寻常，高耸诗肩，虫吟腐句。子安词赋讵云多？但年少堪豪舞。空拍倚、阑干凝伫。宾主东南谁竞美？倚孤蓬、醉里逃寒暑。遥作记，韩为侣。

小重山·甲午冬滕阁落成，登楼眺咏

芳洲故故绕江城。当年歌舞处，艳元婴，馋蛟挚锁弄风腥。华表鹤，不见旧时人。

新阁映霞明。卷帘当好景，画图呈，登楼何事苦悲吟？洪都客，酸楚似江陵。

满江红·再登滕王阁吊古

恒舞酣歌，能几日、江流声咽。废才人、吊古伤今，逞毫斗舌。蝶痴犹认画图枝，燕语似寻王谢宅。一缕烟，烧遍大千尘，成灰劫。

刺不出，影中血。捉不定，波间月。乍虚光彩阁，雕阑如结。南浦时飞过眼云，西山不改当时色。尽撑持、千古旧江山，只断碣。

（《滕王阁征词汇集》）

作者简介： 周岐（生卒年不详，明末清初人），字农父，号需庵、皖桐樵逸，安徽桐城人。明诸生，明末曾任开封府推官，后于龙眠山筑土室，人称"土室先生"。著有《孝经外传》《执宜集》等。

青玉案·滕王阁

萍踪又踏章门路，正高阁、斜阳暮。寂寞一尊空吊古，秋水长天，落霞孤鹜，端的才人句。

云帆极目伤来去，槛外江流自吞吐。试问昔人高会处，渔歌四起，藕芰萧瑟，依旧西山雨。

（《玉凫词》）

作者简介：董俞（1631～1688），字苍水，号樗亭、菰乡钓客，华亭（今上海金山区）人。顺治十七年（1660）举人，康熙中荐博学鸿词，罢归。其诗文与兄董含齐名，人称"二董"。著有《浮湘集》《度岭集》《玉凫词》等，后人合编为《樗亭稿》。

绮罗香·广陵阮亭署中酬赵千门见赠原韵，千门时以南昌司李谪官回

莱子传声，洪都佐节，争羡玉珂珠勒。高阁重临，秋水长天一色。看莺花、绣斧初横，忆鲈鲙、绿帆悬直。怪柴桑、早赋归来，春尽听杜鹃北。

乌台三月追随，记同车参乘，齐名交通。把酒高歌，莫叹片时戢翼。任猿臂、醉尉相呵，总虎头、封侯不易。最难是、知己重逢，把平原丝刻。

（《远志斋集·丽农词》）

作者简介：邹祗谟（生卒年不详，清初人），字吁士，号程村，武进（今江苏常州市）人。顺治十五年（1658）进士，工诗词。著有《远志斋集》。

画堂春·蝴蝶花

春烟春雨染浓芳，丝丝绣出春光。映阶碧草学轻狂舞遍东墙。

栩栩欲迷庄子，翩翩胜榻滕王。穿花潜入此花藏，细认钗粲。

（《苍梧词》）

作者简介：董元恺（约1630～1687），字舜民，号子康，长洲（今江苏苏州市）人。顺治十七年（1660）举人，怀才不遇，屡遭诖误。著有《苍梧词》。

蝶恋花·题王宓草画蝶

笔带烟霞人晋魏。揭得滕王，海眼图中意。惆怅东风吹不起。翩翩只在生绡里。

夜雨搅林花瓣碎。觅蕊为粮，还抱花鬟睡。春色满园施粉翅。不知梦见庄周未？

簇水·玉蝶梅

云母堆成，并刀剪破滕王谱。几双粉翅，化玉蕊珑松千树。行遍瑶台十二，还向孤峰住。怕雪拥断桥来路。

吟思苦。便一夜窗前忽到，在屋角昏黄处。浓香作阵，更莫引蜂儿舞。惆怅晓风吹乱，好梦参差去。阑干曲，清淡烟低护。

（《珂雪词》）

作者简介： 曹贞吉（1634～1698），字升六，号宝庵，山东安丘人。康熙三年（1664）进士，官至礼部郎中。词以怀古诸篇较有特色，风格接近豪放一派。寓居北京时，常与宋荦、田雯等唱和。时称"燕台十子"。著有《珂雪诗》《珂雪词》《宝庵诗略》等。

水龙吟·夕佳楼与滕王阁

夕佳楼在南昌郡城上，向祀元忠臣偰公，名偰家楼。至明嘉靖中，始用靖节语改今额。地与滕王阁相望，凭览高旷似胜于阁，而名久为所掩，无过而问焉者。嗟夫！地以文重。若无子安一序珠帘画栋，至今日又何有于斯楼也！虽然，以子安之文重何如以偰公之人重。余再过章江，题长短句于楼壁。陈伯玑、杨陶云、芝田、陆义山、梁珠五诸君子依韵载赓，录呈开府大中丞佑君董公，许为付刊增入省志。未几兵乱，不果。古今名迹显晦，有数存焉，时节因缘，不知定在何日耳。

城头谁构飞甍？水天襟带开江郭。西山南浦，眼前不让，滕王高阁。回首东湖，昔贤陈迹，雨笼烟幕。更凭栏杳霭，龙沙迷漫，会招取、吹笙鹤。

是处襜帷榮戟，贺生成、万家绣错。沧桑纵改，梁园非故，庾楼如昨。可惜清晖，等闲付与，乌啼击柝。正鱼龙偃卧，我来长啸、一声惊觉。

（《弹指词》）

作者简介： 顾贞观（1637～1714），字华峰，号梁汾，江苏无锡人。康熙五年（1666）举人，官秘书院典籍等职。工诗文，尤长于词，与朱彝尊、陈维崧并称于时。著有《宋诗删》《弹指词》《积书岩集》等。

金缕曲·送鲍子韶入江西尚将军幕

客计真无定。乍相逢，劳劳亭下，片帆思逞。且尽临分杯中物，小住长干烟艇。猛记得，春深三径。朱沈风流双点笔，并桐花、嫩拂斜阳暝。吟别曲，又秋冷。

平戎上策今谁并？看书生、援抱草檄，笑谈俄倾。潭影云闲西山暮，不浅登楼清兴。更远渡、章江如镜。懊恼泽家南禽语，想听残、瘴雨船窗凭。盼消息，早梅赠。

（《红藕庄词》）

作者简介： 龚翔麟（1658～1733），字天石，号衡圃，仁和（今浙江杭州市）人。康熙二十年（1681）举人，官至陕西道监察御史。著有《田居诗稿》《红藕庄词》，又刻同代人朱彝尊、李良年、李符、沈皞日、沈岸登及自著之词为《浙西六家词》。

琐窗寒

小雪日，泊浔阳，问匡庐瀑布，冻已旬余。薄暮微雪，陈观察兰森使人馈安化芽茶。

断浦凝云，孤笛吹叶，吟肩微耸。江潮欲退，留得楚天云重。又随风、收帆围鼓，登登已破船窗梦。只征鸿队外，依稀如见，珠帘画栋。

遥空，飞花送。问庐岳苍寒，悬流早冻。西林钟动，圆月清光未纵。听潇潇、吹遍残芦，此时拥鼻谁人共。喜多情、雀舌贻来，香茗资夜供。

（《春融堂集》卷二十八）

作者简介： 王昶（1725～1806），字德甫，号述庵，学者称"兰泉先生"，上海青浦人。乾隆十八年（1758）进士，官至刑部右侍郎。好金石之学，工诗能文，时称通儒。著有《春融堂集》，编有《明词综》《金石萃编》等。

唐多令·题畹君画蝶

鸦背夕阳留，江天暮霭浮。玉阑干、百尺楼，谁把秋千高卧处，安置在、百花洲？
山远学眉修，风香带粉柔。元龙便、请同舟，试问鸥夷归也未？好共我、睹风流。

（《高兰墅集·砚香词》）

作者简介： 高鹗（约1738～约1815），字兰墅，一字云士，号红楼外史，汉军镶黄旗人。乾隆六十年（1795）进士，官至内阁中书。工八股文，所作词尤有名。著有《高兰墅集》《吏治辑要》，续《红楼梦》四十回等。

卖花声·滕王阁

飞阁俯寒洲。红叶惊秋。章江如带断肠流。剩有滕王图画在，付与闲鸥。
七载客中游。沦落南州。酒痕泪点几曾休？一领青衫都湿遍，怕说登楼。

（《曼香词》）

作者简介： 吴翌凤（1742～1819），字伊仲，号枚庵，吴县（今江苏苏州市）人。诸
生，未出仕。长期客游楚南，垂老始归，筑室名"归云舫"。著有《曼香词》《与稽斋丛
稿》等。

南浦

王芗南司马澧宦游江右，余不见者十载矣。今年夏晤于都下，述其仕路险巇，令人惆
怅无已。因谱此调，即题其《南浦归帆图》以遗之。

云飞画栋，翦江风。吹过雁声寒。春水今番生早，新溜放前滩。料理一帆归去，仅闲
鸥、陪我梦同还。只柳枝犹短，不堪攀处，青眼已偷看。

检点故衫尚在，道江州、司马泪休弹。好是风波唱定，灯火报平安。浊酒夜来须买，
拢轻舟、已见旧家山。怕夕阳回首，宦途辛苦话都难。

（《有正味斋词》）

作者简介： 吴锡麒（1746～1818），字圣征，号谷人，钱塘（今浙江杭州市）人。乾隆
四十年（1775）进士，官至国子监祭酒。工骈体，为清中叶骈文大家。著有《有正味斋
集》《有正味斋词》。

摸鱼儿·登滕王阁

几何时、词人帝子，消沉一样如许。西山眉黛还依旧，蹉过几回歌舞？君更数。在此
地凭栏、几个人龙虎？前贤底苦，把一序当筵，浮名些子，占尽不教与。

徘徊久，渐见月明南浦。帆樯乱落如雨，眼前是景堪供啸，多了津亭吏鼓。君认取，
此地是、番禺百越雄门户。登高四顾，叹多少兴亡，滔滔章贡，流得此愁去。

（《两当轩集》卷十八）

作者简介：黄景仁（1749~1783），字汉镛，一字仲则，号鹿菲子，武进（今江苏常州市）人。宋朝大诗人黄庭坚后裔。曾入毕沅幕下。一生大部时间游走各地。诗负盛名，为"毗陵七子"之一，七言诗极有特色。著有《两当轩集》。

八声甘州·滕王阁

瞰空江、杰阁与云平，秋风送微波。想图中双蝶，霞边孤鹜，古意良多。指点西山，山色依旧翠于螺。苔藓残碑蚀，谁与摩娑？

健笔昌黎作记，附三王名后，此谁非阿。笑儿曹轻薄，何苦废江河？挂高帆、乘槎万里，尚未知、风信竟如何。凭栏望、击珊瑚玦，酾酒长歌。

（《梅边吹笛谱》）

作者简介：凌廷堪（约1755~1809），宁次仲，安徽歙县人。乾隆五十五年（1790）进士，官宁国府学教授等职。经学家、音律学家，长于考辨，对古代礼制与乐律尤加研究。撰有《礼经释例》《梅边吹笛谱》《校礼堂集》等。

齐天乐

童佛庵有素册为蠹鱼所蚀，其凿空处皆肖蝶形，殆天巧也，词以写之。

近来不食人间字，满腔都是春恨。青简生涯，白蟫身世，幻作漆园梦影。羽陵困损。算不似花闲，栖香差稳。莫羡神仙，蜕余且就此中隐。

有人曝来永书，比夹雪新签，白描副本。栩栩遽遽，鱼鱼雅雅，两斑尚黏残粉。滕王休哂，是痴绝书生，香奁吟吻。展向春风，半窗芸叶冷。

（《灵芬馆全集·灵芬馆词》）

作者简介：郭麐（1767~1831），字祥伯，号频迦，吴江（今江苏苏州市）人。嘉庆间贡生，未出仕。所作诗词古文皆清婉颖异，醉后所画竹石也别有情趣。著有《金石例补》《灵芬馆全集》等。

风蝶令·黑蝶

薄日团团舞，香莎黯黯遮。滕王一笑侧乌纱。若个倚窗，弄笔似涂鸦。

捉搦花间住，谜藏梦里家。春阴如墨莫寻他。织向皂罗、裙钗见些些。

（《玉壶山房词》）

作者简介： 改琦（1774～1828），字伯蕴，号香白、七芗、玉壶外史，回族，祖籍新疆，入籍华亭（今上海松江区）。工书法，能诗词，善画人物，尤长仕女及佛像。著有《玉壶山房词》，画作有《红楼梦图咏》等。

忆旧游·洪都

去滕王阁里，散却飞霞，住得闲云。问闲云何着，任丝丝片片，做到斜熏。暮江一色空碧，思比乱流分。已瘦遍山容，暗将剑气，销尽诗魂。

黄昏。意难释，望蓼子洲迷，写韵轩湮。仅有帆樯影，隔烟中聚落，堤上沙痕。几声还断清角，遗垒更无存。谢破浪长风，吹来寂寞孤酒尊。

（《浮溪精舍词》）

作者简介： 宋翔凤（1779～1860），字于庭，长洲（今江苏苏州市）人。嘉庆五年（1800）举人，曾任湖南新宁知县。治西汉今文经学，系常州学派代表人物之一。著有《论语说义》《浮溪精舍词》等。

风蝶令·本意题画

结队争搴艳，凝神独弄芳。翩翩狂态任悠扬。真个一生花底过时光。

庄梦何时醒？韩魂竟体香。谁人罗扇扑来忙。试觅滕王粉本细评量。

（《小庚词》）

作者简介： 叶申芗（1780～？），字维彧，号小庚、其园，闽县（今福建福州市）人。嘉庆十四年（1809）进士，官至河南河陕汝道。工词并善选词评词。著有《小庚词》《天籁轩词选》《闽词抄》等。

水调歌头·滕王阁

彭蠡汇东泽，章贡绕西城。江湖左右襟带、高阁峙峻嶒。佩玉清歌散后。画栋朝云开处，小队驻双旌。帝子渺何许，长啸倚青冥。

神奇事，风借力，快扬舲。绵津当日题字、墨彩尚飞腾。不见才人江上，空有沙鸥别浦，一舸待寻盟。冷眼落霞外，天水碧无情。

河传·滕王阁

滕阁。帆落。烟光淡泊。山色空濛。乌盐一曲，新谱催唱玲珑。醉魂中。

落霞孤鹜年光换。苹沙岸。寂寞闲鸥伴。庚尘不到，何事腰扇匆匆，障西风。

（《心日斋词》）

作者简介：周之琦（1782~1862），字稚圭，号退庵，祥符（今河南开封市）人。嘉庆十三年（1808）进士，官至广西巡抚。工词，学元代张翥，风格高峻，黄燮清、谭献对他的词评价极高。著有《心日斋词》、辑有《心日斋十六家词选》等。

壶中天·滕王阁

千年杰阁，笑三王以后、都无文章。幸有西山看不足，天外修眉漾碧。凫渚云迷，龙沙草没，俯仰成今昔。阅人多矣，帆樯倚槛如栉。

可惜蛱蝶飘零，故宫罗绮，雨打阑干湿。莫望蓼洲东去路，愁入江楼夜笛。胜地凄凉，倦游漂泊，乡泪频沾臆。马当风驰，几时一送归客？

（《忆云词》乙稿）

作者简介：项廷纪（1798~1835），原名鸿祚，又名继章，字莲生，钱塘（今浙江杭州市）人。道光十二年（1832）举人，未仕。喜填词，尤工小令。其词泛学五代、两宋诸家，而自具特色，多表现抑郁感伤情致。著有《忆云词》。

浪淘沙慢·早春偕钱筱南登滕王阁

看江上、惊涛练卷、万里寒色。兴废都成往劫，登临况是倦客。恨水远山遥乡树隔。带落照、点点帆樯，共乱鸦飞去，渐如墨。天在浪中白。

望极，闷怀未许消释。算今古儿女英雄恨，并作潮和汐。但雾沈香梦，烟埋陈迹。问谁不朽，歌舞地、几辈才人游历？高处有浮云千叠。蛟龙气、抚剑叹息。倚残醉、苍茫自岸帻。倩热泪、飘洒谁边，付玉笛，西风吹向寥空滴。

烛影摇红·南昌元夕

灯火江城，翠屏红照鱼龙舞。麝薰低袅绣轮风，粉市香成雾。草草莺啼燕语，散珠尘、几声漏鼓？画笼残烛，送了黄昏，只应归去。

钿阁钗帘，故人明镜伤幽素。玉梅花是去年栽，开到相思处。闲把阑干细数。一根根、无聊意绪。夜寒停梦，月静重门，星繁高树。

东风第一枝·立春

雪霁灯前，寒销笛里，忽忽忽换时序。蕙心易长愁根，柳枝更添恨绪。凭高极目，问不出、春来何处。看大江、暖翠浮空，渐活万山烟树。

前岁约、探芳俊侣。今岁作、浪游倦旅。艳辰偏在天涯，旧盟又辜绣户。芳华如水，怕闷损、玉台情素。便画船、归趁东风，已是绿阴飞絮。

（《倚晴楼诗余》）

作者简介：黄燮清（1805～1864），原名宪清，字韵甫，号韵珊、吟香诗舫主人，浙江海盐人。道光十五年（1835）举人，官宜都知县等职。剧作家。著有《倚晴楼诗集》《倚晴楼七种曲》等。

瑞鹤仙·题黄韵珊明府词后

玉箫声慢倚。写阻风中酒，江湖滋味，天涯莽迢递。凭闲情都付，衍波笺纸。华年似水。禁几度、吹花嚼蕊。锁无憀、伤别伤春，误了浩歌沈醉。

留滞。皖公山色，滕阁烟霞，助吟多丽。京尘染袂。樊川鬓、渐丝矣。仅檀痕细掐，流珠一串，谱入愁罗恨绮。看淡妆、舞上猩氍，绣帘隙底。

（《健修堂集·空肯馆词》）

作者简介：边裕礼（生卒年不详，清道光时人），字夔友，号袖石，河北任丘人。道光二十四年（1844）进士，官至河南布政使。工诗善文，其词清和谐婉，有南宋婉约词派的风味。著有《健修堂集》。

谢池春·滕王阁春望

静掩闲门，不觉丽春如许。便催成、花飞絮舞。遥怜芳草，遍沙汀烟渚。种愁恨、旧痕迷路。

苏桡桂桨，曾记赋情南浦。望天涯，乡心最苦。东风摇暝，送鹃声凄楚。怕归来，又听宵雨。

西江月

重向绮堂开宴，清歌唱彻伊州。琵琶声里寄绸缪。肠断玉人纤手。

宿雨润生丝幔，晚风寒袭茸裘。明朝南浦上扁舟。独自伤春中酒。

（《太素斋词》）

作者简介：勒方锜（1816～1880），原名人璧，字悟九，号少仲，江西新建人。道光二十四年（1844）举人，官至河东河道总督。精通星卜术相之学，工诗能文，长于书法，字体秀丽清俊，传为珍品。著有《太素斋集》。

玉蝴蝶·本意

断送一春芳思，小庭寂寂，独自飞来。未到秋残。湘帘且与徘徊。听流莺、怕窥绿树，闻啼鸟、愁见青梅。黯楼台。一池芳草，满院苍苔。

安排午晴晒粉，翠迷杨柳，红讶玫瑰。莫遇庄生，枕中幽梦费疑猜。舞衣翻、应游上苑，仙风送、可引蓬莱。绕闲阶。滕王图画，相映空斋。

（《蒿庵集·中白词》）

作者简介：庄棫（？～1878），字中白，丹徒（今江苏镇江市）人。盐商家庭出身，少年时即捐资得主事职，后家道中落，客游京师，曾入曾国藩幕。专治《易》、《春秋》，好微言大义，善言名理，于诗词文章亦颇有造诣。著有《周易通义》《静观堂文集》《蒿庵集》等。

百字令

蒋香生凤藻自吴中来章门，出《竹篱招隐图》索题，时将赴官闽中。

莼鲈归兴，喜田园无恙、一椽栖托。杜老秋风茅屋底，位置笛床茶幕。麂眼编篱，莺声选树，开径寻真乐。芋陂姜陵，晚凉还课僮约。

谁信远道年年，征帆细雨，来上滕王阁。榕驿三千滩百二，明日扁舟重泊。从桂淮南，孤松彭泽，寂寞留云壑。草堂资办，故山休负袁鹤。

南浦·送谢枚如还庐山鹿洞书院

珠帘暮卷，倚滕王、高阁送君行。才过清明寒食，飞絮满江城。且尽绮筵杯酒，照湖波、绿鬓各星星。看片帆催掛，短桡频拨，黯黯别离情。

此去水程渐远，压孤蓬、空外数峰青。差喜匡庐无恙，猿鹤早相迎。料理笔床茶灶，傍东风、听遍读书声。奈小桃开落，一春花事总飘零。

（《寒松阁词》）

作者简介：张鸣珂（1829~1908），原名国检，字公束，一字玉珊，浙江嘉兴人。同治初年（1861）拔贡，官至江西德兴知县。受业于著名词人薛时雨、黄燮清，所作词以清新婉丽著称。著有《寒松阁集》。

凤凰台上忆吹箫·滕王阁别怀

旧梦云消，新愁浪织，不堪重上高楼。看燕梁泥落，风动帘钩。便有金尊玉笛，应难管、天外行舟。君回头、乌衣巷口，朱雀船头。

悠悠！浦帆送日，人倚小阑干，无奈东流。再冷淡园处，梅忆西洲。可有洲前莲子，消词客、醉里勾留？勾留处，从今休负，十里芳游。

（《都梁文钞》卷四）

作者简介：邓绎（1831~1894），字葆之，一字辛眉，湖南武冈人。曾与王闿运、邓辅纶等四人缔结"兰陵词社"，并称为"湘中五子"。从事教育30余年，先后讲学长沙校经堂、武昌两湖书院等。著有《云山读书记》《藻川堂谭艺》等。

一枝春·访滕王阁娄妃墓，因过谢尚宅，并看澹台将军石像

旧迹重荒，剩残垒、指点承平游处。北兰寺废，画栋片云成雾。网船唱晚，料无复、藏园词句。空自访、贤守碑题，更寻傍城斜路。

江州谢家治谱。到于今尚想，南朝风度。南唐又过，说甚澹台、徐孺。转车腹痛，似听得、往年箭鼓①。应替我、细数流光，不须吊古。

（《湘绮楼词》）

作者简介：王闿运（1833～1916），字壬秋，又字壬父，号湘绮，湖南湘潭人。咸丰二年（1852）举人，曾入曾国藩幕府，后授翰林院侍读，辛亥革命后任清史馆馆长。著有《湘绮楼诗文集》，编有《湘军志》等。

高阳台·为江建霞题 《太常仙蝶图》②

柳外轻盈，花间绰约，滕王图绘难真。乍集闲庭，些些情意关人。江郎自有生花笔，写遽仙、一段丰神。记当年、相见灵山、可是君身？

罗浮我亦曾清梦，有落花万片，雨积如茵。不似京华，污衣十丈缁尘。殷勤欲问西王使，遍人间、何处宜春？只怜他、薄酒微醺，腻粉初匀。

（《云起轩词抄》）

作者简介：文廷式（1856～1904），字道希，号芸阁、纯常子，江西萍乡人。光绪十六年（1890）榜眼，官翰林院侍读学士，支持戊戌变法，后流落日本。他工骈体文，兼长诗词，词学苏、辛，意境尤为超拔，颇有慨叹时政之作。著有《纯常子枝语》《闻尘偶记》《云起轩词抄》等。

谒金门·滕王阁上

晚风秋，无言独自登眺。书浦龙沙眼底收，往事涌心头。

当年帝子风流，都督才人堪侪。为留千古第一楼，风雨正飘摇。

（《霭山集》卷六）

作者简介：廖展万（1886～1925），字皋伯，号鹏程，江西新建人。出身书香世家，性格豪爽激进，厌恶科第进取，赞成国民革命，参与反清斗争。民国立，出仕玉山、高安、浮梁等地，后弃官经商。著有《夏意草》《霭山集》《昌江吟稿》等。

---

① 自注：五十年前，陈希唐监澹台门，余赴乐平，话别于此。
② 江建霞：江标（1860～1899），字建霞，号灵鹣阁主，元和（今江苏苏州市）人。光绪十五年（1889）进士，官至湖南学政。戊戌变法支持者，后被革职。著有《灵鹣阁丛书》《红蕉词》等。

蜡梅香·访滕王阁故址

日丽风和，试遍访江头、滕王高阁。滚滚洪流处，但口碑空存，片瓦无着。把酒临风思壮岁，纵览寥廓。南浦朝云，西山暮雨，物华如昨。

战迹记当年，怅黄云弥漫、祝融肆虐。层楼历残劫，空陈迹、雨笼更烟幂。却喜今朝际盛世，闾阎绣错。盼从后、飞甍重构，万家欢乐。

（《滕王阁词存》）

作者简介：傅琴心（1910～1967），江西高安人。曾任民国河南省政府秘书、新中国成立后任江西省图书馆古籍整理员。通经史、工诗词，熟悉江西地方文献。著有《江西乡贤事略》及诗文稿若干卷。

曲

【双调】 蟾宫曲

环滁秀列诸峰，山有名泉，泻出其中。泉上危亭，僧仙好事，缔构成功。四景朝暮不同，宴酣之乐无穷，酒饮千钟。能醉能文，太守欧翁。

滕王高阁江干，佩玉鸣銮，歌舞阑珊。画栋朱帘，朝云暮雨，南浦西山。物换星移几番？阁中帝子应笑，独倚危阑。槛外长江，东注无还。

（《全元散曲》）

作者简介： 庾吉甫（生卒年不详，元代人），名天锡，一名天福，字吉甫，大都（今北京市）人。曾任中书省掾，除员外郎、中山府判。元散曲的代表作家之一。现存七首小令、四套散套。

【鬼三台】

也非是我胸襟大，将金宝和船载，我只待跳出这尘寰得自在。你道是白发叹吾侪，我道是今番畅快哉。趁着这风力软水横天地窄，帆力稳影吞雪浪开。这便是风送王勃赴洪都的命彩。

（元杂剧《庞居士误放来生债》）

作者简介： 刘君锡（生卒年不详，元代人），燕山（今北京市）人。所做杂剧有《东门宴》《三丧不居》等，皆佚。今存《庞居士误放来生债》。

剧

作者简介： 郑瑜（约 1600～1665 在世），字无瑜，江苏无锡人。通文史，工诗词，黯音律，尤精作曲，于历代名人逸史，研究颇具心得。著有《鹦鹉洲》、《汨罗江》、《黄鹤楼》、《滕王阁》杂剧四种行世，今均收入《明人杂剧》第三集及《杂剧新编》中。

作品简介： 本剧是以"时来风送滕王阁"的传奇故事编写而成，共两折。

滕王阁

第一折　北调

【八声甘州】

[生扮王勃，末扮院子随上]

[生唱]：才分八斗。学窥七略。笔擅三长。衙官颜谢。新来压倒卢扬。珍重操蛇吹片帆。彭蠡匡庐插翅翔。触目见黄花。风雨重阳。

[生白]：卷入乌衣，马类页香，至今淮水尚汤汤，谁言我当时体，光焰独看万丈长。小生王勃，省亲官署，舟过马当，遇山神说滕王阁重阳大宴，群公赋诗，作序文者，润笔颇厚，兼可得名，助我一帆风，五更天行七百里，今已到江边。院子随我上崖去。（上介）

[生白]：院子，前面一簇人看什么，你去看来。

[末看回介]：是都督阎老爷出的榜文，说有能做序文者，不论官品，厚酬首席。

[生白] 果有此事，你去揭来。

[末揭两吏随上]：那个揭榜。

[末白]：我家王大老爷能做序文。

[吏同末见生介]：这小官，只好十一二岁，哪里会作文。

[末白]：呔，这是琅琊王大爷，已有文集在外边。

[吏白]：呀，这样小小年纪，会做大文字，莫非是甘罗转世，待我去报与老爷。

[吏向内白介]：禀老爷，有一总角小公子，揭榜作序。

[阎内白]：领他上来西阁里坐着，把文房四宝与他，做得不好，回他去，不要出丑；做得好，方请相见。他做一联，你二吏分头报来。（吏应请上作序 介）

【点绛唇】

[生唱]：故郡南昌，洪都新府开屏障，翼轸分疆，地接匡庐向。

［吏向内报］：南昌故郡，洪都新府，星分翼轸，地接衡庐。

［阎内白］：老生常谈耳。

【混江龙】

［生唱］看三江荡漾，更五湖襟带控荆湘。

［吏向内白］：襟三江而带五湖，控蛮荆而引瓯越。

［阎内白］：语亦平平。

［生唱］：是徐孺陈蕃人杰美。怎显得雄州俊彩地灵长。

［吏向内报］：物华天宝，龙光射牛斗之墟，人杰地灵，徐孺下陈蕃之榻。雄州雾列，俊彩星驰。（内无语）

［生唱］：尽东南宾主，枕夷夏台隍。

［吏向内报］：台隍枕夷夏之交，宾主尽东南之美。

［生问］：今日之宴，谁是主人。

［吏白］：阎都督老爷。

［生唱］：阎公都督，雅望非常。

［吏报］：都督阎公之雅望，棨戟遥临。

［阎内白］：这说到老夫了。

［生问］：客是那个。

［吏白］：有一位新州宇文太爷。

［生唱］：新州懿范，休暇云翔。

［吏报］：宇文新州之懿范，襜帷暂驻。

［宇内白］：这说到本府了。

［生唱］：襜帷棨戟，千里辉煌。

［吏报］：十旬休暇，胜友如云，千里逢迎，高朋满座。

［生问］：还有几客？

［吏白］：总有数十位，我只记得一个孟学士，一个王将军。

［生唱］：将军学士，武丽文双腾蛟起凤，紫电青霜。

［吏报］：腾蛟起凤，孟学士之词宗；

【孟内白】：这说到下官了。

［吏又报］：紫电青霜，王将军之武库。

［阎内白王白］：这说到老盟翁了。

［王内拍桌大声白］：好个紫电青霜。

［生唱］：偶然路出名区上。

［阎内白］：是个公子，叫东房送一通家侍生名帖，请王大老爷即日求教。［吏送帖］

［生白］：院子先投一通家晚生名帖。［末应送介］

[生唱]：何幸得躬逢胜饯。忽然的童子生光。

[吏报]：童子何知，躬逢胜饯。

[阁内白]：这是肯来赴宴的了，此后不须逐句报了，做一段抄一段来。

【油葫芦】

[生唱]：序属三秋九州凉，望寒潭尽潦潢。暮山凝结，尽紫烟光，俨骖騑上路生凄怆。访崇阿风景偏惆怅。一会的到长洲临帝子，一会的开旧馆得仙朗。忽惊我振鸟蹑层台，已觉得耸翠重霄上。又看他飞阁上正丹翔。

[吏念抄介]：时惟九月，序属三秋。潦水尽而寒潭清，烟光凝而暮山紫。俨骖騑于上路，访风景于崇阿。临帝子之长洲，得仙人之旧馆。层台耸翠，上出重霄。飞阁流丹，下临无地。[向内送进介]

[阁内白]：送茶与王大爷吃。[吏应送茶生饮介]

【天下乐】

[生唱]：鹤渚凫汀岛屿苍。桂殿兰宫。竞相连体势长。数不尽披绣闼，俯雕甍，山原旷眺，川泽纤其骇瞩。闾扑地，鼎钟喤、舸舰迷津、一带儿青雀舫。

[吏念抄介]：鹤汀凫渚，穷岛屿之萦回。桂殿兰宫，即冈峦之体势，披绣闼、俯雕甍。山原旷其盈视，川泽纤其骇瞩。闾阎扑地，钟鸣鼎食之家；舸舰迷津，青雀黄龙之轴。[吏应送介]

【村里迓鼓】

[生唱]：见云销儿雨霁，彩区儿明朗。那鹜孤儿霞落，秋一色长天儿水广。渔舟晚唱，蠡滨穷响，断鸿衡嶂。遄飞逸兴，遥吟甫畅，清籁风扬。逞纤歌白云遏爽。

[吏念抄介]：云销雨霁，彩彻区明，落霞与孤鹜齐飞，秋水共长天一色。渔舟唱晚，响穷彭蠡之滨，雁阵惊寒，声断衡阳之浦。遥吟甫畅，逸兴遄飞。爽籁发而清风生，纤歌凝而白云遏。[向内送进介]

[阁内白]：落霞与孤鹜齐飞，秋水共长天一色。这两句千秋绝唱。真天才也。

[众内白]：真正奇才，千古无双的了。

[阁内白]：先讨一杯子，一壶酒，与王大老爷一头吃，一头做。[吏应送生介]

【元和令】

[生唱]：睢园竹凌彭泽觞，邺水照临川，笔陈朱华样。逢看这二难四美具并场。盼中天，娱霄壤，忽觉得无穷兴尽后悲伤，不禁我识赢虚，推数象。

[吏念抄介]：睢园绿竹，气凌彭泽之滨。邺水朱华，光照临川之笔。四美具，二难并。穷睇眄于中天，极娱游于暇日，天高地迥，觉宇宙之无穷；兴尽悲来，识盈虚之有数。[向内送进介]

【胜葫芦】

[生唱]：望长安日下，南溟地势长。横倚着天柱北辰傍。有谁悲失路，关山难越状。

久矣帝阍下见，杳尔何年宣室。默然的萍水尽他乡。

[吏念抄介]：望长安于日下，指吴会于云间。地势极而南溟深，天柱高而北辰远。关山难越，谁悲失路之人？萍水相逢，尽是他乡之客。怀帝阍而不见，奉宣室以何年。[吏向内送进介]

【么】

[生唱]：嗟时命从来多舛伤。略举那李广与冯唐，他易老难封同肮脏，况兼那梁鸿贾谊，长沙海曲，岂是乏明王。

[吏念抄介]：嗟乎！时运不齐，命途多舛，冯唐易老，李广难封。屈贾谊于长沙，非无圣主，窜梁鸿于海曲，岂乏明时。[向内送进介]

【后庭花】

[生唱]：所赖君子达机芒。要穷且坚，老当益壮。白首贪泉洁。青云涸辙汪。海虽赊。扶摇风壮。须趁东隅效孟尝。肯逝桑榆哭阮狂。纵怀着报国肠，难免这穷途怅。

[吏念抄介]：所赖君子见机，达人知命。老当益壮，宁知白首之心，穷且益坚，不坠青云之志。酌贪泉而觉爽，处涸辙以犹欢。北海虽赊，扶摇可接，东隅已逝，桑榆非晚。孟尝高洁，空怀报国之情，阮籍猖狂，岂效穷途之哭。[向内送进介]

[阁内白]：可快完了。

[吏白]：还不像完的。

[阁白]：从来诗序，没有这样长的，客齐久了，要座席的累了，又不好催他。

【青哥儿】

[生唱]：勃愿请终军长缨，长缨百丈。乘宗悫长风，长风千浪。几时脱三尺书生相，舍百龄簪笏咸阳。奉万里定省行装，赴晨昏子舍炎荒。愧不是谢树芝房，幸接着孟氏邻芳。未得陪鲤对趋堂，先捧袂元礼龙枋。抚凌云杨意潜藏，遇钟期流水奏泱泱，情何让。

[吏念抄介]：勃，三尺微命，一介书生，无路请缨，等终军之弱冠，有怀投笔，慕宗悫之长风。舍簪笏于百龄，奉晨昏于万里。非谢家之宝树，接孟氏之芳邻。他日趋庭，叨陪鲤对，今晨捧袂，喜托龙门，扬意不逢，抚凌云而自惜；钟期既遇，奏流水以何惭？[向内送进介]

[阁内白]：做到自叙有结局的意了。

【煞尾】

[生唱]：呜呼！胜地盛难常，梓泽兰亭样。幸逢作赋，登高欣赏。所望群公，一言四韵，请各倾陆海潘江。

[吏念抄介]：呜呼！胜地不常，盛筵难再，兰亭已矣，梓泽丘墟，临别赠言，幸承恩于伟饯，登高作赋，是所望于群公。敢竭鄙诚，恭疏短引，一言均赋，四韵俱成。请洒潘江，各倾陆海云尔。[向内送进介]

[阁内白]：如今完了。

［吏白］：不像完的，还在那里做。

［阎白］：序文是完了，如今在那里做一首四韵的诗了。他笔不停辍，立扫千言，这八句诗，一发是他一挥而就得了。吩咐厨下，快准备坐座。［吏应下］

［生唱］：临江渚高阁滕王。嗟佩玉鸣銮罢音响。飞画栋朝云，卷朱帘西爽。看槛外星移潭影，帝子在何方。

［吏念抄介］：滕王高阁临江渚，佩玉鸣銮罢歌舞。画栋朝飞南浦云，朱帘暮卷西山雨。闲云潭影日悠悠，物换星移几度秋。阁中帝子今何在？槛外长江空自流。［吏送进］

［阎内白］：好诗好诗，做了一篇长文字，还有这样好诗做出来，岂非强弩之末，尚能穿七扎乎。叫东房送一速帖，即刻求到，快请来座席罢。［吏送帖请介］

［生白］：待我到舟中，换了衣服来。

集唐：布帆无恙挂秋风，一鹰南飞破碧空。

岂有文章惊海内，飞扬跋扈为谁雄。

第二折　南腔

【一枝花】

［外扮阎都督上］

［外唱］：高楼秋色迥。美景良辰并。雕甍开绮席，书光永。

［小生扮孟学士上］

［小生唱］：烛撤金莲。驾四牡，皇华骋。

［末扮宇文新州上］

［末唱］：熊轓假道过梅岭。

［净扮王将军上］

［净唱］：豹略龙韬，问何处堪当超乘。［集杜］

［外白］：元戎小队出郊坰。

［小生白］：怅望秋天虚翠屏。

［末白］：仗钺寨帷瞻具美。

［净白］：江中风浪雨冥冥。

［外白］：今日聊借登高，兼将别悃。适才那王子安，小小生纪，立草序文，可称旷代才子，今去请来赴宴，诸公须礼貌他。

［众白］：正是。

【懒画眉】

［生唱］：画舸乘风片帆轻。乍上帝子危阑万古情。见了那些水秀与山明。不负我寸管如梭掷。一扫纵横锦样呈。［白］小生草序已完。阎公来催赴宴，不免去相见他。［相见介］

［外白］：王先生绝世奇才，今日该为首席。

［生白］：这个岂敢，况家君作宰，还系属员，小子岂敢侥妄。

［外白］：既王先生谦让，且权居台坐，老夫辈昭穆奉陪。

［生白］：这一发不敢了。

［众白］：这是权坐，不必推辞。

［生白］：既承列位大人长者之命，不敢辞了。［各坐介］

【梁州新郎】

［生唱］：四英壁合，三珠光莹。朱雀宝章余庆，西园飞盖斗鸡。新檄初成，只为椿庭墨绶。花堞朱絃，官舍趋温情。喜龙门，登咫尺，聚群英，槛外空江万里澄。

［合唱］：孤鹜杳，落霞靓，眺长天秋水烟霏净。描远黛，对明镜。

【前腔】

［外唱］：彤牙云簌，朱旃虹亘，鹊印肘边辉映。轻裘绶带，虚叨半壁长城。当此菊飞紫艳，枫染頮颜。四海雄豪，并更登高能作赋，笔锋劲，一点文星贯斗行。［合前］

【前腔】

［小生唱］：乔木天凤挂衔水，掌池上丝纶阁静。值远传丹诏，绮筵躬盛。忽见青箱丽藻，玉树扶疏，深愧芳邻孟，绝胜侯万户，识韩荆，虎竹龙渊满座馨。［合前］

【前腔】

［末唱］：承一麾五马双旌，愧青史龚黄彪炳。偶途经彭蠡，得臻名境，幸遇坐盈北海。帘卷西山，获侍南楼兴。筵前逢绣虎，墨花倩，一带烟光紫岫凝。［合前］

【节节高】

［净唱］：鱼肠气未平，晚凉增。轰醁叠纩尊无剩。兰亭咏，掷地铿，吾同姓，六朝燕子今投正，琅琊人物多名胜。

［合唱］：醉眼搔头，看茱萸记取，明朝谁中圣。

【前腔】

［从吏唱］：辕门大纛横，集高朋，脯山酿海酬佳景。八砖影，五袴声，六花令，更万言倚马敲金镫，薇垣柳壁当敛敬。［合前］［生起介］

［生白］：晚生告辞了。

［外白］：叫左右，将我们润笔资过来，送王大老爷。

［杂捧合上］

［外向］：这是老夫的黄金一笏，蜀绵四端，聊表寸芹。

［生白］：这不敢领。

［外白］：想是嫌轻了，去交与管家收好在舟中。

［杂下捧帖画上］

［小生白］：这是下官的，钟太傅尚书宣示真迹一册，张僧繇画龙一轴。

［生白］：太损惠了。

［小生白］：也去交与管家收下。［杂下挑酒上］

［末白］：这是小弟的葡萄酒二醰，是初任凉州带归的（又袖出珠介）径寸夜光珠一颗。是次任廉州得的，以供王先生午夜读书之用。珠请自收了，酒也去交与管家。［生谢杂下］［内马嘶介］［众凭栏看介］

［众白］：好马好马。

［净白］：这是末将送与大宗台的，大宛汗血龙驹一匹，黄金鞍，白玉鞍全付。［生谢介］

［外白］：夜深了，王先生安置罢。下楼别了，就乘此马登舟，明日要屈到敝府，与小婿小儿相见。［下楼介］

【余音】

［众唱］：滕王蛱蝶飞无定，下危梯离思渐生。看取大海飘飘几粒萍。［杂牵马上］

集唐：

［生唱］：　金鞭欲下不成嘶，

［外唱］：　烟霭苍苍望转迷，

［小生唱］：我寄愁心与明月，

［末唱］：　不关芳草绿萋萋。

（《滕王阁诗文广存》卷十一）

作者简介：王树勋（1913～1988），号安山村人，河南固始人。通经史，工诗词，亦善元曲小令，尤精数理。民国二十四年（1935）上海交通大学毕业，历任陇海、粤汉铁路站长等职。新中国成立后转入戏剧界，任江西省京剧团编导等职。创作宏富，有《摔玉》《乱判葫芦案》《鸳鸯抗婚》《娄妃义释唐伯虎》等二十余种。1981 年 10 月，复编著传奇历史剧《王勃与滕王阁》，由李松年、王芩秋等人演出，甚得戏剧家王季思等人好评。

作品简介：本剧取材于《时来风送滕王阁》传奇故事，为六场京剧。

王勃与滕王阁

全部人物表

王勃：年约二十七岁，山西绛州人。初唐四大文豪之一。

阎都督：年约五十多岁，洪州都督，重视人才。

宇文新州：年约五十岁，新任州刺史，故称新州。生平事迹不详，一说即宇文钧，"序"文中人物之一。

王将军：年约六十岁，事迹不详，"序"文中人物之一。

孟学士：年约四十多岁，情况同上。

吴子章：年约二十多岁，号称江西才子。据《古文观止》记载，他是阎都督女婿，本剧作为都督内亲处理。

阎夫人：都督夫人，年约五十岁。

阎如玉：都督之女，约二十许，有才识，待字闺中。

宇文公子：宇文新州之子，纨绔子弟。

神女：传说中小孤山的神女。

其他：书吏、船家、家院、众侍女、众歌女、丫鬟、众校尉，甲乙人役。

第一场　悬榜征文

（音乐声中启幕，远处可看到滕王阁全景，近处是街道的一角。）

（阎府众校尉抬出一红榜，贴在墙上，书吏尾后。幕后鼓声响，喝彩声，交织一片，腾欢气象）

书吏：众位听着，阎都督为了修竣滕王阁，悬出红榜，凡是名流雅士，请在重阳日，登阁赴宴，即席出榜啊。（众人均下）

宇文公子：（内白）走哇。（上，以下简称公子。）

（唱）阎都督麾下人才广，

为何悬榜征文章？

眼看佳节好盛况，（发现红榜）

（白）照得洪都胜地，江流远达海滨。

珍重大唐名胜，滕王高阁修成。

为纪河山不朽，都督悬榜征文。

翘望名流硕彦，挥毫点石成金。

待在重阳宴会，敬希大驾光临。

洪州都督阎伯屿启。

（吴白）唉！

（接唱）可惜那文坛上无福沾光。

（吴子章上，以下简称子章。）

子章：（拍公子肩膀）呃，原来是悬榜征文，举行宴会。

公子：哎呀，吴相公，你这位才子，往哪儿去呀？

子章：闻听滕王阁已经修好，我想趁此大好秋光，一拓胸襟。莫非阁下你也有此雅兴？

公子：咳，我何尝不想赴会，只是到会的都是有名人士，像我这无名小卒，怎敢赴宴。

子章：唉！你乃宇文刺史的公子，你去赴会，谁敢阻拦。

公子：说的虽是如此，我肚子墨水，喝得太少，怎比你洪都有名才子，又是阎都督的内亲呢？

子章：你也太胆小了。你如愿去赴宴，小弟愿与你保驾。

公子：怎么？你愿与我保驾？

子章：我愿保驾。保你上得阁去，称心如意。

公子：子章兄，如能蒙你保驾，壮壮我的胆子，我一定前去赴会，我不过是想见见场面，凑凑热闹而已。

子章：届时你我同往，小弟如有不到之处，也还望阁下指教一二。

公子：你倒不必客气，凭我这三寸不烂之舌，包把你捧到天上啊。

子章：如此说来，我们是鱼帮水……

公子：水帮鱼。

子章、公子：（同白）啊，哈哈哈。（笑）

子章：（唱）好花须有绿叶配。（行弦）

公子：（夹白）不错，有你这名花，也需要有绿叶来配呀。

子章：（接唱）洪都能有几人才？

公子：（夹白）是啊。洪都除了你，倒没听说有什么才子。

子章：（接唱）你放大胆儿去赴会。

公子：好哇。

（接唱）牵你的衣襟我敢登台。

（白）我们一言为定，重阳再会，请。（下）

（书吏上，与子章相碰）

子章：咳！你这人低头走路，为何不抬头看人？

书吏：哎呀，原来是吴相公，找得我好苦，快跟我走！（拉子章急走）

子章：你拉我到何处去呀？

书吏：到何处去。（原场）有请夫人。（下）

　　　（阎夫人上，以下简称夫人）

夫人：啊，侄儿来了。

子章：参见姑母。

夫人：罢了，快快坐下。

子章：告坐。姑母命人找我，不知有何要事？

夫人：你那里知晓，今日趁你姑父不在府中，特地请你前来。你可知你姑父为了重修滕王阁，已出榜征文了么？

子章：侄儿方才已看到榜文，但不知姑父是何用意？

夫人：你姑父言道，洪都是我大唐东南重镇，滕王阁又是洪都名胜之所，悬榜征文，无非是广求文才。看来你姑父还有才中选婿之意，侄儿，这是你大显身手的时候。切莫等闲视之。

子章：请问姑母，我姑父又是怎样爱戴小侄？

夫人：我屡次向他吹嘘你的文才，可是他仅知你的才名，未见你的手笔。因此，我今私下嘱咐与你，盼你早日作好一篇文章，免得措手不及。到那时你当众挥毫，让你姑父心服口服，也算给我争口气呀！

子章：请姑母放心，作篇文章，易如反掌。

夫人：你的文章，我是知晓，但须防天外有天！

子章：那是自然。我想这洪都虽大，人才可数，当不致有负姑母厚爱。

夫人：侄儿呀！

（唱）你姑父求才面四海，

　　　　才中选才拔真才。

　　　　盼你登阁放光彩，

　　　　到那时亲上加亲你怎不明白？

子章：姑母。

（唱）姑母心意我已解，

　　　　在洪都选文才舍我谁来；

　　　　池塘怎能比沧海，

滕王阁上见真才。

辞别姑母出门外。（欲走）

夫人：转来！你可别忘了重阳赴会。

子章：侄儿记下了。

（接唱）叮嘱言语记心怀。（又欲走）

夫人：转来！你可要精雕细刻，作上一篇好文章啊。

子章：（接唱）请姑母放宽心把好音等待。

夫人：好好好，盼你要与我争口气呀！

子章：姑母。

（接唱）请等待我赴蟾宫把丹桂折。（下）

夫人：哈哈哈（笑）

（唱）愿他才名扬四海，

侄儿佳婿乐泄泄。（落幕）

第二场　马当阻风
（长江景）

王勃：（内唱）离剑南赴交趾心中惆怅，

船家：（内白）王相公，坐稳了。

（撑船，引王勃上，家院扶勃同上）

王勃：（接唱）风尘仆仆涉长江。

都只为《斗鸡赋》得罪皇上，

又犯了"误害官奴"罪非常。

多蒙圣恩赦旨降，

最可叹老爹爹遭受株连贬异乡。

万里省亲交趾往，

天涯游子九回肠。

我也慕宗悫乘风破浪，

我曾仰诸葛亮治国安邦。

冯唐易老愿难偿，

冰雪肝胆对碧苍。（狂风大作）

船家：王相公，风狂浪大，你们可要掌稳了身子啊。

王勃：这真是不怕风咆哮，

船家：逆水向前摇。我的妈呀，可算到了马当啦。王相公，咱们就在这儿停船歇歇，等大风停后再开船吧。

王勃：就依船家。

船家：靠岸啦。（挽船）

王勃：好大的风浪啊！

船家：王相公，你见过这大的风浪么？

王勃：大风大浪，我也见过许多。

船家：噢！难怪你顶得住啊。你是在哪里经过大风浪呀！

王勃：今日在水上，往日是在平地啊。

船家：怎么，平地也有风浪么？

王勃：有哇。平地起风波，倒比江河还大呀！

船家：如此说来，莫非相公你……

王勃：我曾坐过牢哇。

船家：哎呀！那为什么事呢？

王勃：说来话长。想当年我也做过小官。只因爱动文墨，不想这墨水变成风浪，以致问罪下狱，如今蒙圣恩将我大赦，才见到红日满天。

船家：我的妈呀，你可真是有胆量。

王勃：家院，赏他一贯钱，让他吃杯酒去。

家院：是。（付钱）

船家：多谢相公。（背白）就是给得太少啦。我去喝杯酒，一会就来。（下船，下）

王勃：啊，家院，天有不测风云，人事也会如此，谁会料到我削职为民，又连累你家老爷，真是问心难安。

家院：相公，你正青春年少，满腹才华，留得青山在，何怕无柴烧啊。

王勃：嗯。请缨虽无路，投笔总有期。（船家微醉地上）

船家：（上船）王相公，我告诉你个好消息。

王勃：什么好消息？

船家：刚才我在吃酒，闻听洪都阎都督，出了一张大红榜要招女婿，我想相公你人有人品，貌有貌像，都督一见，选作东床。到那时花轿送小姐，两人把堂拜；都督是老丈，你是姑老爷，你说好不好哇。

王勃：我看你是吃醉了吧。

船家：我才吃两杯酒那会醉呢？

王勃：你说的全是醉语。

船家：我呀，清楚得很！刚才我说的都督招女婿，那是我跟你开玩笑的。阎都督悬榜征文，招请天下文人学士，重阳佳节，在滕王阁上大宴宾客，当场作文。如果文章中选，不但有赏，还要保奏朝廷。

王勃：此乃当真？

船家：当真。

王勃：果然？

船家：我能哄你不成。

王勃：这就好了哇。

（唱）阎都督征文章悬出红榜，

我有心赴盛会前去南昌；

只是这路途远又阻风浪，

恨未有缩地术赶上重阳。

（白）船家，你去过洪都无有？

船家：洪都，可了不起，通连着荆江、浙江……还有个什么江……①？

王勃：还有个淞江等三江，环绕着太湖，鄱湖、洞庭……

船家：噢。青草、丹阳等五湖。

王勃：控制着南蛮，沟通着东瓯。

船家：是啊。它是东南重镇，又是去西南必经之路，我是去过好几趟啦。

王勃：噢！你对洪都地区，知道的不少。

船家：我是常在水上漂，有些是听老辈们说说，我才知道的。呃，王相公，你也去过洪都么？

王勃：无有哇。

船家：你没去过，怎么也知道这么多呀？

王勃：我是在书中看到而已。船家，洪都有什么故事，说点给我听听吧。

船家：你想听洪都故事？你听了。

（数板）南昌原是一旧郡，如今改了洪都名。有个滕王阁，还有个孺子亭。汉代留下个洗马池，铁柱宫供的是许真君。想见风景到梅岭，想看古墓到澹台门。数不清的舟帆是南浦，望不完的龙光是丰城。听不尽的渔歌江上唱，看不尽的官宦人家朱漆门。有山又有水四季暖如春，鸡鸭鱼肉吃不尽，陈年老酒香喷喷。你到洪都逛一逛，保准你说"吃价"得很！"吃价"得很！

王勃：吃价怎讲？

船家：南昌土语，"吃价"就是好哇。

王勃：哎呀呀，你对洪都掌故，非常熟悉呀。

船家：我不过略知一二，可惜我没喝过墨水，要像你这样有文才，我一定会到滕王阁上赴宴啊。

---

① 荆江、浙江……：三江五湖等地名，依《古文观止》注释。

王勃：咳！我虽然喝过墨水，遇上这顶头风浪，也是无可奈何。

船家：相公，你别着急，等风顺了，咱们就开船。

王勃：我问你，今天是什么日子？

船家：今天是九月初八。

王勃：明日呢？

船家：九月初九，重阳佳节。

王勃：是啊。明日阎都督举行诗文盛会，大宴宾客，你我远在马当，我虽有满腹才华，又怎能赶得上呢？

船家：是是是，这老天爷要刮逆风，那有什么法子呢。相公，天不早了，该睡觉了，咱们明儿再说吧。（下）

王勃：好好，大家都安歇吧。（闻江风猛烈声）哎呀呀，风神河伯，阻我行程，王勃呀王勃，你真能望洋兴叹了么？

    （唱）阎都督选名手，

          无计赋登楼①。

          借问神仙何处有？

          一江风浪使人愁！

    （小卧，暗灯，入梦）

神女：（内白）侍儿们，

众侍女：（内应）有。

神女：（内白）随我前往。

众侍女：（内应）是。

神女：（内唱）小孤山神女下凡境，（众侍女引上）

    （接唱）驾祥云乘天风来到江心，

          下云头（舞蹈）

          下云头分水浪惊鸿掠影，

          遥看那（舞蹈）

          遥看那一孤舟傍击水滨。

          在眼前（舞蹈）

          在眼前有王勃风阻旅困，

          愿助他（舞蹈）

          愿助他一帆风破浪兼程。

    （白）相公醒来，相公醒来。

---

① 无计赋登楼：王粲作《登楼赋》。

　　王勃：哎呀，你这位小姐，夜静更深，到此何事？

　　神女：我看你和衣而卧，深锁愁眉，敢是你有什么心事？

　　王勃：小姐呀，我的心事重重，无奈老天不成人之美！

　　神女：你能不能对我一叙？

　　王勃：我虽然说出，只怕你也无能为力！

　　神女：你虽不明言，我也能猜破。

　　王勃：怎么，你能猜破我的心事？请讲。

　　神女：你听了。"你想洪都，船不顺风；重阳盛会，希望落空。"这是也不是？

　　王勃：是是是，心事倒被你猜破，怎奈鞭长莫及，有愿难偿啊！

　　神女：闻相公你才华过人，我看你是有愿能偿。

　　王勃：我乃朝廷大赦之人，哪个对我不存戒心，只怕是痴心妄想而已。

　　神女：阎都督既出红榜。定是广开贤路，一视同仁。正好献你所长，以抒胸襟，不走羊肠，怎达康庄？有志竟成，何惧风浪。

　　王勃：哎呀，你是何方神仙下界，能否助我一臂之力？

　　神女：王相公呀。

　　　　（唱）你的才华我景仰，

　　　　　　　特地来送你到南昌。

　　　　　　　我能唤风师转风向，（风）

　　王勃：好大的北风啊。

　　　　（接唱）泱泱大风喜欲狂①，

　　　　　　　　只是这星斗无光难辨方向，

　　神女：（接唱）我已请月姐放蟾光。

　　　　（天幕上出现半轮明月）

　　王勃：（接唱）这月光如水水明亮，

　　神女：（接唱）你随我乘船顺风渡长江。你看那对岸"小姑"把明镜放②，

　　王勃：（接唱）它好似花钿云鬓正梳妆。

　　神女：（接唱）前面便是彭泽县，

　　王勃：（接唱）不想我却看到陶潜的故乡。

　　神女：（接唱）彭蠡湖口已在望③。

　　王勃：（接唱）这湖光潋滟水茫茫。

----

① 泱泱大风：语出《左传》，"泱泱兮大风也哉"。
② 小姑：民间传说，把大孤山小孤山，说成是大姑和小姑。
③ 彭蠡：即鄱阳湖。

神女：（接唱）那"大姑"凝妆看画舫①，

王勃：（接唱）小姑大姑迎我王郎。

神女：（接唱）你看那巍巍匡庐好雄壮，

王勃：（接唱）它参天倒影在水中央。

神女：（接唱）霎时来到吴城镇

王勃：请问仙子，这到南昌还有多远？

神女：（接唱）近在咫尺莫慌忙。（雁叫声）

王勃：（接唱）雁阵惊寒黎明唱，

　　　（白）啊！天亮了。

　　　　　　　　这绚丽红日照满舱。

神女：（接唱）祝你展才高阁上，

　　　（舞蹈下，众侍女随下）

王勃：妙哇！（接唱）谢仙子送我到南昌。（狂笑）

　　　（亮灯，船家正在摇船，家院舟中小卧）

船家：大哥大哥，你醒醒，你去看看你家公子为什么发笑？

家院：我看看去。相公相公，天都亮了，你为何发笑？

王勃：哎呀，你那里知晓，我在朦胧间来一仙女，她是这样的身轻如燕，步履如云，助我扁舟，顺风兼程。怎不叫人欢笑呀？

家院：这是相公你日有所思，才夜有所梦啊。你可知我们船家大哥，他一夜摇船未曾合眼，你看累得他浑身是汗啦。

王勃：啊，船家他一夜未曾合眼？（对船家）哎呀，船家，可辛苦你了。

船家：相公，昨晚二更时分，风向转北，为了想让你到滕王阁上赴宴，我就不顾疲劳，连忙开船，想吃你一杯得胜酒啊。

王勃：如此说来，我梦的不是仙女。

船家：你看我双手摇桨，步步登云，我看你是梦我这个仙男吧。

王勃：仙男？仙女？哈哈哈。（大笑）请问你前面是什么地方？

船家：前面就是樵舍，离南昌城有四十多里了。

王勃：好哇。

　　　（唱）好风送我南昌往，

　　　　　　人杰地灵饱眼光；

　　　　　　作一个不速之客登阁上，

　　　　　　以文会友试锋芒！

---

① 大姑：民间传说，把大孤山小孤山，说成是大姑和小姑。

船家：可算到南昌啦。我来收帆，你好登岸赴会。

家院：这叫时来好运转。

船家：风送滕王阁。

王勃：好一个风送滕王阁。

（唱）叫家院把衣襟与我换上，

家院：是。（取衣更换）

王勃：（接唱）天公作美快人肠。

此一番抖擞精神看红榜。

登高题咏翰墨香。

笔下自有花怒放，

雁过留声在南昌。（落幕）

第三场　乔妆赴会

（阎府，阎小姐如玉上，以下简称如玉）

如玉：（唱）滕王阁尘落成征文悬榜，

老爹爹重人才远近传扬，

重阳节虽然是空前盛况，

自有那名流雅士济济一堂。

不由我闺中人心神向往，

有几许心头事付与秋光。

（丫鬟上，手执诗篇）

丫鬟：老爷悬红榜，盛会在重阳。参见小姐。

如玉：罢了。

丫鬟：小姐：你可知滕王阁已经修好，老爷贴出红榜，在重阳节大宴宾客，请文人学士们当场做文章啊。

如玉：此事我已知道了。

丫鬟：小姐，老爷挑选人才，敢是为了你……

如玉：为我什么？

丫鬟：为了你的终身大事。

如玉：哎？老爷挑选人才，为的是佐治吏政，你休得胡言乱语。

丫鬟：小姐，你成天朗读诗文，我念首诗你听听，好不好？

如玉：你就念吧。

丫鬟：（念）……海内存知己，天涯若比邻，无为在歧路，儿女共沾巾。

如玉：哎呀呀，好诗好诗，待我看来。（看诗）这是哪里来的诗？

丫鬟：这是老爷叫我送给你看的。

如玉：可惜未注姓名，倒算得上才子手笔。

丫鬟：老爷说，要是此人能为滕王阁写篇文章，定能名传千古。

如玉：是呀。我朝才子甚多，可惜知音者少。

丫鬟：小姐，你也喜欢这首诗么？

如玉：此诗我甚喜爱，我要把它绣在罗帕之上，也好朝夕阅读。

　　　（阎夫人上，以下简称夫人，丫鬟暗下）

夫人：满腔心腹事，说与女儿知。

如玉：母亲来了，请坐。

夫人：儿啦。你爹爹忙于重修滕王阁，终日从公，可就把你的大事，抛到九霄云外去了。

如玉：爹爹公而忘私，选贤任能，谁不称赞。至于女儿婚姻之事，何必操之过急？

夫人：哎，你的年岁也不小了。年复一年，叫我忧虑。

如玉：母亲不必过虑，想爹爹定有主张。

夫人：他会有什么主张？还是为娘与你做主，今日我和你直说了吧。

如玉：母亲请讲。

夫人：我有一远房侄儿吴子章，人品清俊，家道殷实，而且号称江西才子。我和你爹爹多次商议，总想亲上加亲。可是你爹爹总是唯唯诺诺，未肯决断。儿呀，你的心意如何？

如玉：母亲呀！

（唱）终身大事何须急成就，

　　　　女儿言来请熟筹。

　　　　想爹爹悬榜征文他的用意妙，

　　　　花好月圆在后头。

夫人：儿啦！

（唱）我侄儿为人极忠厚。

　　　　文质彬彬颇温柔。

　　　　平日里不妄言，不多口，戴儒冠、结良友，

　　　　哪个不夸人风流？

　　　　号称才子名已久，

　　　　挑选这东床婿称我心头。

如玉：（接唱）母亲夸赞不绝口，

　　　　　　我满怀心事她怎知情由？

　　　　　　指日佳节到重九，

马龙车水会洪州。

爹爹取士我择偶，

奏一曲高山流水共白头。

夫人：（接唱）女儿的心事难猜透，

不知何日结鸾俦？

丫鬟：（上）老爷回府。（暗下）

夫人：儿啦，随我出迎。

（阎都督上，以下简称都督）

都督：（唱）幸喜得滕王阁重放光彩，

悬榜征文选英才。

奇花常由悬崖采，

吹笙自然引凤来。

洪都留得名胜在，

我大唐文物永不衰！

夫人：老爷回来了。

都督：回来了。

如玉：参见爹爹。

都督：罢了，你们坐下。

夫人：（同白）

如玉：谢坐。

夫人：请问老爷，滕王阁悬榜征文，榜文可曾悬出？

都督：我已命人悬出了。

夫人：啊，老爷，你放着吴子章侄儿不用，纵然悬出榜文，试问哪个才学，能在子章之上？

都督：夫人，你张口吴子章，闭口吴子章，难道除了吴子章外，洪都就无人才不成？

夫人：你张口人才，闭口人才，难道吴子章算不得是位人才么？

如玉：母亲，须知天下之大，人才之广，应该广开贤路。

夫人：如此说来，吴子章就写不出一篇文章？何况还是我的侄儿？

都督：是侄儿也要重文章，我是认才不认人！

夫人：好好，将来滕王阁上，总会让你看看我侄儿的文才。

都督：人才也好，庸才也罢，百闻不如一见，是真金不怕火炼，你何必终日唠叨！

夫人：怎么，你把我侄儿视为庸才，怪不得你悬榜征文，不愿把女儿许配与他。也罢，选文才由你做主，女儿是我生养，选女婿可要由我做主！

都督：女儿是我教育成人，我是一家之主，我不点头，谁敢应允？我问你，是为国求才事大？还是为女儿选婿事大？

　　夫人：这个……

　　都督：你不明白，可问女儿便知。（如玉不应）

　　夫人：我问她作甚？我要同你，这选婿是知根知底的好，还是另起炉灶的好？

　　都督：这……

　　夫人：你不明白，也可问问女儿。（如玉仍不应）

　　都督：儿呀，你要说话呀。

　　夫人：（同白）

　　如玉：爹爹为国求才，关系重大。

　　都督：着啊，女儿所见甚是。

　　如玉：母亲为儿终身，也是非同小可。

　　夫人：对呀，我儿所见不差。

　　都督：儿啦，究竟那个事大？

　　夫人：儿啦，选婿怎么算好？

　　如玉：依女儿看来，二老筹算，各有千秋。

　　夫人：她倒是墙上一棵草，风吹两面倒啊。

　　都督：（同白）

　　都督：（对夫人）我看你是井底青蛙，眼里能见多大的天喽。

　　夫人：我看你是饮河老鼠，腹中能装几多的水哟。

　　都督：想不到你越老越糊涂，糊涂得紧啰！（气下）

　　夫人：儿啦，将来误你终身，是他不是我呀。

　　如玉：母亲。（唱）爹爹求才选英俊！

　　　　　　　　悬出榜来征宏文。

　　　　　　　　一旦人才来应聘，

　　　　　　　　挑选东床水到渠成。（行弦）

　　夫人：如果只重才华，家道清贫，你便怎样？

　　如玉：（接唱）箪瓢陋巷儿任命，

　　　　　　　　富贵与我如浮云。

　　　　　　　　沧海桑田多变境，

　　　　　　　　有才毕竟是席上珍。

　　夫人：如果我佢儿文章中选，你该订终身吧？

　　如玉：（接唱）他若真正有学问，

　　　　　　　　何愁不能中雀屏？

　　　　　　　　到那时亲上加亲结秦晋，

二老得半子我得知音。

夫人：可惜你不是男儿，否则，我会叫你去登阁赴会，看他一看呀。

如玉：（接唱）虽然女子无有份，

　　　　　　花木兰也能去从军。

　　　　　　重阳佳节已临近，

　　　　　　女儿有意去登临。

夫人：怎么，你也想去滕王阁上赴会么？

如玉：女儿倒是有意。

夫人：可是你乃闺阁少女，怎能出头露面？

如玉：母亲，我倒有个主意。

夫人：你有什么主意？

如玉：（与夫人耳语）只是怕爹爹不允啦。

夫人：这个……（想）你放心，我会让你爹爹应允的。偏若现出破绽呢？

如玉：也请母亲放心，我不会现出破绽的。

夫人：哈哈哈（笑）

　　　（唱）娇养只好由她性，

如玉：（接唱）衣冠楚楚会佳宾。

夫人：（接唱）但愿得亲上加亲心安宁，（下）

如玉：（接唱）高瞻远瞩问津人。（下）

第四场　登阁挥毫

（启幕）滕王阁景，金碧辉煌。阁外楹联：长江万里，高阁千秋。横额：滕王阁。阁内对联：目极江山千里外，人在水天一色中。横额：仙人旧馆。

（幕内大合唱）胜地控华甸，杰阁临芳洲；

　　　　　　　　飞甍起千仞，曲栏围四周。

　　　　　　　　金碧何辉煌？文光射斗牛。

　　　　　　　　都督重修缮，名迹万古留。

都督：（内唱）秋色宜人心神爽，（众校尉引上）

　　　（接唱）重修缮滕王阁古色古香。

　　　　　　东南半壁添新象，

　　　　　　洪都点缀更风光。

　　　　　　江山无恙阁无恙，

　　　　　　但愿得风流人物云集南昌。

书吏：（上）报，宇文刺史驾到。

都督：有请。

书吏：是。有请宇文刺史。（下）

（宇文刺史上，以下简称宇文）

宇文：啊，阎都督。

都督：宇文刺史，请坐。

宇文：有坐。

都督：闻仁兄蒙圣恩新授澧洲刺史，我这里当面道贺。

宇文：岂敢。闻都督今日举行盛会，特来观光。

都督：岂敢。辱蒙光临，高阁生辉，幸甚幸甚！

书吏：（上）报，王将军，孟学士驾到。

都督：有请。

书吏：是。有请王将军，孟学士。（下）

（王、孟二人上，以下简称将军、学士）

学士：啊，都督。

将军：（同白）

都督：王将军、孟学士，今劳玉步，畅叙幽情，真乃三生有幸。

将军：（对宇文）啊，宇文兄你先来了。闻你不日赴任，日内当设宴为你饯行。

宇文：这可不敢。

学士：啊，都督，令亲吴相公吴子章，为何未见到来？

宇文：是啊，如果吴才子不来，未免大煞风景。

都督：我想他今日会来。内侄吴子章，虽号称才子，但在诸公面前，还望多多指教！

众人：（同白）这可不敢。

书吏：（上）报，吴子章相公与宇文公子到。

宇文：啊！怎么，犬子他也来了？

都督：来又何妨，与我请。

书吏：是，有请二位公子。（下）

（吴子章与宇文公子同上）

子章：今日显身手，

公子：脸厚不发愁。

子章、公子：（同白）参见姑父、都督，众位叔伯。

众人：（同白）罢了。请坐。

宇文：儿啦，你不在寓中读书，今日诗文雅会，你学业浅薄，怎敢前来？

公子：爹，我是奉陪吴才子前来，如果看我不顺眼，我这就打道回府。（欲止）

都督：且慢，既然来了，请坐。啊，贤侄，你看此阁修缮如何？

公子：哎呀，活像皇宫内院一样，好极啦。

将军、学士：哈哈哈（大笑）

都督：你看这四周风景如何？

公子：风景倒不用提啦。

（念）江面飞野鸭，船家捞鱼虾，

　　　　站高望得远，两眼只发花。

将军：哈哈哈，不想贤侄还会作诗。

公子：好说好说，我不过是出口成章罢了。

（大家均笑，宇文生气）

都督：我再问贤侄，你可知东都洛阳，西京长安，这两座京城，为何名垂千古？……

公子：（背白）怎么，老考起我来了？这……

　　　　（暗中向子章求援）

子章：（会意）这两座京城……

都督：（发现，急制止）为何名垂千古？

公于：（背白）哎呀，保驾的也不保了，早知如此，就是下帖请我，我也不来。但说这两座京城，为何享名呢？（想）啊，有了，阎伯伯，想必那洛阳长安是两块龙地吧。（大家笑，宇文气，都督摇头）

子章：非也，一是历代修建豪华，二是由于张衡作过一篇《两都赋》的文章而著名呀。

将军：（同白）还是吴公子博学多闻。

宇文：你信口开河，还不与我下站。

都督；贤侄休要介意，我还要问你……

公子：（背白）我的天啦，别问啦，再问我受不了哇！

都督：那曹操所建的铜雀台，为何名满天下？

公子：嗨嗨，这我知道。那是曹操想要江东的大乔小乔作夫人，封不封呀？

子章：你记错了。那是曹操为安享晚年，造铜雀台，命他儿子曹子建作一篇《铜雀台赋》才享盛名。

学士：吴才子倒是名不虚传。

将军：如此说来，都督你重修滕王阁，也是效法古人了。哈哈哈。（大笑）

都督：诸公啊，直到今日，哪个不称赞两都文物？哪个不知《铜雀台赋》？因而我忝幕风雅，欲与我洪都文风，以显我大唐盛世。今蒙诸公有兴而来，敢请题咏如何？来人啦。（书吏应声上）将笔墨呈上。

书吏：是。（捧笔砚后，下）

都督：王将军，请你先起个头儿吧。

将军：啊，都督，在两军阵前，冲锋布阵，我可领先，这咬文嚼字，只怕我要落后了。

都督：你休要太谦了。

将军：好，我来搜索枯肠，做个起笔，抛砖好引你们的玉呀。

    （边写边唱）滕王阁高重修建，

              傍水依山壮大观。

宇文：（边写边唱）画栋雕梁工浩瀚，

学士：（边写边唱）大唐名胜看东南。

都督：宇文贤侄，请你也要题呀。

公子：哎呀，这不是硬要公鸡下蛋么？好，我来题呀？

    （边写边唱）悔不该来阁上走，

              不会作文会吃酒，丢丑！

    （众人均笑）

宇文：（生气）咳！此之谓子不教，父之过，气死我也！

公子：爹，你何必生气，有其父必有其子嘛。（众人又是一阵笑声）

书吏：（上）报，有位贾公子到！

公子：（一怔）啊，又冒出个贾公子来了。

众人：哪个贾公子？

都督：此乃我贾仁兄之子，想是闻风而来，与我请。

书吏：是，有请贾公子。（下）

如玉：（内应）来也。（扮男装上）

    （唱）巧扮须眉来阁上，谁能辨我是女郎？

          不作春兰室中养，要学秋菊凌风霜？

          巍巍高阁上，画栋又雕梁；

          碧波映画舫，彩霞照满江。

          今日佳节睹盛况，

          必然有经天纬地好文章。

    （白）阎伯伯和尊翁雅士们到得早哇。

都督：早就来了。我来与你引见一下，这是宇文刺史、王将军、孟学士、宇文公子……

子章：在下吴子章。

如玉：在下贾田力。

都督：大家请坐。

将军：你们三位公子，都是翩翩少年。今日盛会，你们哪位愿作一篇文。

    （一时沉寂）

公子：我已经都督三番两次地考试过了，就请诸公放过我吧。（向都督等作揖）

如玉：诸公盛意，还是请吴相公大笔一挥吧。

学士：是啊，吴才子不鸣则已，一鸣惊人！

都督：众望所归，你就写吧。

子章：如此，小侄献丑了。（边写边念，盖以洪都地处东南，大唐重镇；山川毓秀，人物风流。乘长风而集会，仿修禊于兰亭，对美景而抒怀，好开樽于金谷……）

公子：嗬！四六骈体文章，真是才子手笔。

都督：起笔倒也活顺。

学士：还是"宫体"风格①。

将军：（同白）好！（如玉微笑）

子章：（接念）遥看千层碧瓦，俨似鸳鸯；百尺雕梁，恍如玳瑁；波光万顷，浪卷胭脂；山色千重，烟笼翡翠。挥毫落纸，满城之风雨全收；对酒抒怀，此会之文章谁胜？子章忝附骥尾，尚希诸公斧正。

公子：吴相公这篇文章，可真把滕王阁形容得淋漓尽致，谁能写出。好！妙！率！才子就是才子。

（都督暗喜，频频点头）

学士：这篇文章，颇似六朝小品。好！

宇文：都督重修高阁，吴相公作此名文，确是同垂不朽！

将军：是啊。同垂不朽。

（如玉一言不发，冷眼旁观）

学士：贾公子意下如何？

如玉：诸公赞赏，何须晚生多口，大家说好，我也说好。

（都督拉如玉到另一边）

都督：你看如何？

如玉：文虽宫体，辞藻堆积；华而不实，平淡无奇。

都督：哎呀呀你的眼界也太高了，可见人才之难。

书吏：（上）禀都督，阁前来一少年，不通名姓，竟欲登楼，已被我等阻拦，特来禀报。

都督：为何不通名姓？这……

宇文：这少年既不通名姓，定是个酒食之徒。今日诗会盛会，怎能让他登阁。

公子：我爹爹言之有理，定是穷极生风，闻都督摆宴，好来个酒醉饭饱，怎能让他

---

① 宫体：即宫廷文学，创自南朝梁简文帝，以骈体堆积祠藻，歌咏宫廷，至于骈体，乃古代文体。唐初，文人们开始革新内容，见清代李北海编的《骈体文钞》。

登阁！

都督：也罢！命他下面落座，酒饭款待。

书吏：是。（下）

都督：啊，诸公，命他下面落座，是否有些简慢。

公子：哎呀，都督，你让他吃饱喝足，也算得大仁大义。

书吏：（上）禀都督．那位少年说啦，他为作文而来，并非贪图酒食，他定要登阁赴会。

公子：哎呀呀，这真是癞蛤蟆想吃天鹅肉哇。

学士：年轻人往往仰慕风雅，就让他来见识一下文坛盛会，也未尝不可！

将军：不错，初生牛犊不怕虎，就让他来吧。

如玉：都督既出榜文，怎能拒人才千里之外，如今只有吴相公一篇文章，又何若多多益善？

都督：好好好，你再去仔细看看，如是书生模样，再来告诉我。

书吏：是。（下）

都督：常言道：后生可畏，如果是位少年书生，提携后进，奠定邦基，也是责无旁贷。哈哈哈。（大笑）

书吏：（上）禀都督，那位少年，正是书生，举止文雅，颇讲礼貌。

都督：如此，与我请。

书吏：是，有请少年。（下）

王勃：（内应）来也。

　　（上唱）阁公出榜文章选，

　　　　　　为何登阁竟阻拦？

　　　　　　莫非是嫌我身微贱？

　　　　　　莫非是官样文章红榜悬？

　　　　　　且把愁虑皆剪断。（四周瞻望）

　　（白）呀呀！

　　（接唱）巍巍高阁壮观瞻，

　　　　　　那一边是堤岸垂杨绿冉冉，

　　　　　　迎面是高耸云霄对西山，

　　　　　　沙鸥点点金波远。

　　　　　　南浦舟帆如画船。

　　　　　　好风送我登仙馆，

　　　　　　极目江天眼界宽。

都督：这位少年尊姓大名？

王勃：晚生姓王，敢问哪位是阎都督！

如玉：（介绍）这正是阎都督，此位是宇文刺史，王将军，孟学士，宇文公子……

公子：此位是洪都才子吴子章，此位是贾公子贾田力。

王勃：久仰了。

都督：王相公贵府何处？哪道而来？

王勃：晚生乃绛州龙门人氏。因往交趾省亲，路经贵地，阎都督高阁雅会，与民同乐，故而前来瞻仰。

都督：你不远千里而来，遇得巧哇。来人啦。

书吏：（应声上）在！

都督：酒宴摆上。

书吏：都督有命，酒宴摆上。

（上众校尉摆酒，都督、宇文、将军、学士等一席，子章、公子、如玉、王勃等一席）

都督：大家同饮。干！（举杯）

众人：（同白）谢都督。

都督：传歌舞上来。

书吏：歌女走上。

众歌女：（内应）来了。（同上）

    （边舞边唱）胜地控华甸，杰阁临芳洲。

                飞甍起千仞，曲栏围四周。

                金碧何辉煌？文光射斗牛。

                都督重修建，名迹万古留。

众人：唱得好，唱得好！

都督：下面歇息领赏。

众歌女：谢都督。（下）

子章：今日佳节，都督举行诗文盛会，我等均已题咏。王相公远道有兴而来，怎能败兴而归？就请题上数行，以助余兴。

公子：对呀。既来赴会，必有文才，是驴是马总得牵出蹓蹓。滕王阁上酒宴，可不是好吃的，不能光吃不吐。吃多少，就得吐多少。

如玉：王相公好有雅兴，就请题咏如何？

都督：王相公到来，为阁生辉，凉无推却。

王勃：好。恭敬不如从命。晚生有僭了。

（众侍女持笔砚）

    （唱）南昌故郡，洪都新府，星分翼轸，地接衡庐，襟三江而带五湖，控蛮荆而引瓯越……

都督：起句是老生常谈，而且平淡。

将军、宇文：（同白）是呀。有些平淡。

子章：（走向都督）不仅平淡，而且是任意胡诌。

都督：（与众人同惊介）怎说胡诌？

子章：南昌原是一县，怎称故郡？洪都从来是府，怎称新府？岂不是胡诌？

公子：这简直是胡说八道，连我这个草包都不如啊。

如玉：都督，啊，在我大唐开国之时，南昌已设立总管府，嗣后将南昌并入洪都，南昌岂不是故郡？洪都岂不成了新府？怎说胡诌。而且王相公文章，从地形说到天文，为赞美我东南半壁河山，又怎说平淡①？

将军等：（同白）不错不错，王相公不是胡诌。

公子：嗨嗨，他说对了，那我是胡说八道。

如玉：王相公，请往下写。

王勃：（接唱）物华天宝，龙光射斗牛之墟，人杰地灵，徐孺下陈蕃之榻。

学士：哎呀，他对南昌掌故，熟悉得很。

如玉：是呀，他赞扬我洪都胜地，又是豪杰故居，谈古比今，就是好哇。

都督：王相公会做文章，好！

子章：（背白）陈腐故事，有什么好！

公子：我也看不出好在哪里。

如玉：王相公，请往下写。

王勃：（接唱）都督阎公之雅望，棨戟遥临，宇文新州之懿范，襜帷暂驻……

都督：他赞扬起我等来了。

宇文：（同白）

如玉：是啊。他赞扬都督与刺史，威仪德行，素孚众望，好！

公子：他恭维都督与我爹爹，我也说是不错。

如玉：王相公，请往下写。

王勃：（接唱）腾蛟起凤，孟学士之词宗；紫电青霜，王将军之武库……

学士、将军：（同白）他赞美起我等来了。好！

如玉：是啊。他称赞学士你是位文豪，将军你是严肃节操，事实俱在，就是好哇。

公子：（拉如玉到另一边）这小子可真有能耐，把他们捧得舒舒服服，谁说不好。

如玉：唉！都督们所作所为，有口皆碑。王相公句句实言，怎能说捧，王相公，请往下写。

王勃：（接唱）时维九月，序属三秋。……临帝子之长洲，得仙人之旧馆……

---

① 南昌：南昌沿革，见《唐书》及《江城旧事》卷四。

学士：这是他点出时令，追述高阁，好！

如玉：是啊。承上启下，层次分明，好！

宇文、将军：（同白）会做文章，好！

子章：启禀都督：王相公文章，却都是抄袭古人的陈词滥调而来的。

都督：（与众人大惊）啊，他是抄袭古人的？

子章：诸公不信，我能背出。

都督：你且背来。

子章：（背）南昌故郡，洪都新府，星分翼轸，地接衡庐。……都督阎公之雅望，棨戟遥临；宇文新州之懿范，襜帷暂驻……

学士：慢来慢来，他既是抄袭古人的词句，那古人怎会知道我等的名姓？

公子：古今来同名同姓的多啦，张冠可以李戴嘛。

将军：怎么，张三能戴李四帽子？来来来，我这帽子你戴一下如何？

公子：哎呀，王伯伯，你是将军盔，我是书生帽，我可不敢乱戴。

宇文：（气介）无知的奴才，不许多口！

将军：吴相公，他既是抄袭来的，请再背下文，我等洗耳恭听。

子章：这……

都督：还是请王相公写吧。

王勃：（接唱）虹销雨霁，彩彻云衢，落霞与孤鹜齐飞，秋水共长天一色……

都督：（拍案）好好好，落霞秋水一联，可称千古绝唱！

学士等：是啊，真乃千古绝唱。

都督：（封侍女）把我用的名茶细点，送与王相公饮用。

（侍女们捧茶点献上）

如玉：王相公，请用茶点。你这二句，都督拍案称奇，称为千古绝唱。

王勃：都督谬奖了。

子章：啊，贾公子，他这两句，分明是套用前人文章，落花与芝盖齐飞，秋水共春旗一色，怎能称为千古绝唱①。

如玉：吴相公，自汉魏六朝以来，文章崇尚"宫体"，泛用辞辞，歌颂宫廷。王相公虽系套用，他是见景生情，言之有物。

公子：言之有物？他写的是落霞孤鹜，眼前哪有这个景物！

如玉：我问你，（指江面）你看那江面上飞的是什么？

公子：是蛾子，南昌人叫"蛤"，我们读书人叫"霞"。

如玉：那只野鸭，你叫什么？

---

① 落花与芝盖齐飞，秋水共春旗一色：霞鹜套句，见南朝庾信《三月三日华林园马射赋序》。

公子：野鸭就叫野鸭，还能叫它野鸡野猫不成。

子章：野鸭就叫鹜啊。

如玉：是啊，你看那野鸭与蛾子追逐，岂不如同齐飞？这就是眼前景物，落霞与孤鹜齐飞。

公子：什么鸭子蛾子，写的也算绝唱？还是吴相公写的鸳鸯瓦，玳瑁梁，还有胭脂、翡翠，多么典雅，我看都督有点老眼昏花，没有看清文章吧。

宇文：快快住口，与我滚在一旁！（生气）

（都督离座看王勃写文章，情不自禁地磨墨）

宇文：奴才，上前磨墨。

公子：我给他磨墨，我不干！

宇文：快去；

公子：嗨嗨，他算来封啦。（磨墨）

如玉：我来磨墨。（接墨磨介）

王勃：（接唱）屈贾谊于长沙，非无圣主，窜梁鸿于海曲，岂乏明时。老当益壮，宁知白首之心；穷且益坚，不坠青云之志……

子章：啊啊诸公，这老当穷坚之论，又是他剽窃汉代马援的言语啊①。

如玉：正因为他要以汉代马援为榜样，才显得是有志之士。

都督：是啊，这是他勉励自己。

将军、学士：（同白）鼓舞世人。好！

公子：不是我爱多口，人老怎变少壮；人穷那能坚强？也不过是吹吹匕皮罢了。

宇文：不许你再多口！

都督：王相公文笔雄健。

将军、学士：（同白）气牡山河，倒是才子！

都督：请王相公上座来写。

众人：（同白）请上座写吧。

王勃：（上座，接唱）勃，三尺微命，（阎与众人大惊）一介出生。无路请缨，等终军之弱冠；有怀投笔，慕宗悫之长风……

都督：啊，你是王勃，你作过沛王府中的修撰么？

王勃：正是晚生。

都督：哎呀，王修撰！王相公！恕我礼貌不周，有失远迎，望祈恕罪！

学士等人：王相公大驾光临，幸会幸会。

王勃：岂敢。

① 老壮穷坚：见《汉书·马援传》。

都督：王相公请坐，大家就座。

如玉、子章：（同白）原来他就是王勃。（称赞）（冷笑）

如玉：（唱）果然是才思敏捷文豪放，

　　　　　　锦心绣口好文章，

　　　　　　博学多闻见识广，

　　　　　　落霞孤鹜写风光。

　　　　　　他老壮穷坚有志向。

子章：（接唱）我看他小有才卖弄文章！

都督：你们不要搅乱王相公文思，请问你的大作写完没有。

王勃：我还有俚诗一首，待俺写来。

　　　（唱）滕王高阁临江渚，佩玉鸣鸾罢歌舞；

　　　　　　画栋朝飞南浦云，朱帘暮卷西山雨。

　　　　　　闲云潭影日悠悠，物换星移几度秋。

　　　　　　阁中帝子今何在？槛外长江……

　　　（起坐，看大江巨浪，感慨万千）

（白）哎：江流依旧，帝子难寻，不如留下一字不写，以表心迹，看他们又如何对我？

　　　（接唱）……自流。草拟就滕王阁序请晒收。

都督：王相公大作，字字珠玑，真人才也。

王勃：都督夸奖。天色不早，晚生告辞。

都督：来人啦。（书吏应声上）快收奖银捧上。

书吏：是。（捧银）

都督：王相公，这里有黄金一锭，玉帛一双，区区微物，聊表寸心，望祈收下。

王勃：都督。

　　　（唱）多蒙都督金帛送，

　　　　　　晚生何幸沐春风，

　　　　　　这奖银……（行弦）

将军：这奖银是都督所赠，你就收下吧。

宇文：相公，你要收下这才是。

王勃：（接唱）这奖银还请存府库。

学士：你不收下，都督过意不去。

王勃：哦！

　　　（接唱）受之有愧却之不恭。

宇文：你受之无愧啊。

王勃：如此，愧领了。

（接唱）都督盛意太隆重。（收银）

都督：这便才是。王相公，简慢了。

王勃：都督，

　　（接唱）只不过小技雕虫。

众人：王相公，简慢走了。

王勃：请。（下）

公子：哈哈，酒也喝足了，饭也吃饱了，银子也到手了，倒会装迷作样来了。哼哼哼。
（哈笑）

都督：啊，诸公，如此锦绣文章，本都督拟刻碑石，置诸阁上，流传千古。还有心聘
他为幕宾，诸公意下如何？

子章：都督，此人万万不可留用！

都督：却是为何？

子章：王勃底细，难道诸公未看朝廷"邸报"不成①？

将军：邸报我曾看过，王勃已蒙朝廷大赦了。

都督：是啊，他已蒙大赦了。（看文章）啊，他在最后一句诗中，为何还缺一字不写？

众人：我等看来。这是何故？

子章：这是分明他刁难都督，恃才傲慢，别有用心。

公子：这小子是脚底下流浓，坏到脚后跟啦！

宇文：你怎么还要多口！哼！

公子：好好，我多口！那我就不开口，把口捂着！

如玉：请吴相公添上此字如何？

子章：此时我心乱如麻，容我三思。

都督：古人常言，一字值千金，本都督愿留千金，哪位能填此字？

众人：这……（均有难色）

公子：怎么，填上一字能值千金？待我来填。

（想）槛外长江……槛外长江……

众人：江什么？

公子：江……别将啦，再将一军，老将就憋死啦。这真是一字值千金，压得我胆战心
惊。这千金我也拿不起，不要了，行不行？

宇文：咳！朽木不可雕也。（气介）

如玉：啊，都督，倒不如火速命人去到江边，请王相公回来添上此字，以免残缺才好。

学士、将军：（同白）说得甚是。

────────────

① 邸报：西汉时创始，至唐代更普及。《全唐诗话》亦有记载。

都督：来人啦。（书吏应声上）命你乘我快马，拿我名帖，去到江边，请王相公过府一叙。

书吏：遵命。（下）

都督：少时还请诸公同到敝府一叙。

众人：理应前往。（都督、将军、子章、如玉均下，场上仅留宇文父子二人）

公子：爹，都督请的也有我吧？

宇文：你呀，你今日给我丢尽了脸皮，还不滚回家去！

公子：爹，丢你脸，又没有丢官，怕什么？我就先滚，你再后滚。滕王阁上开了眼，管他丢脸不丢脸！

（落幕）

第五场　识别人才

（阎府客室）

（音乐声中，如玉手执文章兴高采烈地出，夫人由下场门迎上）

如玉：哎呀，母亲，他来了，他来了……

夫人：噢，他来了。

如玉：我可看到他了。

夫人：看到他就好，他的文才可好？

如玉：他的文才好！

夫人：他的品貌可好？

如玉：他的品貌也好，真不愧是个才子！（高兴）

夫人：噢，真不愧是个才子！哈哈哈。（大笑）你看你乐得这个样儿，总该称心如意了吧。

如玉：母亲啊。刚才他上得阁来，他是这样的正襟而坐，（学王勃姿态）笔不停挥，顷刻间作了一篇滕王阁序，爹爹拍案惊奇。

夫人：怎么，你爹爹拍案惊奇？好、好、好！

如玉：请母亲看看他的文章吧。

夫人：待我来看。（看文章）好好，你爹爹总该服输了。他有眼不识泰山，等他回来，我还要羞他一羞，气他一气。儿呀，你说他可是才子？

如玉：他当真是才子啊。

　　（唱）文章是骈体，字字尽珠玑。

　　　　　称赞南昌是名胜区。

　　　　　夸爹爹威望衣玄战戟。

赞宇文好仪容车马襜帷。

他赞美学士文才如蛟腾凰起。

慕将军好节操如霜电清晰。

他还有惊人绝妙句，

我爹爹拍案大惊奇。

（白）母亲，你看他这落霞孤鹜，秋水长天一联，好不好哇？

夫人：好好好，到今日你该知道他是名不虚传的才子啊。哈哈哈（大笑，又看）啊，他年纪轻，家道又好，怎说出老壮穷坚，我倒有些糊涂。

如玉：母亲！

（唱）这是他生花笔对人勉励，

老益壮穷益坚志不可移。

请母亲看下文便知用意。

夫人：啊，这下文又说什么有怀投笔，无路请缨，我越发的不解。

如玉：（接唱）可怜他请缨投笔愿多违，

良马未将伯乐遇，

凰凰落毛不如鸡。

最后他还作诗有八句，

尚缺一字费猜疑。

夫人：他又为何留下一字不写？这……

（幕后报；老爷回府）

如玉：爹爹回来，问他也就明白了。

（都督与子章同上）

夫人：老爷，你带领侄儿来了。（喜悦）

都督：带他来了。

子章：拜见姑母。

夫人：罢了。你快坐下。

子章：谢姑母。

夫人：侄儿的文章得意，了我心头，来来来，你可知他（指如玉）……

如玉：（怕母道破改装）阎伯父，

都督：（会意）他是我贾仁兄之子贾田力，方才在滕王阁上，他们已经相识了。哈哈哈（大笑）

夫人：噢，（明白）是是是。啊，老爷，你今算看到人才了。

都督：看到人才了。

夫人：你该服输了啊？

都督：啊，我服什么输？（惊奇）

夫人：你不服输，为何拍案惊奇？（指文章）

都督：你拿过来吧。（夺去文章）你可问问他们自己。

夫人：啊，贾贤侄，你今日也做了文章么？

如玉：回禀伯母，有那位才子在座，我怎敢舞文弄墨？

夫人：不错不错，（对子章）侄儿，有你在座，吓得他们不敢提笔。我早料你会中选，今日总算给我争一口气了，你看，你姑父又在看你的文章啊。（大笑）

子章：姑父看的文章，不是小侄所作。

夫人：（大惊）啊，不是你作的文章？分明是才子手笔，除了你，还有哪个能称才子？

都督：我说你是井底青蛙，一点也不错啊。

夫人：这是何故？

如玉：伯母。

（唱）绛州来了一才子，

姓王名勃赴宴席。

他作一篇滕王阁序，

风生四座人人称奇。

夫人：（对子章）闹了半天，这文章不是你作的。可是你的文章，怎会落选？

子章：姑母。

（唱）王勃文章原不足取，

半套陈词半抄袭。

历代"宫体"他抛弃，

如玉：（接唱）他文章新颖才称奇！

他立下老壮穷坚好志气。

子章：（接唱）他是个囚犯别有心机。

夫人：囚犯？这是从哪儿说起？

子章：姑母！

（唱）先父在世常谈起，

王勃写斗鸡赋被逐丹墀。

夫人：噢，他原是被革职的囚犯。

子章：（接唱）他又害官奴罪无比，囚犯文章何足奇？

夫人：哎呀，老爷，你怎能去夸奖一个囚犯？

都督：他虽系囚犯，已蒙朝廷大赦了。

子章：可是他的案卷还在，姑父三思！

都督：（接唱）我知他斗鸡赋是文章游戏，

误害官奴非他威逼。

他蒙大赦罪名去，

如玉：（接唱）选贤任能固邦基。

人才是国宝怎置弃？

夫人：老爷。

（唱）平地须防风波起，

十年河东转河西。

你的前途须远虑，

倘受牵连悔已迟！

子章：着、着、着！

都督：这……（思虑）

夫人：我说你是饮河老鼠，腹中装不了多少水吧。（对如玉）啊，贾贤侄，你可曾看见我侄儿的文章？

如玉：伯母，

（唱）他墨守成规无新意。

夫人：噢，他是墨守成规？（对子章）你可知贾贤侄也是饱读诗书？

子章：（接唱）可惜他饱读诗书见识低。偏重歪才少阅历。

夫人：咳！

（接唱）看起来他二人话不投机。千不怪万不怪都要怪你，

都督：怪我何来？

夫人：（接唱）都怪你真乱假有口难提。

都督：哈哈！

（接唱）休要怪我怪你自己。

夫人：为何怪我？

都督：（接唱）都怪你想亲上加亲枉费心机！

夫人：（接唱）你二人休争执要互相敬爱，

子章：（接唱）他偏袒王勃太不该！

如玉：（接唱）伯父爱才他妒才，

一股酸劲怀鬼胎。

你语不惊人把谁怪？

何苦与王勃唱对台！

子章、如玉：（同白）哼！（同拂袖气介）

书吏：（上）禀都督，我在途中赶上了王相公，他说他省亲心切，不便拜府，要我带回四句言语，特报都督。

都督：你且讲来。

书吏：是。（念）今日蒙伟饯，登临兴不同。

那堪槛外望，缺字付飞鸿。

都督：啊，二位贤侄，这四句言语，还未指出何字，如何是好？

如玉：倒不如伯父亲自去江边询问，以表礼贤之道。倘王相公一去，何日才有飞鸿传信？岂不永成残缺！此去一为敦聘，二为领教，不知伯父意下如何？

子章：姑父不必前往，你的前程要紧！

都督：吾意已决，来呀，（书吏应）命你去转告王将军等同到江边一叙，并准备厚礼，送至江边。

书吏：是。（下）

都督：你等随我江边去者。

如玉：遵命。（子章不理）

都督：（唱）这缺少一字难填写。

（下，丫鬟暗上）

夫人：啊，儿……（如玉不应下，回头见子章）啊，侄儿，那贾公子他……

子章：他已去江边。

夫人：你呢？

子章：他去江边有兴，我是不愿前往，姑母盛意，小侄心领，就此告辞。

（溜下）

夫人：唉！（接唱）想不到女儿他另识人才。

（怅然地，由丫鬟扶下）

第六场　南浦送别

（赣江边，一叶扁舟，半轮明月，遥望滕王阁及岸上的稀疏星火。）

（家院，船家同上）

家院：相公去赴会。

船家：日落未回来。我说大哥，你们相公今天在滕王阁上，一定作了好文章。

家院：那是自然。我家相公六岁就会做文章。

船家：噢！六岁会做文章？可真了不起！大哥，你六岁……

家院：我六岁就会吃饭。大哥你呢？

船家：我六岁就会喝酒。

家院：如此说来，你是酒桶，

船家：你是饭桶。

家院：两桶相碰，

船家：难兄难弟。（同笑）好了好了，去接相公要紧。（下船）

王勃：（上）船家船家。

家院：相公回来了。

船家：王相公，你今日登阁赴会，一定做了一篇好文章，得了重奖啦。

王勃：文章倒是做了一篇，可那有什么重奖？

船家：（上下打量）相公，你这不是奖么？

王勃：（大笑）我是与你作耍。

船家：我说得没错吧，送你到洪都，没有白费气力呀。道喜道喜。（伸手讨钱）

王勃：多谢你这仙男，送我前来。（二人大笑）好，与你五贯钱，请你吃酒去。

船家：多谢相公，这回可要多喝两杯。（下）

（幕后鸣锣声，喝道声，众校尉，书吏、引都督、将军、学士、刺史、如玉等人同上）

都督：我等拜访王相公来了。

王勃：诸公驾到，愧不敢当！

都督：你的大作，尚缺一字未写，你转告我的四句言语，又未曾指破。因此，特来领教。

王勃：岂敢。

宇文：请问王相公，你空下一字，敢是槛外长江水自流的"水"字吧。

王勃：不是。

学士：是个船字吧？

王勃：也不是。

都督：是个独字吧？

王勃：也不是。

将军：我对此道不精，不敢妄猜。

王勃：将军过谦了。

  （唱）水、船、独三字非不妥，

    晚生信笔感慨多！

    诸公要我来道破，

如玉：请慢！我来猜上一猜。（取下身带玉珮）诸公，请看我这左手。

众人：（同白）是块玉珮。

如玉：再看这右手呢？

众人：是只空手，我等不解。

如玉：王相公。

（唱）你敢是学殷浩自叹坎坷①！

（白）晋代殷浩，曾遭削职。口无怨言。他每日在手中写"咄咄怪事"，岂不就是书空？

将军：噢！王相公含意在此，槛外长江空自流；空字好，空字妙，高才高才。

众人：高才高才。

王勃：贾公子也是高才啊。

（唱）贾公子他把意猜中，

那殷浩遭遇与我相同。

帝子难寻江流涌。

万般感慨它是个空。

都督：啊，王相公，此去交趾，万里迢迢，本督有意请你屈就敝府幕宾，明岁再去省亲，未知汝意如何？

王勃：晚生蒙都督垂爱，感激不尽。怎奈游子思亲，归心似箭，待我省亲之后，再行禀告。

都督：难得相公一片孝心，不便强留，来人啦。

书吏：在。

都督：将礼物抬上。

书吏：礼物抬上。（甲乙二人抬礼物上）

都督：这是我送的纹银五百两。

宇文：我送的锦缎十匹。

将军：我送的明珠一颗。

学士：我送的滕王阁画图一帧。

王勃：我一一愧领了。（家院率抬礼人到后舱）

众人：王相公，前途保重。

王勃：送诸公。（都督与如玉使眼色，众人均下，如玉闪躲一旁）

（唱）喜托龙门堪捧袂（笑，欲上船）

如玉：（手执文具盒）王相公，我又回来了。

（接唱）行色匆匆事忘怀。

（白）刚才诸公们各有所赠，我未留菲礼，仅赠你文房四宝一盒，这是我亲手所制，内抄名诗一首，和诗一首，千里鹅毛，望仁兄笑纳。

王勃：这……盛意难却，我就收下，待我赏识赏识。（欲开盒）

如玉：请慢。此时暮色苍茫，留你灯下雅玩。

① 殷浩：殷浩故事见《晋书·殷浩传》。

（唱）宝剑赠烈士，红粉赠佳人；

投君所好把微物赠，桐尾虽焦足赏音。

（白）这月已东升，请回船安歇了吧。

王勃：你看这秋月迎人，正好倾心一叙，待我送你一程。

如玉：有劳了。

（唱）读你落霞孤鹜句，

令人心旷又神怡。

口角噙香味无比，

唯愿这霞鹜永齐飞。

王勃：（接唱）一时见景生情意，

眼底风光信笔题。

万象填胸写愁绪，

何值仁兄金口提？

如玉：（接唱）妙笔生花写妙句，

洪都景色更旖旎。

霞鹜逢君收笔底，

千古绝唱谁不称奇？

王勃：（接唱）久欲请缨难随意，

如同孤鹜怅无栖；

倘如落霞能急起，

何愁孤鹜不高飞？

如玉：（接唱）仁兄你妙笔大有命意，

王勃：（接唱）怎奈我时运太不齐？

如玉：（接唱）人生遭遇何足计，

逆来顺受休叹息，

君不见管仲被囚系，

终佐齐桓威震夷狄？

君不见韩信受胯下耻，

那后来登台拜师封三齐，

我朝马周困旅邸，

终拜御史立功绩。

人生何处无知己，

眼前风物也相宜。

君不见沙鸥成匹敌，

相亲相近不分离。

君不见月中嫦娥女，

谁怜她空守广寒受孤悽。

愿君展才成大器，

自有知音得相随。

得意都从失意起，

老壮穷坚你我共勉励！

王勃、如玉：（同白）可叹年华如游水，

惟愿莫误少年时，

可惜相逢难常聚，

如玉：（接唱）预祝你扶凌云吐气扬眉。

如玉、王勃：（同白）你我后会有期，保重了。

（如玉下，王勃在月下依依远望）

家院：（上）相公，天不早啦，请回船上安歇。

船家：（微醉，上）相公，你怎么还没上船歇息？相公，你看今晚月光明朗，风平浪静，我们再来个月下行船，你看怎么样？

王勃：好，我们速速登舟，月下开船。

（大家上船）

船家：开船喽。

王勃：家院，快取明灯，我要欣赏此宝。

（家院取灯）

船家：相公，你又得了什么宝贝？

王勃：（取出毛笔）你看，就是这个宝啊。

船家：啊，毛笔，我可拿它不起。

王勃：（取墨）你再看这个宝啊。

船家：哎呀，我只会撑船，不会弄墨。

（王勃又取出手帕一条）

家院：相公，这上面绣得还有字啊。

王勃：（念）海内存知己，天涯若比邻；无为在歧路，儿女共沾巾。啊，这是我往年赠送友人诗句，不想贾公子就绣入罗帕上了。

家院：这后面也有字呀！

王勃：（接念）遥念巫山路，应怜咫尺邻；双眉谁与画，闺望返车巾。贾田力赠。（大惊）这罗帕分明是闺阁用物，这和诗又是女子口吻，难道贾公子他……

家院：他这盒上刻的也有字啊。

王勃：（念）阎府珍藏。唔，我明白了。

家院：明白什么？

王勃：他姓贾，名叫田力，这田字头，力字尾，你们猜是个什么字啊。

船家：这是个吃酒的酒字吧？

家院：你只知吃酒！这田头力尾，是个男儿的男字。

王勃：是啊！是个男字。贾男贾男，假而不真，他岂不是个真女子么？

家院：如此说来，他莫非是阎都督的千金小姐？

船家：啊，她是阎小姐？（大惊）

王勃：着哇。船家，快快将船拢岸，我要返回南浦，看个明白。

船家：相公，船已走廿多里了。

家院：相公，老爷和夫人盼你甚切，日后再来重游就是。

王勃：是啊，父母倚望，也只好待他日来重逢了。

    （唱）霞鹜齐飞醒痴梦，双眉待画启愚蒙。

       耿耿秋灯谁与共？知音何日再重逢？

（白）唉，雪泥留爪印，诗帕伴征尘。

（幕后合唱）落霞与孤鹜齐飞，秋水共长天一色。老当益壮，宁知白首之心；穷且益坚，不坠青云之志……

（大幕徐徐落下，剧终）

尾言：本剧代用地名、街道名，例如彭泽、吴城、樵舍、洗马池、铁柱官（即万寿宫）等，均依《唐代疆域地理志》以及《示我周行》等书抄录。落霞孤鹜解释，是根据《萤雪丛说》及《能改斋漫录》等书采用，未依照《古文观止》注解。至吴子章一段文字，系笔者臆造，因无书可考吴的事迹，尚祈方家们指正，为幸！

                    （《滕王阁诗文广存》卷十一）

作者简介：如斯（1940～），江西南昌人，滕王阁第 28 次重建参与者。曾任《南苑》文学杂志主编。著有电影文学剧本《汤显祖》、电视小说《滕阁秋风》、专题片脚本《滕王阁》。

作品简介：本剧为电视评书连载，由名演员谢添执导，曾被评为江西省优秀电视剧。

滕阁秋风

四百旋匡庐，五百里井冈，三清山的俊美，龙虎山的秀丽，烟波浩渺的鄱湖，奔腾不息的赣江，这令人陶醉，令人遐想的山山水水，都是大自然在江西这块土地上留下的"地球纪念物"。一片片幽深的书院，一处处神秘的寺庙，一群群高耸的楼台。一排排玲珑的亭榭，一座座挺拔的古塔，伴随许多可歌可泣的故事。可赞可叹的美丽传说，又是人类文明在这块土地上留下的"历史纪念物"。

滕王阁，世代传颂，名扬天下，令多少文豪讴歌，使多少骚客折腰，更是"历史纪念物"中的佼佼者。我们的故事就发生在这座千古名胜之中。

一、省亲路上

浩瀚的鄱阳湖，夕阳如画，波光粼粼，雁阵掠寒。一叶小舟，停靠在陡峭的山坡下。山崖上赫然刻着两个大字："马当"。

王勃背手屹立山下，欣赏完石刻之后回过头来看看天水混一的水面，目送南飞的雁阵，思绪如麻，百感交集。

家人刘弓沿石级而下，边走边嘟哝着："我早就说了，不该出来，偏要万里迢迢去交趾省亲。"

见王勃站在山下，刘弓跑上前说："公子，刚才去马当庙，打听到两件事。一是听说洪州的阎都督九九重阳，在滕王阁宴请群僚，集聚天下贤才作文赋诗，挑选文学博士。"

王勃问："今天是什么日子。"

刘弓回答："今天是九月初八。"

王勃摇了摇头："还听到什么？"

刘弓说："今晚有北风大起，看来只好在此暂歇一晚了。"

王勃自言自语地说："北风大起？"他又望了望渺茫辽阔的水面。

正在这时，江岸传来一阵苍凉而豪迈的歌声："从春荡到秋，从西荡到东，渔家的苦乐哟，尽在寻渔踪，只有网在手，哪怕十次百次空……"

歌声深深吸引着王勃，他循着歌声向江边走去。

老渔翁收起网，网内空空如也……

歌声继续传来："从浅捕到深，从夏捕到冬，渔家的苦乐哟，尽在寻渔踪，只要勤撒网，何愁鲤鱼不化龙……"

二、直去洪州

王勃回过身来说："家人，快快上船。"

刘弓不解地问："上船？去哪？"这时江面风势已起。

王勃回答说："直驶洪州，登阁赴宴。"

刘弓又问："去洪州，你不去交趾看老太爷了？"

王勃："去洪州，考他个文学博士，再去见老太爷，岂不更好？"

刘弓高兴起来："这倒也对。只是大风逆水乘船，这万万使不得，使不得！"

王勃说："正是碰上大风，才叫天帮我也，快快上船。"

小船拔锚起舵，扯满风帆，破浪而行。王勃屹立船头，风吹斗篷，飘然欲仙，复念着老渔翁的歌词："渔家苦乐哟，尽在寻渔踪。"

一个巨浪打来，水花飞溅。刘弓为王勃弹了弹斗篷上的水珠，边擦边嘟哝"我早就说了，不该开船……"

洪州城，都督府花厅。案头上有副墨迹未干的楹联，上写"求紫金上报朝廷，待灵芝下安黎民。上元二年重阳"

有点老态龙钟的阎都督一手执笔，一手捻须，十分得意地欣赏着自己所撰写的楹联和书法。长史凌嘉站在旁边说："都督所撰楹联，显示了求贤若渴的心意，加上这龙飞凤舞、自成一家的书法，必为滕王高阁增辉，为重阳盛会添色，真是千古雅事"。

这时吴子章走了过来，看了看楹联，小心地对阎都督说："岳父大人的书法可说是炉火纯青，这楹联嘛——依我看，还未体现大人的心意。"

凌嘉生怕吴子章触犯了阎都督，急切地"你——"

阎都督打断了凌嘉的话："依你看呢？"吴子章："依婿所见，可稍增加几个字。"

阎都督"说来。"

吴子章边摇着头边慢慢地说："翻淤泥求紫金上报朝廷，拔蒿草待灵芝下安黎民"

阎都督高兴地说："改得好，改得好！"看得出，他对吴子章的才华是十分满意的。

凌嘉见阎都督高兴，又变换腔调道："啊呀！真是青出于蓝而胜于蓝，姑爷的才华真可说举世无双了。"

阎都督提笔重写后说："贤婿真有长进。明日盛会，老夫为的就是一展你的才气，文章可准备妥当。"

三、雅仙谈王勃

凌嘉："都督大人，姑爷自幼有过目不忘的奇才，这次准备充分显示，同时还请府上几位高手看过，明日定可一举成名。文学博士非姑爷莫属。"

阎都督不信地说："山外有山，不可大意。"

吴子章回答说："岳父放心甘情愿，小婿不敢怠慢。"

在阎都督高兴地点头时,凌嘉眼珠转了转说:"依卑职所见姑爷改得好,大人写得也好,不过这副楹联要挂上这偌大的滕王阁,是否显得小了些?"

阎都督说:"小是小了些,只是老夫毕竟年迈,再写大点就力不从心呀。"

凌嘉说:"卑职倒有个主意。"

吴子章笑了笑抢着说:"你是想说叫雅仙放大。"

凌嘉尴尬地:"放大是雅仙的绝技,不知大人可否允准?"

阎都督:"好主意,请雅仙。"

在都督府后花园一座阁楼上。

雅仙潜心地弹着琵琶,声调忧伤而深沉,她十七八岁,聪慧而刚强。阎都督的九小姐在琴声中执卷诵读王勃的诗作《中山》:"长江悲已滞,万里念将归,况属高风晚,山山黄叶飞。"读完,九小姐说:"雅仙,这诗写得真好,经你解释,我更能体会那种旅途思归的心境了。"

雅仙缓缓放下琵琶,对九小姐所表现出的天真亲切地笑了笑说:"小姐只是意会了诗中的心境。这首诗前两句写情,后两句写景,没有漂泊流离的直接感受是写不出来。"

九小姐说:"王勃是当朝的名诗人,名气很大,他也漂泊流离。"

雅仙望着窗外的流云若有所思地说:"听说他是神童,七八岁就能作诗做赋,十多岁就在沛王府当了修撰,后来又贬为参军,听说,还坐过牢,不知为什么连连丢官,四处飘游……"

九小姐不理解地问:"这么说,王勃也是屈原、贾谊的命了,你说为什么有才之人难得志呢?"

雅仙回答说:"天下人谁都说自己有完备。但据我看,一种是为民真爱才、用才,一种是为了装点门面,当才超过自己或触犯自己时,就妒才、弃才,以至毁才。"

四、雅仙提笔增联

九小姐说:"我父亲是爱才的,要不,就不会让你这个才女当我的伴读了,还要我给你行拜师之礼呢。"

就在她读诗谈王勃的时候,小楼下传来了长史凌嘉的喊叫声:"雅仙,雅仙姑娘。"

九小姐探头窗外,见是凌嘉,一把将雅仙拉离窗台说:"又是他,不安好心的东西,别理他。"

凌嘉见雅仙不理,便上楼了。九小姐见他闯了进来,厌恶地阻拦着他说:"别进来。"凌嘉陪笑道:"九小姐,是都督大人有请。"凌嘉还讨好地说:"是我在都督大人面前推荐雅仙,施展临摹放大的绝技,还不快去。"

九小姐说:"雅仙,我说了父亲是爱才的吧。"

雅仙提笔在手,对联审视。阎都督坐在太师椅上,吴子章、凌嘉站立两旁。

雅仙突然将笔放下,转身行礼说:"婢子想在上下联中各增一字。"

凌嘉着急地说："你——"

阎都督不失大帅风度说"唔？增来我看。"

雅仙就在上联的"翻"字后增了一个"彻"字，在下联的"拔"字后面增了一个"尽"字。吴子章见了心里虽有不悦，但却暗暗吃惊。

阎都督问："你的意思是——"

雅仙回答说："婢子以为，有真才实学的人，并不都在显豁之外。泥不翻彻，紫金何能出，蒿草不拔尽，灵芝岂能来？明天盛会，除已 宾客外，还应让有志者登阁应试。"

凌嘉谄媚地说："雅仙的主意，更显得都督大人思贤若渴之心，求才无私之意。"又转向雅仙讨好地说："雅仙姑娘，你真是锦心绣口啊。"

阎都督微笑点头说："来人呀，赏雅仙纹银五两。"

雅仙说："谢老爷，不过婢子不愿求银，另有一求。"

阎都问："你有何求？"

雅仙回答："明日九九盛会，请老爷恩允婢女与会，以充纸笔之役。"

凌嘉乘机说："雅仙明日登阁，让四方宾客看看我府才女，岂非又是美事一桩！"

阎都督说："拔才女于奴伍，显才女于盛会，确为快事，老夫准你所求。"

五、借神风赴洪州

烛光摇曳，古籍满架。吴子章在烛光中来回踱步，心事繁乱。凌嘉在一旁说："不是我给姑老爷泼冷水，我感到有种不祥的预兆。"

吴子章不语，继续踱步。凌嘉又说："凭都督大人之威望，凭姑爷你的才学，拿个文学博士，谁还会有非议？可是都督大人却一定要公开比试。天下人才多的是，谁知明天冒出个什么人来？"

吴子章忧心忡忡地说："是呀，山外有山。"顿了顿，又自信地说："不过我还是有信心的。"

凌嘉老谋深算地说："还是有备无患，要有对付一切不利的万全之策为好。"吴子章问："依你看——"凌嘉回答说："明天不是雅仙捧砚吗？我会跟着她，来的人非亲即友，谁敢接笔？即使遇上个别大胆狂徒，我略施眼色，量也不敢轻举妄动。待形式一过，你就将已准备的文章挥笔而就，那文学博士不就——"

吴子章说："一切举动，都要天衣无缝，我可不想被世人耻笑啊！"

凌嘉献媚地问："姑老爷放心，只是事成之后，如何赏我？"

吴子章深深了解他的意思，笑了笑说："你还在想要雅仙当三房？"

凌嘉垂涎地说："姑老爷真是善解人意……"

六、洪州城

南浦亭下江边。风平浪静。秋高气爽。王勃主仆二人上岸。

他们行走在车水马龙的街道上。刘弓边走边唠叨地说："我早就说了，公子是文曲星下界，要不，那会有这等怪事，一觉睡醒，就到了洪州，没有福气就能得到这场神风？"王勃没有理会刘弓的唠叨，边走边观看着洪州风物。

刘弓并不介意王勃理不理会他的话，继续说："我早就说过，人呐，总会有走运的年头，叫花子还有捡到狗头金的时候呢，这场风说不准是个上天的安排。"王勃仍不理睬刘弓的议论，继续向前大步走去，不时向路人问上几句话。

刘弓见王勃走远，快步赶了上来，不小心碰撞了一位路人，他谦逊地笑笑，又前去追他的主人……

滕王阁屹立城头，高耸入云，气势宏大。城门前人山人海，万头攒动。

刘弓紧跟在王勃的后面，穿过人群，向城门挤去。

城门旁，显赫张贴着一张告示：

"为晓谕事，大都督阎公，选九九佳日，盛宴群贤，为滕王阁征序，比试诗文，录佼佼者为文学博士。大都督不拘一格，广开才路，有志之士，均可登阁一番展才。洪州都督府重九日布"

看告示的人议论纷纷。一年轻书生说："谁都知道，都督是想在众人面前显示一下女婿的才华，所谓不拘一格，不过是掩人耳目罢了。"一位老者说："听说都督女婿文章盖世，谁还敢与他比试？"一位绅士说："没想到这位洪州都督是这样一位风雅人物，如此选富，倒也别开生面。"……

王勃听到大家的议论，看了一眼巍峨俊秀的滕王高阁，决定登阁一试。

刘弓见他要登上高阁台阶，拉住王勃的衣襟，"公子，你这是——"

王勃会心地笑了笑，用下巴指了指滕王阁，"上去观观风光呀！"继续拾级而上，刘弓跟着他，被卫吏拉住，刘弓摇了摇头，不放心地往回走。忽然他想起了什么，回过身把王勃拉到一边："公子，你这次又要写文章？"

王勃："那又怎样？"

刘弓："上次写了一篇文章跟皇上开了个大玩笑，得罪了皇上，因此贬官，这次可以小心才好。"王勃笑了笑。

滕王阁前

这是一座复合体的辉煌建筑。立闹市面临江水，体庞大而势凌空。大门前一对石狮威严而立。巨大的铜鼎香烟缭绕。"紫金"、"灵芝"楹联十分醒目。"滕王阁"三个金字巨匾赫然高悬。

王勃被这座宏伟的建筑物深深地吸引，惊叹不止。但当他的目眺接触"滕王阁"巨匾时。内心微微一惊。三个大字像是猛烈向他扑来，最后只剩下一个"王"字。这时王勃的脑海中反复跳跃着"沛王府"、"英王府"……长安沛王府内。

英王在一群仕女的簇拥下，来到后斗鸡台前，家奴们抬着周王一白一红两只雄鸡，人欢鸡鸣，好不热闹。两王坐定后得意对王勃说："王修撰，你是当今大才子，我今天要你给我写篇斗鸡文。"说着哈哈大笑。众人一听写"斗鸡文",也跟着哄笑。

七、漫游回顾

王勃像是受了极大的侮辱,十分生气,但他并未发作。

英王见场面已摆开,命令道:"放鸡!"顿时,两只高大的雄鸡冲出笼。颈毛倒竖,两翅微张,低头冲向对方,开始了一场厮杀。围观者像两支啦啦队,一伙人高喊:"白袍马超,使劲啄,"另一伙人声嘶力竭地叫:"两楚霸王,使劲抓。"

"啄呀!""抓呀!"斗鸡场一片叫喊声助威声,跺脚的拍掌的。把两只斗红了眼的雄鸡团团围住。

一场恶战还在进行,只见鸡毛纷扬,尘土翻滚。最后白鸡终于败下阵来,红鸡趾高气扬,高声鸣叫。众人又是一阵起哄。有人将红鸡抱起,送到英王前面。英王高兴地看了看它的金利爪,抚摸它的羽毛,对王勃说:"王修撰,这篇文章好写吧?"

王勃站立一旁,心绪烦乱,深感厌恶,愤慨地说:"好写!"回到住处,王勃挥笔写下《檄英王斗鸡文》几个大字。

后来,沛王拿着王勃的《檄英王斗鸡文》对王勃说:"这篇文章写得好,但皇上说你,持才逞狂,令你去虢州任参车军。"王勃并不言语,冷笑退去……

滕王阁前,一位侍者对王勃说:"客人请。"王勃从往事中醒来,但没有按侍者所示方向走向上层大厅,而是沿着下层的回廊浏览。上层的歌声像天外飘来。滕王阁的飞檐斗拱、画栋雕梁十分壮观。他掀了掀精美的珠帘,摸了摸巨大的红柱,满堂彩绘,令人目不暇接。

远处,西山滴翠,像一座巨大的天然屏风……

脚下,江水滔滔,流向遥远的天际……

江面上渔船点点,水鸟群群,白鹭立江洲……

上层大厅内。歌舞正酣。阎都督坐上方,十分畅怀。吴子章笑容可掬,甚为得意。王将军正在向孟学士敬酒:"干杯,杯中藏奸非君子,今日盛会,你我一醉方休。"孟学士说:"难得阎公盛意,我们再敬阎公一杯。"阎都督得意地说:"各位尽兴畅饮,免敬免敬。"

侍者来到凌嘉身边说:"长史大人,有一客人,气度不凡,我请他入席,他却在下层回廊漫游。"凌嘉说:"呵!去看看。"

八、王勃赴宴

滕王阁精湛的建筑艺术,令王勃惊叹,阁外优美的自然风光引他陶醉,坎坷的人生经历使他感慨;他情不自禁地感叹:"天高地迥,宇宙无穷,悲尽兴来……"

凌嘉听到王勃的自诵,暗吃一惊,迎上前去说:"客人有请。"王勃礼貌地回答说:"请。"

凌嘉:"客人出语不凡,敢问尊姓大名!"

王勃:"姓王名勃,字子安。"

凌嘉又是一惊说:"呵呀!当今奇才驾到,有失远迎!"

王勃谦逊地说："我本路过此地，欣闻高阁盛会，特来开开眼界。"

凌嘉试探地问："公子不打算比试文章?"王勃问："依你之见?"

凌嘉奸笑一声说："嘿嘿，公子是明礼之人，今日盛会，都督大人不过是想录取一名文学博士，足下名声赫赫，视功名如草芥，当然不会看中区区一个文学博士喽!"

王勃："假如我看中了呢?"

凌嘉说："我想足下也会屈才藏锋，成人之美的。"说着偷偷地看了王勃一眼。

王勃不动神色地问："但不知要成何人之美?"

凌嘉说："都督对女婿吴子章视为掌珠，此间道理我不说你也明白。"

王勃又问："那城下告示?"凌嘉回答："争名夺利乃小人之举，清高有识之士定然不屑所为……"

王勃说："如此说来，进考场者白卷交才是清高?"凌嘉语塞，逼视王勃说："看来足下定要展才一试?"

王勃说："大丈夫不怕战死沙场，岂怕失误文坛?"凌嘉转了转小眼珠说："请稍候片刻。"

凌嘉匆匆走上上层大厅，来到吴子章身边，急切耳语，告诉王勃来的消息。吴子章说："大惊小怪。王勃虽有名气，但无准备，在此场合，我要与他比试得胜，不是更高一筹?"

凌嘉劝道："姑爷切勿大意。我看还是不让王勃作文为好。"

吴子章自信地说："休得多虑。再说将他拒之门外，不正说明我惧怕于他，岂不遭世人耻笑?"想了想又说："如能不让作文当然更好。"

凌嘉无可奈何，只得叫侍人去请王勃入席。

王勃信步入大厅，并未引起正沉湎于歌舞中的人们注意。但雅仙却认真地看了他一眼。凌嘉将王勃领到大厅一角的末席说："公子来得太晚，只好屈安末席了。"

王勃不加理会，从容就座，并向邻座拱手致意。接着端起酒杯，一饮而尽。

九、饮酒挥毫

王勃举目扫视全场，见首席上帖挂的"孟学士""王将军"，"宇文州牧"等字幅。凌嘉对已有醉意的阎都督低头耳语后向乐队挥了挥手，于是歌停舞歇，但碰杯声、劝酒声还是此起彼落。

凌嘉提高嗓门道："各位，各位，"待全场安静下来后接着说："各位大人，各位贵宾，酒已过三巡，比试文章开始。今天为各位侍奉纸笔的是我都督府才女雅仙。"说完讨好地看看雅仙。人群不约而同地立即把目光投向雅仙，同时发出了"啊"的惊讶声。

阎都督捻捻须，显出悠然自得的样子。雅仙从容大度，双手托着砚盘姗姗而来，随身跟着两名使女。凌嘉把雅仙领向首席，对孟学士说："孟老先生乃我方名士，请挥毫。"孟学士看看阎都督，恭谦地说："老朽年迈，才思枯竭，岂敢担此重任?"

凌嘉又将雅仙引向王将军处："王将军文武双全，请。"王将军说："我本一介武夫，跑马射箭还行，哪有这等文才。"凌嘉依次请人接笔，但无人敢接。客人甲："孟学士尚不敢受命，还有何人敢为？"客人乙说："谁都知道，吴子章早有准备。"客人丙说："都督醉翁之意不在酒嘛。"雅仙托盘来到第二席、第三席，景况依然。凌嘉十分得意，不露声色。

雅仙正向末席走去，凌嘉一面故意挡住，一边高声说："看来各位都过于谦让，只好请吴子章姑爷接笔了。"

王勃见状，笑着说："为何瞧不起我末席上人？"

凌嘉显得尴尬。雅仙见末席上有人说话忙走过去惊奇地吟道："淤泥已翻尽尚无紫金出。"王勃会意地说："蒿草若拔尽自有灵芝来。"两人对视而笑。

宇文州牧高声地说："末席何人？请通报姓名。"

王勃说："晚辈姓王名勃，字子安，谢大人垂问。"

众人惊奇地纷纷问："王勃？当朝四大才子之一的王勃？"

孟学士立刻下位，走向王勃热情地拉住他的手道："今天能见才子尊容，仍是三生有幸！"王将军、宇文州牧等都向王勃走来。

客人甲对身旁同僚说："王勃是个奇才，三岁能诗，八岁能文，十四岁就高中了。"客人乙说："听说王勃作文，先喝墨数升，然后蒙头大睡，醒时已有腹稿，下笔如丝。"客人丙接着说："不是说他下狱了吗？怎么到这里来了呢？"

众人议论纷纷，整个大厅沸腾了。

阎都督对这种场面虽有不快，但仍不动声色威严地咳了一声。待大家安静后，阎都督说："王公子既来赴宴，乃我洪州之幸，借此盛会，就请挥毫吧。"

王勃站起来说："谢都督大人。"

雅仙借势将纸笔高高托起，半蹲身子送到王勃面前。王勃将杯中酒一饮而尽欣然接笔。雅仙喜出望外。侧身将王勃引向已摆好的书案边。

十、挥笔著名篇

宾客们重新就位。王勃握笔在手，运气沉思。雅仙侍立一旁，准备报句。有人还在议论："即席作文，无暇推敲，更不能精心修改，恐难成佳作。"另一宾客说："有幸目睹王勃当众走笔，是难得的一件美事。"凌嘉、吴子章显得有点紧张，急切地关注着文章的出现。

随着王勃的运笔，序文题目跃然纸上《秋日登洪府滕王阁饯别序》。

雅仙洪亮而甜润的嗓音报出了题目。大厅内鸦雀无声。接着雅仙又报："南昌故郡，洪都新府……"

雅仙话音刚落，吴子章就现出藐视的微笑。

阎都督对孟学士等人评论说："起笔平平。"

孟学士说："大手笔作文，往往不作惊之状，开头总是工稳，听听下文。"

雅仙又报道：星分翼轸，地接衡庐。襟三江而带五湖，控蛮荆而引瓯越。物华天宝，龙光射牛斗之墟。人杰地灵、徐孺下陈蕃之榻……台隍枕夷夏之交……

雅仙继续报诵："宾主尽东南之美"。

整个大厅的人听了都十分高兴，有的摇头晃脑，有的啧啧称赞。一宾客说："真是文不加点呀。"另一宾客说："果然名不虚传，来得真快，曹子建七步成诗不过如此。"

雅仙对着阎都督诵道："都督阎公之雅望，棨戟遥临。"

阎都督听到这里捻须自得，含笑点头。

雅仙又转向宇文州牧诵："宇文新州之懿范，襜帷暂驻……"

宇文听了十分高兴，抚掌称道。

雅仙又转向孟学士诵："腾蛟起凤，孟学士之词宗……"

孟学士听了显出谦逊的气度说："过誉，过誉！"

雅仙又转向王将军诵："紫电青霜，王将军之武库……"

王将军畅怀大笑称赞说："写得好，写得好！"

王勃潜心写下去，文笔走龙蛇。雅仙越报越激动。凌嘉低头踱步，　吴子章则口中念念有词……

雅仙放慢了声调，热眼盈眶，声音也激动得有点颤抖，继续诵道："落霞与孤鹜齐飞，秋水共天长一色……"

顿时，全场掌声雷动，一片叫"好！"、"绝！"、"妙呀！"一位书生打扮的客人，竟从袍襟撕一下幅白绢，匆匆录下"落霞"一联。

阎都督也走下座位，高声地称赞："真天才也，真天才也！"

吴子章仍在默念。凌嘉转了转眼珠对吴子章说："姑老爷，看来大势已去。"

吴子章说："亏你自称军师，慌什么！"

凌嘉似乎明白了，说："你是想——"吴子章心怀诡计说："后面有好戏！"

十一、王勃运笔如神

王勃越写越激动，他扔掉一支笔，又换上一枝……

雅仙满脸泪痕，痛心地诵读："关山难越，谁悲失路之人……呜乎，时运不济，命途多舛。冯唐易老，李广难封。屈贾谊于长沙，非无圣主；窜梁鸿于海曲，岂乏明时……"

王勃继续在疾书，他大汗淋漓，十分亢奋。

雅仙舒了一口气继续诵道："呜乎！胜地不常，盛筵难再……临别赠言，幸承恩于伟饯，登高作赋，是所望于群公……"

众人又是一次热烈掌声。

雅仙继续诵读："一言均赋，四韵俱成。"

王勃写到这里，顿了顿，突然搁笔。向众人手拱道："献丑献丑。"

宇文州牧称赞说："才子写得好，才女报得好，真可称星月交辉呀！"

王勃与雅仙相对会心一笑。

众人又是一阵掌声……

凌嘉有点气急败坏，却又束手无策。

众人纷纷举杯涌向王勃，争着给他敬酒祝贺。

王勃红光满脸，应酬不暇。

吴子章见此情形，恼羞成怒，却装着若无其事地高喊："各位，各位静一静。"众人被他一喊，莫名其妙地静了下来。

吴子章说："诸位恐怕是少见多怪，王勃这篇文章，不过是小儿习作。"

孟学士问："何以见得?"

凌嘉说："何以见得，我早就听姑老爷背过，不信请他背诵一遍如何?"

宾客甲怀疑地说："有这等事，没见过这么好的文章呀?"

宾客乙："那就请子章兄背背吧。"

吴子章清了清嗓子，开始背诵："南昌故郡，洪都新府……"

人们开始向他投去投惊讶的目光。

凌嘉得意地走近王勃说："才子? 到我洪州逞才?"

雅仙深知吴子章有过目不忘的绝技，急得直跺脚，欲开口陈述，却被凌嘉阻住。孟学士等被弄得摸不着头脑。

吴子章越背越快，越背越得意，当他背到最后一句："四韵俱成"时，有意拖长声调，接着得意说："怎么样? 一字未拉吧!"

有人为他鼓掌，有人面面相觑。

十二、填字助兴

凌嘉说："看来还是请吴姑老爷另写一篇吧!"

王勃听完吴子章背完后，赞赏地说："子章兄真是奇才，少见，少见。"停了停，接着问："只是序后还有七绝一首，不知子章兄也曾读过，能不能给大家背诵背诵?"

吴子章为难地："这——"

王勃一语提醒了大家，七嘴八舌纷纷说："是呀，还能背背吧?"

吴子章羞愧地低下了头。凌嘉无计可施。

阎都督生气地说："无用之辈，雕虫小技，还不退下!"

吴子章在凌嘉的陪伴下，羞愧地转身想走。

王勃说："都督大人，子章兄才气过人，既为文友，何必退去，请大人允准。"

阎都督高兴地说："依你所求。"

王勃重新提笔。

雅仙重新诵读："滕王高阁临江渚，佩玉鸣鸾罢歌舞。"

众人齐声称赞说："好!"

雅仙继续诵道："画栋朝飞南浦云，珠帘暮卷西山雨"。

众人齐声称赞："好!"

雅仙继续诵道："闲云潭影日悠悠，物换星移几度秋"。

众人称赞说："好诗! 好诗!"

雅仙继续诵道："阁中帝子今何在，槛外长江□自流"。

雅仙诵到最后一句，她发现缺了一个字，就慢慢诵读，读不下去——"自流"她皱眉思索。

众人不解地互相看着。

王勃含笑搁笔拱手说："都督大人，各位大人，王某不才，空一字在此，供各位猜填，以助酒兴……"

大家疑惑不解，都在想着填一个什么字才好。

吴子章挤上前去，挥笔写了一个"枉"字。有人赞赏，有人摇头。

那位撕襟录句的收生走上去，写了一个"仍"字。有人摇头，有人赞赏。

雅仙向王勃投去敬慕的目光，好像在说，我猜着了。

王勃："请才女挥笔。"

雅仙含羞地说："王公子诗中已经有了最贴切的字了，何须再填?"

王勃会意。众人不解。

凌嘉讨好地说："雅仙姑娘，诗中明明缺少一字，你能填上?"

雅仙说："所空之处，便是'空'字，王公子你看——"

王勃赞扬地点头说："才女聪慧过人，敬佩! 敬佩!"

雅仙害羞地低下了头。

大厅内又是掌声雷动。

宇文州牧说："子章兄，把你的文章也写出来吧。"

吴子章羞愧地说："我要再拿出来，就是金山面前显铜钱了。"

阎都督高兴地说："凌嘉，命人再到侧室备酒，老夫要与王公子从容叙谈。"

十三、九小姐书房

雅仙在精心地裱装《滕王阁序》。

九小姐翻来覆去地读序，一脸迷惑不解的神态。九小姐说："雅仙，王勃的文章写得真好，可是有些古怪，我想不透。"

雅仙仍在低头裱装不解地问："怎么古怪?"

九小姐说："你看，他一会儿说：'无路请缨''慕宗悫之长风''奉宣室于何年'好像是想建功立业，报效国家。但一会儿又说'达人知命''君子安贫''舍簪笏于百龄''奉晨昏于万里'又像心灰意冷了。像这样意思相反的句子还不少，我实在不明白他的真实想法。"

雅仙说："小姐真聪明，一下子就盯住了这篇文章的妙处。"

九小姐说："妙处在哪里？"

雅仙停下手中活抬头起来，神秘地说："你再想想他既说要干一番事业，又说不想干，到底哪是真心话？"

九小姐想了想："我想还是想干的。"

雅仙说："是呀，一个人既感到怀才不遇，怎能甘愿无所作为呢？"

九小姐说："那为什么他要说那么多伤感的话呢？"

雅仙说："这就要看听话的人是不是知音？文中用了伯牙抚琴遇子期的典故，又写了'关山难越，谁悲失路之人'，我看这是全篇的点睛之笔。"

九小姐点点头，似乎明白了什么，天真地说："那我去跟父亲说，留他在本府做官。"

雅仙摇摇头叹气说："谈何容易……"

众人散去后，阎都督、孟学士、王将军、宇文州牧以及吴子章、凌嘉等人，陪王勃开怀畅饮。

侧厅门口，刘弓要往里闯，侍卫挡住不准，刘弓说："我要见我的主人，他得了文学博士。"他不顾一切地冲了过去，高兴地挽着王勃说："我早就说了，公子是文曲星，我早就……"

众人大笑。

阎都督说："赏老人家一些银两。"

刘弓捧赏银还在唠叨说："我早就说了……"

孟学士说："高阁得奇文，定可千古传颂，都督真是功德无量呀！"

宇文州牧说："都督今日之举，应了亲书楹联之兆。这不，盛会喜得紫金，灵芝降我洪州。"他亲热地抚着王勃肩头仔细端详他的风采。

王将军爽快地说："都督大人，你打算封他个什么官呀？"

凌嘉奸诈地说："量才而用，是都督大人的美德。"

阎都督满心高兴，哈哈大笑起来。阎都督说："各位放心，本都督盛会选才，任人唯贤，今天看到了吧。"

众人称赞说："可喜、可贺！"

王勃说："谢各位大人盛情，但我生性粗疏，凡遭挫折，恐负众望。"

王将军说："大丈夫天生当报国安民，光宗耀祖，岂怕个鸟挫折！"

凌嘉不阴不阳地说："子安兄无心仕途，实可体谅，父亲远在天涯，能不远涉亲省，尽做儿子的孝心？"

孟学士说："为国建功立业，乃大忠大义之举，令尊虽然远在天涯，也会倍感欣慰的。"

王勃回忆到父亲在离别前的话："你只可从文，不可为官。"于是说："大人盛意，我感恩不尽，且容勃三思。"……

十四、凌嘉的主意

吴子章抚着古筝，音调沉重，手法零乱。他心事重重，想到白天在盛会上弄巧成拙，丢人现眼，想到王勃的超人才华，既惭愧又不服。

凌嘉在屋子里来回踱步，想到到手的官可能被王勃夺去，想到雅仙对王勃的敬慕之情，倘若王勃留在都督府为官，他自己的地位必然受到威胁，雅仙必然投向王勃的怀抱。他妒火中烧，按住古筝的琴弦，对吴子章说："你还有心思弹琴？"

"唉"吴子章离琴起立，深深地叹了口气。

凌嘉怒不可遏地用手指恨恨拨动古筝的一组琴弦，古筝发出一声繁乱而噪杂音响……

凌嘉说："我们不能就此罢休！什么选才，擒到我们头上来了！"

吴子章苦笑地说："是呀！我的官丢了，你的三房太太也丢了！"

凌嘉说："没那么容易！王勃一介书生有何能耐？你要照当你的官，我照娶我的三房夫人！"

吴子章说："你有何高招！"

凌嘉对吴子章耳语……

阎都督坐在太师椅上，两名使女在为他轻轻捶肩。凌嘉和子章走了进来。

凌嘉说："都督大人，今天的事太出人意外，卑职有渎职之过，心里十分不安，子章也心痛难忍。"

阎都督说："胜败乃兵家之常事，盛会之前我就说过，山外有山嘛。"

吴子章说："小婿并非懒散，为争博士，作了一年的努力，谁知王勃的确是个奇才。"

凌嘉试探地说："大人真的想留王勃在府为官？"

阎都督说："这种人才送上门来不用，岂不遭人耻笑？"

凌嘉问："有句话该不该说？"

阎都督说："你是我的谋士，有话请直说。"

凌嘉说："依我所见，王勃只能留其文，而不能留其人！"

阎都督说："说下去。"

这时雅仙送已经装裱的序文来到客厅外，正好听到他们在说话，于是屏息静听。

凌嘉说："王勃有才无德，留下是个祸害。其一，他写《檄英王斗鸡文》触怒皇上而遭贬；其二，他私杀官奴，为此下狱，差点掉脑袋，连他老子也株连充边；其三，就今天这篇文章，也是满腹牢骚，暗讥当今朝廷，他大讲什么时运不济，命途多舛。如果大人取用这等狂徒，必遭朝廷谴责。"

阎都督闭目沉思，凌嘉、吴子章看了一眼他的表情。

十五、厅内密谋

吴子章说："小婿虽不像王勃才华显赫，可对您忠心耿耿。王勃乃过路之人，日后得势，将对大人如何，实在令人担忧。"

凌嘉说："留他的文吗？这篇序不仅可惊动当今文坛，传以后世也将成为典范。由此滕王阁也必将百世流芳，大人也就名垂古史了。"

阎都督听到此，似已动心，他离开太师椅，踱步客厅说："依你们之见？"

凌嘉借势上前一步跪下说："万全之策，软禁府内，既可使王勃的文章独我所有，又可辞世人闲言，还可向朝廷交代，真可谓一举三得。"

吴子章说："就像处理建滕王阁的古木匠一样！"

雅仙在厅外听到这里大吃一惊，怀中的序文跌落在地。

客厅里的人同时一惊。

凌嘉开门问："谁？"

雅仙故作镇静地说："序文已经装裱成册，婢女特来呈送都督大人。"

凌嘉见是雅仙，强装笑颜说："才女辛苦了。"

阎都督说："雅仙，你都听到了？"

雅仙说："不知大人所指是什么？"

阎都督："没有什么，"顿了顿又说："雅仙，本都督待你如何？"

雅仙："婢女心中有数。"

阎都督一反常态地说："有数就好。"想了想："你是我洪州才女，今日盛会，又名声大振，我已打算取消你的奴籍。"

吴子章、凌嘉迷惑不解地望着阎都督。雅仙也深感突然，但还是恭敬地说："谢大人恩。"

阎都督说："不——，你得听我一言。"

雅仙说："请大人赐教。"

阎都督说："凌长史是我的属官，官高位显。虽有二房夫人，但尚无子嗣，我愿作月老，成全你们。"

阎都督的话充满着威严，雅仙一听如五雷轰顶，差点昏倒。他想到自己的父亲古木匠的遭遇，想到王勃的处境，很快恢复常态说："大人美意，容婢子三思。"

凌嘉说："想想也好。"

吴子章说："凌长史一向敬慕你的才气，雅仙你可是交好运了……"

十六、嫁祸于人

跳墙从草丛中爬出，遍身伤痕，满脸血迹。

王勃看清人后问："这不是节度使的官奴庆僮吗？你怎么啦？"

庆僮跪下哀求说："参军大人救奴才一命。"

王勃问："何人追你？"

庆僮说："今天节度使斗鸡失败，怪罪奴才，将奴才鞭挞，奴才忍受不了，想远逃他乡，不想已被发觉，现追兵在后……"

王勃想了想，指了指林中，叫他暂时藏身。

这时官兵正在急促敲打花园侧门，刘弓赶来，看了看王勃，不得已将门打开，全副武装的兵丁涌入园林。

一领队武官向王勃拱拱手说："王参军，打搅了！"

王勃说："请坐下叙话。"

武官说："不必了，我等奉节度使大人之命追捕逃奴庆僮，有劳参军协助。"

王勃说："不知庆僮逃往何处？"

武官说："有人看见逃到府上。"

王勃说："这——"

武官说："参军当然知道，私藏官奴是要坐牢的。"接着命令道："搜！"一伙兵丁四处搜寻。庆僮被数名兵丁从树丛中拖出。

武官说："给我狠狠地打！"

棍棒像雨点般落在庆僮身上。王勃叫喊着说："别打！别打！"但无济于事。

王勃见状，忍无可忍，大喝声，说："住手！"棍棒停了，王勃蹲下抱起庆僮。庆僮奄奄待毙。王勃叫刘弓取过银针，在他的人中等穴位上扎了数针，庆僮先是动了一动，突然头歪，被兵丁活活打死了。武官见状，先是一惊，接着夺过银针，嫁祸于人说："王参军，你私藏官奴，已够坐牢。刚才又误用银针，扎死官奴，你死到临头了！"

王勃气愤地说："分明被你们乱棍打死，你……你们还血口喷人！"

武官说："哼！你等着吧！"转过身命令兵丁："走！"

王勃缓缓放下庆僮，泪流满面……为这事王勃坐了牢。待一狱吏在为王勃打开手铐脚镣时，刘弓赶来为他收拾小包袱。

刘弓说："公子，节度使念你过失杀奴，赦免你的罪了。"

王勃摇了摇头说："赦免了我？"

刘弓说："你就认了吧，什么也别说了，贵人多磨难，忍了吧，留得青山在，还愁没柴烧？"

王勃问："家父可好？"

刘弓说："老爷因你坐牢，已贬官交趾县令。"

王勃惊奇地问："什么？贬官交趾……"

十七、深夜造访

回想这些，王勃口里还在念叨："奴婢？"眼睛发直，思绪茫茫。

刘弓说："前车之鉴，公子可要谨慎才好。"

王勃说："让我想一想，你先睡吧。"

刘弓同情地说："我早就说过，贵人多磨难……"

王勃看着摇曳的烛光，眼前浮现出雅仙的倩影：雅仙托着笔砚姗姗而行，雅仙激动地报句，雅仙猜出了"空"字诗，雅仙向他投来的灼热的目光……

一阵敲门声，把他从回忆中唤醒，他机械地问了一声："谁？"门外回答说："都督府送夜宵的。"

王勃开门，只有来者头戴软脚袱头，身着黑色大披风。左手挑着印有"都督"字样的灯笼，右手提着一个多层饭盒。

王勃拱手谢道："承蒙眷顾。"

来者取出盒中的餐具，酒菜，并为王勃斟上了酒，捧杯给王勃说："为公子前程，请满饮此杯。"

王勃接杯在手说："多谢多谢，敢问这是哪位大人的盛情雅意？"

来者不坐，并转脸向窗外："公子是不是真的想留在洪州？"

王勃停箸，疑惑地看了看这位夜来人，似觉面熟，放下筷子反问道："请问台兄尊姓大名？"

雅仙转过身来，将披风脱下，又将头袱摘下，嫣然一笑："难道真的认不出？"

王勃惊奇地说："雅仙，"慌忙立起，"日间幸识才女，清音倩影不曾有忘，只是万万没有想到，深夜乔装而至。"

雅仙一语双关地说："没有想到的事还多着哩。"

王勃说："姑娘深夜造访，一定有所指教。"

雅仙说："我们去看看滕王阁的夜景吧。"

江面渔火点点，太空繁星闪烁，淡淡的雾气在脚下缭绕，一切都似乎在一层薄纱笼罩之下。只有秋虫唧唧之声隐约可闻。夜寂静而神秘。

王勃、雅仙在回廊上缓缓而行。

雅仙说："公子如能听我一言，就该速离洪州。"

王勃不解地问："为什么？"

雅仙说："你觉得阎都督重阳集贤，真的是为选人才？"

王勃问："那为什么？"

雅仙说："你不想问问我的身世？"

王勃："正想打听，听老人家说，你是都督的奴婢？"

雅仙痛苦地狂笑说："哈哈，奴婢，奴婢！我希望你从我这个奴婢身上能看到点什么！"

王勃愕然。

十八、主仆论为官

刘弓喝了点酒，唠叨没完地说："我早就说过，写文章呀，就要往好里写，对皇上，对阎都督这样的官儿，你明明看到他左脸上有灰，你千万不要说左脸，你得说老爷，你右脸真干净，……"

王勃笑笑说："你这话不知讲了多少遍了。"

刘弓说："讲多少遍也不多。你的文才高，但我见得多，从你爷爷到你父亲，到你，我经过的可多呢，这不，今天写了篇好文章，全城的人都知道了，都督大人也高兴，还准备封你的官呢？"

王勃说："你看在这里当官好吗？"

刘弓说："哎！有官哪那儿都好，再说你这个官是凭本事考来的。你当了官，就把老太爷接来洪州，侍奉晚年，我也省得跟着你四处漂泊，这么好的事傻瓜才不干呢。"

王勃见这可爱的老头那十分熟悉的说话神态，又亲切地笑了笑。他站起来，只见江面渔火点点，城墙下万家灯火，忽然转过身来说："你看雅仙怎么样？"

刘弓不解地看着自己的主人说："你说的是那个给你报句的姑娘？我早就说过，那个是天仙似的人儿……"老家人不管是不是早说过什么，他都喜欢用自己的口头禅。

王勃说："你没说过她是天仙，只说过我是天上的文曲星。"

刘弓说："是天上的文曲星。天上的文曲星碰上了天仙。"他突然惊奇地问："你不是不看上了民？好！好！"

王勃说："什么天上的地下的，好呀好的，你能帮帮我吗？"

刘弓说："可以帮，可以帮。"停了停，又突然变色地说："不行，不行，听说雅仙是个奴婢，使不得，使不得！"

王勃焦急地："奴婢？"

这时，他想起了一件事：

那是五年前赣州。节度使衙门王勃住处的后花园。

秋风瑟瑟，泉水有声，垂柳飘舞，松涛阵阵。王勃正在小径上漫步吟着自己的诗作《咏风》：

"来去固无迹，动息如有情。日落山水静，为君起松声。"

突然，从围墙跳下一个人来。

王勃问："什么人？"

十九、自由飞翔

凌嘉卧室。凌嘉正在酣睡。门外忽然响起一阵急促的敲门声。

敲门的侍卫喊："长史大人，王勃跑了，还带走了雅仙！"

凌嘉惊讶地说："什么！快告诉吴姑老爷。追！"

一条小船已离岸远去。王勃屹立船头，注视着滕王阁上的雅仙。雅仙向他挥动着头巾。

凌嘉、吴子章带着兵丁赶到江边，见船已去远。

凌嘉说："嗨，快，找船追。"

滕王阁上。雅仙走到回廊尽头，边挥头巾边喊："海内存知己，天涯若比邻。"

凌嘉等人听到了雅仙的喊声，一齐向高阁处望去。

凌嘉说："雅仙在那里，快，把她抓回去。"

凌嘉带兵丁们向滕王阁涌来。

雅仙见凌嘉已发现自己，一时手足无措，但很快镇定下来。

雅仙向王勃喊："王公子，多保重！"

王勃听见喊声，向雅仙挥手说："多保重！"

这时，雅仙从容地将斗篷、头巾卷了卷，使劲向江心抛去。斗篷向江心随风飘下，那么轻盈，那么自由……

兵丁们沿着滕王阁的楼梯向上冲去。

凌嘉气喘吁吁地跟在后面……兵丁们已冲到三楼回廊……

雅仙见兵丁已进屋，向江心的王勃喊道："王公子等等我，我来了！"

接着纵身往下一跳……

王勃见雅仙跳下，声嘶力竭地喊："雅仙——！"

一阵昏眩，刘弓忙将王勃抱住。

昏眩中，王勃幻觉阎都督那幅"紫金""灵芝"楹联掉下，砸成了碎片。

碎片乱飞，化出两只洁白的海鸥……

两只海鸥在江面上自由飞翔，发出悦耳的鸣叫，一只好像在喊："王勃、王勃！"一只好像在喊"雅仙、雅仙！"

在海鸥自由飞翔的同时歌起：

"落霞红彻天尽头，涂山抹水染阁楼。孤鹜翔飞落霞中，娇姿翩翩画中游。落霞美，孤鹜秀，落霞孤鹜两风流。

落霞虽美不长久，孤鹜虽秀难成偶。高阁默默传佳话，赣江茫茫瑟瑟秋。落霞美，孤鹜秀，落霞孤鹜两风流。"

谱

滕王阁

王勃 诗

宗九奇 先生口传

李明 编曲

1=F 4/4

引子古

古琴

箫

藤王那高阁 临 江 诸 佩 玉 鸣 鸾 罢歌舞 画栋 朝飞 南浦云 珠帘 幕卷 西山雨。

闲云 潭影 日悠悠 物换 星移 几度秋 阁中那 帝子 今 何 在 槛 外 长 江 空自 流。

箫

作者简介： 曲谱，乃楚调唐音代表性传人宗九奇先生口传。

口传者宗九奇（1943～），生于庐山，祖籍南昌。系古建筑师、学者、诗人、书法家，非物质文化遗产"楚调唐音"的代表性传人。曾任滕王阁重建工程总指挥，滕王阁文史室主任。现任中华文化促进会理事、中国国学学会名誉会长、江西省文史馆馆员、江西省社会科学院特聘研究员，著作甚丰。

曲作者李明（1975～），民革党员。南昌市滕王阁管理处职工，南昌市音乐家协会副主席、南昌市古琴协会会长、南昌理工音乐学院客座副教授。江西省社会科学院语言文学研究所"滕王阁楚调唐音"艺术中心副主任、全国社会艺术水平考级考高级考官。编著书籍有《国风古韵－楚调唐音歌吟传承曲谱选》、微电影配乐音乐有《奏折》、发表歌曲《珍爱和平阳光》等。

滕 阁 情

宗九奇词
李　明曲

1=G　3/4 4/4
稍慢、深情的

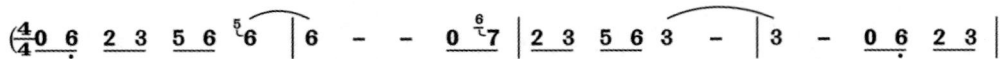

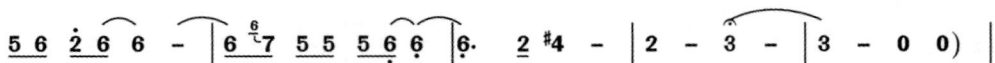

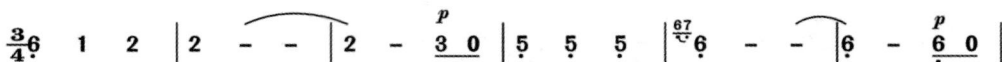
遥望鄱　湖，　　　　　极目赣　江。

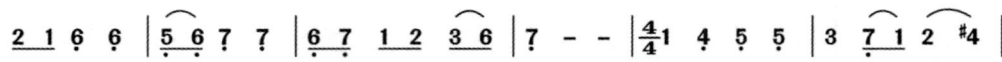
水　碧碧，天　蓝蓝，片片彩云在飞翔。　　　情满大地，情满　穿

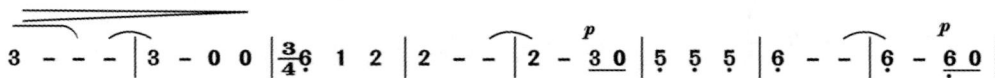
苍！　　　　　遥想滕王，　　　　　长忆王　郎。

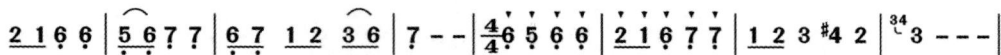
乘　神风，登　名楼，神来之笔写华章。　　烽烟滚滚，岁　月沧桑。废而兴,国运　昌,

倚天高阁　立江　上。　　　　　遥望长　天，

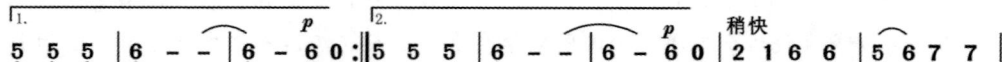
极目秋　水。　　　　极目秋　水。　　　水　碧碧，天　蓝蓝，

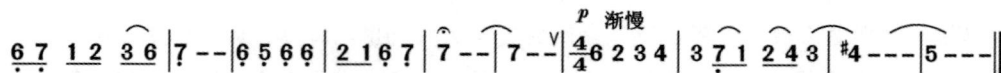
片片彩云 在飞 翔。　唐风宋韵，百　世流　芳。　　　情满大地,情满　穿　苍！

作者简介：词作者宗九奇、曲作者李明，见前。

临江仙·登滕王阁

作词:王飚
作曲:刘安华

作者简介： 词作者王飚（1943～），江西南康人。原江西省人民政府秘书长，现任江西省诗词学会会长。曾负责主编《江西省人民政府志》《江西生态》并任第一副主编；《江西政报》编纂委员会主任、总编等。

曲作者刘安华（1940～），国家一级作曲，江西省歌舞团团长、中国音乐家协会理事、中国管弦乐学会理事、江西省音乐家协会副主席。代表作品有：声乐套曲《赣水那边》、七场歌舞剧《山那边，水那边》、组歌《鄱阳湖赞美诗》、歌曲《我的红土地》等。

西江第一楼

（女生独唱）

作词：佚名
作曲：李明

1=F 2/4 3/4 4/4

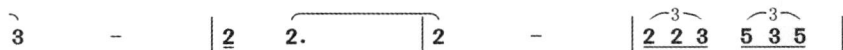

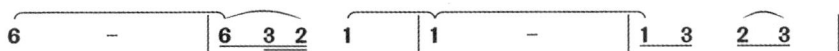

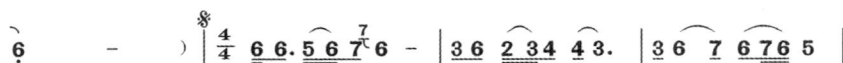

西江第一 楼， 飞峙楚江头。 南浦 飞 云，
高阁临江 诸， 名楼耀 神州。 琴箫 瑟 瑟，

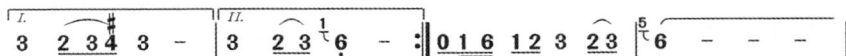

西山 雨。 曼歌 舞。 几度 风霜 几度 秋。

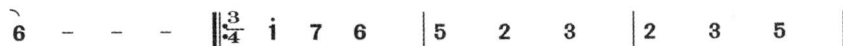

天精灵， 地挺秀， 阁披绣，
逢盛世， 群星荟， 诗篇传

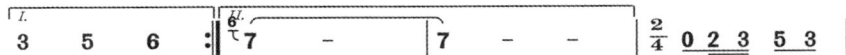

楼添彩。 承。 子安一序
落霞孤鹜

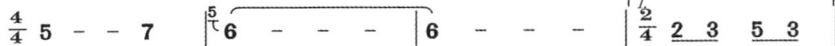

传 千 古， 秋水长天
竞 风 流，

$\frac{4}{4}$ 2 - - $\widehat{2\ 3}$ | 6̣ - - - | 0 6 6 6 6 1̇ - | 5 - - 2 3 |

看　不　够。

6 - - - | 0 1̇ 1̇ 1̇ 1̇ 7 - | 3 - - 5 6 | 2 - - - |

0 3 2 3 5 3 5 6 | 6̣ - - - | 3̣6̣ - - - | :‖ $\frac{2}{4}$ 2 3　5 3 |

　　　　　　　　　　　　　　　D.S 　　　　　俯 看 滔 滔

$\frac{4}{4}$ 2 - - $\widehat{2\ 3}$ | 6̣ - - - | $\frac{2}{4}$ 2 3　5 3 | $\frac{4}{4}$ 5 - - $\widehat{6\ 7}$ |

东　逝　水。　　　　　　　俯 看 滔 滔　东　逝

6̣ - - - | 6̣ - - - ‖

水。

作者简介：曲作者李明，见前。

滕王阁抒怀

如 斯 词
解策励曲

作者简介：词作者如斯，见前。

　　曲作者解策励（1932～），女，湖南长沙人。1956年起，先后在交通部文工团、江西省歌舞团工作，任创作员、创作组组长、歌舞团副团长等职。曾任中国音协江西分会副主席。代表曲作有《五指山》、舞蹈音乐《苗族婚礼》、独唱歌曲《请茶歌》等。

蓬莱阁

简 介

　　蓬莱阁，位于山东省蓬莱市西北的丹崖山上。山上除蓬莱阁外，还有三清殿、吕祖殿、苏公祠、天后宫、龙王宫、弥陀寺等古建筑。蓬莱阁始建于北宋嘉祐六年（1061），由登州知州朱处约于龙王庙旧址修建，作为州人游览之所。登州治所在蓬莱县，故名。明万历十七年（1589），巡抚李戴于阁旁增修了一批建筑物，统称"蓬莱阁"。清嘉庆二十四年（1819）知府杨本昌和总兵刘清主持进行扩建，使其大具规模。后又得以多次修缮。1982年被公布为全国重点文物保护单位。

词

忆秦娥·蓬莱阁

烟漠漠，水天摇荡蓬莱阁。蓬莱阁，朱甍碧瓦，半浸寥廓。
三山谩有长生药①，茫茫云海风涛恶。风涛恶，仙槎②不见，暮沙潮落。

（《齐乘》卷五）

作者简介： 宋朝作品，作者佚名。

忆秦娥·咏海市

云烟漠，红光紫府成楼阁。成楼阁，鸾飞凤舞，往来琼廓。

---

① 三山谩有长生药：古代传说东海中有蓬莱、方丈、瀛洲三神山，中有不死之药，秦皇、汉武曾东游以追求之。
　《史记·秦始皇本纪》："齐人徐福等上书，言海中有三神山，名曰蓬莱、方丈、瀛洲"。
② 仙槎：神话中能来往于海上和天河之间的竹木筏。

神山仙队迎丹药，虚无造化难著脚。难著脚，蓬莱三岛，横铺碧落。

忆秦娥·蓬莱客赞重阳真人

离西漠，重阳来访蓬莱阁。蓬莱阁，祥光浮动，果然侵廓。
阐扬教典胜施药，道尊自是师严恶。师严恶，僻人归正，要超碧落。

（《洞玄金玉集》卷九）

作者简介：马钰（1123～1183），原名从义，字宜甫，入道后更名钰，字玄宝，号丹阳子，世称马丹阳，山东牟平人。为全真道祖师王重阳在山东收下的首位弟子，后成为全真道第二任掌教。在道教历史和信仰中，他与王重阳另外六位弟子合称为"北七真"。著有《洞玄金玉集》。

秦楼月·蓬莱阁

蓬莱阙，漫漫巨海深难越。深难越，洪波激吹，怒涛翻雪。
玉霄东畔曾闻说，虚无一境天然别。天然别，鳌山不动，蜃楼长结。

（《磻溪集》卷六）

作者简介：丘处机（1148～1227），字通密，道号长春子，山东栖霞人。道教主流全真道掌教，思想家、政治家、文学家、养生学家和医药学家。被奉为全真道"七真"之一，以及龙门派的祖师。著有《长春祖师语录》《大丹直指》《磻溪集》等。

金明池·大热有怀蓬莱阁

大海涵青，丹楼耸翠，森森鸿濛奥府。蜃气荡，云车鬼马，贝阙拥，鲛姝龙女。望扶桑，几点烟螺，便打叠，鳌背匆匆归去。更荒岛人烟，斜阳草树，蟹箬鱼罾凄楚。

安得披襟常卧此。对铜井金波，冰轮初吐。无从觅，湘灵鼓瑟，但可向，安期乞雾。醉婆娑，晞发临流，任万斛天风，卷晴吹雨。纵烁石流金，凭栏一啸，试问暑归何处。

（《珂雪集》卷下）

作者简介：曹贞吉（1634～1698），字升六，又字升阶、迪清，号实庵，山东安丘人。康熙三年（1664）进士，官至礼部郎中。清代著名诗词家，被誉为清初词坛上"最为大雅"的词家。著有《珂雪集》《朝天集》等。

满江红·登蓬莱阁

北望满洲，渤海中，风潮大作。想当年，吉江辽沈，人民安乐。长白山前设藩篱，黑龙江畔列城郭。到而今，外寇任纵横，风尘恶。

甲午役，土地削①；甲辰役，主权堕②。叹江山如故，夷族错落。何日奉命提锐旅，一战恢复旧山河。却归来，永作蓬山游，念弥陀。

（《吴佩孚将军传》）

作者简介： 吴佩孚（1874~1939），字子玉，山东蓬莱人。北洋军阀直系将领，有"常胜将军"之名。著有《循分新书》《明德讲义》等。

风入松·戊午秋登蓬莱阁③

齐烟九点望胶东，霞日海腾红。仰观俯视神游遍，上鸢云，下到龙宫。一粟浮沉身世，千年梦逐坡翁。

波澜壮阔卷长风，银浪叠重重。遥天万里消阴晴，问蜃光，吹气何从？却笑人间名利，无非楼阁空中。

（《蓬莱县志》）

作者简介： 张伯驹（1898~1982），字家骐，号丛碧、游春主人、好好先生，河南项城人。民国四公子之一。集收藏鉴赏家、书画家、诗词学家、京剧艺术研究家于一身的文化奇人。著有《丛碧词》《素月楼联语》等。

---

① 甲午役，土地削：指1894年中日甲午战争后签订《马关条约》。
② 甲辰役，主权堕：指1904年日俄在中国东北进行了日俄战争。
③ 戊午年为1918年。

剧

作者简介：作者佚名，为元明时期杂剧。

作品简介：本剧是以八仙为主要人物、以东海为主要背景的神仙道化剧。本剧共4折并1个楔子，主要内容为：相传白云仙长有回于蓬莱仙岛牡丹盛开时，邀请八仙及五圣共襄盛举，回程时铁拐李建议不搭船而各自想办法，就是后来"八仙过海、各显神通"的起源。在过海时蓝彩和的玉板为龙王所夺，引发两派人斗法，最后由如来佛调解成功。全剧塑造了鲜明的人物形象并宣扬了惩恶扬善的思想。

争玉板八仙过沧海

第一折

（冲末扮白云仙引青衣童子上，云）剖开混沌分天地，一气浑专造化权。吞霞炼气成功后，飞升阆苑作神仙。贫道乃白云仙长是也。自鸿濛肇判，太极初分，炼三千之行满，修八百之功成，超升阆苑，身处瑶池，掌管天上天下之群真，统辖十洲三岛之仙侣。如今尘世雍熙，圣人在位，风调雨顺，物阜民安，和气上应于九天，是以天意舒迟，人心欢乐。如今暮春天气，阆苑繁华，牡丹盛开，过如云锦。贫道在于阆苑安排筵宴，可请八仙并五大圣，于三月十五日都赴蓬莱阆苑，赏玩牡丹，以乐天上人间清平之福。这蓬莱山上有金台玉阙，乃神仙之都，上帝游息之地。海水正涌，无风而波涛万丈，不可往来。歌曰：太帝仙卿列圣曹，逢山分命镇波涛。瑶台影蘸天心冷，贝阙光浮海面高。五色雪霜浮玉籁，九星清月射金鳌。东方曼倩曾来此，偷摘林中数颗桃。既然商议以定，青衣童子你与我请八仙并五大圣，至三月十五日都赴蓬莱阆苑，赏玩牡丹。你疾去早来。（青衣云）理会的，奉上仙法旨，请八仙并五大圣，不敢久停久住，须索走一遭去。白云仙长宴群仙，百花开放正芳妍。三春美景皆欢乐，八仙早赴牡丹园。（下）（白云云）青衣童子去了也，这一去请众神仙并五大圣，至日必然都来赏玩牡丹，无甚事，贫道且回后洞中云也。则为暖日融合景物新，牡丹开处霭芳春。郡仙玩赏斟佳酝，摒却酩酊入醉魂。

（净扮神厨仙童上，云）我是神厨仙童，住在蓬莱洞中。不晓得修真炼性，则会烧火烹烹。一碗汤使胡椒四刃，又切上五把大葱。神仙每恰才吃罢，登时间辣的发昏。小道我是这蓬莱山白云仙长手下一个神厨仙童的便是，若论修真养性、炼药烧丹诸般不会，则会烹烹肴馔，整治汤水，端的是好手段，不是淡了，便是咸了。昨日，上仙吩咐我安摆酒肴，要请八洞神仙并五大圣来此阆苑赏玩牡丹，酒肴都要摆的停当了，上仙这早晚敢待来也。

（白云仙引青衣童子上，云）牡丹似锦灿朝霞，魏紫姚黄足可夸。摆列佳肴同玩赏，果然富贵出仙家。贫道白云仙长是也，今日是三月十五日，牡丹盛开，灿若云锦。贫道前日令青衣童子去请八洞神仙并五大圣来赏玩牡丹，宴乐芳春。今日都来赴会，我已曾吩咐神厨仙童安排酒肴，未知完备也不曾。兀那神厨仙童，我吩咐你安摆的酒肴完备了不曾。（净仙童云）奉上仙法旨，我从去年五月里煮下肉，六月里爁下火，八月里摆下菜，十二月里整治下汤水，则等着众位上仙来哩。（白云仙云）青衣童子门首觑者，若众仙来时报复我知道。（青衣云）理会的。

（净扮移天大圣上，云）我是上界移山神，天生气力有万斤。一座高山轻拏动，两把灯草压我魂。小圣神通广大，变化多端。俺弟兄五人曾偷吃了老君的金丹，都炼的铜筋铁骨，火眼金睛，就叛依了道教，与老君看守丹炉。我大哥是齐天大圣；二哥是通天大圣；三哥是搅海大圣；四哥是翻江大圣；我是弟五个兄弟，乃是移山大圣是也。我并不会捣筝拨阮，打鼓吹笛，念不的诸般院本，唱不的各样杂剧。若论要打筋陡，我一个筋陡足打十万八千余里。为甚么如此，自小里是筋陡色出身。前者有白云仙长令人来请俺弟兄五人，同八洞神仙今日去赴牡丹会。兀那云头起处敢是俺四个家兄来了也。

（外扮齐天大圣同通天大圣、搅海大圣、翻江大圣上，齐天云）五个之中我为尊，变化多端显威灵。自从小圣叛正道，三清殿上拜老君。小圣乃齐天大圣是也。这三个，一个是二兄弟通天大圣，一个是三兄弟搅海大圣，一个是四兄弟翻江大圣，还有一个小兄弟是移山大圣。俺兄弟五个，端的是神通广大，变化多端，自从叛依道教，与老君看守丹炉。今有白云仙长差金童来请时，遇三春之景万花开放，阆苑瑶池牡丹盛开，灿如云锦，请俺五圣并八洞神仙今日赴牡丹会去，可早来到也，按落云头，尤的不是小兄弟移山大圣先在此处也。（做见科）（齐天云）兄弟你先来了也。（移山云）四位老哥，您兄弟在此等候多时也。（齐天云）既然来了，咱一同见仙长去来，仙童报复去，道有俺五圣在于门首。（童子云）理会的。（报科，云）报得上仙得知，有五大圣来了也。（白云云）道有请。（童子云）理会的，有请。（做见科）（齐天云）上仙，我等五个有何得，能动劳上仙置酒张筵也。（白云云）大圣请坐，等众仙来时，慢慢地赏玩，仙童门首看者，若八仙来时，报我知道。（童子云）理会的。

（钟离同铁拐、徐神翁、韩湘子、张果老、曹国舅、净蓝采和上，钟离云）只为相持走路差，大山深处遇东华。自从传得长生诀，每跨苍鸾赴紫霞。贫道复姓钟离，名权，字云房，道号正阳子，祖居京兆，咸阳人也。贫道生的容貌雄威，髯过于腹，目有神光，曾为汉朝大将军，识破名利，误入终南山，遇东华帝君，指教后，隐于晋州羊角山，密传道妙。贫道束发为双髻，采楸叶为衣，号为太极真人是也。自从度脱了吕纯阳之后各引度了，八人乃为上八洞神仙。前日有白云仙长令金童来请，说道阆苑牡丹盛开，就在瑶池安排筵宴，请俺八仙同五大圣去赏牡丹，宴赏芳春，可早来到也。按落云头，止有洞宾还不曾来哩，皆在此略等一会。兀那云头起处，必然是动宾来也。

（正末扮洞宾上，云）贫道姓吕，名岩，字洞宾，道号纯阳子，自于邯郸道路得遇钟离祖师，授以长生之术，得道成仙。今有白云仙长请俺众仙赴牡丹会，赏玩芳春。按落云头，可早来到也。（稽首、见科）（钟离云）纯阳子，你来了也，想俺这为仙的要修真养性，炼药烧丹，讲论妙诀，明透玄门，悟道成真，非同容易也。（正末云）师父看了俺这为仙的，端的是身超物外，名注丹书，非同小可也。（唱）

【仙侣·点绛唇】自从俺身入玄门，讲明方寸，登仙品，与圣合真，一任那日月相搬运。（彩和云）仙师，我想这五行逆顺，怎么修炼息气、养孤，拐来你说一遍咱。

【混江龙】要知那五行顺逆，则这炼形养气要启动。（净彩和云）我又想这尘寰之人可也有贫富不等，富又人趋贫又笑，不知那一个快活阿刺鸡。（唱）俺可也休贪，已富莫压他贫，你看那桑海变田，田变海，世尘为幻，幻为尘。（净彩和云）贫道要不遇着二位祖师，讲的这西厢记悟彻，今日岂能得道也。（唱）俺可都常把金丹论，因此上仙成于顷刻，道悟在逡巡。（钟离云）可早来到也，仙童报复去，道有俺八仙来了也。（仙童云）理会的，报得上仙得知有八仙来了也。（白云仙云）道有请。（仙童云）理会的，有请。（见科）（钟离云）稽首上仙，俺八仙来了也，有五位大圣都在于此也。（白云仙云）众仙请坐，时遇三春之景，百花开放，牡丹为魁。贫道在此阆苑蓬莱故设此会，特请众仙庆赏也。仙童抬上采卓来，将酒来。（净神厨仙童云）理会的，酒果都有了也。师父请递酒。（白云仙云）将酒来，正阳子满饮一杯。（钟离云）仙长量俺众群仙有何德，能有劳仙长大设仙肴，赏玩牡丹，宴乐春光美景。俺众群仙难以克当也。

【油葫芦】多感尊仙请众真，不一时酒到的频。（白云仙云）众位仙长可以开怀畅饮几杯，有何不可。（唱）俺可便开怀畅饮共欢欣，我则见玉杯中潋滟斟佳酝。（白云仙云）仙童炉中焚上香者。（唱）更和那空炉中霭毵陈烟喷，我暗暗的口内言，微微的心下忖，我则见那来回宾主相谦逊，端的是诚意待于人。（白云仙云）众位仙长慢慢地饮几杯，有何不可。

【天下乐】你教我自在逍遥饮数起，幸际遇良也，波辰开怀的同笑哂。（白云仙云）大仙若论俺玄中奥妙言之不尽也。（唱）俺将那玄门奥妙相议论，闲来诵道德经，闷来讲百字文，则俺这炼还丹须是本。（白云仙云）仙童抬上奇花来者。（仙童云）理会的。（做献牡丹科）（白云仙云）众位神仙，这牡丹端的是娇红嫩绿，国色天香，檀心锦萼，玉肤金蕊。则除是天上有，端的是世间希也。（齐天云）看了这三春之景，万花开放，惟有这牡丹果然是万古之王也。（净移山云）是好牡丹也，你则看红牡丹、黄牡丹，更有一个白牡丹，还有一个苏东坡哩。（钟离云）甚么苏东坡。（净移山云）你恰好不知当日个苏东坡引着白牡丹来。（正末云）端的是好牡丹也。

【那咤令】若论着颜色可是天宫异本，若论着枝干呵出仙家根本，若论着蕊瓣呵乃瑶池正本。（白云仙云）端的是娇容嫩露、瑞色寒烟也。（唱）委实是逞艳娇，端的是多丰韵，更压着异宝奇珍。（白云仙云）此是人间唐朝玄宗圣人在于沉香停，赏杨家一捻红。今日众位神仙对此景物繁华，正好赏玩快乐也。

【鹊踏枝】当日个唐玄宗圣明君沉香亭意通神，曾庆赏一捻娇红，皆因是玉甲留痕，更胜似施丹传粉，果然是万花中惟此夺尊。（白云仙云）此花过如云锦，胜似朝霞，春光艳冶，对酒迎樽非比其余也。（齐天大圣云）俺众神仙虽在天官看子此花果然希少也。（净移山大圣云）好花则是冠帽上不好插则好戴，三朵、四朵也戴不得的。（钟离云）看了此仙花，端的是异种奇嫩，红白淡淡，枝叶青青，可观可咏，真乃是群花之祖也。百花烂漫瑶池景，群花惟有牡丹尊。

【寄生草】娇滴滴如霞彩，红馥馥似锦云，我则见红芳朵朵天生俊，檀心蔼蔼天生润，绿枝袅袅天生嫩。（白云仙云）众位仙长，想俺瑶池阆苑虽有百样名花，都不及牡丹为魁，你看那姚黄魏紫，千般态压尽群花牡丹娇也。（唱）虽然是姚黄魏紫有声名，怎如这天香国色堪称论。（钟离云）仙长，看了此一会，真乃是瑶池仙品，阆苑奇珍，群仙唱饮，赏玩名花，俺神仙每端的是好受用也。（白云仙云）正阳子，你乃众仙之班首，贫道非为设其酒肴，盖因会合仙侣略叙片请咱。（钟离云）仙长，此是俺瑶池玉液紫府瑶浆，又遇丰稔之年，更值奇花开放，众神仙正好赏玩欢饮也。

【金盏儿】神仙每乐闲身莫因循，多承尊意相垂训，虽然俺逢时欢乐，一个个效鲸吞，拼了个酩酊归洞府，烂醉下天门，俺不曾筵间听皓齿，席上宠红裙。（白云仙云）纯阳真人，看了俺仙家受用，端端的比人世不同也。（正末云）看了俺这仙家，是好受用也。

【后庭花】非是俺吕纯阳心性蠢，多感你个白云仙情意谨，安排着美酒般般味。（白云仙云）疎食薄味不堪管待也。（唱）摆列着佳肴件件新。（钟离云）感蒙仙长设此仙肴异品奇珍，般般美味，件件时鲜，俺众郡仙都要尽醉方归也。（唱）一任教醉醺醺，趁着这芳春佳兴，今日个感厚恩谢尊师相爱悯。（钟离云）仙长，俺众群仙酒勾了也，天色将晚，你看那红轮西坠，玉兔东生，众群仙离了阆苑回俺那仙竟去来。（白云仙云）众位仙长再饮几杯，怕做甚么。

【柳叶儿】呀休等的落红成阵，看沧溟绿水粼粼，则他这秋霜易可侵人鬓，咱须是乘丹凤，一个个驾苍麟，不一时遨游遍万里乾坤。（白云仙云）仙童再将酒来。（钟离云）仙长，俺酒勾了也，纯阳子俺辞别了仙长，俺回去来。（净移山大圣云）这一日没一个人与我递一盅酒我吃，罢罢罢，我自家酾两碗，吃了家去罢。（齐天大圣云）仙长索是，深扰众位仙神多承携带也。（正末云）大圣索是，恕罪也。

【尾声】今日个在蓬岛饮琼浆，讲道德，相垂训。多谢你个老仙长心诚意悃，犹自谦辞效献芹。俺都吃的醉醺醺，柴意忘魂，我则见乱纷纷，一个个驾彩腾云到，来日去谒通明拜紫宸，各辨个处心敬谨。（彩和云）俺若回去的迟了，呵盘问俺不拿住犯夜。（唱）一任交那群真盘问，俺须索说在蓬莱游玩赏芳春。（七仙同下）（齐天大圣云）八仙去了也，今日赴会已毕，驾起祥云，各归仙境去也。今日个众圣诚心赴会来，八仙欢宴尽开怀。同驾祥云归洞府，祯祥普现在金台。（同下）（白云仙云）八仙并五大圣都去了也，贫道无甚事，我回那后洞中去来。八仙大圣赏春光，畅饮开怀泛玉觞。拼却百年浑似醉，也须三万六千场。（同下）

第二折

（外扮摩揭同龙毒引水卒同夜叉上），（摩揭云）喜时驾雾游三岛，怒后腾云下九霄。兴云布雨滋禾稼，五湖四海卷波涛。小圣乃东海鳌广龙王之子，名曰摩揭，兄弟是龙毒。俺这东海中连着三岛，东接着扶桑，有千盘之水兽，滚涌万里云涛，现万种毒虬，白茫起千浔雪浪，海藏贮无边之异宝，龙宫收无限之奇珍。若言四海奢华景，惟有东洋最富饶。俺弟兄二人奉父王法旨，引领着水卒巡游海内。兀那夜叉你看着，但有大小事体可报覆我弟兄二人知道。（水卒云）理会的。

（正末同钟离、铁拐李、张果老、徐神翁、韩湘子、曹国舅、蓝彩和上），（钟离云）贫道钟离是也，俺八仙因去阆苑玩赏牡丹，宴乐芳春，尽醉方归，纯阳子，俺回俺那仙境去来。（正末云）师父，俺来到这东洋海岸边，师父你看是一片海洋也。（钟离云）洞宾先贤，有云天地之大，无过于海，是以现于海者，难为水也，游于圣人之门，难为言也。（正末云）此言信有之也。

【正宫·端正好】你看那白茫茫起波涛，黑漫漫兴云浪，端的是接天涯浩大汪洋，隔蓬莱弱水三千丈，要过呵，则除是驾紫雾从天降。（钟离云）纯阳子，过了大海便是俺西地境界也。

【滚绣球】这里面是瀛洲仙子居，乃瑶池金母乡，高声声直侵着九霄之上。（钟离云）纯阳子，这海水不比长江之水，这里面有奇珍异宝，晚射霞光，这水穿山透石，不断长流，不知熬尽世间多少凡人也。（唱）看了这海呵，便休题千里长江，才晓呵，锦模糊，灿日色，到晚来，明滴溜，现月光。则被这两般儿，搬运了些世途消长。山和水，消磨尽今古兴亡。似这海呵，端的是东西渺渺千源会，南北悠悠万里长，真个是远接着扶桑。（钟离云）众群仙，俺来是腾云而来，如今回去也，可怎生过此大海也。（正末云）师父，此是俺仙家的异术，有何难哉。（彩和云）师父，俺来时节腾云而来，俺如今回去也，乘着酒兴，各显神通，过此大海也。（钟离云）蓝彩和，你也说的是，俺来时节腾云而来，俺如今回去也，都不许驾云而过，咱承着这酒兴，都要各显神通，过此大海有何不可也。（正末云）谨依师父法旨。（钟离云）虽然如此，俺如今各试其术咱。

【倘秀才】俺来时节齐驾着祥云同往，今日个回去也，各显些神通气象，到此处施展那仙术并异方，你看那波滚滚、水茫茫，我这里自想。（曹国舅）贫道踏此笊篱浮海而过也。

【滚绣球】曹国舅将笊篱作锦舟。（湘子云）贫道用此花篮浮海而过。（唱）韩湘子把花蓝作书舫。（铁拐云）贫道蹑此铁拐过海。（唱）见李岳将铁拐在海中轻漾。（钟离云）贫道踏此芭蕉扇渡此大海也。（唱）俺师父芭蕉扇岂比寻常。（徐神翁云）贫道将铁笛撇在海中履此过海。（唱）徐神翁撇铁笛在碧波。（张果老云）贫道撇药葫芦履之渡海。（唱）张果老漾葫芦渡海洋。（正末云）贫道踏此宝剑浮海而过。（唱）贫道踏宝剑岂为虚诳。（净彩和云）贫道躧此玉板过海。（唱）蓝彩和脚踏着八扇云阳，则俺这八仙过海神通大，方显这众圣归山道法强，端的是万古名扬。

（摩揭云）水卒，你看俺这海中这会儿如何神光万道，瑞气千条，必然有甚么异宝出现。兀的巡海夜叉，与我分开水面，看甚甚么宝物，可来回话。（夜叉云）理会的。（做看科）（夜叉云）告的上圣得知，今有八仙各显神通过海，是蓝彩和神仙脚踏着玉板，放万道毫光，照耀着这龙宫海藏里。（摩揭云）兄弟，咱这龙宫内虽有奇珍异宝，似这玉板委实不曾见也。（龙毒云）哥哥，既然俺这龙宫海藏无有这等宝物，可差水卒和巡海夜叉夺将玉板来，留在龙宫之内，永为镇海之宝，哥哥意下如何。（摩揭云）兄弟言者当也，水卒和巡海夜叉与我抢将那玉板来者。（水卒云）理会的，兀那先生少走，留下玉板者。（夜叉云）不要这等大呼小叫的，他若听见使些神通就驾云走了，我如今和你悄悄地浮在那玉板底下，两只手拿住玉板，揪下水来，把那蓝彩和跌在水里，如此不省气力。（水卒云）你也说的是。（夜叉做扯板科，云）我便抢了板，你便拿住蓝彩和。（蓝彩和云）呀，谁拿了我板去了，兀的不跌下水去也，你每救我一救。（水卒扯蓝彩和下水科）

（摩揭云）将板来，我看是一庄好宝物也，把这先生且放在一壁者。（钟离云）洞宾，咱都过海来了，你看那彩和被水兽拖下水去了也。（正末云）谁这般道来。（钟离云）见今不见了蓝彩和也。（做绕海叫科、众叫科了）（正末云）师父，可将一丸金丹放在水面上，看蓝彩和在于何处。（钟离云）你也说的是，我将这金丹抛在水中，我试看咱。（做抛金丹看科了，云）哦哦哦，洞宾原来是龙王二子差巡海夜叉和水卒抢了玉板，把蓝彩和扯下海去了，可着谁人救他也。（正末云）师父，我情愿救彩和去。（钟离云）洞宾，颇奈这两个小业畜无礼，将蓝彩和扯下水去了，又抢了玉板，更待干休。俺如今搅海翻江务要着他现出蓝彩和来。

【呆骨朵】不由我恶狠狠，怒气冲天下，原来这小摩揭惹祸招殃，他将我这玉板强夺，又将我这八仙来乱抢，则我这火性急，怎按捺恶雄势，难遮挡多半晌。（正末云）我将这东洋海就炼干，显神通多半晌。（正末云）师父可将那火葫芦放下在海中，使了法，持了咒，教一个变十个，十个变百个，百个变千个，千个变万个，登时间烧干了海水，看他走的那里去。兀那东海龙王快快放出俺仙长来，我和你佛眼相看，你若道一个不是，我教你目下见灾也。（水卒报科，云）二位上圣，不好了也，那几个仙长要放火丹里，他显出神通广大，一个变十个，十个变百个，百个变千个，千个变万个，要把那海水烧干了，看咱往那里躲去，他要那先生哩，咱送还他去罢，则留下那玉板在海藏里，咱唱《锁南枝》儿耍罢。（摩揭云）你也说的是，则留下那玉板，把那先生与我送出去罢。（水卒、夜叉做送蓝彩和出海科）

（水卒云）你上岸去了罢。（彩和云）早是我神通广大，险些被水卒拖下我海去了。

（正末云）蓝彩和，你那玉板在那里。（彩和云）我的那玉板恰才被那巡海夜叉和水卒抢的去了。（正末云）抢的去了，则这般干罢了那。（彩和云）教他抢了去罢，明日着三十个钱儿去勾栏胡同再做一串儿罢。（正末云）这玉板是俺仙家的玉宝，如何教他抢的去了。贫道务要抢将来，显的俺道法高强也。（钟离云）洞宾，你且休要懆暴，他既然送出蓝彩和来了也，你如今去问他索取玉板去，他若现出玉板来，万事罢论，若不现出玉板来时，俺慢慢的擒拿这两个小业畜也。

【倘秀才】非是这吕洞宾心粗性莽，可怪这小业畜谋多智广，我和他就海岸相持战一场，则我这神仙剑有光芒，我看你便怎当。（正末云）兀那批鳞的曲蟮，带甲的泥鳅，快送出俺那云阳玉板来，免你一死，倘若不送出来，我教你这小业畜横死于海也。（水卒云）二位上圣，有一个仙长是侣洞宾，仗着一口神剑，踏着水面，骂你两个小业种歪弟子孩儿，若不送出云阳玉板来，他教你目下见灾殃哩。（摩揭云）颇奈这先生无礼也，他欺吾太甚，怎敢骂我。兀那夜叉与我便点水卒，我同兄弟与他斗胜有何不可。（水卒云）正是如此，怕他怎么，和他略耍三合儿去来。（做见科）（摩揭云）兀那吕洞宾，我和你往日无冤，近日无仇，你如何躧着水面，毁骂俺弟兄二人。（正末云）这小业畜，岂知俺仙家的神通广大，我这剑撇向空中，一口变十口，十口变百口，百口变千口，千口变万口，你量这些水卒到的那里也。（摩揭云）量你何足道哉，我和你略战九千合。（做调阵子科）

【脱布衫】则我这飞剑起空内，锵锵显神通，道法高强，总然你有水卒、夜叉，我根前怎生轻放。

【小梁州】他那里施展雄威显气刚，我这里也不索慌忙，你看这龙泉变化满空苍，我教你难遮挡，教的他如虎赶群羊。（摩揭云）这先生端的是神通广大也。（摩揭做中剑死科下）（唱）不一时水卒海怪魂飘荡。（龙毒云）嗨，这神仙是神通广大，他飞剑斩了我哥哥。（唱）我则见小龙毒左臂着伤。（水卒云）上圣不好了，也被飞剑斩伤了上圣也。（龙毒云）嗨，飞剑又伤了我一臂也，如何敢与他斗胜，并领着这败残水卒逃命走走走。（下）（唱）我见他逃命走，他把我难亲傍，原来这摩揭身丧，我如今得胜见云房。（钟离云）洞宾，你斩了他摩揭，又伤了他龙毒，这刀兵敢惹起来也。（正末云）师父，你放心也。

【尾声】一任他海边队队驱神将，我和他岸上朝朝列战场，者么他布阵排兵数里长，俺则是八个神仙自抵挡，我则要复讨了云阳回故乡，俺去紫府瑶池再游赏。（同下）

楔　子

（净扮龟丞相、鳖大夫上，龟丞相云）小人做事忒风流，每日则在水上游。看见有人来寻我，慌忙一齐缩了头。自家是这东海龙王水下龟丞相的便是，这个乃是鳖大夫。俺二人跟着这龙王，掌管着这东海，端的是富贵奢华，无有闲事打搅，闷来时去扬子江金山寺下讨烧饼吃，闲来时去那沙滩上晒盖。今日无甚事，俺二人在此听候，则怕老龙王出来。

（东海龙王引水卒上，云）尧时洪水接天齐，大禹疏通各有归。万派朝宗无定息，职居东海镇华夷。小圣那东海龙王是也。我身居东海，有万派之朝宗，职处龙宫，管千寻之巨浪，作众源之总会，为四海之班头。喜行雨露为霖，怒后飞沙走石，任他万顷洪波都入东洋大海。今日无甚事，兀那龟丞相、鳌大夫谁领水卒、巡海去了。（龟丞相云）告的上圣得知，有二小龙王摩揭、龙毒引水巡海去了。（东海龙王云）既然他两个去了，可着水卒看着，若来时报复我知道。（水卒云）理会的。

（龙毒引水卒上，云）只因八扇云阳板，惹起刀兵不定交。小圣乃龙毒是也，因为夺了蓝彩和玉板，俺哥哥摩揭和我领着水卒与他斗胜。不想那八个神仙神通广大，变化多端，一口宝撇在空中，使了法力，念了真言，一口变十口，十口变百口，百口变千口，千口变万口。谁想一飞剑将哥哥摩揭斩了，又一飞剑斩了我左臂，折了我水卒大半，大败亏输。如今不敢隐讳，须索报与俺父亲知道，可早来到也。水卒报复去，道有龙毒来了也。（东海龙王云）着他过来。（水卒云）理会的，着过去。（做见科）（龙毒云）父亲，祸事也。（东海龙王云）祸从何来。

（龙毒云）不瞒父亲说，我与哥哥摩揭领着水卒、夜叉巡海。谁想有上八洞神仙各赌神通过海，有蓝彩和脚踏八扇玉板，他那玉板放祥光万道，瑞气千条。有哥哥见了说，俺这海藏内虽有百般异宝，可不曾见这一串玉板，就差巡夜叉和水卒夺了玉板，把蓝彩和来吊在海里。不想吕洞宾趱着水面，仗剑大骂，索取彩和。哥哥将彩和送上岸去了，吕洞宾不舍那玉板，要和俺斗胜，哥哥和我领着水卒、夜叉与他斗胜。谁想他神通广大，变化多端，撇起飞剑把哥哥将斩了，又一剑伤了我左臂，折水卒大半，他如今还在海岸上要与父亲斗胜哩。

（东海龙王云）颇奈这八个先生无礼，剑斩我摩揭，又伤我龙毒了，更待干罢。我如今敲响铁板，聚集四海龙王，统领十万神兵，务拿那了这八个先生，与我儿子报仇，方称我平生愿足。水卒就与我敲响铁鼓者。（水卒云）理会的。

（南海龙王同西海龙王、北海龙王上，南海龙王云）威风抖抖气昂昂，各显神通镇四方。恭承玉帝三清命，久居大海作龙王。小圣乃南海敖闰龙王是也。这二位，一个是西海敖钦龙王，这一个北海敖顺龙王。俺等正在各宫闲坐，猛听的东海铁鼓声鸣，不知有甚事，须索走一遭去，可早来到也。水卒报复去，道有三海龙王在于门首。（水卒云）理会的，报得上圣得知，有三海龙王来了也。（东海龙王云）着他过来。（水卒云）理会的，着过去。（见科）

（南海龙王云）恰才击响铁鼓，聚俺三海龙王有何事商议也。（东海龙云）您三位龙王不知，今有上八洞神仙各赌神通过海。蓝彩和脚踏玉板，光照龙宫。有我大孩儿摩揭和二子龙毒因去巡海，看见此板，着水卒夺了那玉板。不想吕洞宾在海面上仗剑毁骂，摩揭与龙毒闻知，引领着水卒与他斗胜，不想被吕洞宾飞剑了斩摩揭，又将龙毒左臂伤了，水卒折其大半。如今那八个先生还在海岸上搦战，有此大仇，如今故意聚您三海龙王来此商议也。（南海龙王云）既然如此，今日统领水兵与他相持斗胜，务要擒那了八个先生，报了二子之仇，有何不可也。（东海龙王云）南海龙王，你今可领二十万夜叉、水兵与八仙斗胜，小心在意，成功而回。（南海龙王云）得令，就领二十万水兵去拿八仙走一遭去。我这里密排戈甲出东洋，剑戟横空遮太阳。一任八仙神力大，试看今番这一场。（下）

（东海龙王云）西海龙王，你可统二十万水兵去擒拿八仙走一遭，则要你小心在意，得胜而回。（西海龙王云）得令，某就领二十万水兵擒拿八仙走一遭去。到那里遮天映日列旌旗，统领神兵居正西。略施握雾拿云手，不捉纯阳誓不回。（下）

（东海龙王云）北海龙王，你统领二十万水卒擒拿八仙走一遭去，则要你敢勇当先，成功而回。北海龙王云：得令，某今统二十万水兵擒拿八仙走一遭去。统领神兵出海波，鱼鳞雁翅列干戈。岸边一阵相持处，得胜回来唱凯歌。（下）

（东海龙王云）三海龙王去了也，龟丞相、鳖大夫，你与我点就四十万兵，直至海岸，擒拿八仙走一遭去，大小神兵听吾将令。铁鼓声鸣聚大兵，镇威四海显神通。征云蔼蔼从天降，杀气腾腾就地生。百万水卒施勇猛，千员神将逞威风。八仙总有千般法，活拿无形踪影吕洞宾（下）

（四海龙王、骊马龙王同龟丞相、鳖大夫、水卒上，东海龙王上，云）某四海龙王是也，今日点就水卒与八仙斗胜走一遭去，水卒你水面觑者，若那泼先生来时，报复我知道。（八仙同上）（钟离云）洞宾，咱昨日大杀他一阵，斩了他摩揭，又伤了他龙毒，此仇必然来报也。（正末云）众位仙长，凭着俺各位的神通，量他到的那里。俺去海面上索取玉板去来，可早来到也，兀那东海龙王，你听者你及早献出玉板来，万事罢论，若不献出来，俺众仙各施神通，移山填海，水尽枯干，教你无处潜藏，遭万劫途炭之灾，有炼海逼身之苦，你及早献出玉板来者。（卒子云）报得上圣得知，有八个先生在海面上毁骂上圣，索取玉板哩。（东海龙王云）颇那这先生无礼，怎敢将我毁骂，兀那水卒你与我开放龙宫，分开水面，摆开阵势者。（钟离云）洞宾，你看水面开处龙王引将水卒来了也。（正末云）兀那业畜，你是何人。（东海龙王云）某乃东海龙王是也，你如何杀了我摩揭，又伤了俺龙毒。俺四海龙王统领一百万水兵，故来擒拿你这八个泼先生来。（正末云）众位仙长，俺各使神通，休教走了四海龙王也。（铁拐云）大小神兵摆开阵势者。

【赏花时】又不比二马相交在阵中，也不用阔剑长枪列万重，则我这法力勇显威风，小觑俺这神仙得这勇猛。（东海龙王云）我能变化有神通。（唱）卖弄你能变化有神通。（正末云）兀那四海龙王，你听者，你若献出玉板来，万事罢论，若不献出来，你见我这手中的飞剑么。

【么篇】我着你目下登时染红，与你四海龙王决战攻，我这里仗宝剑驾天风。（东海龙王云）这先生又使将飞剑来了不中，我与你走走走。（同众下）（正末云）这厮走了也。（唱）与俺那云阳可便建功。（正末云）你待走的那里去也。（唱）你看我直赶到水晶宫。（同众下）

第三折

（水官引鬼力上，云）混元一气显吾形，淮济江河四海通。变化鱼龙常护佑，洞阴执掌水晶宫。吾神乃下元三品五气水官是也。掌管洞阴大地，风泽之气，晨浩之精，含灵洞阴之府，统主九江之帝，四渎神君，十二群真，三江四海吾神尽皆执掌，正在洞阴宫中考较万类蠢动化生之德。今日无甚事在此洞中闲坐，鬼力洞门首觑者，若有事报吾神知道。（鬼力云）理会的。

（东海龙王引水卒上，云）小圣东海龙王是也。昨日与八仙斗胜，报摩揭之仇，被吕洞宾宝神剑变化多端，将俺四海龙王一百万神卒伤其大半。小圣法力低微，不能迎敌，我今亲至水府，借起神兵与八仙相持厮杀，务要擒拿了这八个泼先生，方称小圣之愿也。可早来到也，报复去，道有东海龙王在于门首。（鬼力云）理会的，报得上圣得知，有东海龙王在于门首。（水官云）着他过来。（鬼力云）理会的，过去。（见科）（水官云）龙王此一来，有何事至此也。

（东海龙王云）上告仙官，近有八洞神仙因赴蓬莱，带酒而归仙境，到于海边，不肯驾云而去，各赌神通过海。有蓝彩和脚踏八扇玉板，其板神光万道，瑞气千条，光射龙宫。不期小圣二子，长曰：摩揭，次曰：龙毒，领着水卒、夜叉，见其异宝，着令水卒夺了玉板，有八仙踏着海面毁骂，摩揭与龙毒闻知，遂令水卒与八仙相持，被吕洞宾飞剑斩了摩揭，又将龙毒伤其左臂。小圣昨日聚集了四海龙王，引百万水卒与八仙斗胜，被他飞剑将俺水卒杀其大半，小圣法力低微，不能取胜，因此来告上圣，与小圣做主以报杀子之仇也。（水官云）俺水府三官与你龙王助阵，你意下如何。（东海龙王云）如此呵，多蒙上圣恩力也。（水官云）吾尽知了也，你且一壁有者，鬼力请将天官、地官二位尊神来者。（鬼力云）理会的，二位尊神有请。

（天官上，云）上元一品紫微神，延生福寿处玄真。十方国土分善恶，森罗万象吾为尊。吾神乃上元一品九气天官紫微大帝是也。吾神处玄都元阳七宝紫微上宫，掌管诸天神众列圣高真森罗万象。今日正在紫微宫中考较人间善恶之事，凡能为善者，天必降之福，使寿龄绵远，后代荣昌，身逢大有之年，永享升平之世；造恶者，天必降之祸，受贫寒困苦之忧，值瘟疫灾迍之报。古圣云，天若不降严霜，松柏不如蒿草；神灵若不报应，积善不如造恶。自古忠臣孝子，但能尽忠报国亲扬名者，史书中备载其详，廊庙内恭陈其祀。端的是千年永称其姓，万古不朽其名。今日正在紫微宫中闲坐，有下元水官令鬼力来来请，不知有甚事，须索走一遭去。可早来到也，鬼力报复去，道有上元天官来了也。（鬼力报，云）报得上圣得知，有天来了也。（水官云）道有请。（鬼力云）理会的，有请。（见科）（天官云）下元水官，你请我来，有何事商议也。（水官云）吾兄请坐，等地官来时一同商议，鬼力门首觑者，若来时报我复知道。（鬼力云）理会的。

（地官上，云）北斗宫内现精灵，三界十方赦罪名。八极四维皆掌握，恩沾万物得超升。吾神乃中元二气赦罪地官是也。小圣我吐纳阴阳，核男女善恶之籍，慈育天地，考众生祸福之名，法源浩大，能离九幽，浩劫垂光，能消万罪。小圣我法力无边，通天达地，指山山崩，指水水绝，指崇崇灭，因为法力高强，蒙升三官大帝。今日正在本宫闲坐，有下元水官令鬼力来请，须索走一遭去，可早来到也，鬼力报覆去，道有中元地官在于门首。

（鬼力云）理会的，报得上圣得知，有地官来了也。（水官云）道有请。（鬼力云）理会的，有请。（见科）（地官云）天官兄长也在于此，水官你请我来，有何事商议也。

（水官云）二位尊兄，不知有东海龙王来告，有八洞神仙因赴蓬莱，带酒以回，到于海边，各赌神通过海，有蓝彩和脚踏云阳板八扇，其板神光万道，瑞气千条，光射龙宫，有东海龙王二子，长曰：摩揭，次曰：龙毒，领水卒、夜叉夺了玉板，有八仙毁骂，摩揭与龙毒闻知，领水卒与八仙争斗，被吕洞宾飞剑斩了摩揭，又伤其龙毒左臂，又有四海龙王与八仙斗胜，被吕洞宾飞剑伤其大半。今龙王告俺仙官，与他助阵，擒拿那这八仙，二位尊神意下如何。（天官见龙王科）（天官云）兀那龙王，吾神领大势天兵，与你助阵擒拿八仙，你意下如何也。（东海龙王云）如此呵，谢了三位仙官。（拜科）

（天官云）大小神兵，听吾神旨，齐排神将，密排神卒，跟着吾神与八仙斗胜走一遭去。百万神兵下碧空，各依方位列西东。雄威鬼怪犇如虎，猛烈神驹狠似龙。鞭起雷霆施雹雨，掣开闪电起狂风。任他五圣能逃躲，活拿仙人吕洞宾。（同下）（地官云）天官去了也，吾神领就神兵与八仙斗胜走一遭去，大小鬼兵听吾神旨。统领神兵亲驾云，八仙斗胜在空中。略施神术群仙败，先捉纯阳吕洞宾。（水官云）今领大小神兵并本部下水兽擒拿八仙走一遭去。大率神兵驾云轩，相持赌斗各当先。活拿八仙亲杀坏，堪与龙王报子冤。（下）

（钟离引仙童上，云）只因八扇云阳板，伤害生灵百万余。贫道钟离是也。因前者白云大仙请俺八仙同五大圣前来阆苑，赏玩牡丹，以回因过东海，各显神通，不期有东海龙王二子，差巡海夜叉将蓝彩和玉板夺将去了，有吕岩问他索讨玉板，他又领着水卒与俺斗胜，不想被吕岩飞剑斩了摩揭，又伤了龙毒左臂，有东海龙王不舍，会合三海龙王与俺斗胜，又被俺八仙大杀了他一阵，数日光景杀伤他无万的水卒，他坚执不肯还玉板，更待干罢，我差蓝彩和一来索取玉板，第二来就打听个消息去了，仙童望者，若来时报覆我知道。（仙童云）理会的。（净蓝彩和上，云）为赌神通过大海，惹起刀兵不定交。贫道蓝彩和是也。因俺八仙斗胜，数日光景不得回于仙境。今日闻知有龙王敖广去水府三官求借救兵，明日与俺斗胜，这水府三官他神通比俺广大，我须索报与师父钟离去来，可早来到也，仙童报复去，道有蓝彩和来了也。（仙童云）理会的，报上仙得知，有蓝彩和来也。（钟离云）着他过来。（仙童云）理会的，过去。（见科）（钟离云）蓝彩和，你打听的事情如何。（蓝彩和云）上告仙师，祸事了也。（钟离云）祸从何来。（蓝彩和云）今有龙王在于水府三官处求救借起神兵，明日要来与俺斗胜，这天、地、水府三官神通比俺又大，则怕俺敌不住他么。（钟离云）颇奈龙王无礼也，你问水府三官借兵去了，贫道可去问我祖师太上老君根前借将兵来与他斗胜，量他到的那里也。（蓝彩和云）师父也说的是，不可迟慢，只今就问祖师处借兵起来。（钟离云）则今日问祖师借兵走一遭去。则为他助兵斗胜要相持，我直至三清叩玉基。拜告老君求教应，看来水府怎迎敌。

（老君引仙童上，云）太初未判道为尊，无始之先有至真。天地本来元一气，剖开混沌定乾坤。吾乃姓李，名耳，字伯阳，谥号曰老聃。昔太极初分，阴阳始判，化生万物。吾号至真大帝，居太清之境，乃元气之祖，天地之宗，于至寂至虚之内，太初太始之先，开天辟地不可量也。化身遍游尘沙世界，天上天下道气之内皆吾之化。吾生无形之先，起于太初之前，行乎太素之元，立于太渺之端，自开辟已前垂亿万之法无不济度，自三皇而下历代帝王咸宗奉焉。化身降世，殷汤十七年吾母孕怀八十一岁，至武丁九年庚辰生于李树之下，在母左胁而生，指李树为姓生，而皓首至秦昭王九年，西升昆仑，洪阳大范，注道德五千言，升于三十三天之上，位列三清，乃群真之祖。九九之年在母胎，出尘鬓发尽俱白。修身度世通玄化，位处三清统九垓。吾在仙境之中，点检济世之簿，仙童洞门首觑者，若有神仙至，报复我知道。（仙童云）理会的。

（钟离上，云）脚踏一朵祥云起，直至三清境上来。贫道钟离是也。今有四海龙王问水府三官借兵去了，贫道直至玉清真境问我祖师太上老君借兵走一遭去，可早来到也，仙童报复去，道有小道钟离权特来拜见。（仙童云）理会的，报得上仙得知，有钟离在于门首。（老君云）着他过来。（仙童云）理会的，着过去。（见科）（老君云）钟离，贫道不曾唤你，因何至此也。

（钟离云）上告祖师大慈悯，小道等八人因为前者白云大仙请我等去游阆苑赴牡丹会，以回因过东海各显神通，有东海龙王二子，长曰：摩揭，次曰：龙毒，引着水卒、夜叉，将蓝彩和八扇玉板夺将去了，小道等问他取讨不与，他领着水卒、夜叉，与我等斗胜，被吕岩飞剑斩了摩揭，又伤了龙毒左臂，东海龙王敖广不舍，会合四海龙王与小道等八人斗胜，被我等大杀了一阵，他如今问天、地、水府三官处借了救兵，明日要与我等斗胜，小道想来这三官十分神通广大，我等恐怕不能取胜折了俺道门的志气，特告祖师怜悯，救度小道八人，以显道法高强也。

（老君云）正阳子，你既为神仙，岂不闻道者乃万法之本，您八仙与龙王不当斗胜，非您两家不和，乃天地之数也。这三官指天天崩，指地地烈，您八仙急难取胜，我与您一道牒文，但是您赴会群仙，着他助您八仙斗胜，我随后便差通天大圣、齐天大圣、翻江大圣、搅海大圣、移山大圣并瑶池一会群仙，都助俺仙家与水府三官、四海龙王斗胜，你意下何如。

（钟离云）若祖师旨法慈悲，助俺道家，必然得胜也，辞别了祖师，便索长行。领法旨不敢消停，令大圣率领神兵。与三官迎敌斗胜，直赶到海藏龙宫。（下）（老君云）钟离去了也，仙童与我唤将齐天大圣来者。（仙童云）理会的，齐天大圣安在。

（齐天大圣上，云）占断飞霞万里峰，任吾来往自纵横。巴山过岭施英勇，搅海翻江显神通。腾云驾雾生狂雨，走石飞沙起怪风。闲攀峻岭千年树，闯戏巅峰万丈松。自从偷吃金丹后，练就铜筋铁骨形。金晴火眼邪魔怕，曾向西天去取经。吾乃齐天六圣是也。自从赏罢牡丹之后，复归洞府，吾神正在洞中闲坐，忽有上仙呼唤，不知有何法旨，须索走一遭去，可早来到也，仙童报复去，道有齐天大圣来了也。（仙童云）理会的，报得上仙得知，有齐天大圣来了也。（老君云）着他过来。（仙童云）理会的，过去。（见个）（齐天大圣）祖师呼唤小圣，有何法旨也。（老君云）且一壁有者，仙童与我唤将通天大圣来者。（仙童云）通天大圣安在。

（通天大圣上，云）神通广大显威灵，驾雾腾云上碧空。走石飞沙多变化，怒后扳翻太岳峰。吾神乃通天大圣是也。某神通广大，法力高强，能驱外道邪魔，扫荡精灵鬼魅，威镇乾坤，肃清寰宇，玉帝见小圣有功，加为通天大圣。今有老君呼唤，不知有甚事，须索走一遭去，可早来到也，仙童报复去，道有通天大圣来了也。（仙童云）理会的，报得上仙得知，有通天大圣来了也。（老君云）着他过来。（仙童云）理会的，过去。（见科）（通天大圣云）祖师呼唤小圣，有何法旨。（老君云）且一壁有者，仙童与我唤将翻江大圣来者。（仙童云）理会的，翻江大圣安在。

（翻江大圣上，云）天地初分有我身，神通变化最多能。任他各洞英雄怪，见影须教吓了魂。小圣乃翻江大圣是也。论我神通广大，变化多端。今有祖师呼唤，须索走一遭去，可早来到也，仙童报复去，道有翻江大圣来了也。（仙童云）理会的，报得上仙得知，有翻江大圣来了也。（老君云）着他过来。（仙童云）理会的，过去。（见科）（翻江大圣云）上圣呼唤小圣，有何法旨。（老君云）且一壁有者，仙童与我唤将搅海大圣来者。（仙童云）理会的，搅海大圣安在。

（搅海大圣上，云）通天彻地怒真容，法力高强我独尊。变化多般施勇耀，翻江搅海镇乾坤。吾神乃搅海大圣是也。今有老君呼唤，不知有甚事，须索走一遭去，可早来到也，仙童报复去，道有搅海大圣来了也。（仙童云）理会的，报得上仙得知，有搅海大圣来了也。（老君云）着他过来。（仙童云）理会的，请过去。（见科）（搅海大圣云）上圣呼唤小圣，有何法旨也。（老君云）且一壁厢有者，仙童与我唤将移山大圣来者。（仙童云）理会的，移山大圣安在。

（净扮移山大圣上，云）五圣丛中是一尊，天生嘴脸不着人。常时则抢三牲吃，则我便是油嘴人。小圣移山大圣是也。正在玉清之境寻酸枣儿吃耍子，有上仙呼唤，不知有甚事，须索走一遭去，仙童报复去，有移山大圣来了也。（仙童云）理会的，报得上圣得知，有移山大圣来了也。（老君云）着他过来。（仙童云）理会的，过去。（见科）（移山大圣云）上仙呼唤小圣，有何法旨也。（老君云）你众神祇都来了也。（齐天大圣云）祖师呼唤俺五圣，有何法旨也。

（老君云）唤您五圣来不为别，因为白云大仙请八仙赴会，以回各施神通过海，有东海龙王长子摩揭，次子龙毒，夺了蓝彩和云阳玉板，被吕岩飞剑斩了摩揭，伤了龙毒，他如今借水府三官同领神兵与八仙斗胜，齐天大圣你领本部下神兵直至海岸与他斗胜，小心在意者。（齐天大圣云）得令，奉祖法旨者，与四海龙王斗胜走一遭去。颇奈龙王惹祸殃，八仙斗胜在东洋。五圣助兵亲出阵，兴云作雾恶风狂。跨骑锦毛金狮犭多，手持铁棒迸寒光。头戴金箍生杀气，千般变化显吾强。血水染成东大海，满江水兽尽潜藏。搭救彩和夺玉板，试看我混海扬波战一场。（下）

（老君云）通天大圣，你领本部下神兵与四海龙王斗胜，小心在意者。（通天大圣云）得令，奉祖师法旨与龙王斗胜走一遭去。我着那猿哥摆阵列旗旛，鸣锣擂鼓振天关。走石吹沙飞狂雨，推林拔树已崩山。齐天大圣亲为帅，吾神变化几千般。手轮铁棒轻轻举，我着那百万天兵透胆寒。（下）

（老君云）翻江大圣，你领本部下神兵直至海边与龙王交战，小心在意者。（翻江大圣云）得令，奉上仙法旨与龙王斗胜走一遭去。赳赳雄威杀气高，相持对垒显英豪。任他东海龙王勇，试看今翻这一遭。（老君云）搅海大圣，你领本部下神兵与龙王斗胜走一遭去。（搅海大圣云）得令，奉上仙法旨领本部下神兵斗胜走一遭去。百万神兵勇似彪，腾云驾雾统戈矛。阵前显耀英雄力，不捉龙王誓不休。（下）

（老君云）移山大圣，你领本部下天兵去与他斗胜，小心在意。（移山大圣云）得令，领本部下神兵与龙王斗胜走一遭去。到来日恰才个老君传令，差我与龙王斗胜。他若拿擒住了我，必定与摩揭对命。（下）

（老君云）五圣去了也，吾想天、地、水府三官，神通广大，无神可敌，吾在玄空之中用大法力威摄龙王，那三官必然回兵，吾再传法令牒至西天，着世尊解和，方免斗胜之患。东海龙王惹祸殃，八仙斗胜显高强。今差五圣驱神鬼，可与仙家助战场。吾在玄穹施法力，与他解斗罢刀枪。两家依然居本位，普降祯祥静四方。（下）

（钟离同七仙、五大圣上，钟离云）贫道乃钟离是也。因为四海龙王借水府三官与俺八仙斗胜，贫道去我祖师根前借五位大圣与俺助阵迎敌三官，纯阳子凭着五位大圣神通变化，俺这一遭必然索取了玉板也。（齐天云）上仙凭着俺神通广大，变化多端，量那龙王到的那里也。（正末云）师父放心，凭着俺八仙并五大圣神通广大，变化多端，量他到底那里也。

【越调·斗鹌鹑】俺委实的道法绝高，神通不小，虽然是几位神仙索过，如千员将校者，莫要对垒迎敌相持战讨，一任你上九霄，俺可便法力遥，他倚仗着海怪其多欺负俺仙家力少。（通天大圣云）凭着俺弟兄五个法力高强，量那龙王何足道哉也。

【紫花儿序】者莫道千寻雪浪，一任他四海风涛，更和那万顷云涛，看了俺仙家手段，果然自奇标难学，我这里仗宝剑，腾身在海岸上搅他，少不得片时来到，你看俺施展雄威，又不比二马相交。（齐天大圣云）众位神仙，远远的云头起处，敢是天兵来了也。（三官同四海龙王、龟丞相、鳌大夫、夜叉、水卒上，天官云）吾神乃上元一品九气天官紫微大帝是也。颇奈八仙无礼，斩了东海龙王长子摩揭，次子龙毒，又将四海龙王连杀四阵，不能取胜，吾领大势天兵与八仙斗胜走一遭去，远远的云头起处，敢是八仙么。（东海龙王云）众神兵，摆开阵势，休教走了这八个泼先生也。（钟离云）洞宾，你看那云头起处，龙王引众神兵来了也。（正末云）云头落处是何神祇。（东海龙王云）某乃东海龙王是也。你如何杀了我摩揭，又伤了俺龙毒，我奏知玉帝，命俺四海龙王并三官大帝统领一百万神兵，故来擒拿你八个来。（齐天大圣云）兀那龙王，俺奉老君法旨，差俺五圣并大小神仙与你三官斗胜也。

【小桃红】我则见黑弥漫浪滚海生潮乱扰扰神兵闹，原来是四海龙王把仇报。（天官云）大小神兵，各显神通变化，与我乱下风雹。（唱）他那里便下风雹。（天官云）大小天兵与我摆布的严整者。（唱）他显威灵，不住高声叫。（天官云）凭着俺神兵浩大，法力高强，量你到的那里也。（唱）他将我一齐的围绕，更怕我临敌哀告。（天官云）我神务要和你见个输赢胜败也。（唱）我和你决战九遭。（东海龙王云）龟丞相、鳖大夫，你可调上那水卒神兵来者。（龟丞相云）理会的，上圣放心，自有我两个着盖子上，禁他三百飞剑，水卒神兵都摆布停当了也。

【金蕉叶】不由吾心中怒恼，我看了他如同芥草。（天官云）你怎敢将吾神小觑，低微俺这里千员神将，百万天兵，量你到底那里也。你那里摆布的威严道好，我着你半霎儿飞星乱逃。（钟离云）兀那龙王，你引领着许多的水卒，有何用处。（东海龙王云）我要拿你八个泼先生里。（正末云）你看我这手中的飞剑么，我将那龟丞相、鳖大夫都斩了头。（龟丞相云）老叔，不干我两个是，先缩了头罢，则怕他使飞剑来。（正末云）我丢起这一口宝剑，一口变十口，十口变百口，百口变千口，千口变万口，量你这些神兵水卒到底那里也。（天官云）你怎敢在吾根前夸此大言，你敢与吾神斗胜么。（做调阵子科）

【调关令】你那里看着将宝剑漾在青霄。（天官云）这八仙有这等手段，大小圣兵与我刀剑出鞘，务要擒拿了八仙也。（唱）呀则俺这八洞神仙有奥妙，众龙王发怒施慓暴，他统神兵四面相抄，俺关呷呷坦然不动脚，一任他乱纷纷剑戟枪刀。（东海龙王云）众龙王敢勇当先，休教走了这八个先生也。

【秃厮儿】他奋勇烈风行电扫。（天官云）俺这神圣每一个个惯甲披袍，量你那飞剑怎生降的吾神也。（唱）逞英雄惯披袍，则我这飞星宝剑将天地搅。（天官云）吾神神通广大，量你些小神通到的那里也。（唱）量你这些蛮蛟有甚么难熬。（龟丞相云）上圣，这八个仙长十分厉害，你看他那飞剑以一变万口，咱这水卒神兵折了大半也，逃命走了罢。（东海龙王云）这等是赢不的他。

【圣药王】我则见他密密的走，暗暗的逃，撒旌旗都向海中漂，这壁厢举目观那壁厢，偷眼瞧，俺众神仙追逐斩鲸鳌，这业畜怎生饶。（天官云）四海龙王，这八仙神通广大，不能取胜，跟着吾神见吾佛去来，近不的他走走走。（同四海龙王众败下）（钟离云）洞宾，收了宝剑罢，那龙王大败亏输逃命走了也。（正末云）既然得了胜也，咱且回去来。

【尾声】则俺这神仙法令驱山岳，你拿了俺云阳至宝，量你这数十万水军卒，则消我一阵神风把您来尽都扫。（众仙同下）（齐天大圣云）四海龙王大败了也，若不是仗着老君的法力，焉敢拒敌天兵，吾神驾起祥云，直至大清仙境，回老君的话走一遭去。只因龙王惹

是非，强夺玉板苦相持。仙家得胜收飞剑，驾云回奏老君知。（五圣同众下）

第四折

（外扮释迦佛引阿难迦舍上，云）苦行修持四十年，擅将山内现龙天。慈悲方便真为本，度脱众生结有缘。贫僧释迦文佛是也。自成正文见后升金刚宝座，天地师之，是以三界十方天下尽皆皈依俺佛教。贫僧昨日定中忽见东海龙王与八洞神仙斗胜相持，所伤无限生灵，两家又借水府三官和五圣，各相斗敌，致伤众生之命。贫僧深怜哀悯，我今以感德自在之力，将他两处真仙神将，尽皆摄致灵山会上，与他两家解劝商和，以兑众生之难，若来时贫僧自有个主意，这早晚敢待来也。（四海龙王上）

（东海龙王云）小圣乃四海龙王是也。因与八仙斗胜，被他连杀数阵，不能取胜，百万神兵折其大半，昨日借将水府三官来报仇，不期八仙又借将齐天大圣，来与俺相持，被他将水府三官都皆战败，今有我佛以威神之力，摄俺四海龙王来此灵山会上，不知有何法旨，不敢有违，须索走一遭去，可早来到也，阿难报复去，道有四海龙王特来参见。（阿难云）理会的，报的我佛得知，有四海龙王来了也。（佛云）着他过来。（阿难云）理会的，着过去。（见科）（佛云）龙王你等来了也，且在法座一边，等八仙来时，我自有个主意。（钟离同七圣上）

（钟离云）贫道钟离是也。有四龙王借了四府三官与俺斗胜，贫道问俺祖师借五位大圣与俺助阵，昨日在于海岸将四海龙王并水府三官大杀了一阵。今日俺众群仙正在阆苑商议索取玉板一事，今有我佛呼唤，不知有甚事，纯阳子，俺驾祥云直至西天参拜世尊去来。（正末云）师父看了至西天的景比东土大端不同也呵。

【双调·新水令】今日俺驾祥云冉冉到，西天参拜发慈，拜的释迦佛面，这的是法会灵山里，和这祇树给孤园，游遍了国土三千也，则是行善事要方便。（正末云）师父，可早来灵山也。（钟离云）可早来到灵山也，不必报复我，自过去。（见科）（佛云）八仙你都来了也。（钟离云）世尊，俺来了也。（佛云）八仙，你知道上帝有好生之德么。（正末云）世尊，俺为仙的岂不知上帝有好生之德也。

【沉醉东风】佛祖有全生大典，太上有感应之篇，这好生是上帝心慈悲乃如来愿，端的是众生灵无党无偏。（做见四海龙王科）（唱）我这里扭颈回头猛看见，原来是四海龙王在面前。（东海龙王云）这八个先生，今日可也在这里，此仇更待干罢也。（佛云）龙王，贫僧因见你等仇杀，多伤生灵，故意摄您来此处，我当劝解消释了仇恨，回心向善，以免众生之苦也。（钟离云）世尊，这龙王无礼，他两个孩儿夺了蓝彩和玉板，又与俺斗胜，因此上仇杀不能了当也。（正末云）兀那龙王，你好无礼也，你倚仗着神兵广大，故意欺俺仙家，将俺仙家玉板抢入龙宫海藏，至今不还，对着世尊面前有何理说。

【甜水令】你原来眼内无珠，口中不语，心中埋怨，则为一串玉板结成冤，你会合了那四海龙王、三官水府和咱交战，你逞英雄欺负我这神仙。（佛云）您八仙向前来，非贫僧多管闲事，止恐多杀生灵，以伤天地和气。我今故拘你两处神兵到此，贫僧主张，兀那龙王，你那摩揭不合，擅次抢了玉板，您八仙不合，斩了他爱子性命，贫僧劝解，这八扇玉板，可除了两扇与他龙王，一来做海藏之宝，二来做当偿命之资，龙王可将那六扇板来，与蓝彩和以踏歌之词，你两家各罢其兵，再不许相持厮杀了也。（蓝彩和云）世尊说的是，去了两扇板，我这手里可也轻些儿。

【殿前欢】我这里便听其言，则被这如来劝解得安然，从今后两下绝征战，我和你都枉惹灾愆，为无缘结有缘，则要他常行善，因此上名注在清虚殿，一来是佛慈广大，二来是俺道法无边。（东海龙王云）既然我佛慈悲，将玉板留下两扇，久镇龙宫，将这六扇还与蓝彩和，我佛意下如何。（钟离云）既然世尊发大慈悲，劝解我等，恭依佛旨，各回于本宫，不与他相持厮杀了也。（佛云）你两家既商和了也，阿难分付与云厨使者，上紧安排酒肴，贫僧与他庆贺，唤过十六天母、舞者、唱者，与他两处仙侣、神兵，试看俺佛家受用快活也。（乐声响住）（佛云）东海龙王，你行盏与八仙递酒也。（东海龙王云）理会的。（递酒科）

【挂玉钩】我则见一派仙音列管弦，满捧香醪劝，这的是海会灵山佛地面，端的是弥勒院，他那里满满地斟，我这里干干地咽，我则见喜气盈腮，笑语声喧。（佛云）您可以护持世界，救度众生，纯阳子，再不许你斗胜也，您众神圣和八仙听贫僧断。为八仙赴会饮琼浆，显神通过海渡东洋。蓝彩和脚边踏玉板，出千条瑞气放毫光。小龙子愚顽夺至宝，与八仙斗胜一身亡。老龙王借兵相战斗，把神兵百万尽皆伤。我睁慧眼猛然观觑，发慈悲召至讲经堂。用良言两家相解劝，听法语各自罢刀枪。灵山会神圣归天界，祝吾皇圣寿万年长。

（《孤本元明杂剧》）

谱

蓬莱阁

张希武 词
付 林 曲

1=B 4/4

♩=62

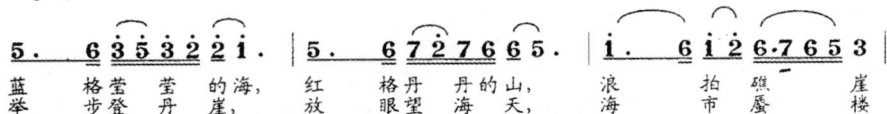

蓝格莹莹的海，红格丹丹的山，浪 拍 礁 崖
举 步登丹崖，放 眼望海天，海 市 蜃 楼

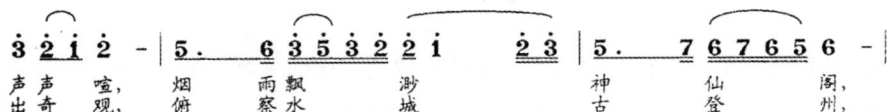

声声喧，烟 雨 飘 渺 神 仙 阁，
出奇观，俯 察 水 城 古 登 州，

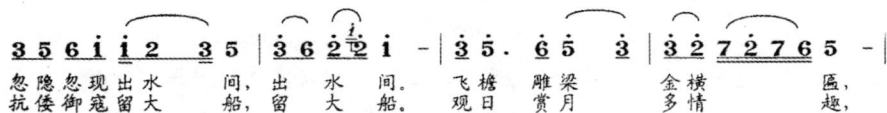

忽隐忽现出水 间，出 水 间。飞 檐 雕 梁 金 横 匾，
抗倭御寇留大 船，留 大 船。观 日 赏 月 多 情 趣，

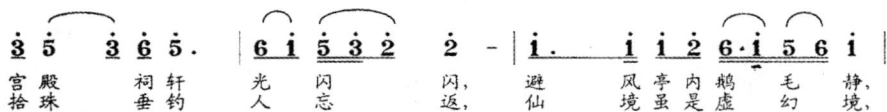

宫殿 祠轩 光 闪 闪，避 风 亭 内 鹅 毛 静，
拾珠 垂钓 人 忘 返，仙 境 虽 是 虚 幻 境，

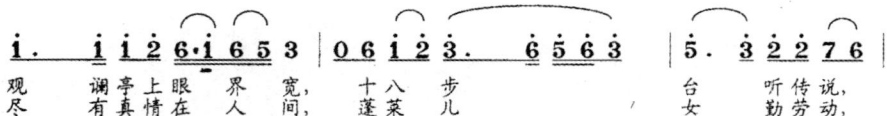

观 调亭上眼 界 宽，十 八 步 台 听 传 说，
尽 有真情在 人 间，蓬 莱 儿 女 勤 劳 动，

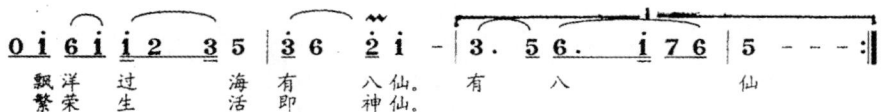

飘洋 过 海有 八仙。有 八 仙
繁荣 生 活 即 神仙。

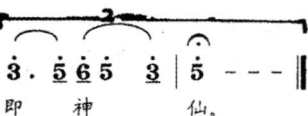

即 神 仙。

作者简介：词作者张希武（1938～），山东莱州人。著名词作家、剧作家，山东歌舞剧院一级作词。代表作有《沂蒙姑娘唱家乡》《中华情思》等。

曲作者付林（1946～），黑龙江富锦人。词曲作家，中国音乐家协会理事、中国大众音乐协会副主席、中国音乐文学学会常务理事。代表作有《妈妈的吻》《楼兰姑娘》等。

演唱者张也（1968～），湖南长沙人。中国女高音歌唱家，国家一级演员，中国音乐学院声乐歌剧系教师。代表歌曲有《走进新时代》《祖国颂》等。

八仙过海

作者简介：词作者韩静霆（1944～），山东高唐人。电影编剧、作家，罗委空军政治部文艺创作室主任，中国作家协会全国委员会委员。主要作品有《凯旋在子夜》《战争，让女人走开》，电影、电视连续剧《大出殡》《市场角落的"皇帝"》《孙武》等。

曲作者田晓耕（1955～），原名刘红军，云南禄劝人。作曲家，云南省音协常务理事、音乐创作委员会副主任。作品舞蹈《土地》在全国少数民族舞蹈比赛获作曲奖。

鹳雀楼

简　介

　　鹳雀楼，位于山西省永济市蒲州古城西面的黄河东岸。始建于北周时期（约在 557～571 年间），为大冢宰宇文护修建的军事戍楼。唐代诗人王之涣写下《登鹳雀楼》诗，鹳雀楼遂名闻天下。元初毁于战火，楼基犹存。明清时期，黄河水患日剧，台基泯灭。今鹳雀楼为 2002 年重建。

词

开元乐

一

鹳鹊楼头日暖，蓬莱殿里花香。草绿烟迷步辇，天高日近龙床。

二

楼上正临宫外，人间不见仙家。寒食轻烟薄雾，满城明月梨花。

三

按舞骊山影里，回銮渭水光中。玉笛一天明月，翠华满陌东风。

四

殿后春旗簇仗，楼前御队穿花。一片红云闹处，外人遥认官家。

（《全宋词　上》）

作者简介：沈括（1031～1095），字存中，号梦溪丈人，钱塘（今浙江杭州市）人。嘉祐八年（1063）进士，官至三司使。著有《梦溪笔谈》，被称为"中国科学史上的里程碑"。

一落索

正向溪堂欢笑，忽惊传新诏。马蹄准拟乐郊行，又却近、长安道。

鹳鹊楼边初到，未花残莺老。崔徽歌舞有余风，应忘了、东平好。

（《全宋词　上》）

作者简介：晁端礼（1046～1113），名一作元礼，字次膺，河南清丰人。熙宁六年（1073）进士，官泰宁军节度推官等职。著有《闲斋琴趣外篇》。

调笑

掾　白语　窃以绿云之音，不羞春燕；结风之袖，若翩秋鸿。勿谓花月之无情，长寄绮罗之遗恨。试为调笑，戏追风流。少延重客之余欢，聊发清尊之雅兴。

诗词：珠树阴中翡翠儿。莫论生小被鸡欺。鹳鹊楼高荡春思，秋瓶盼碧双琉璃。御酥作肌花作骨。燕钗横玉云堆发。使梁年少断肠人，凌波袜冷重城月。

城月。冷罗袜。郎睡不知鸾帐揭。香凄翠被灯明灭。花困钗横时节。河桥杨柳催行色。愁黛有人描得。

（《全宋词　上》）

作者简介：毛滂（约1061～1125），字泽民，浙江江山人。官知秀州等职。诗词被时人评为"豪放恣肆""自成一家"。著有《东堂集》《东堂词》。

满江红·登河中鹳雀楼

古堞凭空，烟霏外、危楼高矗。人道是、宇文遗址，至今相续。梦断繁华无觅处，朱甍碧甃空陈迹。问长河、都不管兴亡，东流急。

依本是，乘槎客。因一念，仙凡隔。向人间俯仰，已成今昔。条华横陈供望眼，水天上下涵空碧。对西风、舞袖障飞尘，沧溟窄。

（《全金词》）

作者简介：段克己（1196~1254），字复之，号遁庵、菊庄，山西稷山人。金正大七年（1230）进士，金亡不仕元。著有《遁斋乐府》《二妙集》（与弟合著）。

满江红·偶睹春事阑珊，谨用遁庵《登鹳雀楼》韵①

检点花枝，风雨外、雪堆琼矗。春去也、朱丝弦断，鸾胶难续。眼底光阴容可惜，旧游回首寻无迹。对青山、一饷倚枯藤，滩声急。

人已老，身犹客。家在迩，归犹隔。纵语音如旧，形容非昔。芳草绵绵随意绿，平波渺渺伤心碧。到愁来、惟觉酒杯宽，人间窄。

（《全金词》）

作者简介：段成己（1199~1279），字诚之，号菊轩，山西稷山人。段克己弟。两人同为金正大七年（1230）进士。著有《菊轩集》《二妙集》（与兄合著）。

西地锦·送钱尔载之河中②

到此转愁君去，且踟蹰岐路。遥山一抹，初鸿几点，又疏疏秋雨。

鹳雀楼头凝伫，定怀人题句。他乡岁月，故园灯火，话两家儿女。

（《曝书亭集》卷二十五）

作者简介：朱彝尊（1629~1709），字锡鬯，号竹垞、醧舫等，浙江嘉兴人。康熙十八年（1679）举博学鸿词科，曾参修《明史》。"浙西词派"的创始人，与陈维崧并称"朱陈"，又为藏书家。著有《曝书亭集》、编有《词综》等。

---

① 遁庵：指作者之兄段克己。
② 钱尔载：指钱枋，字尔载，号改斋，浙江桐乡人。诸生。著有《长圃诗余》。

曲

登 鹳 雀 楼

王之涣 词
冯端阳 曲

1=F 转 ♭B　2/4

♩=60

（古筝）

（朗诵）自 日 依 山 尽， 黄 河 入

海 流，欲 穷 千 里 目， 更 上 一 层 楼

（唢呐）

ff 转 bB 前2=后6 开阔地

白 日 依 山 尽，

黄 河 入 海 流， 欲 穷 千 里 目，

更 上 一 层 楼， 更 上 一 层 楼。

精加快

白 日 依 山 尽， 黄 河 入 海 流，

欲 穷 千 里 目， 更 上 一 层 楼， 更 上 一 层 楼。

ff

更 上 一 层 更 上 一 层 更 上 一 层 更 上 一 层 更 上 一 层

楼。

　　作者简介：词作者王之涣（668～742），字季凌，绛州（今山西新绛县）人。曾任冀州衡水主簿、文安县尉等职。其代表作有《登鹳雀楼》《凉州词》等。

　　曲作者冯端阳（1957～ ），山西永济人。山西省音乐家协会会员、永济市音乐家协会主席。多年从事器乐演奏、作曲、指挥，先后创作：器乐、舞蹈音乐等20余首，歌曲100余首。代表作《美丽永济我的家》。

鹳雀楼

（唱杨洪基）

1=bE 4/4

诉说地，歌颂地

词曲：林兰子

作者简介：词曲作者林兰子，北京人。中国现代绘画艺术研究院院长、北京语言大学艺术系教授。中国当代著名书画家。个人专集有《中国当代书画名家经典作品——林兰子》《古河东一百名人图》等。曾荣获"中国书画事业成就贡献奖"等称号。

演唱者杨洪基（1941~），辽宁大连人。中国人民解放军总政歌剧团男中音歌唱家，国家一级演员、解放军艺术学院教授，少将军衔。代表歌曲有《滚滚长江东逝水》。作品专辑有《20世纪中华歌坛名人百集珍藏版》《美丽的大海》等。

鹳雀楼

词曲：黄勋会
唱：崔清华
何坤

1=#C 4/4

```
3 5  5 5 6 5 1 2 | 3·7 6 6 7 6 5 5· | 6·1 7̇ 6 6 5 3 0 5
一座 盛世 名楼 看  黄河  万里  悠 长    一首  千古 绝唱   在

6 3  2·3 2 1 2· | 0 5 6 1 3·7 6 5 5 | 0 5 6 1 7·6 2̇
历史 星空 嘹 亮     一 方  人文 高 低     与太  阳一 样 光

2̇ - - - | 0 6 2̇ 1 7· 6 6 5 3 | 0 2 3 5 4·3 0 2 3
茫              一曲  深情 祝福     让人 生激 情 飞

1 - - 0 6 ‖ 3· 6 1 - | 2̇ 3̇ 6 5 -
扬            啊   啊 啊 啊       鹳 雀 楼

0 3 3 1̇ 1 6 5 4·3 0 5 6 | 2·3 5·6 | 1̇·1̇ 1̇ 2̇ 3 2 3 3
谁能 把你 的视 野 丈   量     啊    胸怀 你的 豪 迈
谁能 把你 的高 度 丈   量     啊    攀登 你的 天 梯

2̇ 3̇ 7 6 5· 6 | 0 1 1̇ 2̇ 6 5 3 | 5 6 2̇ 1̇ 1̇
你   的 豪 迈     我们 与梦 醒   一 起 飞
你   的 天 梯     我们 让世 界   一 起 仰

1̇ - - 0 6 :‖ 3· 6 1 - | 2̇ 3̇ 6 5 -
翔            啊   啊 啊 啊       鹳 雀 楼
望

0 3 3 1̇ 1 6 5 4·3 0 5 6 | 2·3 5·6 | 1̇·1̇ 1̇ 2̇ 3 2 3 3
谁能 把你 的高 度 丈   量     啊    攀登 你的 天 梯

2̇ 3̇ 7 6 5· 6 | 0 1 1̇ 2̇ 6 5 3 | 5 6 2̇ 1̇
你   的 天 梯     我们 让世 界   一 起 仰

1̇ - - - | 0 1 1̇ 2̇ 6· 5 3 | 0 5 6 1̇ 2̇ 3
望            我们 让世 界   一 起 仰

3̇ - - - ‖
望
```

作者简介：词曲作者黄勋会（1960～），笔名黄炎，山西运城人。中国楹联学会会员、中华对联研究院研究员、关公书画院副院长，现任山西省运城市文化局局长。

演唱者崔清华，山西芮城人。现就职于运城市文工团。

何坤，山西运城人。现就职于运城市文工团。

大观楼

简　介

　　大观楼，位于云南省昆明市西南，濒临滇池草海北滨，其地又称近华浦。始建于清康熙二十九年（1690），由云南巡抚王继文、石文晟、布政使佟国襄等人修建，为观赏楼阁。因其面临滇池，远望西山，尽揽湖光山色而得名。乾隆年间，孙髯翁为其撰写长联，由名士陆树堂书写刊刻，大观楼因长联而成中国名楼。道光八年（1828）增建为三层。咸丰三年（1853）咸丰帝题"拔浪千层"匾。期间有过几次重修。1919 年，唐继尧将大观楼辟为公园。2013 年被公布为全国重点文物保护单位。

词

兰陵王·发滇城

　　　　彭正之兄弟饯于归化寺山茶花下。是夕同宿板桥驿，晨起志别。

　　铁鹦鹉，催起今朝客去。滇池柳、冬日绿条，难绾青丝片时住。茶花对佛宇，朵朵，赤龙钗吐。多应是，借向梁王，彩袖红裙作歌舞。

　　浇花各无语，叹此别相看，不是前度。盘龙江结肠干缕。把水寺吟艇，海国游展，茫茫谁记近华浦。尽回首云树。

　　延伫，斜阳暮。且古驿挑灯，金盏重举，碧鸡又促前来路。变万叠愁淞，一鞭酸雨。黔山东望，请莫忆，忆更苦。

（《陶园诗余》卷上）

　　作者简介：张九钺（1721～1803），字度西，号紫岘，湖南湘潭人。乾隆三十一年（1766）进士，曾任保昌、海阳知县等职。诗风近李白。著有《陶园诗文集》《历代诗话》等。

大江东去·大观楼醉后题壁

乾坤许大，怎天教此水，西流如汉。百尺飞楼云际倚，三面青山相向。鸥鹭沉浮，鱼龙出没，日夜掀风浪。归帆隐隐，晚霞红处渔唱。

遥想武帝当年，凿池通道，枉习楼船战。劫尽灰残人不见，惟有湖山无恙。酒罢凭栏，诗成题壁，只把髯翁让。临风吹笛，海门明月飞上。

（《西山区志》）

作者简介： 谢琼（生卒年不详，约嘉庆时人），字石臞，云南昆明人。嘉庆十三年（1808）举人，官禄劝教谕。喜为诗，工七律。著有《彩虹山房诗钞》《彩虹山房诗余》。

湘春月夜·大观楼即景

木兰舟，轻如叶样飘浮。好把往日尘怀，豁向大观楼。试看湖山满眼，共天光一色，点缀新秋。见晴沙露处，两行征雁，几个闲鸥。

烟波四面，纷纷画舫，呖呖歌喉。栏杆依遍，想不尽狂吟烂醉，前辈风流。涛翻浪滚，瞥目间、人又白头。这境界、只孙髯领取，长联题柱，胜迹传流。

（《文明的步履——昆明历史文化简明读本》）

作者简介： 杨载彤（1787～?），字管生，号巂谷，云南大理人。嘉庆十二年（1807）副贡，官马龙州学正。著有《巂谷诗钞》。

望江南·乡园杂忆①

家山念，游冶爱春时。芳草路平轻试马，杂花林暖快听鹂。晴雨两相宜。（春）
家山念，清绝此炎天。衣谢含风裁白苎，篷看翳日采红莲。大好北窗眠。（夏）
家山念，山色太华秋。红藕听香池畔寺，黄花倚醉水边楼。月满钓鱼舟。（秋）
家山念，风雪百无忧。炉火不劳煨石炭，砚冰何待暖香篝。卒岁只羊裘。（冬）
家山念，朴野让田家。见客儿童忘礼数，隔邻灯火讯桑麻。春酒饷梨花。
家山念，挈榼好行行。天半铁峰敲日静，岚开玉案展云屏。琴筑碎泉声。

---

① 该组词共24首，表现了宦游异乡的滇籍士子对故乡的眷恋深情。每一首从特定角度歌咏滇中风土、人情之美或气候之佳。此处选取8首。

家山念，人在水云乡。阁依雄川天下上，舟移华浦月低昂。风送菱荷香。

家山念，韶景入新年。桃萼含苞红竟吐，松毛结毯①绿堪眠。餈饵②钉春筵。

（《云南历代诗词选》）

作者简介： 戴絅孙（1795～1857），字袭孟，一字筠帆，云南昆明人。道光九年（1829）进士，官至贵州道监察御史。"五华五子"之一。著有《味雪斋诗文钞》、编有道光《昆明县志》等。

望海潮·大观楼望海

云垂飚竖，鲸翻鳌掷，怒涛滚滚而来。斜倚碧阑，愁观天外，茫茫雪浪无涯。搔首动吟怀。慨汉唐戈马，蒙段楼台。当日雄豪，而今安在？只尘埃。

穷兵黩武休哀。纵山移海倒，瘴死烟埋。赵宋河山，元明郡邑，此邦大有人才。天海气佳哉。爱云沙明灭，浦树低排。日暮鱼龙起舞，烟际一帆开。

满江红·滇池秋泛

漭漭洪流，浸南斗、涸茫无极。仿佛见、钱塘帆影，金陵山色。刳木远驰盐米利，浮腥大拓鱼龙宅。泛扁舟、何处访瑶华，寒涛拍。

螳螂渡，川淜沰，卧纳岛，峰巉特。问南山凿破、沼成何益？习战无功君漫武，劝农有使民怀德。叹元明、万顷溉粮田，真奇策！

（《葑烟亭词》卷一）

作者简介： 黎兆勋（1804～1864），字伯庸，一字柏容，号檬村、碉门居士，贵州遵义人。清道光八年以古学第一取秀才，后十次参加乡试未能中举，故全力钻研诗艺。后因参与镇压苗民反清斗争有功，晋升湖北鹤峰州州判。著有《侍雪堂诗钞》《葑烟亭词》等。

暗香·和白石咏红梅

古城暮色。有吟魂飞出，楼头横笛。旧恨凋零，又苗新愁情谁摘。一卷南华③读破，还

---

① 松毛结毯：春节时，云南民俗喜将松针铺于堂屋地上或编结为毯，可坐可眠。
② 餈饵：云南当地的糯米饼、食米饼，俗称糍粑、饵块。
③ 南华：即《庄子》，又名《南华经》。

翻作、灵均骚笔①。浑不管、玉树花残，且付与歌席。

乡国。梦影寂。怅杜宇不归，绿草如积。馆娃露泣。粉碎琼寒费寻忆。休问昆明劫火，收拾了、争春红碧。算只是、肠断句，苦荬未得。

（《词综补遗》卷四十三）

作者简介：张兰思（1871～?），字南陔，江苏常熟人。光绪二十一年（1895）进士，曾任山西河津县知事，民国时任江苏省公署秘书等职。著有《南陔词草》，辑有《佚丛甲集》《瓶庐诗补遗》等。

琵琶仙·昆明大观楼

欺鬓东风，又吹醒、旧日天涯游乐。双桨轻拨萍光，阑干影斜落。凝望处、空蒙翠湿，恋波镜、野云飞弱。绿柳腰柔，珍禽语滑，芳步幽约。

记曾共、听曲楼头，看争解、香囊水中濯。空剩一丝残泪，付当前眉萼。休问讯，云今雨古，料客程、后夜如昨。已恁伤别伤春，好怀谁着！

（《詹安泰诗词集·无庵词》）

作者简介：詹安泰（1902～1967），字祝南，号无庵，广东饶平人。民盟盟员，中山大学教授，著名古典文学学者，尤精于诗词的研究、创作。他的词学专著有独特创新见解，在词坛有较大影响，日本学者有"南詹北夏，一代词宗"的评誉。著有《花外集笺注》《无庵词》等。

忆江南·时客迤东苦忆昆明而作

昆明好。佳致翠湖多。袅袅柳丝摇月夜，田田荷叶弄清波，风送采莲歌。

昆明好。城北卧螺峰。四面晴岚山色丽，万家烟霭夕阳红，摩碣吊英雄。

昆明好。海上大观楼。芳草绵芊铺软径，波花安稳送轻舟，渔唱起沙鸥。

昆明好。古寺数昙华。陌上踏青春似绣，花前浮白脸飞霞，余兴话桑麻。

昆明好。有女貌如花。雪里芙蓉娇模样，枝头豆蔻好年华，珍重泛仙槎。

昆明好。月色满长街。几年清歌连永夜，一天凉露湿春鞋，车去暗香来。

昆明好。食品最堪夸。如指青葱加白酱，卷心嫩菜好黄芽，淡泊野人家。

---

① 灵均：指屈原。

菩萨蛮·滇池泛舟

一

寒烟漠漠芦花白，扁舟载得青山色。回首大观楼，高阑玉笛秋。

风吹湖面树，打桨惊鸥鹭。回顾何空明，月轮波上生。

二

冰轮一片苍山暮，渔灯隐约知何处。荡到桃源村，山根犬吠门。

夜色浮青嶂，足踏疏林上。长啸高岩前，苍茫万里烟。

（《禄劝文史资料第 4 辑·梅绍农诗词选》）

作者简介：梅绍农（1903～1992），原名宗黄，号南村，笔名梅逸，晚年自称白沙老人，云南禄劝人。原禄劝文化图书馆馆长、中国作家协会云南分会会员、云南诗词学会顾问。著有《还我斋诗存》《醉红楼词存》等。

菩萨蛮·大观楼

大观楼下萧萧雨，雨中烟水添游趣。不怕湿毡鞋，长堤任往来。

名联供画稿，未若今朝好。远客至如归，忘机鸥鸟飞。

（《赵朴初大德文汇》）

作者简介：赵朴初（1907～2000），安徽安庆人。中国民主促进会创始人之一，原政协全国委员会副主席、中国佛教协会会长。著有《滴水集》《赵朴初诗词曲手迹选》等。

念奴娇·登昆明大观楼

层楼独上，望明湖，风物奔来眼底。烟雨宜人晴更好，玉宇澄清万里。金马飞驰，碧鸡起舞，似速游人至。天光云影，西山郁郁佳气。

长联揽胜闲情，赏心丽句，评骘千秋史。唐柱汉船功永在，未可漠然轻视。岁月翻新，工农做主，别一人间世。开来继往，英雄喜看今日。

（《教苑诗声》）

作者简介：王沂暖（1907～1999），吉林九台人。原西北民族学院教授、甘肃省文史馆馆员，中华诗词学会顾问、甘肃省诗词学会副会长。著有《春沐诗词甲乙稿》《王沂暖诗词选》等。

金缕曲·昆明赋归慨然思古

暂别南疆土。数千年、兴亡历史，令人回顾。金马碧鸡陈迹在，多少苍黄风雨。有宋柏唐梅亲睹。少帝蒙尘僧又老，只山茶红恋前朝树。朝市改，焕新宇。

平芜绿软西山路。况登临、龙门声价，便增高度。未识滇池盈盈水，深过翠湖几许。问筇竹、昙花知否？我幸探幽神健王，览春城陶醉群芳坞。华浦月，送归去。

水龙吟·昆明感旧

是谁偷换流年去，镜里朱颜易老。芸香走蠹，槐阴梦蚁，怎还年少？浊酒浇愁，闲文贾祸，屡焚残稿。算生余劫后，晚晴红艳，知天意，怜幽草。

重访南疆新貌。纵吟眸、翠欢红闹。崇楼泼墨，明湖荡桨，披襟长啸。六诏兴衰，千秋代谢，尽供凭吊。奈髯翁往矣，逸馨芳韵，问何人晓？

（《二十世纪中华词选 中》）

作者简介： 刘克生（1907～2008），四川乐至人。原乐至中学教师、乐至县政协文史委员会副主任，云南省楹联学会名誉会长、四川省诗词学会顾问。著有《刘克生诗词钞》《石缘阁丛稿》等。

高阳台·昆明大观楼

湖美滇池，春城灿烂，大观楼立三层。瓦碧墙丹，檐飞角耸峥嵘。新楼清末大修整，髯翁联，不朽朱楹。绣帘开，一色湖天，如入蓬瀛。

东山金马西鸡碧，醉湖光山色，帆舞鸥腾。万顷烟波，游人不计阴晴。风流莫作刘伶醉，大观楼，美绝昆明。叹徐霞、发雪须霜，倦矣游情。

（《中华当代诗词家大典 4》）

作者简介： 高坚白（1907～2013），江苏太仓人。江苏省太仓师范学校教师，江苏省诗词协会会员、太仓市诗协理事。著有《娄东坚白诗词曲选集》。

西江月·登大观楼， 时已垂暮

解眼波涛万顷，赏心楼阁重霄。者翻初上不须招，半日湖山笑傲。
郭老题诗新趣，髯翁旧句清超①。洋洋入眼更多娇，且看苍烟落照。

（《溪山畅咏》）

作者简介： 陈果青（1909～1995），安徽滁州人。民盟盟员，贵州大学中文系教授。著有《古代文论注译》、编有《词学全书校订》等。

一萼红·登大观楼

浩茫茫、看无边空阔，弱水绿盈盈。舞鹤南盘，长蛇北走，耄龄乘胜登临。傍蟹屿、螺州遥瞩，饶奇境、丽秀拥娉婷。眼底奔来，高楼新筑，绿柳初匀。

记数千年往事，恰而今亲见，极目娱心。琼阁迎风，轻波潋滟，觉感时序骎骎。有多少、丰功伟绩，漫赢得、湖碧与山青。喜正太平盛世，普照红云。

（《牡丹词集》）

作者简介： 尤启文（1916～2009），江苏镇江人。留美硕士，高级工程师。上海诗词学会会员。著有《牡丹词集》。

忆江南·忆昆明旧游 （十五首）

昆明忆，南服古雄州。二水金银思乐土，一城风月最宜秋。鸿爪识前游。
自注：昆明城外有二水，曰金汁河，曰银汁河。元赛典赤所开。
昆明忆，始泛大观船。浦口花浓呼小艇，楼前日静读长联。梦到卅年前。
自注：大观楼。地名承华浦。
昆明忆，一舸到西山。如梦如烟浑不语，湖风湖水湿烟鬟。天际美人眠。
自注：西山。俗呼睡美人，望之俨然。
昆明忆，随喜到华亭。门外莲池僧眼碧，庭间菩树佛头青。梵唱夜深听。
自注：华亭寺，一名云栖寺，西山巨刹也。
昆明忆，太华碧岧峣。寺枕三峰观鸟度，花开十丈倚天烧。春色焰林皋。

---

① 郭老题诗：1961年，郭沫若游大观楼，题《登临即事》一首："果然一大观，山水唤凭栏。睡佛云中逸，滇池海样宽。长联犹在壁，巨笔信如椽。我亦披襟久，雄心溢两间。"髯翁旧句：即孙髯大观楼长联。

· 299 ·

自注：太华寺。殿前山茶一株大可合抱。郑子尹诗："高花烧天天为枯"咏此。

昆明忆，高阁插澄清。点点云帆趋海口，濛濛水雾认湖城。切想御风行。

自注：三清阁。地名罗汉崖。峭壁上有石门曰龙门。西山最高处也。云帆点点，昆明若在水雾之中。

昆明忆，黑水古丛祠。潭上梅开南诏影，庭中柏老宋时枝。驻马费寻思。

自注：黑龙潭。潭上有祠，额曰汉黑水祠，有唐梅宋柏之胜。阮元咏唐梅诗，有"边功遽坏鲜于手，仙树遂归南诏家"之句。

昆明忆，筇竹系游思。策马来寻山口寺，传神若对虎头痴。五百应真师。

自注：筇竹寺。以五百阿罗汉塑像驰名远近。

昆明忆，寺以海源传。佛殿金银花迤逦，将军池馆水沧涟。处处听鸣泉。

自注：海源寺。泉水清澈，龙志舟别墅在焉。

昆明忆，铜殿色斓斑。脂粉虚传残霸气，风云遥对碧鸡关。韵事说圆圆。

自注：金马山。俗称金殿，以铜殿著称。殿在太和宫内，明中叶黔国公沐某建，民间讹为吴三桂为陈圆圆所建。

昆明忆，花市傍城楼。一朵山茶娇女佩，半开缅桂玉人头。车过瑞香浮。

自注：花市在近日楼下。滇人称白兰花为缅桂。

昆明忆，日日翠湖边。渌水歌飘商女曲，藕花红软玉人肩。诗梦五华烟。

自注：翠湖在城中五华山下。

昆明忆，寺若建瓴居。镜里殿台双沼碧，烟中城郭五云虚，迢递北城馀。

自注：圆通山。下为圆通寺，地势高峻，俯眺全城。

昆明忆，两两宝坊排。西顾碧鸡犹设险，东来金马并名街。吊古一徘徊。

自注：金马街口金马、碧鸡二坊对峙，极壮丽。金马、碧鸡，古滇国所祀之神。

昆明忆，遗恨晚明多。卖国何人甘弑主，伤心逼死竟名坡。车马日经过。

自注：逼死坡，在华山南路。永历帝被吴三桂缢死于此，故名。

浣溪纱

天外飞云若翠鬟。黄昏涌出数重山。烟波平海夕漫漫。

浦口帆归潮有信，楼头眉晕月初弯。此时清怨总无端。

（《四弦集·微波楼诗词选》）

作者简介： 王蘧华（1917～2001），号微波楼主，贵州贵阳人。原中国书法家协会理事、贵州省地方志协会副会长，贵州省文史研究馆馆员。著有《四弦集》（合著）、《微波楼诗词集》，编有《贵阳名胜诗词选》等。

一萼红·游滇池， 咏西山睡美人

忆当年，想红巾翠袖，歌舞正喧阗。羯鼓筚吹，惊涛浪涌，祖国千里烽烟。叹中原、奔腾胡马，漫晴空，鸦鸷逞回旋。一阵狂飚，伤心饮恨，热泪涓涓。

往事悄然一梦，又灯红酒绿，玉润珠圆。舞倦归来，绿波被拥，余音犹绕云间。敛娇容西园睡稳，早忘却血染旧长安。莫再柔丝委枕，醉梦巫山！

（《丹霞诗选 2》）

作者简介：刘鸿硕（1917~），贵州贵阳人。中学教师。

水调歌头·登大观楼

昔闻近华浦，今上大观楼[1]。春城美景如画，俯仰尽风流。四面回廊环水，别墅花园连片，争艳百花稠。步步皆成景，孙髯长联留。

玻璃瓦，飞檐耸，豁吟眸。浪珠抛溅，层峦抱处泛兰舟。绿隐渔村唱晚，万顷良田在目，何事苦追求?! 揽胜应陶醉，莫误后来游。

（《当代江苏千家诗》）

作者简介：袁慧珍（1917~），女，江苏常州人。秋霞诗社社员。

沁园春·春游大观楼

胜境天然，长堤垂柳，月照烟浮。揽碧波如镜，万家在抱；翠峦环绕，点点沙鸥。对此春光，倍增思绪，极目天涯且上楼！多情最，是风鬟雾鬓，蟹屿螺洲。

白云千载悠悠。看女神酣眠无限秋。似太真浴罢，娇娆无力，西施频蹙，欲语还羞！我历其间，遄飞逸兴，若听耆卿曲调柔。凭栏处，问茫茫滇水，何不回流？

浪淘沙·丁卯夏月游大观楼[2]

休沐上高楼，眼底清幽。滇池浪静好横舟。海埂渔歌连续起，全是欢讴。

---

[1] 此句化用了杜甫《登岳阳楼》诗："昔闻洞庭水，今上岳阳楼。"
[2] 丁卯年为 1987 年。

往事已千秋，几度沉浮。髯翁长句永垂留。古寺疏钟无处觅，一片琼洲。

（《云岭情——云南省老干部诗词协会二十年作品选》）

作者简介： 刘海秋（1919～），江西九江人。中学教师，云南省老干部诗词协会会员。

临江仙·大观楼

满目青山依绿水，古今多少风流。大观楼上景全收。泛舟点点，远棹戏鱼钩。

一对长联思往事，髯翁傲骨千秋。欣看桉树忆神州，元戎功绩，日月共悠悠①！

江城子·西山望滇池

烟波万顷一明珠，绝佳图，不胜书。造田破麓，引起众人诛。盛世归来重换貌，应把酒，对凌虚！

韶华肯给老年乎？想当初，舍头颅。心情此际，奋进不踌躇。绿水青山多壮丽，看铁臂，舞银锄！

（《从心诗词集》）

作者简介： 余立（1920～），江苏泰兴人。原国家教育发展研究中心研究员、全国高教学科评审组顾问。著有《邓小平教育思想研究》《从心诗词集》等。

天仙子·大观楼远眺 （二首）

楼上大观天府注，似曾相识游仙处。明湖有女浣纱归，清泪楚。几回顾，睡美人山山欲暮。

郭老诗情披襟久，髯公联长淋漓透。凭栏遥望思悠悠，岚叠秀。碧云岫，唤咱归分挥水袖。

（《华夏风韵——当代诗人咏中华》）

作者简介： 莫林（1920～），女，江苏如东人。原中共上海市宝山县委书记、上海农学院顾问。著有《风雨潇潇》《金凤歌》等。

---

① 自注：桉树为朱德同志一九二一年手植，今已高耸挺拔，睹树思人，曷胜悠悠之慨！

踏莎行·登昆明大观楼读清朝文士孙髯翁长联有感

胜地名楼,孙翁学博,滇池流誉全中国。长联字句似珠玑,奔腾澎湃从天落。
写景抒怀,旌功述昨。风流文士登台阁。江山今日属人民,髯翁泉下应欢乐。

(《两代人诗词选》)

作者简介:陈一虹(1921~),广东东莞人。原中国人民解放军档案馆馆长。著有《两代人诗词选》(与其子陈咏慷合著)。

浣溪沙

金碧诗社社友赓雅、小牧、汉英、绍农、时英、肇雄、仲宏、秋山、光明九老,今年逾八十,奉命寿之。

金碧诗坛九老头,沧桑捶打八旬秋。小康盛世可追求。

老树茶开鸣凤岭,长联词丽大观楼。天涯唱和有瀛州。

(《怀谷诗集》)

作者简介:孙志能(1922~),字怀谷,贵州威宁人。原云南省高级人民法院院长,金碧诗社社员。著有《怀谷诗集》。

念奴娇·昆明

高原春驻,看滇池清丽,柳飐桃灼。稻粉扬风香阵阵,扑起湖中鱼跃。落落龙门,洋洋大观,士女相邀约。恼人诗意,九皋三五鸣鹤。

今看一介髯翁,挥毫对客,百八长联落。啸傲风云,轻淡淡,又把王侯嘲谑。断碣残碑,苍烟落照,湮没先楹墨。扬眉一笑,昔年迷罔方觉。

(《庐陵诗词 第14辑》)

作者简介:刘志远(1923~),江西泰和人。原井冈山学院副教授,庐陵诗词学会理事,《庐陵诗词》编委。

浪淘沙·登大观楼

登上大观楼，放眼四周，远山近水眼底收。美人西山仰卧睡，千载无忧。
游客乐悠悠，乘坐轻舟，迎风破浪滇池游。孙氏长联楼下挂，誉满全球。

（《中华传世诗词选集》）

作者简介：计公谟（1924～），云南陆良人。中学高级教师，云南省诗词学会会员。

玉楼春·昆明大观楼

清霜一枕知何处？难觅疏钟听几杵。狂来直欲改长联，不识髯翁嗤我否？
滇池水涌千帆路，四海波连云岭舞。游人争上大观楼，寥廓江天新韵谱。

（《征程为歌——中国人民解放军西南服务团成立六十周年玉溪纪念文集》）

作者简介：宋河（1924～），原名宋维华，安徽泗县人。原玉溪师专校长，中华诗词学会会员、中华诗词文化研究所研究员、云南传统文化研究会顾问。

沁园春·昆明大观楼

山做烟寰，水聚汊澜，万古东流。正碧鸡唱晓，蒙蒙帆影，龙门挂日，点点沙鸥。叠嶂横云，乱山排闼，天地大观荟此楼。朝辉里，看霜枫抹赤，雁阵涵秋。

当时逐鼎飞矛。竞跃马、盘弓裂九州。甚唐标铁柱，宋挥玉斧，千年往事，一笛沧州。劫历红羊，变经苍狗，毕竟工农殪冕旒。凭栏处，尽无边寥廓，豁我双眸。

（《中国名胜诗词大辞典》）

作者简介：郑秩威（1925～1994），曾用名兆仪、仪庵，湖南长沙人，民盟盟员。国立师范学院中国文学系毕业，曾任贵州文史馆馆员。原中华诗词学会会员、贵州省书法家协会常务理事。曾参与编纂《贵阳市志·邮政志》，撰写贵州象棋史，作品散见各诗词集中。

浪淘沙·昆明行

结伴喜重游，景色清幽。江山如画望难收。浩瀚滇池波浪阔，万点轻舟。
古阁大观楼，联语千秋。龙门险峻鬼神愁。南国明珠应笑我，笔也风流。

（《中华当代诗词联大观》）

作者简介：王承渭（1925～），字立云，号珊石，湖南湘潭人。中华诗词学会会员、湖南诗词协会常务理事。著有《珊石吟草》。

卜算子·长联旧居大观楼

寒冬游大观，红鸥飞满天，游人戏抛食空中，鸥落人面前。
群鸥万里聚，昆暖胜"亚北"①，短时栖息游居地，翔飞甚甘甜。

玉楼春·述景

三月踏青报春花，白云蓝天映红霞。楼外楼岸百舟拥，游人尽兴晚回家。
浩渺滇池无垠沙，睡美人卧蒙薄纱。文人墨客来游踏，奇语珍迹题名家。

（《地质矿产与华夏沃土诗词集》）

作者简介：王铠元（1925～），河北元氏人。云南省地质科学研究所高级工程师，中国地质学会会员。著有《地质矿产与华夏沃土诗词集》《西南三江及扬子西缘区构造岩矿综论集》等。

浣溪沙·大观楼

又是秋风上大观，一襟空翠小留连。评量今古味长联。
漫点娇黄花著雨，平拖淡墨水横烟。闲鱼自在唼清涟。

（《蓟轩诗词》）

作者简介：刘征（1926～），本名刘国正，北京人。著名的语言教育家、作家，《中华诗词》主编、中华诗词学会副会长、中国毛泽东诗词研究会副会长。著有《蓟轩诗词》、《清水白石集》等。

水调歌头·乙亥年昆明行（七阕）②

一

骨肉不相见，动辄十余秋。今朝商借云翼，送我到昆州。穿越蓉城风雨，领略滇池情

---

① 亚北：此处意思是昆明与北边的西伯利亚相比温暖多了。
② 乙亥年为 1995 年。

意，欢聚大观楼。舞献湖堤柳，喜报鸟鸣啾。

烽烟息，山河靖，应无愁。奈何海上明月，偏不照归舟。屈指团圆佳节，空望台湾鸿雁，别恨几时休。倾尽壶中酒，谁起问圜丘。①

二

酒酌五粮液，景瞰大观楼。桂香荷露亭榭，潇洒抱清幽。梳裹风鬟雾鬓，点缀丹霞翠羽，重识黛螺洲。蹀躞龙门道，心事寄悠悠。

沧桑改，乾坤老，古今愁。滇池烟水吹皱，但笑杞人忧。谁似波澜万顷，纳取云天无限，齐物恣邀游。莫学西山佛，高卧负春秋。

三

廉颇尚能饭，岩壑自寻幽。杨祠聂墓无恙，涤尽昔时忧。璀灿芳林初叶，活泼晴波续浪，好景入清秋。临水知鱼乐，谁识老庄周。

近华浦，催耕馆，大观楼。镜头抢拍光闪，倩影瞬间留。莺燕湖中笑语，鸥鹭平流稳驶，棹发采莲讴。信是青春好，容与少年游。②

四

消涤世间暑，最是大观楼。苍茫望眼无际，清韵碧空流。习习风生两腋，忽忽云飞万里，好个爽凉秋。振臂化鹏翼，且作逍遥游。

腰缠足，凌虚渡，下扬州。知他仙鹤何处，可笑忒贪求。漾漾汪洋漫漫，浩浩蓝天荡荡，羡煞自由鸥。怀此滇池恋，不泛五湖舟。

五

海埂建村落，各族竞风流。缆车又见规划，渡水上峰头。开发西山宝地，再现环球胜景，一一此中收。世界公园好，南国起宏猷。

劳心力，筹资钜，几多愁。功期千古遗泽，应识庶民忧。抛掉天然丰韵，强作人为移植，难赚外宾游。希望工程急，何不夜光投。③

六

地上石林秀，地下九乡幽。危崖高树深谷，峡隐小龙湫。乱眼煌煌珠玉，震耳隆隆霹雳，穴底望飞流。觅径探溶洞，奇景险中收。

缆车起，飘飘举，御风游。今日超然物外，解脱俗尘忧。恍若登仙羽化，自在云生脚下，恣我乐悠悠。未足平生愿，惟欠久居留。④

---

① 自注：乙亥年八月十日，余夫妇自蓉飞滇，得与姐弟欢聚，惜台北亮甥未能如约来归。

② 自注：杨升庵祠庙，聂耳衣冠冢，均在西山，而华庭寺竟罹火灾，惜哉。近华浦，催耕馆，皆大观楼中之景点。

③ 自注：游民族村时，闻西山将建世界公园，以一比一为之，筹资将达数亿之巨。

④ 自注：宜良九乡溶洞，云南新辟景点之一，有"地上石林，地下九乡""不去九乡，枉来云南"之语。

七

听惯骊歌唱，焉用抱离忧。南来已得欢聚，岂必待中秋。细语叮咛反复，着意留心保重，林下乐优游。挥手登车去，怅望又回头。

海埂象，宜良鸭，翠湖舟。相期永久怀念，影像喜长留。情奇碧鸡金马，魂系荣山旭水，身却老渝州①。但得人常健，此外更何求。②

（《味庐诗词选》）

作者简介：董味甘（1926~），四川荣县人。九三学社社员，重庆师范学院中文系教授，原中国写作学会副会长、全国语文学习科学专业委员会会长。著有《味庐诗词选》、《三辰集》、编有《写作格言轶事集锦》等。

念奴娇·登昆明西山龙门望滇池

走南闯北，喜四月初阳，春城做客。借得西山名胜地，纵览龙门秀色。鬼斧神工，穿崖裂石，一线凌霄拔。凭栏下眺，千仞高临绝壁。

看杨柳丝丝，风帆片片，万顷凌波澈。百里滇池奔眼底，四望水天空阔。大理离宫，梁王别苑，往事皆陈迹。登高吊古，归去且浮太白。

（《思空斋诗草》）

作者简介：李锦全（1926~），广东东莞人。中山大学哲学系教授，国际儒学联合会理事、广东朱熹学术思想研究会会长。著有《人文精神的承传与重建》《海瑞评传》《思空斋诗草》等。

八六子·登大观楼

喜登临。大观楼上，长联醒目清新。看蓼屿沙鸥戏水，海天渔火流炘，对空自斟。

危崖千仞龙门。浪卷一池春水，波翻百里烟云。尽兴处，高原彩云南现，骏驹东跃，碧鸡西翥，怡然阵阵莺歌燕舞，悠悠泉绕琴音。正销魂，分明又逢艳春。

（《云岭情——云南省老干部诗词协会二十年作品选》）

作者简介：黄文相（1927~），笔名黄愚，云南昆明人。云南省老干部诗词协会、云南省楹联学会会员。

---

① 渝州：重庆的古称。作者在重庆工作。
② 自注：游海埂民族村时，曾骑驯象留影；去九乡时，曾品尝宜良烤鸭；临行前一日，又去翠湖公园照相留念。余弟兄皆荣县出生，今存三人，分居三地。

水调歌头·登临大观楼

五百烟波阔，晴洗大观楼，碧鸡金马钟秀，昆海浸深秋。卧佛安然自乐，野鹤悠闲戏水，浪静素波流。更有长联语，助我读春秋。

春城美，文荟萃，竟风流。孙翁笑傲荣辱，弄笔乐悠悠。不耻穷愁潦倒，疾恶伤时拂袖，高节志难酬。盛世升平日，幸有后人讴。

（《荔乡吟 第十一辑》）

作者简介： 贾德祥（1927～），四川合江人。原南京军区空军军训部参谋。江苏省诗词协会会员、晚晴诗社理事。

采桑子·春城风光赞

水天一色滇池美，绿柳风鞭，白浪腾烟，海埂游人唱画船。

大观揽胜草湖畔，品读长联，醉倚雕栏，远看西山卧美媛。

（《当代中华诗词家大辞典》）

作者简介： 郭子凡（1927～），号紫帆，笔名丁一，湖南株洲人。原株洲市广播电视局主任编辑，株洲市政协文史委员、岳麓诗社常务理事。

踏莎行·雨后游大观楼

绿地颜开，碧空虹展，园亭浴罢梅梳浣。暖风微步过荷塘，田田叶上清珠转。

杨柳垂堤，花枝向晚，暗香不逐游人散。长联妙笔绘江山，滇池浩瀚涵星汉。

（《朴石诗词》）

作者简介： 张方义（1928～），笔名朴石，福建漳州人。中学教师，中华诗词学会会员、《贾风》名誉主编。著有《朴石诗词》。

减字木兰花·昆明大观楼

髯翁何处？万里寻踪缘景慕。银缕飘胸，且倚诗叟撤闪灯。

长联欣诵，今古灵犀随恣纵。嬉荡秋帆，旖旋滇池枕黛峦。

（《花洲诗词》）

作者简介： 王迪（1928～），河南邓州人。中华诗词学会会员、邓州市作协主席。著有《奔马集》。

忆江南·昆明 （四阕）

昆明好，远在白云边。轻暖轻寒春永在，乍晴乍雨九月天。和气满山川。

昆明美，最美是西山。日照群峰开画卷，雨发滇池掩珠帘。长在梦觉间。

昆明秀，最秀是滇池。涵育众生滋沃野，吞云吐雾映霞晖。笑纳百川归。

昆明喜，最喜是黄昏。雨打江山梳洗净，满天星斗万千层。闪闪欲亲人。

（《望山书屋诗词》）

作者简介： 刘存宽（1928～2012），四川南充人。著名历史学家，原中国社会科学院近代史研究所研究员，中国中俄关系史研究会副会长、香港大学内地校友联谊社理事。著有《望山书屋诗词》《香港史论丛》等。

采桑子·滇池游

西山风景滇池水，鱼跃嬉鸥。湖畔高楼，楼上名联天下优。

澄潭印月堤垂柳，百里荡舟，碧水云投，天地人和情自留。

（《云岭情——云南省老干部诗词协会二十年作品选》）

作者简介： 李兆元（1928～），山西翼城人。云南省老干部诗词协会会员。

念奴娇·登昆明西山龙门

西山叠翠，傍滇池耸立，苍崖万尺。自古溶穴隐胜景，千仞龙门峭壁。登道迂回，盘梯曲窄，工巧人凿辟。至天台处，昆明湖入眸碧。

嶝洞攀险峻嶒，女娲遗石，依睡莲峰柏。俯瞰三清阁悬嶂，头顶嵯峨迷迹。攒列群峰，石磊葛蔓，倚迎曦亭栅，胸襟开扩，全收水海景赫。

（《生活如诗》）

作者简介： 黄耀坤（1928～），女，广西田东人。中学高级教师，世界汉诗诗词协会、广西诗词学会会员。著有《生活如诗》《美好的回忆》等。

凤凰台上忆吹箫·寄昆明战友

常梦春城，碧鸡金马，髯翁题句名楼。世博新园美，料想花团锦簇，蝴蝶舞，百鸟声稠。云深处、西山驻足，乘兴吟讴。

心头感怀旧谊，往事似波涛，起伏难收。念青春年少，夸示吴钩。余有豪情壮气，羞说老，忘却闲愁。争朝夕、临高放歌，也算风流。

（《红叶 第二十四辑》）

作者简介： 张钟信（1929~2002），又名夏冰，河北廊坊人。中华诗词学会会员、武汉未名诗社社长。著有《敞扉集》。

望海潮·昆明大观楼

春城花月，滇池湖畔，芙蓉映日芳芬。垂柳拂堤，盆荷浴雨，峰峦影水粼粼；嬉戏有鱼群。若瀛海仙境，渺雾香尘，盛夏荷花，早春杨柳，总宜人。

风光绮丽缤纷，看长联悬壁，绝世奇文。笔舞龙蛇，诗辉异彩，髯翁雅韵惊人，巨笔妙如神，且艺多才广，蕴雅藏真，扫尽平庸枯燥，盛世尽欢欣。

（《中华当代诗词家大典 4》）

作者简介： 谭世清（1929~），广西玉林人。中华诗词学会会员、玉林市老年大学诗书画影社副社长，《万花楼诗刊》编委。

河满子·昆明大观楼

地处滇池湖畔，大观名胜公园。亭榭阁楼花绿树，三坛映月轻烟。画栋珠帘鸥雁，笑迎宾客游船。

盖世长联孙髯，仙翁吟赞凡间。百里海边增锦绣，春城四季华繁。饮誉滇联盛远，声闻宇宙名篇。

（《中华经典诗篇 上篇》）

作者简介： 勾明（1929~），原名勾文光，云南景谷人。云南省诗词学会会员、墨江老年书画诗词学会副秘书长。

西江月 · 重访昆明

金鸡碧马彩凤，边关号角军营。湖光月影大观楼，晚会游园映梦。
故地重游旧景，滇池远眺龙门。圆通路上夜初浓，应是秋声问讯。

（《躬耕集》）

作者简介：罗富昌（1929～），湖北丹江口人。原贵州省经济委员会主任经济师。著有《躬耕集》。

忆江南 · 大观楼长联

终生忆，最忆是孙髯。笔下长联称第一，平生潦倒薄衣寒。能不再三叹？

自注：昆明大观楼有180字长联，文笔雄健，堪称绝品，有"古今第一长联"、"海内长联第一佳者"之誉。作者孙髯，自号"万树梅花一布衣"，终身为平民，贫困而死。

（《萤窗五集》）

作者简介：杨子才（1930～），云南宜良人。原解放军报社总编，解放军红叶诗社顾问。著有《萤窗集》，编有《古今五百家词钞》等。

虞美人 · 游大观楼、 滇池

初夏已到春末了，游人真不少。登楼眺望浴和风，犹胜景山海上崤道中。
滇池辽阔扁舟在，唯有华风改。观赏长联诵时休。今日青花戏水岂白流。

临江仙 · 昆明游

过尽征鸿春城现，初时下车茫然。馨香处处谁弗怜？驻宾潜入夜，急忙待明天。
世博园中目暇接？辉煌而有雅娴。流连此地最萦牵。花袭人工雨，寰宇展如烟。

（《念云斋诗文集》）

作者简介：石洵（1930～），湖南新邵人。中学高级教师，湖南省楹联艺术家协会会员。著有《念云斋诗文集》《山石集》等。

一剪梅·昆明西山睡美人

物化天然睡美人。头枕龙门，安卧岩岑。山峦浮霭拂胸襟。雨洁埃尘，风爽身心。

淑态安详入梦魂。日享晴暾，夜伴星辰。滇池灯火映湖滨。花艳兰馨，陶冶精神。

(《中州诗词精华》)

作者简介： 杨鹏（1931~），河南兰考人。河南省老年诗词研究会理事。著有《志情斋吟稿》。

忆秦娥·滇池月

春城别，回眸但见山重叠。山重叠，绵绵思绪，愁肠百结。

芳容再现心飞越，大观楼外滇池月。滇池月，良辰美景，世人称绝。

(《书林夕晖》)

作者简介： 杨善称（1931~），云南凤庆人。云南省人民检察院退休干部，云南省老干部诗词协会会员。著有《书林夕晖》。

破阵子·大观楼长联读后

揽尽滇池景色，端详社稷沧桑。百八字联如海量，复复重重意韵长，古来一绝章。

历史洪流滚滚，春城日益辉煌。四季飘香今胜昔，企盼高人绣锦装，新衣更旧裳。

(《沧海一粟诗文选》)

作者简介： 甘恩明（1933~），广东紫金人。高级工程师，岭南诗社社员。著有《沧海一粟诗文选》。

洞仙歌·大观楼饮叙

西山薄雾，雨霁千峰翠，大观楼书生荟萃，日正午，多少事凌云志，芳芬酒，一饮千杯未醉。

探人生，不是花前挥泪，任万顷滇池风吹。弦歌声里知音，乱世横流，叹滚滚英才纷坠。揽胜阁前金壁丹霞，莫论是非，唯听惊鸿唳。

（《中华风韵——中国当代诗词家辞典》）

作者简介：罗仲贤（1933～），湖南人。工程师、一级作家。东方文艺社创作委员、当代文学创作中心作家。

南乡子·从春城到大理

阅罢大观楼，百里滇池泛小舟。跃入龙门情未尽，休休。香格里拉心上留。
大理展风流，洱海苍山景漫收。顾影丽江神定后，悠悠。三道香茶去旅愁。

（《凌朝祥诗词集 下》）

作者简介：凌朝祥（1933～），字吉臻，四川阆中人。新疆诗词学会副会长、乌鲁木齐诗词楹联家协会常务理事。著有《凌朝祥诗词集》《秋水长天集》等。

菩萨蛮·游昆明大观楼

大观楼景皆诗画，长联妙对传天下。小雨沐朱亭，无晴亦有情。
幽香浮水绕，鸟语花争俏。不负此番游，池边彩影留。

（《越梦诗词文选》）

作者简介：杨凤生（1933～），笔名越梦，上海人。越剧教师，《中华诗人大辞典》主编。中华诗词学会会员、全球汉诗联盟总会理事。著有《越梦诗词文选》，编有《中华词谱大全》《散曲小令曲谱》等。

浪淘沙·答宜宾友人

试问古戎州，几度春秋？金沙水畔大观楼，百代衰荣能说否？逝者悠悠。
骥老也难休，岁月仍稠。丹心岂肯付东流？未已如吾君更健，百尺竿头。

（《中华当代诗词家大典3》）

作者简介：周开岳（1933～），重庆人。原四川省富顺县卫生学校校长，中华诗词学会会员、四川诗词学会理事。著有《雨荷集》《枕荷楼诗词》等。

中兴乐叠韵·大观楼

碧波荡漾到西山，楼前几处游帆。月台学子，研念楹联，连绵无点艰难。慕三原，盛名远著，精工对仗，通柱高悬。

心头怀古越千年，历朝惠顾云南。眼前风景，雾锁重关。数十年后重攀，忆无边。春花秋雨，风帘绣幕，飞上楼船。

沁园春·梦游昆明

梦里神游，意在西倾，喜到玉龙。见茫茫滇海，萍天苇地；巍巍大观①，柳绿荷红。金碧牌坊，石窟峒径，锦绣南国春正浓。争追慕，这花开三九，裙带迎风。

青春忽变霜翁，恰陇上春秋花甲逢。更霜多草地，何堪寒夜；氧贫录岭②，怎奈长冬。云慢身闲，临碑心旷，羽化神鸢度九重。回神速，赞草原广袤，田野葱茏。

（《兰亭诗稿》）

作者简介：王如芝（1934～），字兰亭，号中原，河南杞县人。中华诗词学会会员。著有《兰亭诗稿》。

南歌子·晨登大观楼

月色朝光暗，春来百草香。莲花初放晓风凉。同上大观楼头望昆阳。

（《赤子心声》）

蓦山溪·昆明湖上

昆湖浊水，浪拍大河尾。金马望碧鸡，峙东西，鱼虾逃避。晚来风急，海岸似消魂，柳系依。玉兔起，星投波光里。

升庵遗迹，高峣春秋美。落霞满汀洲，泛扁舟，兴犹未已。渔歌唱晚，愿共良人游。

---

① 巍巍大观：指大观楼。

② 录岭：位于甘肃省甘南州合作县，作者此时身在甘肃，故前句说"陇上"。

因果事，难见底，凭栏空独倚。

（《千禧词 上》）

作者简介：杨恩霖（1934～），云南昆明人。旅德学者，翻译家。著有《赤子心声》《千禧词》，译有《儒林外史》等。

凤凰台上忆吹箫·游昆明大观楼有感

眼底滇池，波翻白浪，游人品赞长联，写景抒情切，千古绵绵。韵士高人揽胜，兴亡事，总注心田。老来乐，青山绿水，益寿延年。

甜！甜！休闲到此，边境报平安，歌舞翩翩。念汉家楼船，习水开边。我谓楼前池水，应知我，今到楼前。楼前处，百花争艳，春意无边。

（《珞珈诗词集》）

作者简介：黄孝德（1934～），字思义，号罗子国人，湖南平江人。武汉大学中文系教授，中国辞书学会理事。著有《黄侃小学述评》《晚晴酬唱集》等。

行香子·大观楼赏菊过重阳节

垂柳修长，秋水沧浪。乘和风，湖畔徜徉。菊花绽放，扑鼻芳香。看绣球红，粉球白，鹅球黄。

旌旗招展，锣鼓铿锵。激人潮，欢度重阳。比肩信步，涌进戏场，正笛儿吹，绸儿舞，扇儿扬。

（《云岭情——云南省老干部诗词协会二十年作品选》）

作者简介：黄天木（1935～），湖北咸丰人。云南省老干部诗词协会、云南老年大学写作协会会员。著有《天涯海角行》。

沁园春·大观楼

绿瓦红墙，斗拱飞檐，耸硪壮椽。迭古郊荒沼，黔公林苑，鄂僧经屋，王府庭坛。东揿华崖，南吞月泽，水色山光嵌大观。方正攒，扼四张三叠，万壑千漩。

雕铭题咏纷繁，涵蕴广神州第一联。巧勾风勒韵，警今策昔，咒蛟卑贱，卜易贫寒。汉舶唐雕，宋刀元革，鸣鹜浮霞交翠丹。髯翁渺，但半湖渔火，几缕炊烟。

沁园春·滇池

花郭南隅，古泽牙眉，五百里环。蓄千崖拱抱，万涛聚汇，牛茅马革，象越龙蟠。蟹屿风鬟，螺洲云鬓，羽爪鳞纹泛埂弯。岩层陷，溯六湖入榜，三纪遗渊。

回流倒注颠穿，称奇迹咆哮掩逆澜。出金沙螂浦，银槎馨渡，樵歌渔枻，牧笛桑田：浩渺滇濛，嫣妍闪烁，夕霭低微归雁喧。葱茏岸，步春阳翠柳，秋月红莲。

沁园春·昆明西山

春邑南郊，滇泊西滨，火凤碧鸡。蠢蜿蜒茜里，巍峨千仞，观音太峡，罗汉华巇。碧浪晶莹，白云缥缈，弯泽长空一色齐。濛漫境，卧陀尊秘象，美女娴仪。

亭台寺宇交觭，兼释道林花间彩霓。罕十方石塔，廿坛铜佛，三清森冽，七圣勾犀。地煞雷神，天罡玄帝。重叠盘环百八梯。龙门陡，跋魂惊魄动，胆吊心提。

（《中华旅游词》）

作者简介：唐景凯（1935~），广东电白人。广州广播电视大学教授，中华诗词学会会员、中国韵文学会会员。著有《中国词的物体意象》《五四以来的中国词坛》等。

临江仙·登昆明大观楼

览胜西南秋色晚，滇池阔涌波澜。西山苍翠卧云端。群鸥起舞，烟渚裹风鬟。

数不尽珠帘画栋，长联享誉骚坛，如椽巨笔壮雄观。沧桑几度，沉醉倚栏杆。

（《庐陵诗词 第14辑》）

作者简介：胡鉴明（1935~），湖南桃江人。中华诗词学会会员、湖北楹联学会常务理事。合著有《真情集》。

水龙吟·泛滇池

泛舟五百晴波，风光正在凝眸处。螺洲蟹屿，芦汀苇渚，风帆烟树。掠水闲鸥，点波忙鹭，欲飞还往。听渔歌乍起，霞光岚影，鸣榔远，归烟浦。

唤起冯夷细问，是伊谁、力雄如许？高原劈出，琉璃千顷，清流奔注。挽侧滇池，人间洗尽，贪尘贿雾。把江山涤净，建琼瑶宇。

（《东社新声》）

作者简介： 杨宝霖（1936~），广东东莞人。中学特级教师，东莞市政协文史资料委员会主任。著有《自力斋文史农史论文集》《词林纪事补正》等。

临江仙·游昆明大观楼

眼底云山胜境，襟怀水月桃园。滇池华浦景频添，熙熙杨柳曳，烨烨绿荷燃。
天下长联歌舞，百花别业楼船。大观飞蠍界山川。波澜凭俯仰，锐意在人间。

（《世界实力派诗词艺术家代表作辞典》）

作者简介： 谢启铭（1937~），广西恭城人。高级讲师，广西文学创作办会特级文学研究员、广西桂林诗词学会会员。著有《学步集》《风流足迹》等。

祝英台近·登昆明西山龙门远眺

水依山，山带水，山水共同醉。绘出滇池，一派景痕媚。更兼蝶屿螺洲，波光云影，惹一片、美人峰坠。
景无愧。龙门槛外凭栏，共乐水天美。把酒临风，多少杰豪汇。孙翁百字长联，动人深处，说不尽，一池萍碎。

（《情系青山——百座名山旅游题咏》）

作者简介： 周诵明（1938~），湖南湘潭人。湖南工程学院教授，湘潭市政协常委。著有《情系青山——百座名山旅游题咏》。

沁园春·昆明

绿桂长年，花香四季，美哉春城。更大观榭，长联绝唱；西山石壁，巨佛堪惊！金殿昙华，园通筇竹，无尽游人消尽魂。龙潭去，访唐梅宋柏，忆古思今。
滇池碧浪无垠，卧香梦沉沉睡梦人。恰白帆归岸，渔歌唱晚；红霞送日，楼海披急。古往今来，骚人墨客，踏遍青山撒遍情。昆明美，是地灵人杰，永驻芳春。

（《镇雄诗词2》）

作者简介：陈安民（1938~），号金筑游子，贵州湄潭人。原云美印刷厂厂长，云南省诗词学会常务理事、镇雄诗词楹联学会顾问。著有《金筑彩云诗钞》。

鹧鸪天·游大观楼

携侣同游喜欲狂，流莺声里柳眉扬。远山吐秀浮灵气，近水含情弄异香。

临胜地、最难忘，长联绝妙世无双。花丛赏罢登高处，步步金阶是夕阳。

（《昭通文学艺术系列丛书（诗词卷）》）

作者简介：汤文俊（1938~），字野彦，号白坡处士，云南昭通人。中华诗词学会会员、昭通市诗词学会副会长。著有《白坡诗文集》。

沁园春·夜游大观楼咏长联映月

皓月当空，陪衬高楼，几度秋风？看青山窈窕，美人横卧；滇池远映，碧水微蒙；数点渔船，半城灯影，夜色大观情更浓。谁记取，有几多诗意，在橹声中？

长联句句词鸿。凭指点书生意气雄。只平生一帖，文名已足。碧鸡旧话，金马遗踪，云岭风华，南中烟雨，都到楼前问此翁。先生道，只清风一氅，浊酒三盅。

（《浩然斋诗词》）

作者简介：赵浩如（1939~），云南昆明人。云南大学教授，中国书法家协会会员、中华诗词学会理事、云南诗词学会会长。著有《古诗中的云南》《昆明揽胜》《浩然斋诗词》等。

剪朝霞·昆明大观楼

翠柳长堤鸣玉蝉，大观楼畔碧涟涟。草迷曲径群芳艳，池绕廊亭百态妍。

云逐日，浪摩天，问津港外有渔船。烟波浩渺风帆远，草海滇池一水连。

（《中华当代诗词联大观》）

作者简介：范佑鸾（1939~），女，四川自贡人。工程师，内江诗词楹联学会常务理事。著有《琴瑟集》。

沁园春·己酉年秋于昆明咏登大观楼①

百里滇池，域外奔来，浩荡浪欢。望茫茫空阔，披襟岸帻；龙门高耸，远景频翻。汽艇轰鸣，驰游往返，捕载鱼虾仓满舷。螺洲屿，却四围香稻，收割忙繁。

心头往事千年。叹滚滚英雄称霸旋。溯楼船习汉，唐标铁柱；退击匈奴，气象光环。高举旌旗，钻研理论，建设康庄途更宽。奢昔矣，数风流人物，还看今天。

长亭怨慢·癸丑年秋于昆明夜咏游大观楼②

掩帘紧、遮关明月。暗恋思牵，早飞窗野。远浦萦廻，暮帆零乱，采莲叶。补儿时姐。翻碧柳、笛声咽。落子满盘输，不慎会、忧伤悲切。

暮夜。岸鸥鸿雁渺，意冷酷寒江雪。音书目断，怎忘却、爱坚如铁。愿借剑、斩尽心结，怕红萼、无人请帖。谱怨慢长亭，难剪离愁昔悦。

水调歌头·戊辰年秋于昆明咏游滇池③

气爽碧空净，船艇赛奔腾。滇池天水辽阔，鹤雁赶帆行。远望银棉铺絮，近看金禾掀浪，秋色染田晴。摇桨速争渡，舟扁岸边横。

彩云飞，波如练，喜相迎。亲朋伴侣，闲雅形傍古今卿。联对吟诗猜谜，言表胸中深意，歌赋逞时兴。霞彩夕阳照，依偎恋情倾。

沁园春·辛巳年春于昆明咏滇池④

百里滇池，域外奔来，气势盎喧。望碧波荡漾，浪涛浩瀚；螺洲帻岸，广阔无边。攀壁登高，龙门远眺，锦绣河山灿烂妍。昆明美，更百花争艳，绚丽城坛。

---

① 己酉年为 1969 年。
② 癸丑年为 1973 年。
③ 戊辰年为 1988 年。
④ 辛巳年为 2001 年。

清凉常锁风旋。则温暖如春四季然。故征帆点点，鱼虾仓满；翔飞候鸟，戏逗人欢。耸屹楼阁，孙翁联对，墨客骚人仰慕研。争吟颂，喜旅游胜地，响宇惊环。

念奴娇·辛巳年秋于昆明咏大观楼

凭高眺远，见滇池百里，涌涛冲岸。正把酒凌虚咏唱，天际归鸿翔雁。帆舞离舟，卷西山雨，苇地蘋天漫。摇风绿柳，惹莺鱼戏水溅。

遥望空阔无边，披襟畔帻，万顷晴沙遍。因忆汉唐昔日事，却滚滚英雄叹。竭断碑残，遗踪拭认，剩几星余念。倚栏竿处，喜夕阳彩霞艳。

水调歌头·辛巳年秋于昆明谒孙髯翁墓

冢墓卧篁傍，酣睡尽悠然。生前踏遍，朝云暮雨遗云旋。百字长联惊世，楼伴流光溢彩，万里气昂轩。满目浪波碧，翠苇柳霞烟。

看不完，残碑垒，汉秦船。云笺茧纸，发扬光大誉球环。泾渭滇池寒月，长夜魂牵梦绕，客醉赏留连。歌赋呼难醒，豪放散愁喧。①

沁园春·丙戌年春于昆明咏春城风光②

云贵高原，跨世昆明，变化万千。望楼堂所馆③，云天耸屹；花坛草树，彩艳争妍。贸易经商，最新科技，产品求精特色尖。齐开拓，并倍增创汇，实力频添。

滇池广阔涛喧。更塑造珍奇游客牵。故螺洲帧岸，碧波荡漾；男欢女乐，赛艇冲旋。攀壁龙门，登高远眺，眼底奔来景更鲜。清凉爽，故春风和煦，避暑休闲。

（以上《魄聚魂凝》）

作者简介：李先奎（1940～），笔名迪拓、天马斋居士，四川西充人。中华诗词学会会员、四川省作家协会会员。著有《沧桑悠悠》《魄聚魂凝》等。

---

① 自注：孙髯翁祖籍三秦，流落云南。生前曾撰滇池大观楼长联180字，名满天下，身后萧条，其墓在滇南弥勒县髯翁公园里。
② 丙戌年为2006年。
③ 楼堂所馆：指大观楼、观稼堂、催耕馆等大观公园内古建筑。

踏莎行·登昆明大观楼

新菊灿烂，老荷腼腆，滇池潋滟霞光满。东君勤语缁衣人，名楼高处撩湘簟。
九夏芙蓉，两行秋雁，孙髯椽笔干霄汉。一联遗世映澄波，豪雄消尽庾郎怨。

（《苎萝雨痕——暨阳诗词十家作品集》）

作者简介： 何根土（1941～），笔名耕土，浙江诸暨人。中国楹联学会会员、诸暨诗词学会副会长。著有《桑荫漫吟》《错过收获的季节》等。

虞美人

长联二九名千古，绝妙堪为祖。抒情写景点江山，报国无门虽困可称贤。
文人墨客孙翁颂，豪气春成纵。月明人静吐心声，但愿鸟啼秋晓梦能醒。

（《中国诗词大选》）

作者简介： 范景华（1941～），河北唐山人。高级经济师，省级劳模。婴鸣诗社社员。

定风波·重游大观楼

怅别春城近十秋，采风万里喜重游。潋滟滇池西山翠。瑰丽，赏心最是大观楼。
傲骨髯翁才八斗，知否？功名睥睨乐悠悠。一副长联惊浊世。椽笔，纵情诗酒笑王侯。

（《福建诗词2015第1集》）

作者简介： 方纪龙（1942～），福建莆田人。画家，擅长工笔花鸟。中华诗词学会会员、福建省美术家协会会员。著有《方纪龙花鸟画集》《方纪龙诗词书法集》等。

江城子·登昆明大观楼

久慕长联大观楼，今幸游，诗兴稠。春城四野，溢彩金光流。一水亭台花映日，泛飞舟，戏雏鸥。
泱泱滇水缘如兰，暑生寒，心境宽。仰望西山，揽车穿梭欢。髯翁若在定挥毫，落玑珠，世博园。

（《张垣诗坛 第1期》）

作者简介：安俊杰（1943～2017），河北怀安人。原张家口市政协副主席，中国散文学会会员、河北省诗词协会常务理事。著有《濯墨集》、《解读张家口》等。

卜算子·滇池

朗月照西城，夜半华灯绕。眺望山前翡翠林，不见高飞鸟。

旭日上西楼，绿地歌声俏。眼底滇池碧浪涛，只盼春鱼闹。

（《关山远行集》）

作者简介：屈全绳（1944～），陕西西安人。中将军衔，原成都军区副政委、全国政协委员。著有《关山远行集》《关塞远思集》等。

生查子·登昆明大观楼

天涯有大观，纵目多佳兴。白浪簸滇池，瑟瑟秋风劲。

西山睡美人，长睡何时醒？安得起歌魂，一唱雷霆迅！

（《近现代诗词鉴赏辞典》）

作者简介：毛谷风（1945～），浙江兰溪人。浙江大学人文学院教授。著有《海岳风华集》、编有《当代八百家诗词选》等。

水龙吟·滇池凭眺

晨风吹醒清波，残星点点涛头堕。烟霭乍起，群鱼梦断、鸥歌荡破。湖上千帆，从容竞渡，浪尖颠簸。看朝阳骤跃，滇池百里，半池水、半池火。

料与汨罗相贯，屈子魂，潜来长卧。先生清白，一身傲骨，频年寂寞。举目人间，似惟有我，可同为伙。吊楚狂，意念掀波滚，浪花千朵。

（《中日友好千家诗》）

作者简介：杨德辉（1945～），云南会泽人。原东川市委宣传部副部长，中华诗词学会会员、春蚕诗社副社长。编有《春阳秋实集》。

临江仙·昆明

五月春城馨满地，花飞解语当时。云山映翠竞英姿。对歌圆梦境，五百里滇池。

南诏儿孙曾励志，望中斗转星移。凌云振翮得扬眉。激流兴骏业，九万丈朝曦。

（《宁杰行歌集》）

作者简介：施永康（1945～），福建晋江人。厦门大学经济系毕业，原泉州市委书记。著有《宁杰行歌集》《宁杰唱和集》等。

鹧鸪天·大观公园春节灯会

揽胜登临观彩灯，湖滨华浦放光明。斑斓花径春芳闹，璀璨金龙祥瑞腾。

除鬼怪，护唐僧，生肖十二喜相逢。新娘出嫁游花轿，年味添浓不夜城。

（《金色的秋天 第 4 集》）

作者简介：尹凤春（1945～），女，云南大理人。云南省粮食局退休干部，云南省老年写作者协会会员。

祝英台近·梦登大观楼

望无涯。风骤起，弱水飞难渡。零落桃花，狼藉眼前路。梁前燕语呢喃，翩跹共舞。新比翼、乱红飘处。

思且住。常疑梦里相逢，怯将此情负。春雨阑珊，心绪更谁诉？倚楼长啸云天，相思刻骨。遗恨事、南疆射虎。

（《绿浓红豆生——令狐安近年诗词选》）

作者简介：令狐安（1946～），山西平陆人。全国政协原常委、中共云南省委书记。著有《情系彩云南》《绿浓红豆生——令狐安近年诗词选》等。

临江仙·登大观楼望西山

纵目大观多雅兴，滇池白浪颠奔。远山黛色淡如云。美人岚影里，犹是梦中身。

狂饮当年西岸卧，谁知一醉迷津。而今我欲借歌魂①。隆隆豪曲起，一唱醒佳人。

（《旅窗吟草》）

作者简介： 李鸿楷（1947～），浙江瑞安人。中华诗词学会会员、瑞安诗词学会副会长。著有《旅窗吟草》。

醉垂鞭·昆明大观楼②

五百里滇池，偎神女，名楼边。绿水翻波烟。涟涟向青山。

楼前挂楹联，字百八，史无前。名士孙颐庵。博得后人赞。

（《悟·人生》）

作者简介： 张振东（1948～），河南开封人。原开封市发展计划委员会主任。著有《悟·人生》。

水调歌头·题昆明大观楼

莺声细雨中，三春杨柳风。茫茫空阔无边，五百里滇池。梳裹风鬟云鬓，点缀翠羽丹霞，看万顷晴沙。携高人韵士，撸声摇客梦！

越往事，数千年，过匆匆。对酒当歌，叹滚滚英雄谁在？不尽珠帘画栋，不及暮雨朝云。付苍烟落照，赢半江渔火，听几杵晚钟。

（《陈平诗文集》）

作者简介： 陈平（1948～），广东梅州人。作家、画家，原梅州市作协副主席，广东省作协会员、林风眠画院院长、中国楹联学会中华对联文化研究院华南分院院长。著有《陈平诗文集》《寻梦牡丹亭——陈平散文随笔集》等。

水调歌头·昆明之光

浩瀚碧水池，荡漾傍西山。巍然屹立，烟雾深锁渺弥间。长联卷舒大观，历经风雨磨

---

① 歌魂：指聂耳（1912～1935），云南玉溪人，国歌作曲者。
② 自注：大观楼位于昆明滇池之滨，站在大观楼远眺，滇池依偎着青山，波光粼粼，而起伏的青山像一位漂亮的神女仰卧在滇海边。大观楼又以名士孙髯的长联闻名于世。孙髯，字髯翁，号颐庵，约于一七六五年在大观楼以滇池风光、云南历史写下了气势磅礴、一百八十字的楹联。

难，梅古望龙潭。湖翠引游客，人鸥共曲欢。

世博园，当盛景，自休闲。风俗灿烂民村，宾朋舞翩跹。史载传奇金殿，石林自然遗产，金碧仰鸣天。郑和几远洋，无语看波澜。

（《诗墨飞歌》）

作者简介：刘保进（1950～），山东成武人。二炮某部原副政委，大校军衔。著名军旅书法家，诗人，中国文学艺术工作者联合会副主席、云南省书协理事。著有《诗墨飞歌》。

水调歌头·游滇池①

五百里霞蔚，宽阔渺无涯。千层浪涌天际，帆影戏烟霞。远浦遥岑拥翠，碧树风帆花海，夕照美人纱。湖映西山月，烟雨柳横斜。

过芳洲，穿花径，望丹崖。藤丛柳荫，湖光水色景堪夸。鸥鸟押人嬉戏，鱼跃禽鸣兴意，物候共清嘉。盛世升平乐，歌舞庆繁华。

水调歌头·登大观楼

万顷碧波处，雄矗大观楼。披襟极目怀抱，烟雨戏渔舟。楼上雕梁画栋，楼外丹崖碧树，风景动人眸。绝世长联对，声誉遍神州。

凭栏望，千年史，涌心头。名楼胜景，番番兴废费营谋。应赞前贤今彦，惊叹能工巧匠，世代苦追求。百族和谐处，五彩涌瀛洲。

水调歌头·游西山上龙门

携手碧鸡路，探望卧美人。风帆远树烟雨，秋色暮云深。红叶奇峰古木，涧壑流泉石径，谈笑入龙门。举首云天阔，湖海一帆青。

水如镜，舟似叶，壁犹屏。凝岚叠翠，峥嵘画阁与华亭。信是滇中绝景，犹似蓬莱仙岛，绝顶绕梵音。偕友相欢笑，人在画中行。

（《五华诗社、广东岭南诗社五华分社十五周年社员作品选》）

---

① 以下三词为一组词，作者题注云："庚寅（2010）秋，携学友八人游昆明滇池、登大观楼、游西山龙门，作水调歌头三阕以记。"

作者简介：李旭元（1950～），字沁春，自号粤海孤鸿，广东五华人。高级会计师，原云南黄金矿业集团审计监察部经理。中华诗词学会会员、五华诗社社员。

破阵子·滇池风光

昆明西山脚下，普渡金沙河源。峰拥水抱云天影，碧波荡漾空谷园，高原小江南。
海埂柳丝垂绿，明珠映翠漂蓝。变幻无尽观音景，群鸥飞鸣逐渔帆，白浪涌沙滩。

（《移动的足迹——旅游诗词选》）

作者简介：孔祥发（1951～），云南屏边人。国家一级书画师，云南省屏边文联主席、屏边老年大学常务校长。著有《移动的足迹——旅游诗词选》。

江城子·登大观楼

碧波万顷水悠悠，上高楼，景全收。绿水青山，人在画中游。历尽沧桑烟浪静，花茂盛，艳阳柔。
长联细品忘回眸。叹春秋，慰离愁。深耻折腰，何以觅封侯？但有人间真意在，休忆往，看风流。

（《昆仑雅韵》）

作者简介：郑琢（1951～2000），河北隆化人。

永遇乐·游昆明海埂公园，因行程仓促，未及登览大观楼

碧树笼烟，苍崖拥雪，曾识双燕。鹊引松针，莺穿柳线，织就丹青卷。美人酣睡，画船歌舞，断续笛声清婉。倚阑干、凉波吻砌，携来薄雾旋散。
梦惊驹隙，霜侵潘鬓，点检春光暗换。戏浪沙鸥，巡滩野鹭，管领斜阳岸。失之交臂，大观楼上，尽览山长水远。他年对、滇池胜景，再舒老眼。

（《漪筠集》）

作者简介：黄炎清（1952～），江西高安人。江南诗词学会、江西诗社会员。著有《漪筠集》。

江城子·大观楼游兴 （双调）

阳春三月大观楼，远来鸥、解人愁。水秀山青，海阔浪悠悠。四季如春观美景，人意好，乐心头。

金秋游览彩云乡，菊花黄，稻飘香，万顷晴沙，鹭正南翔，戏水娇鸥迎客赏，风送爽，更情长。

（《彩云新韵》）

作者简介：焦洪（1952～），女，四川彭州人。云南省老干部诗词协会理事。

河传·翠湖喂鸥

湖上，闲望。草青青，染得飞鸥年轻。极尽悦耳求食声。爱卿，面包抛莫惊！
秋水美人怜日永，乱花影，百艳造新景。翠湖鸥，大观楼。悠悠，探春邀斗牛。

（《蓝田日暖——高伟浓教授日记诗词钞》）

庆春时·东南亚研究会第八届年会开幕式

衔来明月，清光生色，玉匣飞莲。滇池鹭起，西山鸟啭，催我撰长联。
龙门豪侠，同铸名剑龙泉。华章片片，良才济济，牛斗气冲天。

（《烛影摇红——高伟浓教授日记词钞》）

作者简介：高伟浓（1953～），广东恩平人。暨南大学历史系教授、博士生导师，中外关系史学会副会长、中国东南亚研究会副秘书长。著有《走向近世的中国与朝贡国关系》《蓝田日暖——高伟浓教授日记诗词钞》《烛影摇红——高伟浓教授日记词钞》等。

江城子·滇池情思

一弯星月落滇城。雨濛濛，景丛丛。山色湖光，常伴夏秋冬。莫道昆明池水浅①，春光泻，染绯红。

---

① 莫道昆明池水浅：出自毛泽东《七律·和柳亚子先生》：“莫道昆明池水浅，观鱼胜过富春江。”

曾经污垢抹颜容。惋惜情,隐约疼。今日欣闻,沐浴再重生。遥想明朝还美色,轻漫步,赏晶莹。

(《颍川诗草·陈文玲诗词选》)

作者简介: 陈文玲(1953~),女,笔名颍川,河北石家庄人。国务院研究室综合司司长、研究员,南开大学、北京师范大学、对外经贸大学博士生导师,中华诗词学会副会长。著有《颍川诗草·陈文玲诗词选》《现代流通基础理论原创研究》等。

满庭芳·即景抒怀

与旭元兄留照大观楼,时有中老年妇女歌舞。

霜别名园,游人几许,繁华谁问兴亡?照留湖畔,倩影近垂杨。弦管声来曲径,歌婉转、自醉徐娘。眉凝笑,朱颜粉饰,风送亦传香。

何妨,尘海遇,教人惬意,洗涤愁肠。尚池馆泉楼,遍历沧桑。且喜眼前亭阁,明朝别、莫又悲伤。何时遂,清风明月,湖上促流觞。

水龙吟·孙髯翁石像前寄韵

客来时已深秋,心仪久仰情难诉。人生一世,有谁不憾,知音难遇。权贵嗤之,笑由它意,乐吾清苦。借螺峰寄迹,谋生卜易,诗书伴,和梅度。

潦倒生涯独步,任秋冬,我行我素。江山秀美,兴亡犹昨,孙翁奇吐。气贯长联,布衣何辱?千秋名著。仰先贤,自恨才疏笔拙,欠惊人句。

(《五味轩诗词选 二集》)

作者简介: 古从新(1955~),广东五华人。原五华县文化馆副馆长,中国戏剧文学学会、中华诗词学会会员、五华县作家协会副主席。著有《五味轩诗词选》《古从新剧作选》等。

阮郎归·弃恶扬善

荡舟滇池入西山,华亭结佛缘。诠释梵音戒贪欲,佛光照心田。
除心恶,行大善,两袖轻松还。芙蕖笑迎水潺潺,上岸登大观。

阮郎归·灯火载香归

春城八月桂香时，风暖游人醉。座座高楼入云端，款款红鸥点水飞。

七彩云，美人睡，柔情乱眼眉。波涟海口夕阳垂，灯火载香归。

（《岁月如歌》）

作者简介： 苏华祥（1955～），云南宣威人。曲靖市政协常委、教科文卫体委员会主任。中华诗词一级作家、中国诗词家协会名誉会长。著有《岁月如歌》、《山河放歌》。

定风波·春城四季设花宴

万朵彩霞一蓝天，春城四季设花宴。及至数九茶梅开，醉人，大观楼接园通前。

火把泼水①在滇岸，还有，三月三日闹西山；龙门高处抬眼望，尽兴，登上便拍美人肩。

（《中华当代诗词联大观》）

作者简介： 石伦富（1962～），笔名寒食，四川南充人。中国文艺家俱乐部会员、当代青年诗人学会会员。

沁园春·昆明

南国春城，高原明珠，四季美景。看昆明城郊，东奔神骏。西有大观，海鸥南临，北耸金殿，处处风光，满目佳景，可同苏杭相媲荬。四时宜，望滇池西山，静如西子。

我祖国南大门，引俊雅才人赋风骚。髯翁撰长联，雅士挥毫，龙云刻崖，书题"石林"。人杰地灵，物华天宝，人工也信胜天工。世博园，蕴五洲异彩，更添新境。

（《祖国万岁——纪念新中国成立60周年诗文大典》）

作者简介： 蒋厚雄（1967～），笔名楚湖，云南禄劝人。中学教师。

---

① 火把泼水：指少数民族的火把节和泼水节，云南是这些少数民族的聚居区。

昆明池·大观楼

绿水扬波，虹桥摆柳，百里滇池珠碧。孤岛上、花团锦簇，紫橙黄绿青兰赤。倚烟波、画栋雕梁，装点琉璃圭壁。但馆阁亭堂①，玲珑瘦透，喜煞骚人行客。

乘兴登临餐秀色，看苇岸萍田，苍松翠柏。溪头雀、俄顷展翅，池边鹭、不时飞翼。数园林、莽莽乾坤，有多少如斯，春神长侧。更雨顺风和，浪平涛细，点点帆樯游曳。

（《哲桥词》）

作者简介：段琳，号哲桥生，江西景德镇人。著有《孤帆远影》《哲桥词》。

采桑子·昆明大观楼

翠柳袅娜滇池岸，碧水蓝天，春光无限，夕阳西下照归帆。

大观楼阁今亦在，朱颜不改，古风犹存，长联依旧映江心。

（《词情书海》）

作者简介：曹云德，著有《词情书海》。

水调歌头·滇池

有幸游滇池，惜已污染，不复旧貌，可叹。

置身三清界，红尘事且休。罗汉崖上苦攀，千里慕名求。莫道龙门绝险，更上天台极顶，天水一望收。苍茫烟水阔，浊浪荡飞舟。

连广厦，退碧水，变田畴。年年无语凝咽，病容玉女羞。不见碧波奔涌，愧对髯翁神笔，难呈旧风流。何日还清秀，重登大观楼。

（《山河行》）

作者简介：白云亭，著有《山河行》。

---

① 馆阁亭堂：指催耕馆、揽胜阁、涌月亭、观稼堂。

柳梢青·大观楼

西山卧佛，滇池浪逐，舟随潮涌。繁花似锦，绿树掩映，鼓楼钟鸣。

水天接地相融，千古长联一冉翁。碧水风清，拱桥如虹，人间仙境。

（《闲拾集》）

作者简介： 郭华文，原云南曲靖军分区司令员、云南省作家协会会员。著有《流萤集》《旅拾集》《闲拾集》。

齐天乐·登昆明西山龙门

古道盘曲登龙门，仰天手欲拂云。松涛声声，流水淙淙，欢声笑语频频。危崖峭壁，筑楼台殿阁，宏伟雄浑。巧夺天工，刀斧笔绘画绝伦。

凭栏居险远眺，五百里滇池，浩渺烟云。波光帆影，湖水碧绿，渔人布网摆阵。高原明珠，傍金马碧鸡，绮丽动人。四季如春，极目楼如林。

（《榆树诗词 第三集》）

作者简介： 郝太昌，吉林榆树人。原榆树市政协秘书长。

忆秦娥·滇池

大观楼，连天碧波盼清流①。盼清流，金沙南下，还赖掌鸠②。

孙翁一联名天下，子孙反向掘青牛③。掘青牛，凄风苦雨，海鸥岂存④?

（《红土地》）

作者简介： 李炳军，云南籍。原云南省军区政治部主任，少将军衔。著有《红土地》《镌刻在红土高原的光辉足迹——红军长征过云南》等。

---

① 盼清流：此处指滇池污染，盼望整治。
② 金沙南下，还赖掌鸠：有人提出，唯有引金沙江水南下入滇池，更换水体，才能彻底治理滇池。后云南进行了引禄劝县掌鸠河水入滇池工程，2007 年正式通水。
③ 掘青牛：据云南《晋宁州志》记载：晋宁县城东北有一村庄名牛恋村，因该村渔民卖一耕牛到滇池对岸的海口，后牛从海上游水归来，传以为奇。另传说，有一群牛在滇池中饮水，恋而不去，遂化为石，故名。
④ 海鸥：从 1985 年开始，西伯利亚的红嘴鸥每年飞临昆明越冬。

西江月·中秋节夜游大观楼

远眺西山隐约，近视古阁玲珑，一池碧水落长虹，颗颗明珠闪动。

天上人间佳节，琼楼玉宇清风，几疑身在广寒宫，云袂飘飘似梦。

（《丹霞诗选2》）

作者简介： 崔筛，笔名荷露，广西容县人。中学教师，中国老年书画研究会会员、昆明市老干部书画协会会员。

菩萨蛮·昆明滇池大观楼

行人尽道滇池美，苍穹碧落烟波里。山势一楼秋，晴沙飞鹭鸥。

髯翁吟啸处，豪气追千古。漫步水云间，人生须笑看。

（《大地文学 卷1》）

作者简介： 汪洋，字澜秋，笔名风子。中国国土资源作家协会签约作家、江苏省作家协会会员。著有《在大地上行走》《醒来》等。

永遇乐

六月春城，好风如故。渐近华浦，钓倚莲塘，马嘶柳岸，落日西山雨，迷烟层岭，泛池短艇，吾亦披襟怀古。但凝思，长联在壁，弥勒草荒何处。

天涯倦旅，而今重过。记得城西旧路，怕见花红，羞闻萍翠，剩有别离赋。春宽梦窄，何时方觉，物理从来偏误。平生事，凭谁与诉，甘辛辣苦。

（《书画衔远庐诗选 下》）

作者简介： 周雪樵，四川新都人。中华诗词学会会员、四川省楹联学会理事。

曲

【可爱的家乡】 大观楼

小哥小伴乐悠悠，飞舟去耍大观楼，
登楼遥望滇池水，碧波滚滚天上流。

【街巷情歌】 大观楼

少年夫妻四方游，一游游到大观楼，
登高望远表志愿，雄飞万里到白头。
大观楼前云悠悠，天外好景眼底收，
夫妻莫恋眼前景，世上还有楼外楼。

【耍大观楼】 楼外楼

锦绣中华美神州，山外青山楼外楼，
昆明海边楼一座，一眼望到天里头。

【耍大观楼】 出游

哥妹出了大观街，水陆两路排对排，
白马庙前跨白马，篆塘水路把船开。

【耍大观楼】 门口

金瓦飞檐彩亭楼，一副对联挂门口，

曾经沧海难为水，欲上高楼且泊舟。

【耍大观楼】 近华浦

公园本来叫大观，隔岸相对太华山，
亭阁刻字近华浦，只因近山写根源。

【耍大观楼】 花乡水乡

条条花溪串荷塘，此是水乡亦花乡，
莲船渔舟千港出，鱼跃花摇水流香。

【耍大观楼】 红红绿绿

处处垂柳守花圃，柳暗花明入画图，
艳色簇锦翠织素，红一路来绿一路。

【耍大观楼】 素打扮

转过多少大花园，浓的浓来淡的淡，
大观花园渔村女，眉目清秀素打扮。

【耍大观楼】 桥趣

园中碧水花中绕，银线绕上花围腰，
花丛水乡来寻路，这边桥来那边桥。

【耍大观楼】 拱桥

一洞天开拱桥旁，桥边花明柳丝长，
一叶轻舟桥洞过，好似金梭织锦忙。

【耍大观楼】 木桥

雕栏木桥横清波，两岸桃花轻轻落，
倚栏伫望桃花水，何处去寻桃源歌。

【耍大观楼】 石桥

白玉石桥临小溪，好似银针摆绣箕，
理出一条银丝线，巧为乡土绣彩衣。

【耍大观楼】 石山

小巧石山堆玲珑，石山虽小有奇峰，
蜿蜒山径盘旋上，峰峦千姿彩云中。

【耍大观楼】 翠竹

大观园中翠竹多，掩映楼台舞婆娑，
四季染得园中翠，染翠池塘染翠河。

【耍大观楼】 观稼堂

虽是花园供游赏，园中巧立观稼堂，

游乐不忘稼穑苦，不会耕田绣荷塘。

【耍大观楼】 揽胜阁

揽胜阁楼揽四方，竹翠树荫百花香，
更有楼台临山水，揽尽山色与湖光。

【耍大观楼】 对联

观稼堂门抱水开，一副对联两边排，
山翠万重当栏出，水光千里抱城来。①
涌月亭翠碧水香，亭柱对联排两旁，
金碧古传妙香国，楼台恰在彩云乡。②

【耍大观楼】 涌月亭

临水一座涌月亭，清波涌月月常明，
有亭无水月难涌，有水无亭月伶仃。

【耍大观楼】 登楼

碧水迢迢一座楼，水接天光无尽头，
果然大观云天外，偌大一个好神州。
登楼大观高又远，茫茫湖光望无边，
云帆来去从天上，望到天涯还有天。

---

① 山翠万重当栏出，水光千里抱城来：为观稼堂对联。按："栏"当为"槛"。
② 金碧古传妙香国，楼台恰在彩云乡：为涌月亭对联。

【耍大观楼】 长联

大观楼门有长联，风光史话排两边，
写联清代孙髯翁，留得佳作千古传。
一副长联有来头，滇池风光一并收，
家乡历史真久远，无边滇池浪悠悠。

【耍大观楼】 三潭印月

三潭印月水中间，天连碧水水接天，
明月大观楼前过，当忆钱塘西湖边。

【耍大观楼】 荡轻舟

轻舟点点万万千，欢声笑语载满船，
船如飞梭湖上走，点点流星划长天。

【耍大观楼】 金波银浪

滔滔滇池接蓝天，四周香稻望无边，
两个大海浪滚滚，金波银浪紧相连。

作品简介：以上选自《盘龙区民间文学集成·盘龙城市歌谣卷》，为汉族耍山调民谣，主要流行于云南昆明一带。

【童谣】 大观楼

大观楼上真大观，三潭映月水中央，
湖边摇动丝丝柳，碧水清波划小船。

作品简介：选自《滇中传统童谣与民俗风情》。

【双调】 风入松·登昆明大观楼

巍然挺立大观楼，古峭冠千秋。

登临远望西山渺，五百里滇海神游。

羡那点点沙鸥翔舞，喜这片片画舫歌讴！

（《耿斋散曲全集》）

作者简介：张长炯（1919～），号耿斋，重庆江津人。原重庆第一师范学校高级讲师。著有《耿斋唱晚》《耿斋散曲全集》等。

【游昆池】

画船轻浮，绕遍碧流，歌声细细，篁鼓乐乐，游光华，观不尽山青水秀；莲堤锦绣，芦苇青幽，黄童白叟，把钓牧牛。大观楼，欢欢笑笑千杯酒。昆明池，飘飘荡荡几叶舟，恨不能秉烛待旦，兴尽方休，但不知，西湖风光如是否？

作品简介：选自《昆明市志长编 卷7》。

谱

《大观楼音诗组唱》第一章 序曲（器乐合奏） 曹巴人 谱曲

【本乐章主题】八方仙客慕名游，众口盛赞大观楼。

【说明】本乐章是纯器乐合奏曲，相当于《组唱》演出时的"开场锣鼓"。虽无固定歌词，但可在乐曲演奏之前酌情添加诸如"大观楼简介"之类或与演出活动主题内容相关的朗诵词。

《大观楼音诗组唱》第二章

万里云山一水楼

（男女高音领对唱、混声合唱）

1=A 4/4 2/4

集宋湘等七人诗词楹联
曹 巴 人 纂词谱曲

[朗诵] 太华山下水如油，云净沙明遍晓秋。
第一风光谁识得？背人先上大观楼。(注1)

高亢、悠扬、婉转地　山歌风

散板　笛子引

慢板（♩=约50）

（女领）明 月 清 风 谁 是 主？ 高山 流 水 来
（女领）蛟 官 拨 起 沧 海 千 层 浪， （男领）龙翰 颁 来
（男领）曾 经 沧 海 难 为 水， （女领）欲上 高 楼

几 知 音 （女合）呃 几 知 音？(注2) （男领）千秋 怀 抱 古 传
万 里 香 （男合）呃 万 里 香。(注4) （女领）金碧 古 传
且 泊 舟 （女合）呃 且 泊 舟。(注6) （男领）放开 眼 孔

三 杯 酒， 万 里 云 山 一 水 楼 （男合）噢
妙 香 国， （男领）楼台 恰 在 彩 云 乡 （男合）噢
穷 天 地， （女领）别有 心 肠 蕴 古 今 （女合）噢

渐慢

快一倍（♩=约100）

一 水 楼。(注3)
彩 云 乡。(注5)
蕴 古 今。(注7)

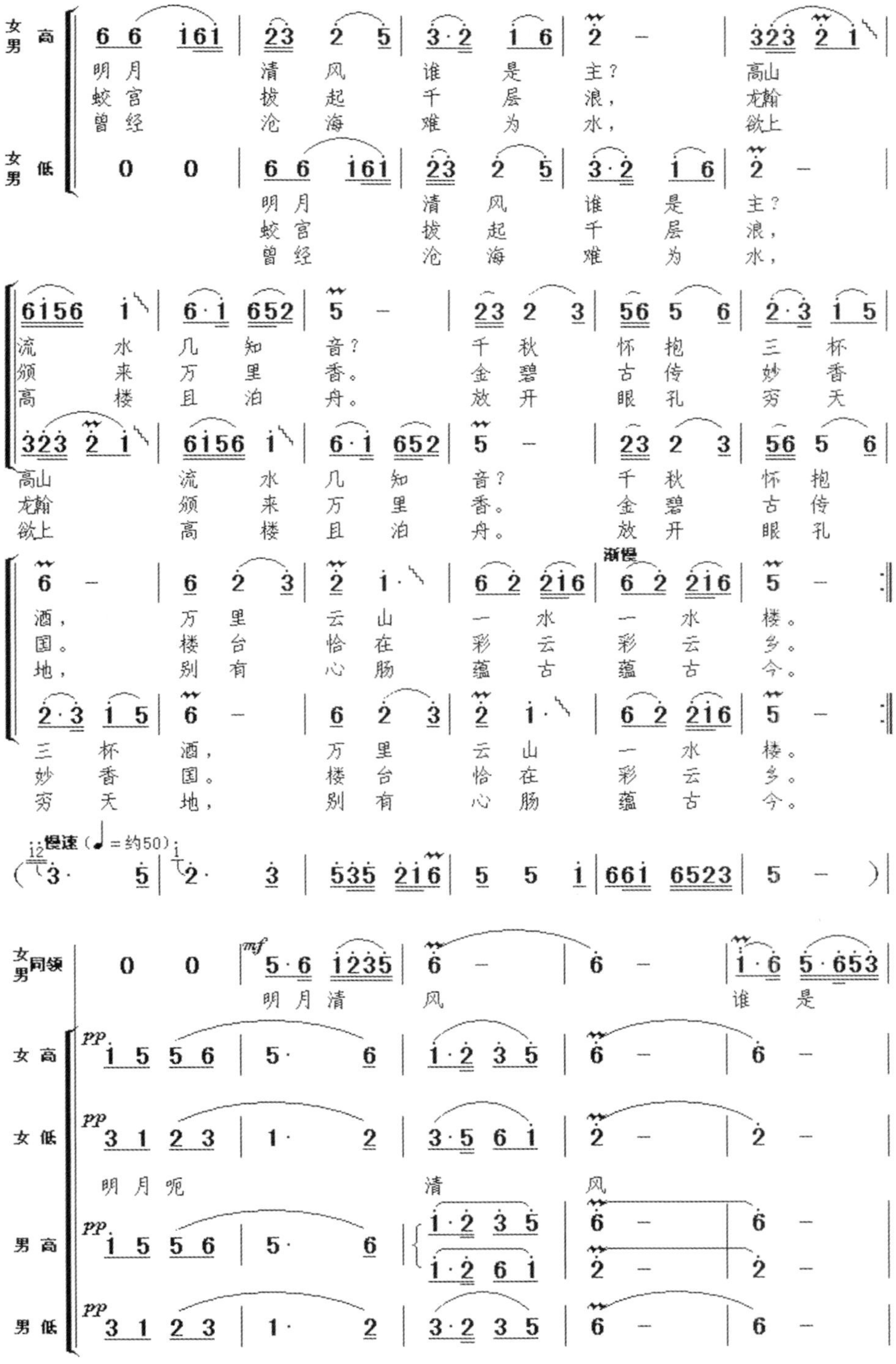
女男 高
明月 清 风 谁 是 主？ 高山
蛟宫 拔 起 千 层 浪， 龙翰
曾经 沧 海 难 为 水， 欲上
女男 低
明月 清 风 谁 是 主？
蛟宫 拔 起 千 层 浪，
曾经 沧 海 难 为 水，
流 水 几 知 音？ 千 秋 怀 抱 三 杯
颂 来 万 里 香。 金 碧 古 传 妙 香
高 楼 且 泊 舟。 放 开 眼 孔 穷 天
高山 流 水 几 知 音？ 千 秋 怀 抱
龙翰 颂 来 万 里 香。 金 碧 古 传
欲上 高 楼 且 泊 舟。 放 开 眼 孔
渐慢
酒， 万 里 云 山 一 水 一 水 楼。
国。 楼 台 恰 在 彩 云 彩 云 乡。
地， 别 有 心 肠 蕴 古 蕴 古 今。
三 杯 酒， 万 里 云 山 一 水 楼。
妙 香 国。 楼 台 恰 在 彩 云 乡。
穷 天 地， 别 有 心 肠 蕴 古 今。
慢速（♩＝约50）
女男 同领
明 月 清 风 谁 是
女 高
女 低
明 月 呢 清 风
男 高
男 低

主？　　　　　　　高山　流　水　　几　知

谁　　　　是　　　主？　　　高山　流　水

音　　　　几　知　音　　　几　　知

几　知　音　啊　几　知　音哪咳　几　知

音？　千　秋　怀　抱　三　杯　酒，

音？　　　　　　　千　秋　怀　抱　三　杯　酒　三　杯

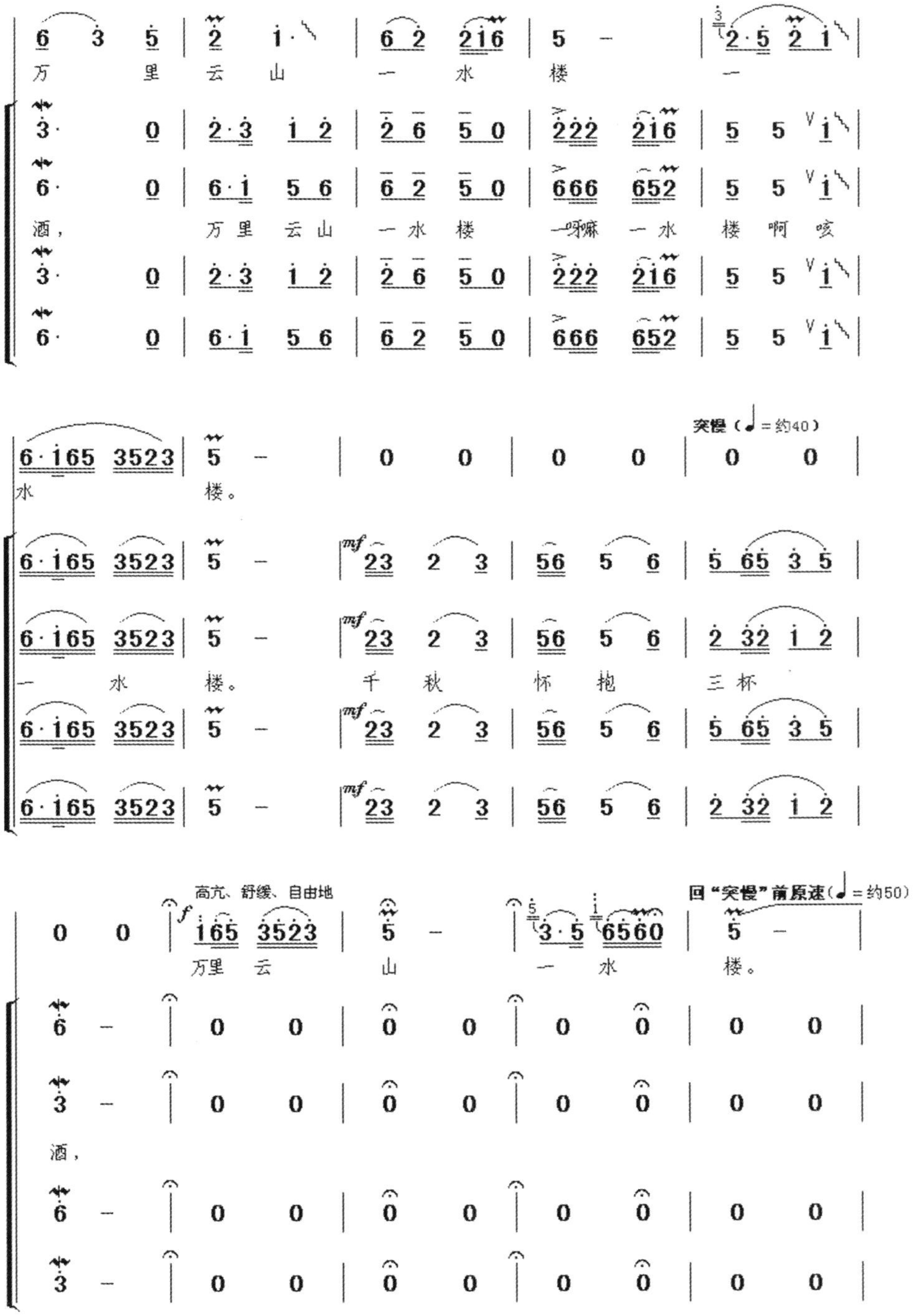
万 里 云 山 一 水 楼 一
酒， 万里云山 一水 楼 一呀嘛 一水 楼 啊 咳
突慢（♩=约40）
水 楼。
一 水 楼。 千 秋 怀 抱 三 杯
高亢、舒缓、自由地
回“突慢”前原速（♩=约50）
万里 云 山 一 水 楼。
酒，

渐慢

一 水 楼。

万里 云 山 一 水 楼。

【本乐章主题】讴歌大观楼是充满诗情画意、遐迩闻名、古今天下第一流的风景名胜。

【注：原诗词楹联作者】

①太华山下水如油，云净沙明逼晚秋。第一风光谁识得？背人先上大观楼。——系清代光绪年间剑川贡生**杨丽拙**所作《竹枝词》。

②明月清风谁是主？高山流水几知音？——原系"揽胜阁"楹联。作者：不详。但因该楹联最早见诸于云南晋宁人方树梅（1881-1968年）著《滇联丛录》，故有疑为**方树梅**所撰之说。

③千秋怀抱三杯酒，万里云山一水楼。——系"大观楼"北门《真大观也》匾下楹联。作者：清代广东嘉应名士**宋湘**（1757～1826年）。

④蛟宫拔起千层浪，龙翰颁来万里香。——系"大观楼"南（正）面二楼清朝咸丰皇帝御书《拔浪千层》匾下楹联。作者：佚名。

⑤金碧古传妙香国，楼台恰在彩云乡。——系"涌月亭"《蓬莱别境》匾下楹联。作者：清末、民国年间云南华坪知事（？）**李霆锐**。

⑥曾经沧海难为水，欲上高楼且泊舟。——系"近华浦"阁楼《近华浦》匾下楹联。作者：清代云南临安（今建水）人**马如龙**（？～1891年）。

⑦放开眼孔穷天地，别有心肠蕴古今。——系"大观楼"楹联（今陈列于一楼大厅）。作者：清代云南人**陈惠畴**。

《大观楼音诗组唱》第三章

长联颂 · 五百里滇池奔来眼底
数千年往事注到心头

（男中音独唱、混声合唱）　　　　集孙髯等三人诗词楹联
曹　巴　人　纂词谱曲

$1=$ E　4/4　2/4

【朗诵】凭栏披满大王风，气象全收入座中。
西去水声奔万马，北来山势卧长虹。
楼台一带开烟雨，烽火千年冷段蒙。
几度酒酣难落笔，上头题句有髯翁。（注1）
铁板铜琶鞭弭声，髯翁才气剧纵横。
楼头一百八十字，黄鹤留题万古名。（注2）

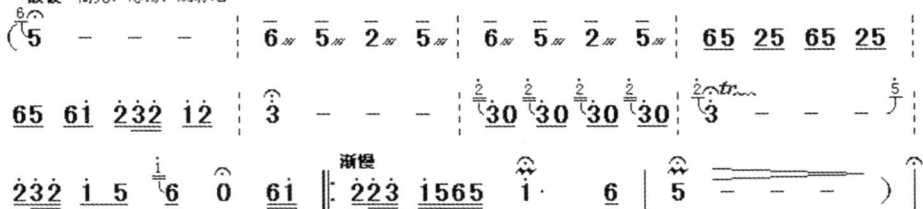

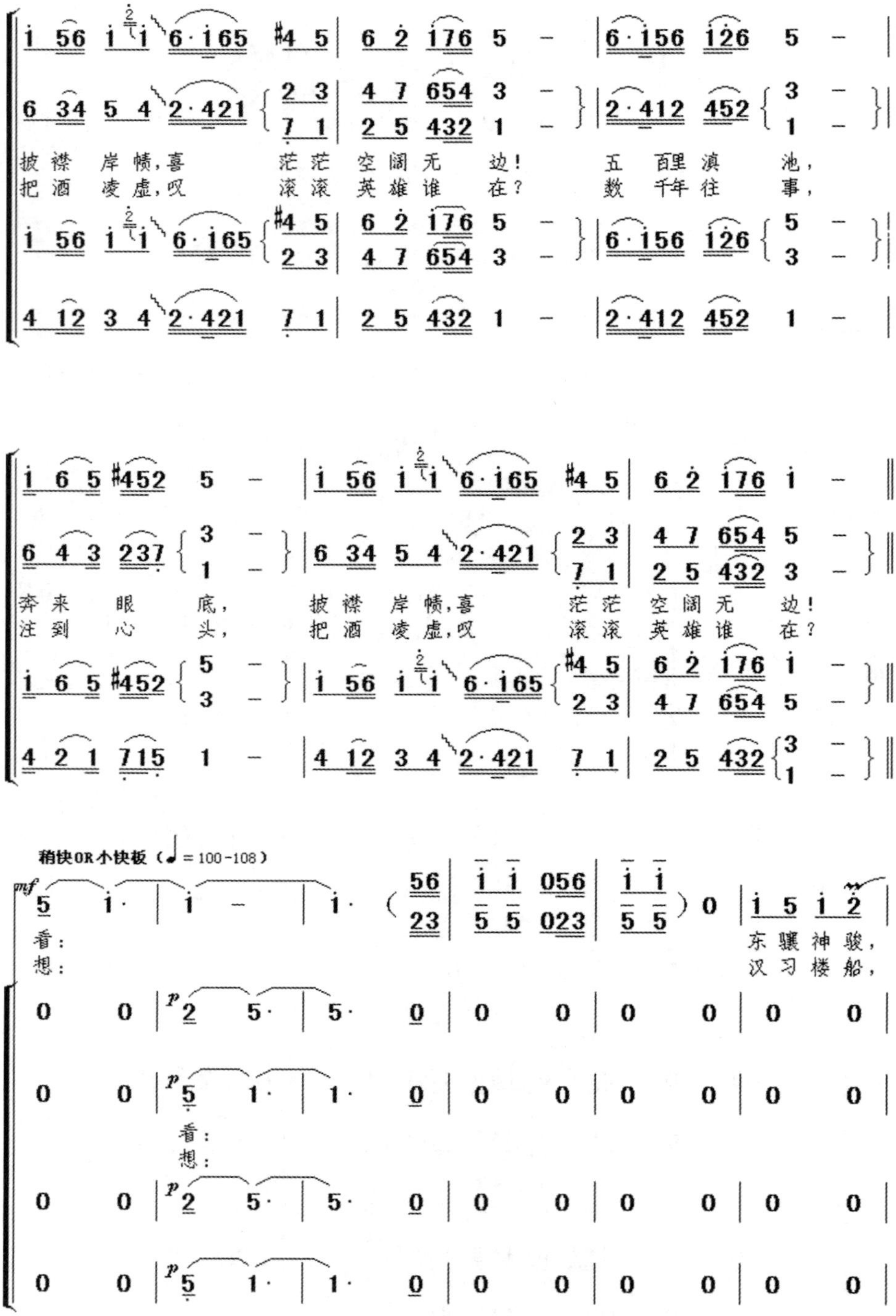
披襟岸帻,喜 茫茫空阔无边! 五百里滇池,
把酒凌虚,叹 滚滚英雄谁在? 数千年往事,
奔来眼底, 披襟岸帻,喜 茫茫空阔无边!
注到心头, 把酒凌虚,叹 滚滚英雄谁在?
稍快OR小快板(♩=100-108)
看:
想:
东骧神骏,
汉习楼船,
看:
想:

西畴灵仪， 北走蜿蜒， 南翔缟素。
唐标铁柱， 宋挥玉斧， 元跨革囊。

东骧神骏， 西畴灵仪， 北走蜿蜒，
汉习楼船， 唐标铁柱， 宋挥玉斧，

东骧神骏，西畴灵仪，北走蜿蜒，南翔缟素。
汉习楼船，唐标铁柱，宋挥玉斧，元跨革囊。

南翔 缟 素。
元跨 革 囊。

高人 韵士，何妨 选胜登临 何妨 选胜登 临。
伟烈 丰功，费尽 移山心力 费尽 移山 心 力。

何妨
费尽

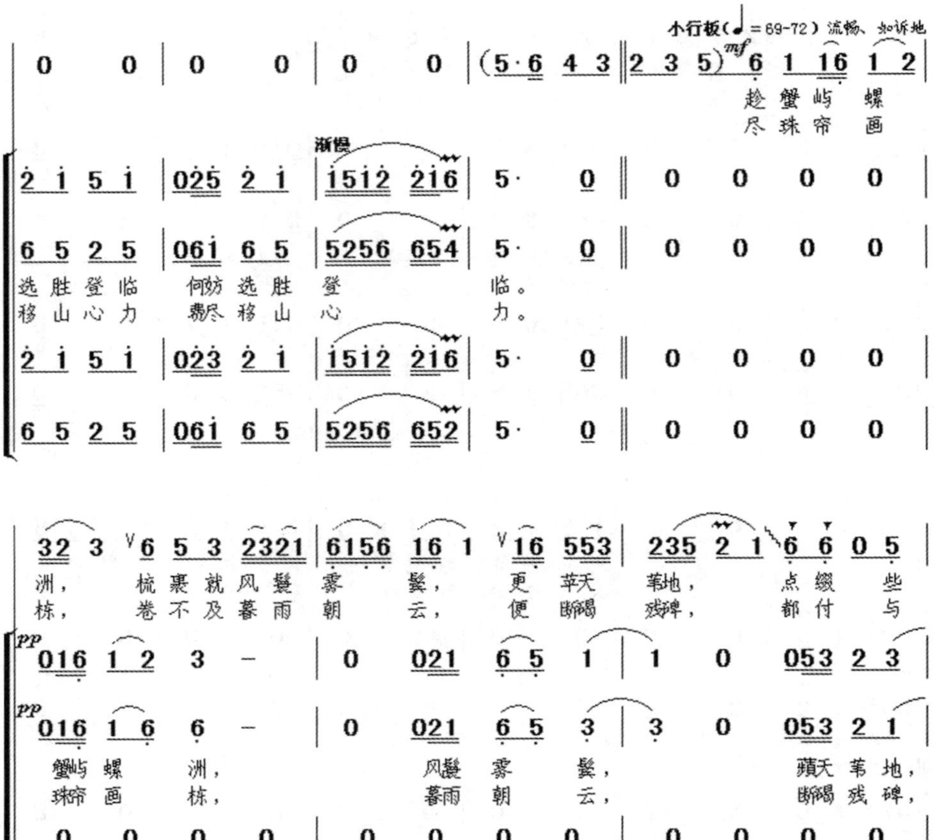
小行板（♩=69-72）流畅、如诉地
mf
趁蟹屿螺
尽珠帘画
渐慢
选胜登临 何妨选胜登 临。
移山心力 费尽移山心 力。
洲，梳裹就风鬟雾鬓，更苹天苇地，点缀些
栋，卷不及暮雨朝云，便断碣残碑，都付与
pp
pp
蟹屿螺洲，风鬟雾鬓，蘋天苇地，
珠帘画栋，暮雨朝云，断碣残碑，
翠羽丹霞呀。（男或女独）啊……
苍烟落照呀。（男或女独）啊……
mp
mp
翠羽丹霞。趁蟹屿螺洲，梳裹就风鬟
苍烟落照。尽珠帘画栋，卷不及暮雨
mp
mp

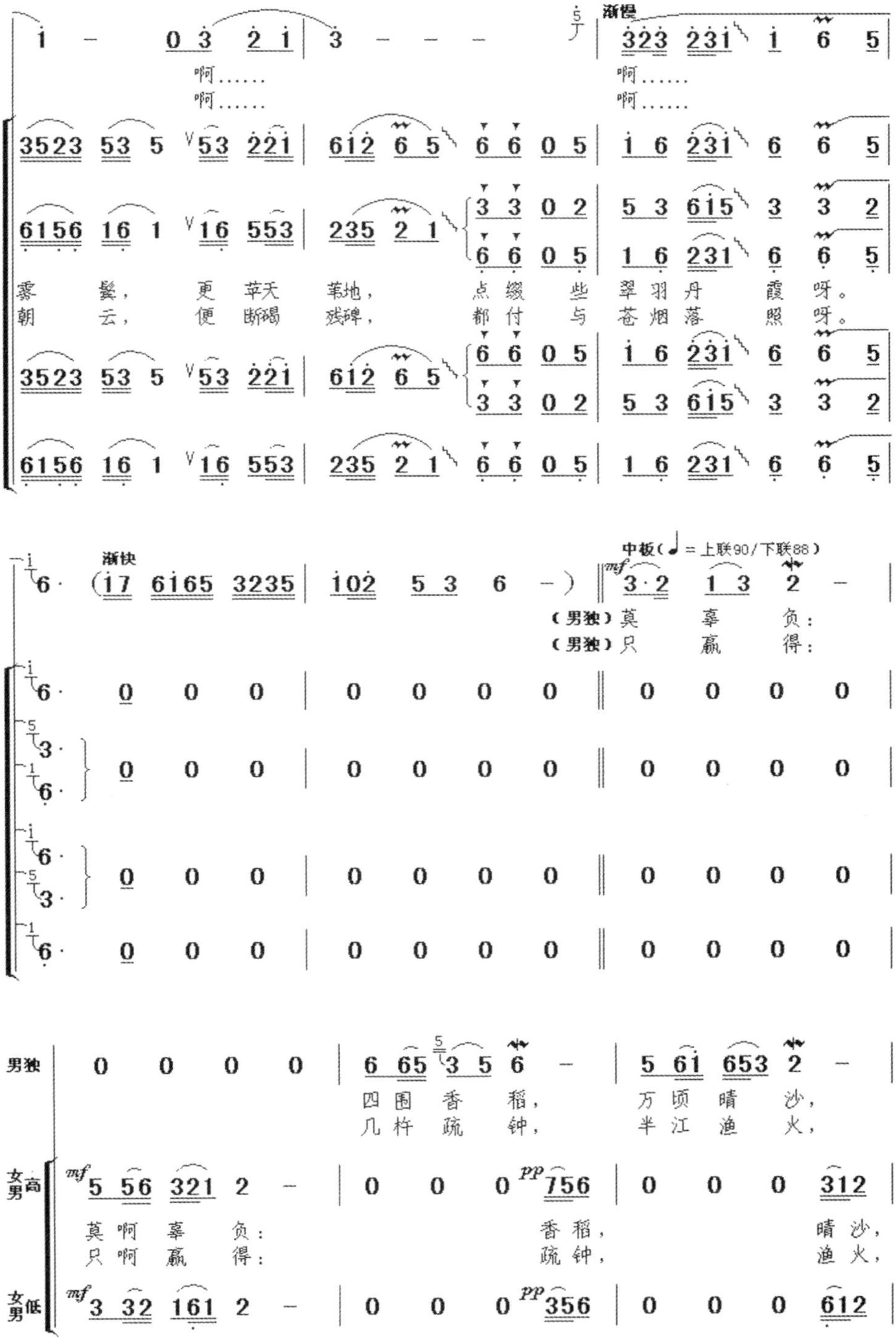
渐慢
啊……
啊……
雾 鬓，更 苹天 苇地，点 缀 些 翠 羽 丹 霞 呀。
朝 云，便 断碣 残碑，都 付 与 苍 烟 落 照 呀。
渐快
中板（♩= 上联90/下联88）
（男独）莫 辜 负：
（男独）只 赢 得：
男独
四 围 香 稻，万 顷 晴 沙，
几 杵 疏 钟，半 江 渔 火，
女男高
莫 啊 辜 负：香 稻，晴 沙，
只 啊 赢 得：疏 钟，渔 火，
女男低

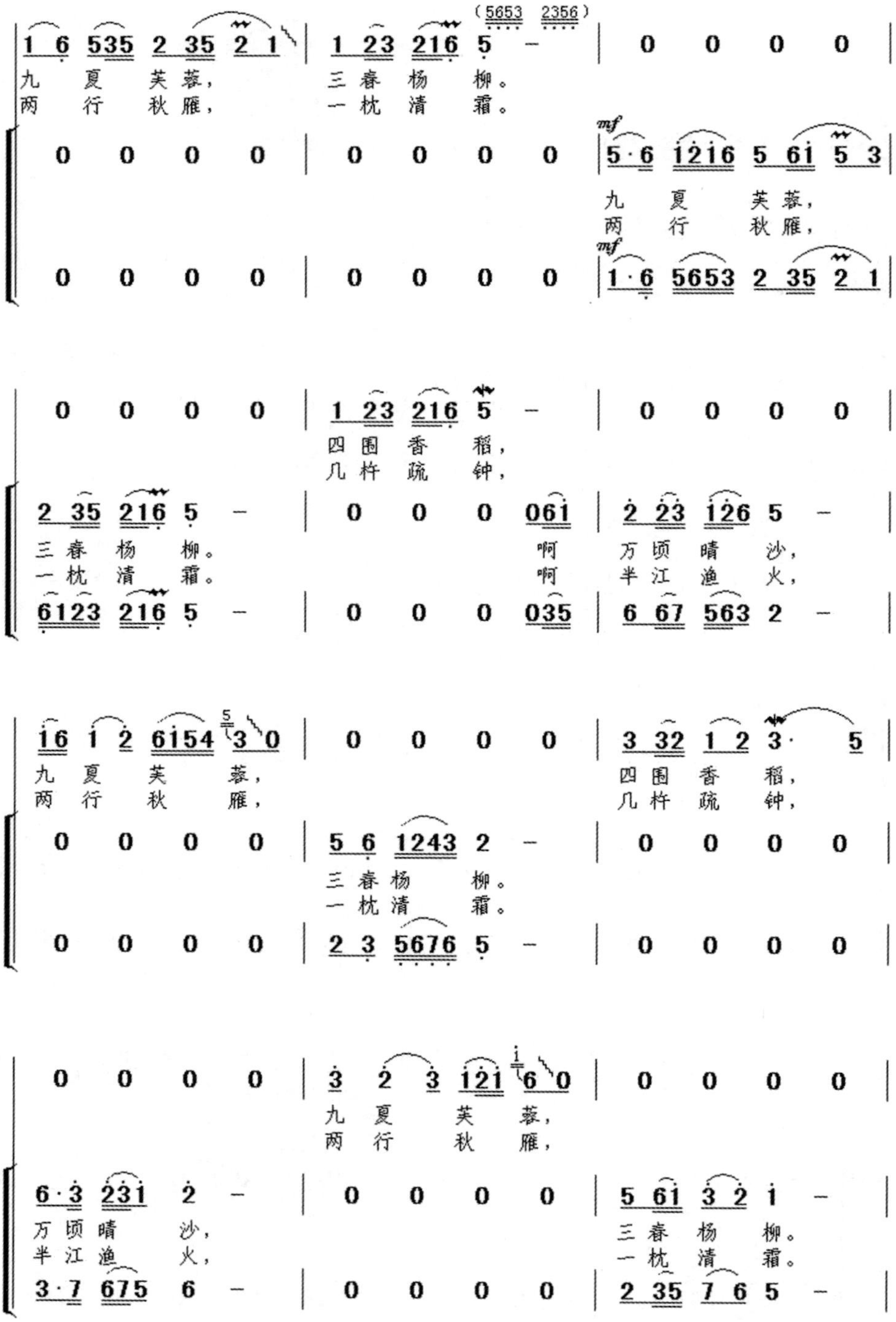
mf
九夏芙蓉，三春杨柳。
两行秋雁，一枕清霜。
九夏芙蓉，
两行秋雁，
三春杨柳。
一枕清霜。
四围香稻，
几杵疏钟，
啊
啊
万顷晴沙，
半江渔火，
九夏芙蓉，
两行秋雁，
三春杨柳。
一枕清霜。
四围香稻，
几杵疏钟，
九夏芙蓉，
两行秋雁，
万顷晴沙，
半江渔火，
三春杨柳。
一枕清霜。

上联：可快一点/下联：稍慢（♩=约72）

四围香稻，万顷晴沙，九夏芙蓉

几杵疏钟，半江渔火，两行秋雁

四围香稻，万顷晴沙，九夏

几杵疏钟，半江渔火，两行

渐慢 三春三春杨柳。

一枕

芙蓉，三春杨柳。

秋雁，

极慢（♩=约45）

渐慢 一枕清霜。

一枕清霜。

慢速（♩=约60）*感伤、纵情地*

（男独）一枕清霜。

渐慢、渐弱 轻声哼吟、若断若续、由近而远、余音渐逝……

mf 一枕清霜。（注3）

mp 喔…… 喔…… 喔…… 喔……

PPP

【本乐章主题】歌唱古人登临大观楼触景生情、喜叹交加的感慨——即：古人眼中的大观楼。

【注：原诗词楹联作者】

①凭栏披满大王风，气象全收入座中。西去水声奔万马，北来山势卧长虹。楼台一带开烟雨，烽火千年冷段蒙。几度酒酣难落笔，上头题句有髯翁。——作者：清·嘉庆年间昆明人谢琼。

②铁板铜琶鞑鞑声，髯翁才气剧纵横。楼头一百八十字，黄鹤留题万古名。——作者：清代浙江嘉兴人吴仰贤（1821—1887）。

③五百里滇池，奔来眼底，披襟岸帻，喜茫茫空阔无边！看：东骧神骏，西翥灵仪，北走蜿蜒，南翔缟素。高人韵士，何妨选胜登临。趁蟹屿螺洲，梳裹就风鬟雾鬓；更蘋天苇地，点缀些翠羽丹霞。莫辜负：四围香稻，万顷晴沙，九夏芙蓉，三春杨柳。

数千年往事，注到心头，把酒凌虚，叹滚滚英雄谁在？想：汉习楼船，唐标铁柱，宋挥玉斧，元跨革囊。伟烈丰功，费尽移山心力。尽珠帘画栋，卷不及暮雨朝云；便断碣残碑，都付与苍烟落照。只赢得：几杵疏钟，半江渔火，两行秋雁，一枕清霜。

——系"大观楼"南（正）门《大观楼》匾下楹联。作者：清·康熙乾隆年间（约1685～1774）陕西乡党三原人孙髯（字髯翁、尧门，号颐庵，幼年随父定居昆明，卒于弥勒）。

【长联大意今译】上联——写登大观楼高瞻远瞩所见四野风光；下联——写触景生情联想数千年历史感慨。大意今译的版本甚多，内容大同小异，文字各显千秋。编者在此借花献佛，特推荐《昆明志》编纂委员会译文，以飨唱、读爱好者：

五百里的滇池，跃入我的眼里，敞开衣襟，推开冠戴，可喜这茫茫沧海空阔无边。看呀，东方的金马山象奔腾着的"神马"，西岸的碧鸡山象高飞着的"凤凰"，北面的长虫山象起伏行动的"长蛇"，南边的白鹤山象羽毛洁白的"仙鹤"。诗人们！何不乘这良辰美景登上高楼，观赏那：蟹样大的岛屿，螺样小的沙洲，晨光摇曳的浓树翠柳，象少女正在梳裹她们蓬松的发髻，弥天的蘋叶，漫地的芦花，点缀上翠绿的鸟羽，灿烂的红霞。尽情观赏吧！莫辜负江山锦绣如画——四围的香稻，万顷的晴沙，夏天的芙蓉，春日的杨柳。

几千年的往事涌到心头，我举杯仰对长空；叹水流滚滚、英雄何在。想那：汉武帝为开通西南，在长安凿池习战；唐代远征边陲，立纪功的铁柱于洱海边；宋太祖挥玉斧，欲征服云南；元世祖跨皮筏南渡，平定云南。拓土封疆费尽了移山心力，匆匆又改朝换代，指望着建立不朽功勋，才是"画栋朝飞南浦云"，又见"珠帘暮卷西山雨"，一个个朝代，兴起、灭亡只在一瞬间，帷幕都卷不及，丰功伟绩已消逝，纪功碑成了断石残碣，倒卧在苍烟夕阳之中。到头来只留下：晚景凄然——古寺的钟声，渔船的灯火，惊寒的秋雁，枕边的寒霜。

《大观楼音诗组唱》第四章

果然—大观

（男女高音领唱、混声合唱）

集郭沫若等四人诗词楹联
曹 巴 人 纂词谱曲

1=C 2/4

[朗诵] 万里归来续旧游，眼前风景足淹留。
天涵水面浮双塔，池涌波心笋一楼。（注1）
碧鸡金马古林邱，滇海空明拥十洲。
游子登临增感喟，秋风回首大观楼。（注2）
与岳阳黄鹤相衔，一样雄奇，各有大名垂宇宙；
揽昆海碧鸡之胜，同来眺月，莫将佳月负春秋。（注3）

稍慢（♩=约72）兴高采烈、踌躇满志地

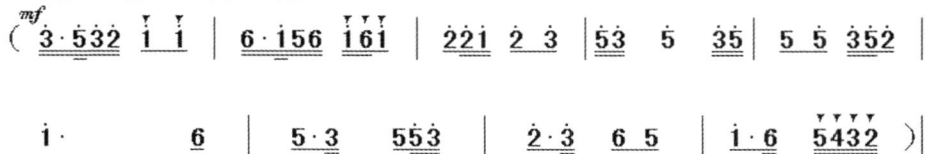

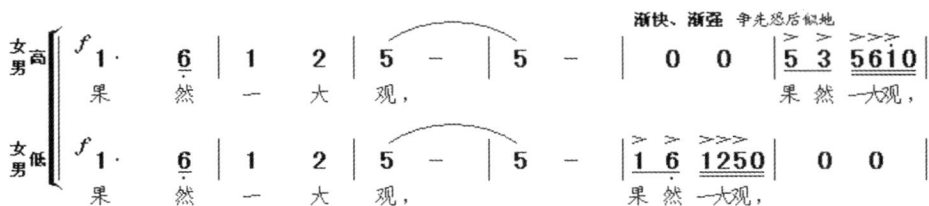

（女高 男高 / 女低 男低 声部简谱乐段）

果 然 一 大 观，果 然 一 大 观，

渐快、渐强 争先恐后似地

果 然 一 大 观，果 然 一 大 观，

渐慢

果 然 一 大 观，果 然 一 大 观，

（男齐）回原速

果 然 一 大 观，山 水 唤 凭 栏。睡 佛 云 中 逸，
滇 池 海 样 宽。睡 佛 云 中 逸，滇 池 海 样 宽。

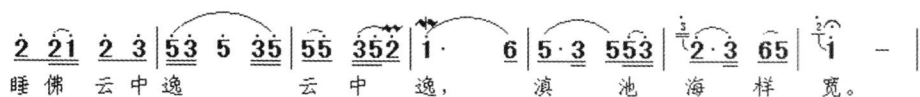

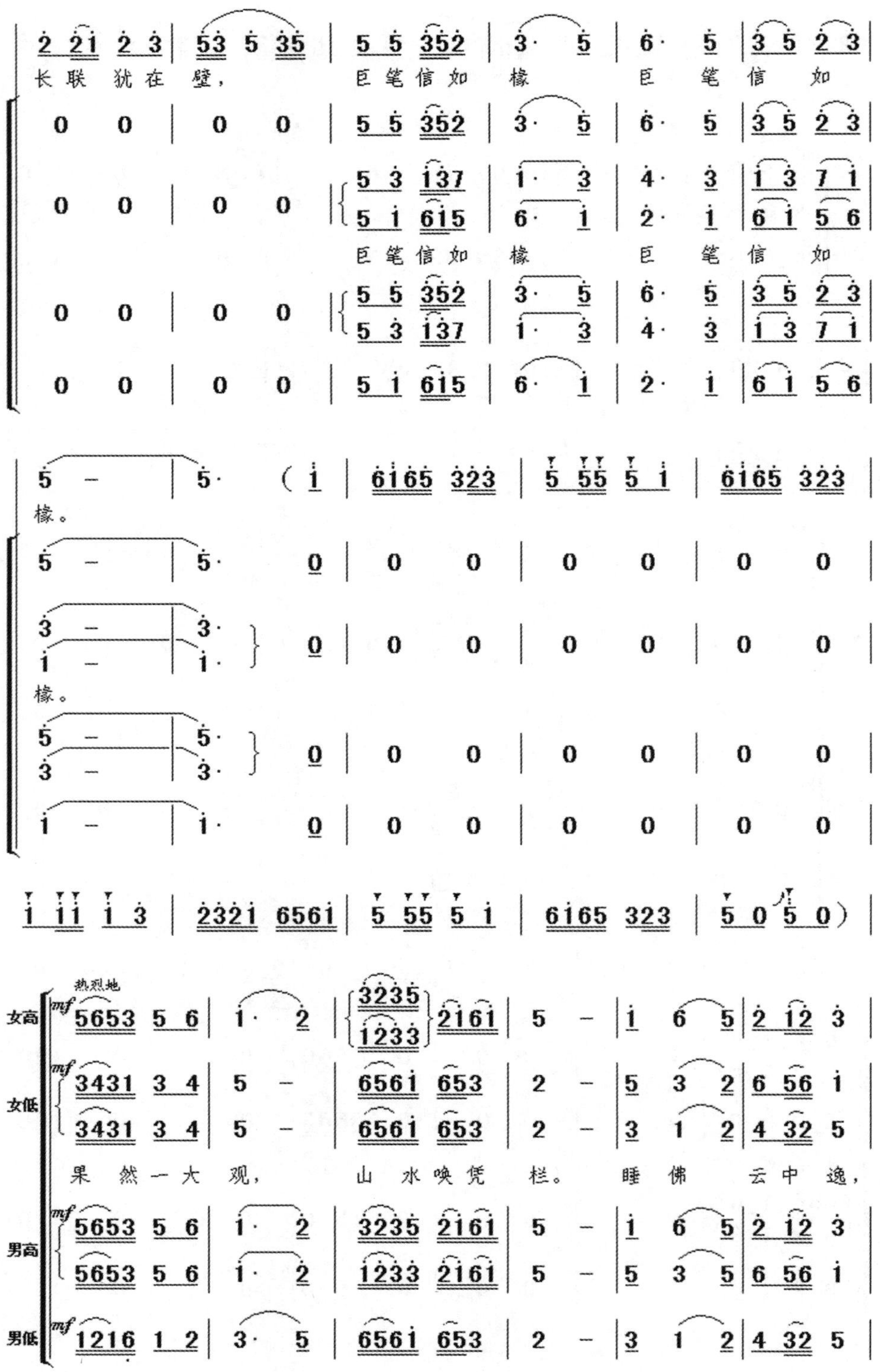

长联 犹在 壁，
巨笔信如 椽 巨 笔 信 如
巨笔信如 椽 巨 笔 信 如
椽。
椽。
热烈地
女高
女低
男高
男低
果 然一大 观， 山 水唤凭 栏。 睡佛 云中 逸，滇池海样宽。　睡佛云中逸，滇池海样宽。

长联犹在壁，　巨笔信如椽。　长联犹在壁，

巨笔信如椽。　长联犹在壁，巨笔信如椽。

男高领 激动地 f

我亦披襟久，　雄心溢两间。　我亦披襟久，

女高

女低

雄心溢两间。

男高

男低

【本乐章主题】歌唱近人登临大观楼兴高采烈、踌躇满志的豪情——即：近人眼中的大观楼。

【注：原诗词楹联作者】

①万里归来续旧游，眼前风景足淹留。天涵水面浮双塔，池涌波心耸一楼。——清·云南晋宁人段时恒作《登大观楼》诗。

②碧鸡金马古林邱，滇海空明拥十洲。游子登临增感喟，秋风回首大观楼。——引清·嘉庆道光年间名进士、云南保山人范仕义（约1785-1855年）《题黄向坚绘〈滇黔十景图〉》诗之第八首。

③与岳阳黄鹤相衡，一样雄奇，各有大名垂宇宙；揽昆海碧鸡之胜，同来眺月，莫将佳月负春秋。——系"牧梦亭"楹联。作者：清·云南姚安名士由云龙。

④果然一大观，山水映凭栏。睡佛云中逸，滇池海样宽。长联犹在壁，巨笔信如椽。我亦披襟久，雄心溢两间。——系四川乐山人郭沫若（1892-1978）于1961年1月所作并亲笔题写的《登大观楼即事》五言律诗，其手迹现陈列于"大观楼"三楼。

《大观楼音诗组唱》第五章

金碧丹青壮丽开

（女高音领唱、混声合唱）

集范仕义等六人诗词楹联
曹 巴 人　纂词谱曲

1=♭B　2/4　4/4

民歌风

[朗诵] 昆明大观楼，一揽湖山胜。
　　　　髯翁长联语，今古情怀萦。(注1)
　　　　滇池眼中五百里，联想人类数千年。(注2)
　　　　掀翻蒙段劫余灰，金碧丹青壮丽开。(注3)

快速（♩=100以上）欢快热烈地

突慢（第2遍用渐慢）

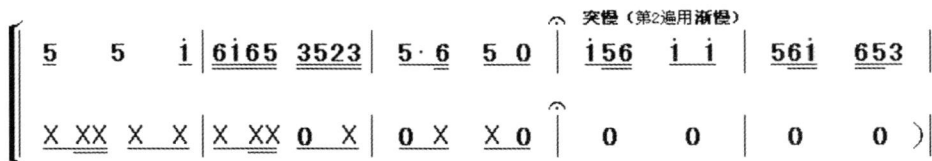

稍慢（♩=80以下）悠扬婉转、心旷神怡地

mf

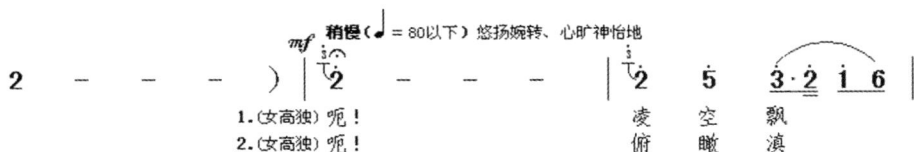

1.（女高独）呃！　　凌　空　飘
2.（女高独）呃！　　俯　瞰　滇

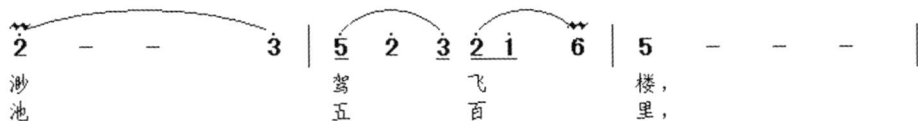

渺　　　　　　驾　飞　　楼，
池　　　　　　五　百　　里，

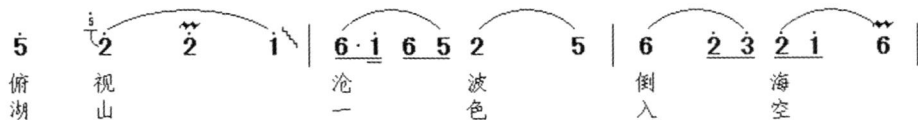

俯　视　　沧　波　倒　　海　空
湖　山　　一　色　入　　空

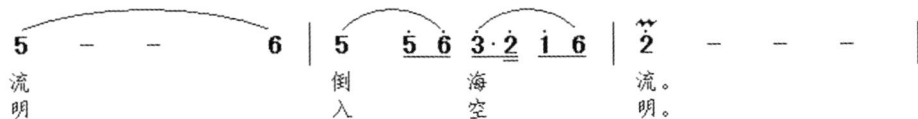

流　　　　　倒　海　流。
明　　　　　入　空　明。

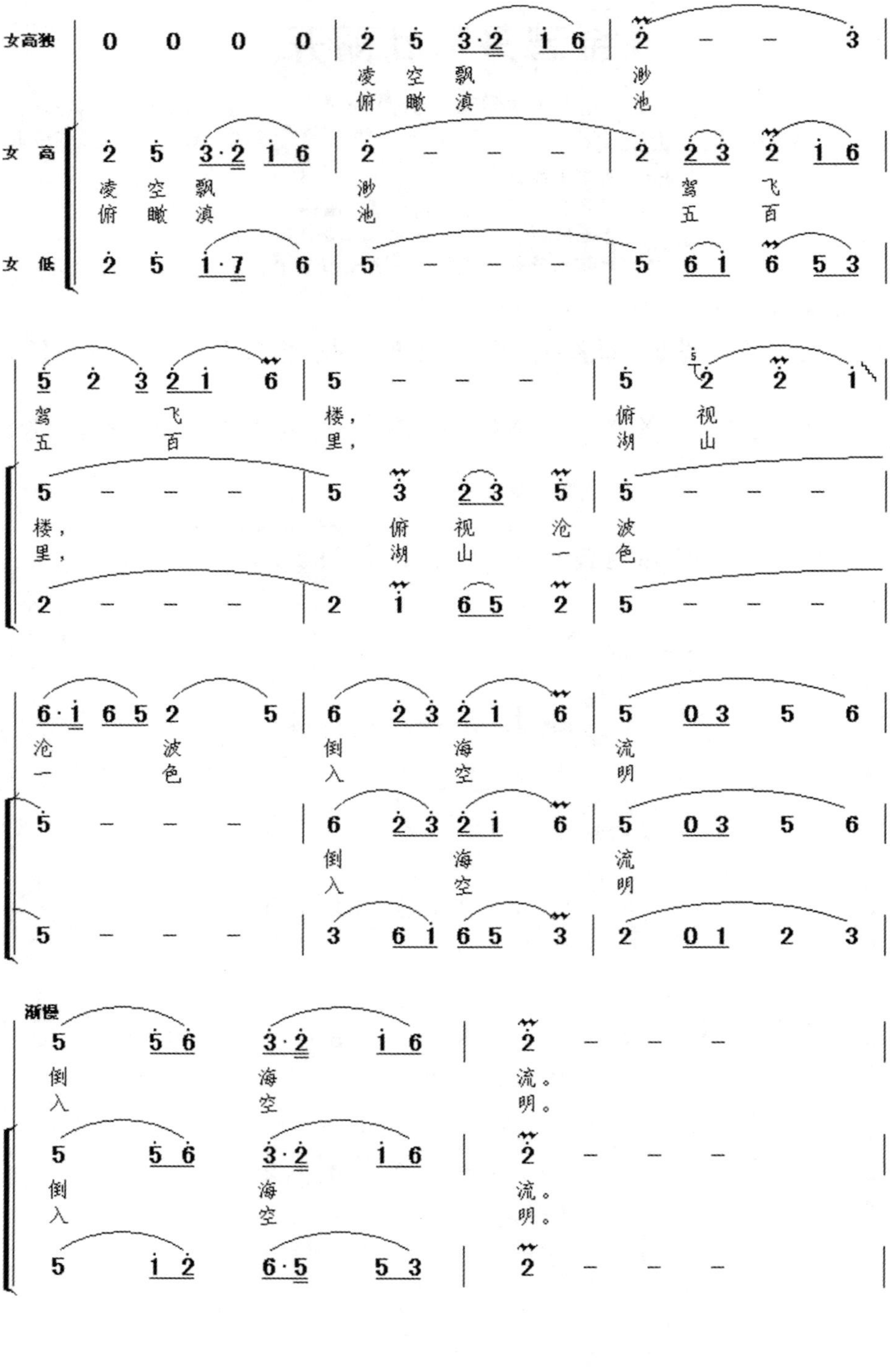
女高独
女 高
女 低
凌 空 飘 渺
俯 瞰 滇 池
凌 空 飘 渺 驾 飞
俯 瞰 滇 池 五 百
驾 飞 楼， 俯 视
五 百 里， 湖 山
楼， 俯 视 沧 波
里， 湖 山 一 色
沧 波 倒 海 流
一 色 入 空 明
倒 海 流
入 空 明
渐慢
倒 海 流。
入 空 明。
倒 海 流。
入 空 明。

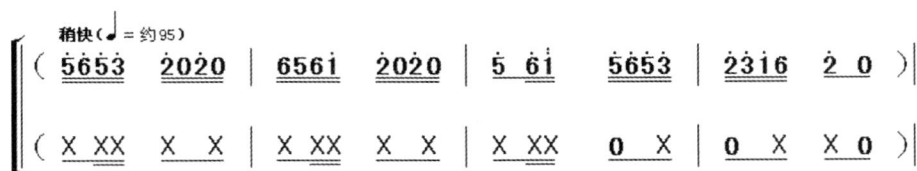

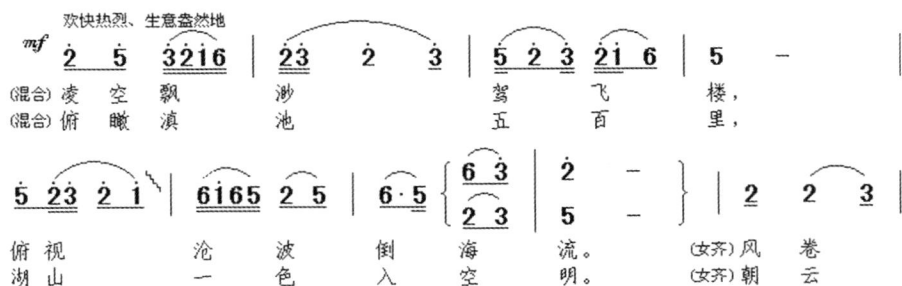

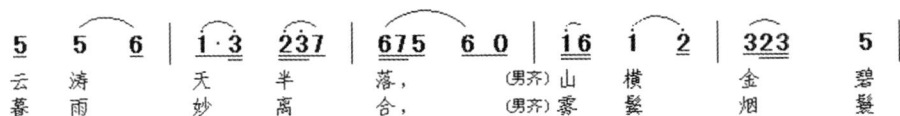

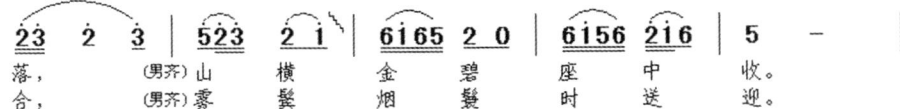

天 半 落， 山 横 金 碧 座 中

云 涛 天 半 落， 山 横 金 碧
暮 雨 妙 高 合，

收。 风 卷 云 涛 天 半 落，
迎。 朝 云 暮 雨 妙 离 合，

座 中 收。
时 送 迎。 风 卷 云 涛 天 半

山 横 金 碧 座 中 座 中 收。(注4)
雾 鬓 烟 鬟 时 送 时 送 迎。

落， 山 横 金 碧 座 中 收。
合， 雾 鬓 烟 鬟 时 送 迎。

慢一点or中速（♩=约88）风趣活泼、轻歌曼舞似地

女高 mp
男高 mp
女低 mp
男低 mp

凭 栏 远 眺 水 云 乡， 三 春 杨 柳 芙蓉 妆， 凭 栏 远 眺
倒 影 天 光 浮 太 华， 随 风 新 气 落 昆 明， 倒 影 天 光

水 云 乡， 三 春 杨 柳 芙蓉 妆 咳！ 芙 呀嘛 芙蓉 妆。 咳 咳！
浮 太 华， 随 风 新 气 落 昆 明 咳！ 落 呀嘛 落 昆 明。 咳 咳！

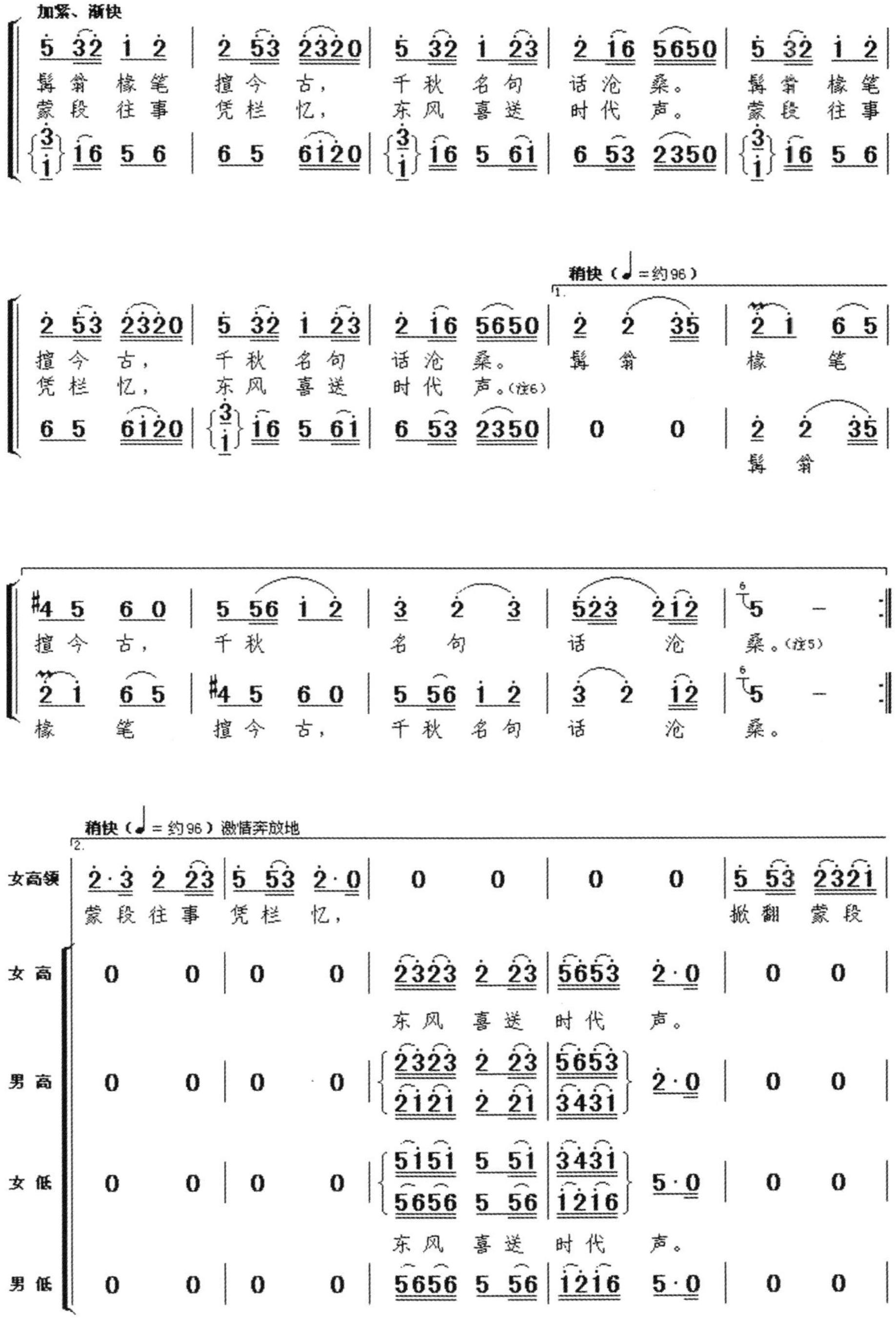

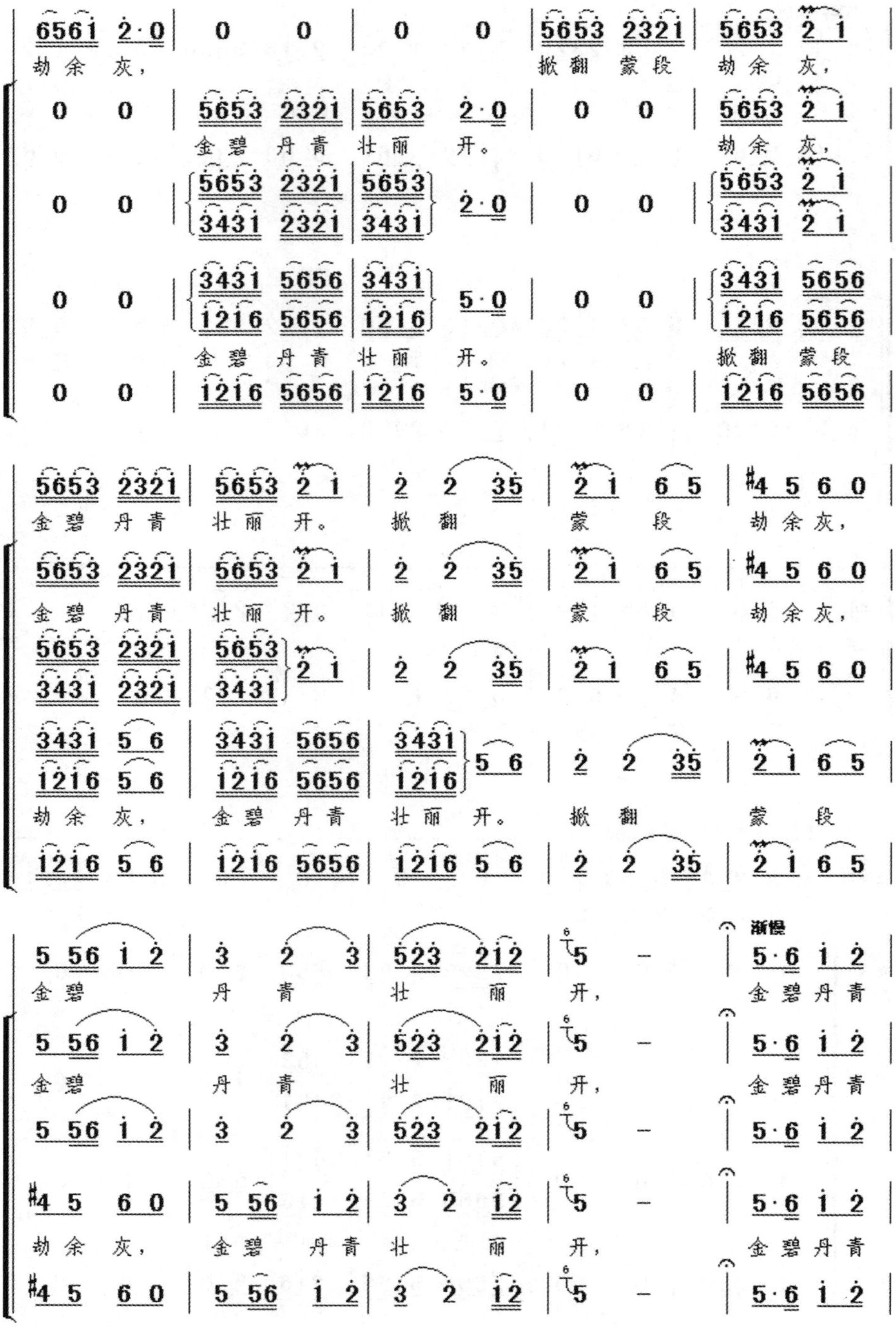
劫余灰，
掀翻蒙段
劫余灰，
金碧丹青壮丽开。
劫余灰，
金碧丹青壮丽开。
掀翻蒙段
金碧丹青壮丽开。掀翻蒙段劫余灰，
金碧丹青壮丽开。掀翻蒙段劫余灰，
劫余灰，金碧丹青壮丽开。掀翻蒙段
渐慢
金碧丹青壮丽开，
金碧丹青
金碧丹青壮丽开，
金碧丹青
劫余灰，金碧丹青壮丽开，
金碧丹青

【本乐章主题】欢歌现在、憧憬未来大观楼，继往开来，与时俱进，人文景观，更加绚丽——即：今人眼中的大观楼。

【注：原诗词楹联作者】

①昆明大观楼，一揽湖山胜。髯翁长联语，今古情怀罄。——摘自湖北黄安（今红安）人董必武（1886-1975）于1959年10月19日所作五言诗《游昆明大观楼》：

> 昆明大观楼，一揽湖山胜。髯翁长联语，今古情怀罄。
>
> 昔日说大观，达官贵人兴。今日说大观，才具人民性。
>
> 碧鸡林木茂，金马亦苍峻。眺望神不疲，清幽境可咏。
>
> 巨浸渺茫茫，风帆南北运。秋空雁题字，秋水鱼群趁。
>
> 荇藻交纵横，没波鸥相竞。海埂辟公园，士女乐游泳。
>
> 宇宙未为隘，气感天地正。游人发浩歌，建设增干劲。

②滇池眼中五百里，联想人类数千年。——摘自四川乐至人陈毅（1901-1972）于1963年12月所作《船舱壁间悬孙髯翁大观楼长联读后喜赋》诗：

> 滇池眼中五百里，联想人类数千年。
>
> 腐朽制度终崩溃，新兴阶级势如磐。
>
> 诗人穷死非不幸，这今长联是预言。

③**掀翻蒙段劫余灰，金碧丹青壮丽开。**——摘自云南剑川白族举人**赵藩**（1851—1927）《题大观楼》诗：

> 近华浦上大观楼，高压滇南十四州。
>
> 此日筹边何限事，凭栏无语对闲鸥。
>
> 掀翻蒙段劫余灰，金碧丹青壮丽开。
>
> 都在鬓翁凭吊里，更谁楼上赋诗来。

④**凌空飘渺驾飞楼，俯视沧波倒海流。风卷云涛天半落，山横金碧座中收。**——摘自清·嘉庆道光年间名进士、云南保山人**范仕义**（约 1785-1855 年）所作《廉泉诗钞·游近华浦登大观楼与漱园同作》诗：

> 凌空飘渺驾飞楼，俯视沧波倒海流。
>
> 风卷云涛天半落，山横金碧座中收。
>
> 十年路绕江湖梦，八月凉生芦荻秋。
>
> 怀抱但从高处展，同君万里豁双眸。

⑤**凭栏远眺水云乡，三春杨柳芙蓉妆。鬓翁椽笔擅今古，千秋名句话沧桑。**——引自马毅平先生编著《海内第一长联》书，原诗作者**佚名**。

⑥**俯瞰滇池五百里，湖山一色入空明。朝云暮雨妙离合，雾鬟烟鬓时送迎。倒影天光浮太华，随风新气落昆明。蒙段往事凭栏忆，东风喜送时代声。**——引李孝友先生编著《昆明风物志·长联犹在壁的大观楼》篇中七律，原诗作者**佚名**。

《大观楼音诗组唱》第六章:

尾 声

(配乐朗诵)

万里云山一水楼, 骚人墨客赞不休。

天籁妙曲斟新韵, 姹紫嫣红绣春秋。

金碧丹青壮丽开, 盛世豪情满胸怀。

喜看滇池五百里, 高歌猛进迎未来。

——《大观楼音诗组唱》到此结束!

朗诵伴奏曲

曹巴人 词曲

【本乐章主题】盛世豪情满胸怀,高歌猛进迎未来!

【说明】本乐章是配乐诗朗诵,相当于《组唱》演出时的"收场锣鼓"。是作者基于增强《组唱》章节内容的连贯性和结构形式的完整性、特别是演出效果的需要而创。作者不避"狗尾续貂"之嫌,特意在朗诵词中重复引用《组唱》第二乐章中的"万里云山一水楼"和第五章中的"金碧丹青壮丽开"两诗联警句;并将《组唱》旋律在前几乐章的基础上提炼升华、进一步推向高潮,形成高歌猛进、奋发向上之势。从而使整个《组唱》首尾呼应,烘托出《组唱》演出圆满结束的热烈气氛,给人以完整而深刻的印象。

作者简介: 曹德侨,笔名曹巴人,重庆江津人。高级技术职称,昆明市政府退休公务员。喜爱音乐诗词,创作有多首地方特色诗曲。

阅江楼

简　介

　　阅江楼，位于江苏省南京市狮子山上。元至正二十年（1360）闰五月，明太祖朱元璋在卢山大破陈友谅，为建立明朝奠定了基础。明洪武七年（1374）为纪念这场战役，将卢龙山改称狮子山，并决定建一楼阁，亲自命名为"阅江楼"并撰写《阅江楼记》，又命众文臣职事每人写一篇《阅江楼记》。建楼所用地基平砥完工后，突然决定停建。直至2001年建成并对外开放，从此结束了六百年来"有记无楼"的历史。

词

江城子·题杨雪樵观察金陵策蹇图

　　卢龙山下系轻桡，柳条条，路迢迢，十里青芜，宛转度裙腰，认取鞭丝春影瘦，浑不似，玉骄骢。

　　前头弓祥石城桥，春波摇，惠烟销，待觅东风，燕子话南朝，纸醉金迷多少事，都付与，过江潮。

（《金陵诗词选》）

作者简介：邓廷桢（1776～1846），字维周，又字嶰筠，号妙吉祥室老人、刚木老人，江苏南京人。嘉庆六年（1801）进士，官至闽浙总督。著有《双砚斋诗钞》、《双砚斋词》等。

江南好

　　江南好，仪凤畅游纵，山压雄城蹲饿虎，村藏古观镇卢龙，苍翠销重重。

江南好，静海傍江浔，殿础九楹雕碧玉，佛龛百练抹黄金，三宝证皈心。

（《中华历史文化名楼丛书 阅江楼》）

　　作者简介：张汝南（？～1863），字子和，号洞天老樵，上元（今江苏南京市）人。诸生，工书画。著有《金陵省难纪略》《夜江集》等。

菩萨蛮·登南京狮子山

　　狮子山上名楼矗，狮山脚下风光独。美景饰江东，扬子浪拍空。
　　铁龙穿江过，波托长虹卧。鸣笛震山岗，巨轮又远航。

（阅江楼档案）

　　作者简介：仲芜（1921～），笔名也愚，字冶予，号野渔，江苏海安人。曾任中学校长，高级教师。江苏省诗词协会会员、江苏省楹联研究会会员。著有《野渔诗集》。

浣溪沙·阅江楼

　　醉阅江楼赏一奇，东方狮醒逞雄姿。千年史事耐寻思。
　　楼未起时先有记，我今来此岂无诗？况于光景最佳时！

（《中国当代诗词艺术家大辞典 上卷》）

　　作者简介：孙皖樵（1925～），名嵩，号再耕园主人，安徽望江人。中学高级教师，中国楹联学会会员、中国乡土作家协会理事。著有《香茗山》、《再耕园吟草》等。

调寄浪淘沙·题南京下关阅江楼

　　高地筑崇楼，俯瞰江流。金陵岂必帝王州？虎踞龙蟠狮子醒，震此寰球。
　　天际白云浮，指点飞舟。青山隐隐水悠悠。中有英雄忧国泪，淘洗千秋。

（《现代诗人咏江苏》）

　　作者简介：单人耘（1926～），江苏南京人。南京农业大学副研究员、江苏省文史馆馆员，江苏省诗词协会顾问。著有《一勺吟》《单人耘诗书画集》等。

水调歌头·题南京阅江楼

欲识春消息，迳上阅江楼。浩渺苍茫无际，六合望中收。吹送岷嵊烟雨，激荡苍溟云水，涤尽古今愁。大地钟灵秀，时彦竞风流。

人间换，朱曦暖，物华稠。指点龙蟠虎踞，昂起醒狮头。睥睨前朝雄主，小试补天身手，同乐愿初酬。寄语浮桴客①，何日泛归舟。

（《味庐诗词选》）

作者简介：董味甘（1926～），四川荣县人。九三学社社员，重庆师范学院中文系教授，原中国写作学会副会长、全国语文学习科学专业委员会会长。著有《味庐诗词选》《三辰集》、编有《写作格言轶事集锦》等。

浪淘沙·南京阅江楼

岁月似江流，十代沉浮。龙争虎斗帝王州。胜迹无寻空有记，六百春秋。

海晏展鸿猷，终见斯楼。阅江有地豁吟眸。不尽雄涛滚滚去，壮我金瓯。

（《世界传世诗词艺术家大辞典》）

作者简介：张秋萍（1927～），笔名寒三、苍松，江苏淮安人。原江宁县供销合作总社工会主席，江苏省诗词协会会员、江宁区诗词楹联学会理事。主编有《江宁县供销合作社志》。

水调歌头·登南京阅江楼

落帽龙山日，拄杖上高楼。凭栏极目无际，滚滚水东流。眼底石城新貌，盛世豪华景象，壮丽不胜收。海晏河清日，胸臆抒吟讴。

六百载，弹指过，再回眸。金戈铁马，狮子山麓展鸿猷。留得辉煌巨著，转眼藏弓烹狗，更起萧墙忧②。何不悬三镜，社稷固金瓯。

（《现代诗人咏江苏》）

---

① 浮桴客：《论语·公冶长》："道不行，乘桴浮于海。"后以"浮桴"谓乘舟航行。
② 此句的意思是，朱元璋留下了《阅江楼记》的文章，但后来却大杀功臣（兔死狗烹），其子朱棣后来夺了其孙建文帝的皇位（祸起萧墙）。

作者简介：徐钟泽（1927～），江苏武进人。中学高级老师，中华诗词学会、江苏省诗词协会会员。著有《梦痕杂记》。

水调歌头·阅江楼

飞阁凌云峙，气压古今雄。江天一览，鲸舸螺鬓碧波中。钟阜玄湖映翠，琼塔璇宫溢彩，天堑卧长虹。俯仰吟怀畅，新港画图工。

六朝梦，降幡出，总成空。庆功洪武，徒有文赋壮卢龙。一旦乾坤扭转，何赖金汤偏守，狮醒傲苍穹。楼迓八方客，胸纳五洲风。

（《珠湖吟草》）

作者简介：陈春啸（1932～），江苏高邮人。高邮中学高级教师，中华诗词学会会员、江苏省诗词协会理事。著有《珠湖吟草》。

临江仙·阅江楼

开拓东南形胜，欣逢今世奇缘。阅江楼畔水连天。山恋郁秀气，阡陌起晴烟。

春色一枝新放，长江几处争妍。宏图一展史无前。江山多胜迹，犹待写新篇。

（《当代江苏千家诗》）

作者简介：蒋省身（1932～），江苏淮安人。中学教师，江苏诗词协会、淮安诗词协会会员。

浪淘沙·登阅江楼

高阁彩云腾，锦绣纷呈，雄狮起舞众相迎。最是倚楼凭栏处，悦目心倾。

楼记古无争，千古箴铭，两桥横卧化为鲸。四大名楼烟渺渺，伫听潮声。

（阅江楼档案）

作者简介：赵同（1933～），江苏泰兴人。《南京人口学院学报》副主编、副编审，江苏省修辞学会常务理事。著有《旅游诗文选》《大学作文技法》等。

桂枝香·祝贺南京狮子山新建阅江楼

登临纵目，喜浩荡长江，蜿蜒相续。百舸繁星点点，击涛争逐。狻猊昂首朝霞里，震雄威，众山低伏。浪翻红雨，天然图画，待阴浓馥。

念往昔，群英逐鹿。世事笑如棋，洪武高瞩。此际新楼横出，迈歌豪曲。岳阳黄鹤滕王阁，共名驰，游客成簇。业辉千载，鸿图骏展，举杯三祝。

（阅江楼档案）

作者简介： 方雪樵，湖南平江人。当地著名诗人。

忆江南·阅江楼

卢龙美，美在阅江楼。金碧辉煌偎日月，流光溢彩照春秋，万古大江流。

（阅江楼档案）

梦江南·建阅江楼

狮子顶，江水绕山流。明代题名楼未建，"阅江"二字惹人愁，盛世建名楼。

（《当代江苏千家诗》）

作者简介： 卢贤铭（1935～），安徽无为人。曾任中学教导主任、副校长，中学高级教师，中华诗词学会会员、江苏省诗词协会会员、南京钟山诗词研究会副会长。著有《一江春水》诗集。

水龙吟·阅江楼赞

狮山卓立辉煌，勾心斗争飞檐巧。行云眷恋，流霞顾盼，衡阳雁绕①。握别帆樯，问安商旅，寄情多少。把十朝余韵，添花缀锦，繁华地，风光好。

六百年前画稿，到而今、只存遗草。铺张有序，描摹得法，扬葩振藻。域内名城，江东新构，敞开怀抱。引佳宾胜友，登楼眺远，倚栏倾倒。

（《一隅居诗存》）

---

① 衡阳雁绕：湖南衡山有回雁峰。

作者简介：张启郑（1936～），字清梅，安徽枞阳人。中学高级教师。著有《捻须斋吟稿》《一隅居诗存》等。

水调歌头·阅江楼

山顶危楼耸，山脚大江流，山间树木葱郁，四海贵宾游。金碧楼台交错，历史人文荟萃，千古事悠悠。沉睡雄狮醒，今日显风流。

登临处，胸怀畅，豁吟眸。寄身云外，无限思绪到心头。一代文豪何在？借得如椽大笔，作赋放声讴。改革新潮涌，赞誉满神州。

（《当代江苏千家诗》）

作者简介：张国安（1938～），江苏兴化人。中学一级教师，中华诗词学会会员、江苏省诗词协会会员。著有《春光曲》《青少年学诗写诗入门》。

画堂春·登阅江楼

阅江楼上望江天，急流白浪云烟。长风万里送航船，来去几千年！
双凤①凌空起舞，高楼大道人澜。金陵繁盛更无前，春意漫钟山。

临江仙·再游阅江楼及静海寺

再上高楼观胜景，大江斜抱金陵。龙神虎气化云腾。石城新万象，放眼长豪情。
静海寺中寻史鉴，权丧国辱心惊。前朝衰弱受欺凌。古今多少事，回首意难平！

（阅江楼档案）

作者简介：尚爱民（1942～），江苏铜山人。曾任东海县文联主席、文化局长。副研究馆员，《羽山风》诗刊主编。中华诗词学会、中国楹联学会会员。著有《松月心声集》《自在居诗稿》等。

---

① 双凤：指南京长江大桥、长江二桥。

兰陵王·不静的静海寺

北方疾，腥满金陵狼藉。江堤上，曾见几番，后撤军民面焦急。登临望故国，谁识？京华鸣镝。长干路、坑凹血红，难见当年盛荣立。

禅钟静无息，又炸弹频频，房塌遭袭。尸横声绝烟尘泣。悲古刹蒙劫，寺名犹暖，佛音长诵守大节。望人在残壁。

凄恻。恨堆积。看闹剧东瀛，狂演凶洁。条条史实皆浓笔。岂欲抹随意，乱吠消迹？沉思前事，莫忘却，奋巨臂。

（阅江楼档案）

作者简介：孙建昌（1948~），上海人。曾任江苏省工商联政研室副主任，中华诗词学会会员、江苏省诗词协会理事、原南京钟山诗词研究会会长。编著有《郑和下西洋300首》等。

浪淘沙

自古大江东，正王葱茏，南来北往竞英雄。欲问浪淘多少恨，往事匆匆。

旧垒有遗踪，天作奇峰，高楼突兀指晴空。阅尽兴亡天地换，满眼春风。

（《中华历史文化名楼丛书 阅江楼》）

作者简介：刘宗意（1948~），广东汕尾人。南京炼油厂退休教师。编有《历代爱国诗词撷英》。

桂枝香·南京阅江楼

江天远目，正狮卧龙翔，山态清肃。白浪无声东去，峰恋成簇。乘风且向崖巅立，俯雄城，名楼独矗。蓼汀云渺，帆樯影动，悠然心足。

数前事，英才相逐。只碑记犹存，青史谁续。对景沉吟，此际尽抛荣辱。青春作伴豪情在，赖东风、染得波绿。今朝盛会，群贤毕至，更填新曲。

（《当代江苏千家诗》）

作者简介： 邓健南（1950～），江苏南通人。曾任职于江办大生集团，中华诗词学会会员、江苏省诗词协会理事。编有《诗词写作漫谈》。

高阳台·狮子山怀古

铁甲艨艟，强兵压境①，吴王临阵忧愁。敌我悬殊，群臣摇首无谋。伯温献计康降汉②，叙旧情，书信传投。一时间、友谊欢欣，并驱车舟。

疑桥石木江东惑③。看元璋坐镇，狮子山头。夜袭龙江，举旗伏起营偷。雨风雷电天公助，寡胜多，逃走陈酋④。喜开颜，得意亲为，建阅江楼⑤!

望海潮·阅江楼怀古

登临一览，吴天浩气，悠悠万古沧桑。豪杰英雄，滔滔流水，烟云十代苍黄。夕影动帆樯。喜今朝盛世，崇阁阅江。两记犹存，卢龙锦绣笑元璋。

倦飞鸥鸟低翔。只功名莫懒，休断衷肠。富贵何难？鸿鹄之志，到头一场黄粱。美梦进天堂。叹红尘嚣市，碌怠闲忙。燕子归来，人间已换尽辉煌。

（阅江楼档案）

作者简介： 孙建国（1952～），字兴邦，上海人。中国国学研究会研究员，中华诗词学会会员、南京钟山诗词研究会会长、南京鼓楼诗词学会会长。著有《兴邦汉诗选》《明史金陵碑廊》等。

一剪梅·南京阅江楼

大江一阅水悠悠，云海苍茫钟阜浮。人写春秋，史写春秋。

阅今览古意难收，沐雨栉风岁月稠。韵满江楼，情满江楼。

---

① 强兵压境：1360 年陈友谅发兵 40 万攻打应天。
② 伯温献计康降汉：朱元璋手下水军元帅康茂才是汉王陈友谅儿时的朋友，刘基要他假投降。
③ 疑桥石木江东惑：康约定子夜在江东桥见面，桥为木桥。陈以为铁甲船可以撞垮该桥，谁知到近前，不但没撞垮，反而船损受阻，停滞不前，方知是石桥。
④ 龙江战役陈军被斩首、淹死有 10 多万人，被俘 5 万多人，陈友谅逃脱。
⑤ 朱元璋在《阅江楼记》中对自己坐镇狮子山指挥战役作了描述，因此造楼记功。

长相思·阅江楼

思悠悠，梦悠悠，先人夙愿终成酬。南国起高楼。

云悠悠，水悠悠，江天一览著风流。彩笔绘春秋。

（阅江楼档案）

作者简介：杜守京（1963～），笔名四方，网名迹痕，江苏灌云人。中国楹联学会、江苏省诗词协会会员。著有《四方诗联选》。

曲

【双调】 骤雨打新荷·为阅江楼金陵明史碑廊撰稿有感

太祖开基，施严刑峻法，废相集权。垦荒生息，军卫民屯田①。永乐编修大典，使西洋七下经年②。土木变，于谦卫国，力阻南迁③。

阳明理学，更时珍《本草》，海瑞清廉。大猷倭破。居正一条鞭。光启科研《农政》，巧《天工开物》鸿篇④。穷奢侈，纲弛王朝衰落，镜鉴人间⑤。

【中吕】 普天乐·贺天妃宫妈祖庙会

彩旗飘，灯笼挂。普天同庆，喜满中华。祭祀隆，巡游驾。歌舞长街双龙耍，看香烟缭绕如霞。春和景丽，民安国泰，吉兆人家。

【双调】 沉醉东风·天妃宫妈祖大学堂

构建和谐雅苑，经营美好家园。故事推，传奇荐，妈祖精神世代延。人心向善平安验，谁不盼祯祥久远？

（阅江楼档案）

作者简介：孙建国（1952～），字兴邦，上海人。中国国学研究会研究员，中华诗词学会会员、南京钟山诗词研究会会长、南京鼓楼诗词学会会长。著有《兴邦汉诗选》《明史金陵碑廊》等。

---

① 此二句是说明太祖朱元璋废除丞相，加强了君主专制；实行屯田，发展了社会生产。
② 此句是说明成祖朱棣编修了《永乐大典》以及派郑和七下西洋。
③ 正统七年（1442）七月"土木堡之变"，明英宗朱祁镇被俘，群臣慌乱，要求迁都南京。于谦拥景帝登位，保卫北京，使明朝转危为安。
④ 此几句是说明中期以来的政治事件及科技文化成就，依次是：王阳明心学、李时珍《本草纲目》、清官海瑞、俞大猷平定倭寇、张居正一条鞭法改革、徐光启《农政全书》、宋应星《天工开物》。
⑤ 最后这句的意思是：虽然明朝中后期成就很大，但自武宗正德开始朝政废弛，纲纪紊乱，遂使明朝日渐走向衰亡，这给我们后世非常大的警戒。

谱

阅江楼上摘片云

女声独唱

1=D 4/4

杨德祥 词
赵 春 曲

抒情地

(3. 2 3 - | 2. 1 6 - | 2 1 6 5 0 6 1 | 1 - - -) ‖: 3 5 i 6 5.

驾着哎霞光
踏着哎歌声

3. 2 1 - | 6. 6 6 i 2 i 0 2 3 | 5 - - - | 6. 5 6 2 i i.

登 仙 境，　阅 江 楼 上 摘 片　　云，　　彩 云 织 进 哟
脚 步 轻，　阅 江 楼 上 摘 片　　云，　　彩 云 挂 在 哟

[1.] 7 7 6 5 6 - | 2. 3 5 6 7 2 6 5 6 | 5 - - : ‖ [2.] 7 2 6 5 6 -

云 锦　里，　留 给 游 子 梦 中　吟。　　记 忆　中，

2. 3 5 i 5 3 2 | 1 - - - | 7 7 5 6 - | 7 2 5 6 -

化 着 诗 情 当 酒 饮。　　大 桥 俊，　二 桥 新，
　　　　　　　　　　　　　　玄 武 秀，　莫 愁 灵，

i. i i i 7 6 5 2 3 | 5 - - - | 7 7 7 7 5 6 6. | 7 2 5 6 -

三 桥 出 水 格 外　亲，　云 上 的 蓝 天 哟 明 如　镜，
十 里 秦 淮 入 画　屏，　云 上 的 鸽 哨 哟 报 安　宁，

i i i i 7 6 5 3 2 i | 2 - - - | 3. 2 3 6 5 5. | 3. 6 3 2 i i.

云 下 的 芳 草 绿 茵　茵。　美 景 伴 着 哟 祥 云 飞 吧，
云 下 的 笑 语 传 福　音。　美 景 伴 着 哟 祥 云 飞 吧，

2 2 2 i 2 3 6 | 5 - - - | 3. 2 3 6 5 5. | 3. 6 3 2 i i.

告 诉 天 下 南 京　人，　黄 金 水 道 哟 铺 黄 金 哎，
告 诉 天 下 南 京　人，　锦 绣 金 陵 哟 满 锦 绣 哎，

作者简介：词作者杨德祥（1965～），安徽广德人。南京诸言绘事文化传播有限公司艺术总监、民建中央画院画家、中国经济商务协会文化艺术委员会副主任、国都南海画院副院长。

曲作者赵春（1973～），中国音乐家协会、江苏省音乐家协会会员。

阅江楼放歌

男高音独唱

俞明、葛逊 词
龙 飞 曲

1=♭B 4/4

每分钟66拍 舒展、赞美地

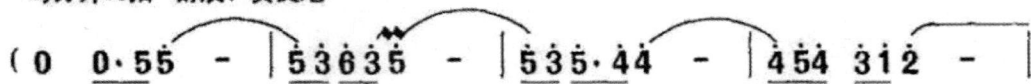

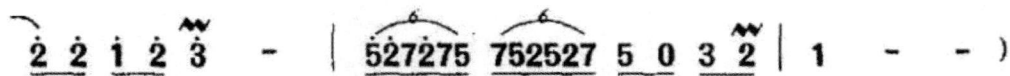

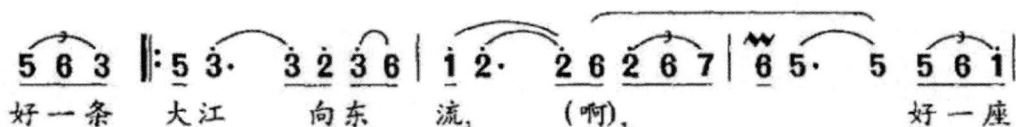

好一条 大江 向东 流, （啊）， 好一座

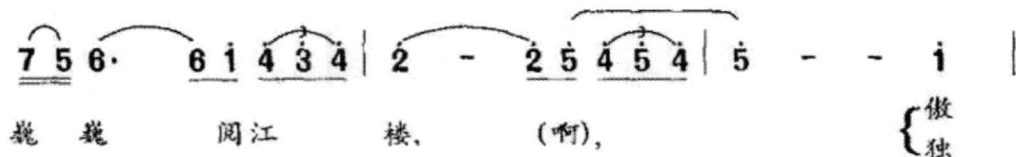

巍巍 阅江 楼， （啊）， 傲 独

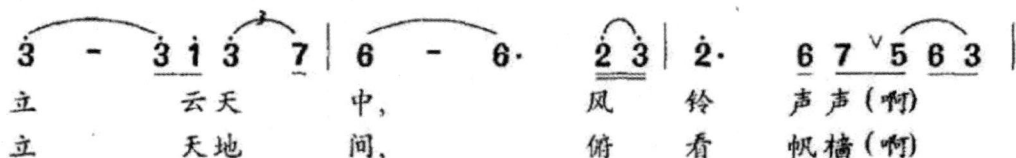

立 云天 中， 风铃 声声（啊）
立 天地 间， 俯看 帆樯（啊）

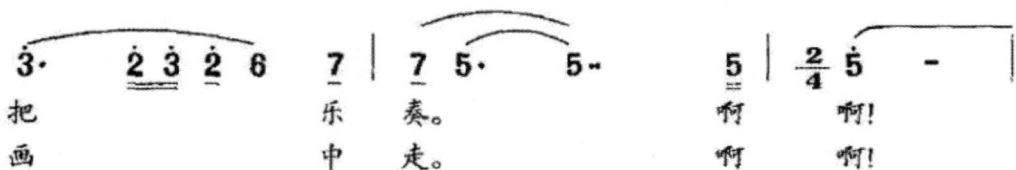

把 乐 奏。 啊 啊！
画 中 走。 啊 啊！

结束句

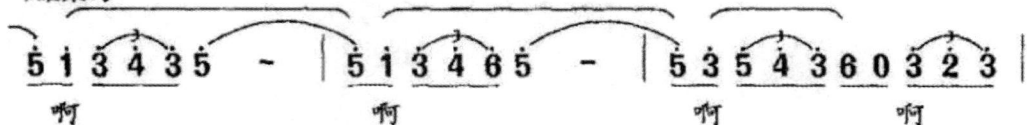

啊 啊 啊 啊

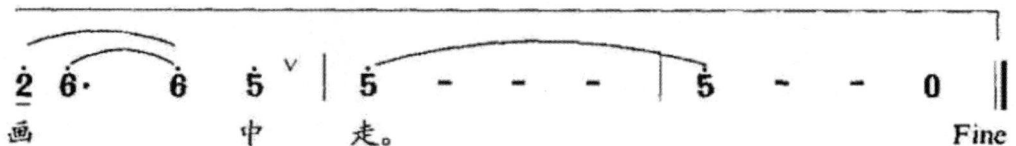

画 中 走。 Fine

作者简介：词作者俞明（1948～），浙江海宁人。原南京市政协副主席。

葛逊（1953～），笔名江南雨，安徽长丰人。南京军区前线歌舞团一级创作员，中国作家协会会员。著有散文集《正步穿越红尘》、长篇纪实文学《流动的星河》等。

曲作者龙飞（1925～），江苏海门人。南京军区前线歌舞团一级作曲，中国音乐家协会理事。著有《龙飞歌曲选》，代表作有《太湖美》。

天心阁

简　介

　　天心阁，位于湖南省长沙市南城墙上。始建于明代，初名"天星阁"，清乾隆年间重修，并更名"天心阁"，取"振人文而答天心"之意。自乾隆至民国期间有过五次大修。1938年，毁于长沙"文夕大火"。今天心阁为1983年重建。2013年被公布为全国重点文物保护单位。

词

江南好

　　篷窗晨起，展诗孙舍人潇湘清晓册子，爰拟其意，广为十阕。兼述土风，亦竹枝遗讽也①。

一

　　湘江好，城郭②带江斜。官柳渡头朝系马，估帆堤畔晚归鸦。水上有人家。

二

　　湘江好，楼阁隐高层。白入空江三里雾，红摇半夜一痕灯。独客画阑凭。

（《程颂万诗词集》）

　　作者简介： 程颂万（1865～1932），字子大，一字鹿川，号十发居士，湖南宁乡人。毕生致力于教育和实业，诗文辞赋、金石书画无不擅长，诗尤有名于时。著有《楚望阁诗集》《鹿川文集》等。

---

① 本词共十阕，此处选取第一阕和第二阕。
② 此处城郭，特指当时古城长沙唯一保留下来的一段城池——天心阁古城墙。

渔家傲·参观长沙市天心阁公园首届市花展览①

古阁园林春意闹，红云岛畔人流绕。秾李夭桃齐拜倒。多么俏，杜鹃花在丛中笑。
她笑当前形势好，城乡改革翻新貌。依昔山中随百草。谁曾料，而今膺此光荣号。

（《全国诗社诗友作品选萃 新二集》）

作者简介： 邱石如（1918～），湖南长沙人。中学教师。

卜算子·元宵

阁经百年火，城历千年难，古城古阁春意满，梦里朱颜换。
花知我心语，月是花之裳，花月祝福声不断，恰似湘江浪。

浣溪沙·芒种

初夏风悠芒种忙，古城老阁起微凉，乡间田野水泱泱。
李艳桃红枝上挂，醉人栀子满山岗，托枝木槿问安康！

（天心阁档案）

作者简介： 陈杰（1968～），女，湖南长沙人。中国文物学会历史文化名楼保护专业委员会常务理事，《中华历史文化名楼·天心阁》、《中国历史文化名楼系列文丛》编委。

望江南·中秋

中秋月，今夜满神州。天心阁上银升落，洞庭波里玉沉浮，亘古不曾休。
酷暑走，花月润中秋。君如丹桂香幽远，我似素娥思离愁，湘水共悠悠。

① 长沙的市花为杜鹃花。

望江南·寒露

黄叶舞，丹桂溢香流。远处千山寒露色，野乡万木艳容休。天凉好个秋。

风又起，煮茶念林丘。映山楼中相对饮，天心阁上论古幽。湘水一眼收。

（天心阁档案）

作者简介：王静（1972～），女，湖南长沙人。湖南著名文学社团"潇湘诗社"会员、长沙知名文学社团"麓谷诗社"会员。参与编纂《中国历史文化名楼系列文丛》。

蝶恋花

夜深悠梦天心阁，独倚栏杆，忙远眺山河。阑珊春意悠悠夜，怎不见绿柳摇曳？

穿院轻拂嗅芳菲，信步闲游，好个春风吹！风追柳絮翩翩飞。能不醉君忘却归？

（《中华当代诗词家大典 第六卷》）

作者简介：白瑞涛（1977～），山东莒县人。中尉军衔。

谱

天心阁

$1=^{\flat}A\ (G)\ \dfrac{4}{4}$

（白）天心阁，阁上鸽，鸽飞阁不飞；
　　　水陆洲，洲旁舟，舟动洲不动。

```
1  1  6- | 61 3  5- | 6  3 61  6 | 2 - - - |
天 心  阁    阁 上 鸽    鸽 飞 阁 不    飞

1  6  1- | 2  6  1- | 2  3 61  3 | 5 - - - |
水 陆  洲    洲 旁 舟    舟 动 洲 不    动

1  1  6- | 61 3  5- | 2  3 3  1 | 3 - - - |
天 心  阁    阁 上 鸽    鸽 飞 阁 不    飞

3 - - - | 6 - - - ‖
```

（抗战电视连续剧《长沙保卫战》插曲）

作者简介：此歌曲为抗战电视连续剧《长沙保卫战》插曲。其中歌词为长沙民谣，改编自明代著名诗人、"茶陵诗派"创始人李东阳（1447～1516）所作的"天心阁第一联"："天心阁，阁栖鸽，鸽飞阁不飞；水陆洲（即长沙橘子洲的旧称），洲系舟，舟动洲不动。"李东阳（1447～1516），字宾之，号西涯，湖南茶陵人。天顺八年（1464）进士，官至内阁首辅，谥"文正"。著有《怀麓堂集》、《燕对录》等。

曲作者邹野（1956～），湖北武汉人。1982 年毕业于湖北艺术学院，1983 年创作交响诗《山泉》获湖北省文化局作曲一等奖。早期曾创作公演了歌剧《郑和》《芙蓉恨》《一枝花》等，从事音乐剧、交响乐作品、戏剧、电影、电视音乐、各种晚会和国外预约音乐创作作品达百部。

演唱者为湖南红领巾艺术团。该团是一个集少儿艺术培训、对外文化交流和文艺展示于一体的省级少儿艺术团体，2010 年 12 月成立。

钟鼓楼

简　介

　　钟鼓楼，位于陕西省西安市中心，是钟楼和鼓楼两座建筑的合称。钟楼和鼓楼为古代的报时系统，古时击钟报晨，击鼓报暮，因此有"晨钟暮鼓"之称。钟楼始建于明洪武十七年（1384），原建于今西大街北广济街东侧，明万历十年（1582）移于现址。鼓楼始建于明洪武十三年（1380），为中国现存最大的鼓楼。清康熙三十八年（1699）和清乾隆五年（1740）先后两次重修。此后又有数次修缮，楼体原样保存至今。1996 年被公布为全国重点文物保护单位。

词

南浦·西安怀古

　　千年古郡，转乾坤，金粉帝王州。望断渭川漭漭，八百里平畴。汉阙秦陵唐塔，啄檐牙、杰阁鼓钟楼。叹阿房灰烬，香消玉碎，幽梦悼红楼。

　　涤荡城狐社鼠，醉神游，奇迹誉环球。试问金人何在？秦俑阵容遒。国粹碑林堪赏。华清官，兵谏独夫羞。看灞桥烟柳，雪晴今日更风流。

（《当代江苏千家诗》）

　　作者简介：江洪涛（1921～），字子春，号冰青，山东泰安人。红叶诗社社员、江苏诗词协会会员。著有《风雨吟草》。

阮郎归·西安①

旧时曾到此方游，难消春日愁。灞桥杨柳未能留，西行更上头。

风甚暖，雨方休，兴高再展眸。碑林细看汉唐遒，远观钟鼓楼。

（《邓乔彬教授七十华诞纪念文集》）

作者简介：邓乔彬（1943～），广东珠海人。暨南大学中文系教授、博士生导师，中国宋代文学学会副会长、中国词学会学术委员，《词学》主编。著有《唐宋词美学》《宋词与人生》等。

好事近·西安大小雁塔

秦川八百里，雁塔压神州。千客骚人吟处，江山总依旧。

大雁小雁不飞走，遥望钟鼓楼。总伴朝云暮雨，万古长悠悠。

（《昭通诗词》卷3）

作者简介：杨永智（1948～），云南昭通人。原昭通行署秘书长，中华诗词学会会员、云南诗词学会顾问。

蝶恋花·西安城

烽火台前烟雾绕。胜地留芳，雁塔藏经宝。钟鼓楼中吹令号，俑坑将士勋功造。

屹立城墙唐宋早。回首碑林，世代精神好。经历十朝何奥妙？梦中已见君王笑。

（《林志高诗词三百首》）

作者简介：林志高（1954～），原名林清辉，福建德化人。中华诗词协会名誉主席、世界文艺家联合会主席。著有《世界艺术大师作品·林志高诗词三百首》等。

---

① 此为"陕西八咏"第一阕。

曲

【双调】 庆宣和·西安钟鼓楼

钟鼓声催岁月老，见证荣凋。昔日三秦换新貌，更好！更好！

（《野谷拾韵》）

作者简介： 陈福深（1945～），网名野谷山人，浙江乐清人。浙江博益高压电气有限公司总经理，乐清诗词学会会员。著有《野谷拾韵》。

谱

西安歌谣

（雷佳 演唱）

瞿琮 词
赵季平 曲

1=G 4/4 3/4 2/4

中速 略带沧桑感地

(0 2 3 ‖: 6 3 1 7 6 6 3 5 | #4 3 4 2 - - | 1 2 3 2 3 7 · 5 |

(0 6 3 5 |

6 - - -) | 5 3 6 5 3 3 2 3 | 2 2 2 6 1 · 2 3 2 | 2 1 6 3 - - |

秦时雨汉时 关，渭水依 然 绕长 安，

走半坡出蓝 田，骊山悠 然 望长 安，

2 5 #4 3 -)

3 0 0 | 6 · 3 3 6 6 5 3 3 2 3 | 2 · 2 2 6 1 · 2 3 2 |

高 高 钟鼓楼，远远终南 山，雁塔立百 代，碑林逾

青 青 灞桥柳，沧桑古城 砖，黄陵迎远 客，回坊人

(0 6 3 5 | #4 3 2 1 · 2 3)

2 1 6 6 - - | 6 0 0 | 6 3 1 7 6 6 3 #4 | 3 2 3 1 - - |

千 年。 风也依 然，雨也依 然，

正 欢。 情也悠 然，爱也悠 然，

6 3 1 7 6 6 3 6 | 5 #4 5 3 - - | #4 3 4 2 3 2 3 1 | 6 1 1 6 2 - - |

我 梦萦 回 在西 安， 西 安，西 安，我梦萦 回

我 心如 歌 唱西 安， 西 安，西 安，我心如 歌

1.

2 6 6 (2 3 :‖

在西安。

2.

5 - 7 6 | 6 - - - | 6 - - - | 6 0 0 ‖

唱 西 安。

作者简介：词作者瞿琮（1944～），字泽林，笔名素娥、楠杉，湖南长沙人。中国人民解放军文职将军，中国音乐文学学会副主席、中国音乐文化促进会副主席，国家一级编剧。著有《瞿琮文集》，代表作品《颂歌献给毛主席》《蓝精灵之歌》。

曲作者赵季平（1945～），甘肃平凉人。原西安音乐学院院长，中国音乐家协会名誉主席、陕西省文学艺术界联合会主席。代表作品《黄土地》、《好汉歌》。

演唱者雷佳（1979～），女，湖南益阳人。中央军委政治工作部歌舞团歌唱家，国家一级演员，中华全国青年联合会常委、中国音乐家协会理事。代表作《芦花》《复兴之歌》等。

天一阁

简　介

　　天一阁，位于浙江省宁波市，是中国现存最早的私家藏书楼，也是亚洲现有最古老的图书馆和世界最早的三大家族图书馆之一。书楼建于明嘉靖四十年至四十五年（1561～1566）间，由兵部右侍郎范钦私人修筑。他依据自藏江西龙虎山天一池石刻，并取"天一生水，地六成之"以水制火之旨，定名"天一阁"楼中原藏书达七万余卷，以明代地方志及科举录最为珍稀。清乾隆三十七年（1772）诏修《四库全书》时，范钦八世孙范懋柱曾进呈天一阁藏书641种。后乾隆皇帝敕命测绘天一阁房屋、书橱等形制，兴建了著名的"南北七阁"，用以收藏七套《四库全书》，天一阁因此闻名全国。明清以来，文人学者皆以能登此楼观书为荣。1982年天一阁被公布为全国重点文物保护单位，1994年更名为"宁波市天一阁博物馆"。

词

忆江南 · 访 "南国书城" 天一阁

　　兰亭侧，此阁忒清幽。休怨虚糜千日月，犹堪补读十春秋。云水两悠悠。

（《中国百年旅游诗词（上）》）

　　作者简介：谭佛雏（1919～1997），湖南津市人。原扬州师范学院中文系教授，中国历史文献研究会理事。在王国维诗学的综合研究与资料的整理、校订与辑佚方面有突出贡献。著有《王国维诗学研究》《王国维哲学美学论文辑佚》等。

南楼令·重访天一阁

雨后白云开，春风醉旅怀。过明州，信步徜徉。地六成之天一水，宝书阁，又重来。

叠石望高台，亭亭荫绿槐。绕玉泉，盈隘苍陔。书卷古今三十万，文华萃，育英才。

（《全国诗社诗友作品选萃　第8集》）

作者简介： 郁淮（1926～2010），浙江海盐人。高级工程师，中华诗词学会会员、浙江省诗词学会理事。著有《佳水轩吟草》《佳水轩词抄》。

西江月·平和宁波

潮有惊涛推浪，港能镇海宁波。天然屏障护平和，悟彻毋言因果。

天一阁中书卷，莲花洋里风荷。山峦起伏看嵯峨，不必纷争上座。

（《四明诗韵·浙江诗联家走进宁波》）

作者简介： 吴军（1928～），山东莱芜人。原温州市委宣传部副部长、《温州日报》总编，浙江省诗词学会副会长、浙江省作家协会顾问。著有《墨池词笺》《岁月听潮》等。

鹧鸪天·宁波天一阁

留得崇楼养蠹鱼。韦编未断子孙愚。此间非近桃源洞，何幸安然到劫余？

观野史，鉴前车。清风休再乱翻书。不知秦火冲天焰，能及今人一炬无？

（《二十世纪中华词选下》）

作者简介： 朱帆（1928～），原名朱己坤，别名楚客，湖南湘乡人。原广东教育学院教授。著有《两乡楼诗词》。

西江月·天一阁

宝书楼寿半千，子孙继业功成。天一池畔古兰亭，金鳞闲弄樟影。

碑铭宁波府史，范氏墨迹游龙。故宅今已作学宫，新植竹林葱葱。

（《兰台晓歌》）

作者简介： 李晨生（1929～），黑龙江通河人。原辽宁省档案科学技术研究所所长、研究馆员，辽宁省档案学会副理事长。著有《档案管理现代化》《兰台晓歌》等。

浪淘沙·宁波天一阁

一阁半神州，四百春秋。藏书七万足风流。巧设园林存国粹，无愧名楼。

毁失掠烧偷，谁解危愁。范公伟业日濒休。一展红旗书阁亮，国庇隆优。

（《越梦诗词文选》）

作者简介： 杨凤生（1933~），笔名越梦，上海人。越剧教师，《中华诗人大辞典》主编。中华诗词学会会员、全球汉诗联盟总会理事。著有《越梦诗词文选》，编有《中华词谱大全》、《散曲小令曲谱》等。

忆秦娥·游宁波天一阁

天一阁，炎黄文化叹绝卓。叹绝卓，中华热血，范氏心河。

南国书市翻文波，古楼藏卷贤人多。贤人多，万千方略，建我中国。

（《诗染枫叶红》）

作者简介： 叶维新（1938~），吉林大安人。原白城市政协副主席，中华诗词学会、吉林省作家协会会员。著有《岁月诗钞》《诗染枫叶红》等。

鹧鸪天·天一阁

入阁方知自古稀，藏书无数洞天奇。碑亭山水穿幽径，景似苏杭情最宜。

崇尚读，莫言疲，真知浅见有高低。人生学海当同渡，不为他人做嫁衣。

（《白林中诗词　第2卷》）

作者简介： 白林中（1950~），宁夏银川人。经济师，中华诗词学会会员、宁夏诗词学会副会长。著有《白林中诗词》《白林中诗词 第2卷》等。

浣溪沙·天一阁

鹅在明池云在楼，画帘不动墨香幽。芙蓉吹破草堂秋。

笺驻精光浮碧玉，笔生奇彩入银钩。寸阴当为好书留。

（《四明诗韵·浙江诗联家走进宁波》）

作者简介：林峰（1967～），浙江龙游人。中华诗词学会常务理事、《中华诗词》副主编。著有《一三居诗词》《花日松风》等。

剧

作者简介： 编剧王旭烽（1955～），女，浙江平湖人。国家一级作家，现任浙江省作家协会副主席。其代表作品《茶人三部曲》获1995年度国家"五个一工程"奖、国家八五计划优秀长篇小说奖、第五届茅盾文学奖。

演出浙江小百花越剧团，成立于1984年，剧团拥有自己的团刊《爱越世界》和爱越俱乐部，是具有地方特色和较大影响的地方戏剧团。

作品简介： 本剧共6场，以天一阁为背景，通过藏书人范氏两兄弟的曲折经历，描述了古老藏书楼在内忧外患、风雨飘摇的年代里的艰辛境况，刻画了以藏书人范容为代表的那一时代中国传统知识分子的信念和品格。该剧同时向观众展示了中国藏书文化的博大精深和一些鲜为人知的藏书知识。

新编越剧 《藏书之家》
幕前曲（伴唱）

天一生水 地六成之

啊……

宝籍拥万卷 高阁束经典

空煎满腹字 烂熟方寸间

天一生水 地六成之

命定藏书人 岁岁复年年

命定藏书人 岁岁复年年

岁岁复年年

第一场

时间：明末末波一个兵荒马乱的夜晚

地点：天一阁后院

人物：伺书夫人 绢纸 卖书人 羊毫 范容 花如笺 众家仆

（羊毫与绢纸提着个灯笼匆匆忙忙地上场，他们正在找突然消失的范容）

（羊毫白）大少爷定亲十年前，今夜理应结良缘，孰料亲兵过江狼烟起，新郎抗敌未回还；

（绢纸白）夫人无奈来周旋，代兄成亲靠二少爷，谁知他神龙藏首又避尾，阖府上下难寻见。

（羊毫下，伺书夫人匆匆上场）

（夫人唱）清兵入关天下乱，大明江山半壁残，天一阁，寅吃卯粮难为继，迎新人，十里红妆解危难，百年书楼奈若何，桃代李僵暂过关。

（卖书人匆匆忙忙地上，背上背了一个书兜）

卖书人：（喊）范阁主，范阁主；

绢纸：来者何人？

卖书人：卖书人也！

夫人：范家今日迎亲，恕不洽谈；

卖书人：啊呀夫人，天一阁收书名声在外，我乃慕名而来。（放下书兜，一本本地拿出书来）看，此乃抱老阁二经堂的刻书，这是善诵楼琴箫书屋的藏本，都是绝世好书啊！

夫人：《世说新语》，好书，好书；

卖书人：夫人，如何？

（夫人解下手里的镯子，交给卖书人）

夫人：身逢乱世，惺惺相惜，也罢，这些书，我且代范阁主先收下；

（卖书人掂量了一下手镯，很满意）

卖书人：成色不错（小心翼翼欲拿出一部书）夫人，我这里，还有绝世孤本一部——李贽《焚书》！

夫人：（打断）暂且打住，绢纸送客；

卖书人：（急切地）此书乃天一阁必藏之籍，今夜不收，他日悔之晚矣。

夫人：（狠下心）绢纸，送客；

（卖书人悻悻然下，绢纸不由得露出惋惜之意）

绢纸：（小心翼翼）夫人，卖家言为绝世孤本……

夫人：若为孤本，索价必高，心有余而力不足，岂不徒添伤感；

（正此时有范家仆人上）

仆人：夫人，二少爷找到了

夫人：速速替他披红挂彩，登堂迎亲！

（转场至天一阁池前，书架前放李贽的《藏书》，书僮羊毫手里提着个灯笼，远远地跟在范容后面，范容想要看书，又怕火离书太近，沉浸在自己的世界，边走边吟诵李贽的诗篇）

范容：（遥拜夜空）李贽先生，晚辈范容又来求教于你了。先生生前著书立说，深陷大狱，自绝之日，终不忘托书天一阁，此乃先生于天一阁天大的缘分也。如今国破在即，斯文狼藉，《藏书》在手，《焚书》无迹，世界何窄，方册何宽，相思何家——

（唱）魂游梦牵……对苍天，对苍天，捧《藏书》遥拜先贤，守书楼承祖业尔来十年；风雨袭书厄起兵荒马乱，传薪火继文脉步履维艰；知先生有《焚书》江湖飘零，待何年双书配了此夙愿；山河破藏书人投笔心切，问先生，可为我解惑授言……

范容：（自我陶醉中吟唱）有客开青眼，无人问落花……

羊毫：（傻乎乎地跟背）有客开青眼，无人问落花……（呼叫）不懂，还是不懂；二少爷，为何那客人一来，这眼睛就青了呢？

范容：此乃李贽先生诗句，说的是知音来访，正眼相待，为之青眼；至于俗蠹登门……

羊毫：（恍然大悟）……那就白眼相加了！（感慨地）李贽先生就是二少爷开青眼的知音哪！

（伺书夫人匆匆赶上来）

夫人：范容，你太过分了；

范容：惭愧惭愧，夫人辛苦，然代兄成亲，范容不为……

夫人：花轿临门，已无退路；

范容：不妨直言相告，请新娘自择；

夫人：莫非你不想让她进门；

范容：那就要看她与天一阁，有没有书缘了；

夫人：何为书缘？

范容：姨娘与天一阁便为书缘；

（绢纸匆匆赶上）

绢纸：夫人，夫人，不好了，那送亲的人吵吵嚷嚷地要进门，嫁妆都已经抬进来了！

（夫人、绢纸羊毫等人下场，二少爷范容开始吹箫）

（范容唱）有客开青眼，无人问落花；

（如笺唱）暖风熏细草，凉月照晴沙；

羊毫：开青眼，开青眼，二少爷的知音来也……

（花如笺走进了范家大院）

（范容唱）客夕翻疑梦，

（如笺唱）朋来不忆家，琴书犹未整，

（范容唱）独坐送残霞；

（二人唱）独坐送残霞，独坐送残霞；

如笺：新人初嫁，范门以李贽先生《独坐》之诗，歌以迎之，如笺三生有幸。

范容：知书达理，斯文女子，范门有幸也！

新娘：你——就是大名鼎鼎的天一阁主范容？

范容：正是。

新娘：这书楼，你就这么守了十几年？

范容：朝朝暮暮，春夏秋冬，书楼威严，书楼安泰。

新娘：好一个，气派典雅的藏书楼！

范容：嫂嫂大喜之日无人迎娶，多有得罪！

新娘：见到了，我终于见到天一阁了！

（唱）莫对红颜数岁月，镜妆对读等十年；梦中常见天一阁，万卷藏书气宇轩；如期自嫁结情缘，登楼释卷了心愿。

范容：（略松一口气）嫂嫂爱书，天一阁求之不得，只是家有书规，容二弟道来：

（唱）天一阁府祖训严，世世代代相承传，谨遵慎防多留意，字字句句在心间

（白）祖规明训——

羊毫：藏书守书，爱书敬祖，书不出阁，代不分书，女不入阁，入阁遭黜。

范容：嫂嫂……

（唱）还望嫂嫂解人意，天一池边释书缘。

新娘：什么，如此说来，我十年等待付之东流！

（伺书夫人匆匆上场，一见新娘，露出女主人的殷切）

夫人：新媳妇啊新媳妇，你怎么自己从后门进来了。新郎误婚，新娘独嫁，范家对不起你啊！

如笺：若要对得起我，让我登楼读书。

夫人：我的大少奶奶……

（唱）范家祖规非寻常，你初进家门怎知详，日后我姨娘细细讲，天长日久你要放眼量。

夫人：大喜之日，大家高兴，一家人不说两家话，天一阁，正等着你的嫁妆养书呢。

新娘：夫人，如笺自嫁，为人为书，今入范门，无书无人。既然如此，夫人休怪如笺袖手旁观了，来，将嫁妆抬进洞房。

（花如笺指挥着抬嫁妆的仆人气冲冲地下场）

夫人：大少奶奶，大少奶奶，大少奶奶……

（心急火燎地追随着大少奶奶下场）

（见此情，范容不由地大笑起来）

范容：哈哈，李贽先生，你看到了没有，范家又多了一位命中注定与书结缘的女子也！

（伴唱）洞房花烛夜，新人下轿迟，芳心叩书楼，但问君可知。

第二场

时间：六月，晒书时节；

地点：天一阁晒书场；

人物：花如笺 羊毫；绢纸；伺书夫人；孙知府；范容；众书仆；

（六月，众家仆都在晒书场上晒书，伺书夫人在监管，如笺百无聊赖地置于其中）

（众合唱）六月骄阳，六月骄阳，清风发纸香，飘然散芬芳；晴空朗朗楼阁下，藏书人家晒书忙，晴空朗朗楼阁下，藏书人家晒书忙。

羊毫：大少奶奶若要读书，今日便是时候；

（唱）百年书楼藏为上，晒书之日满目琳琅；耕耘不问收获事，前人种树，后人乘凉；

（如笺唱）千古典籍尘埃定，却为何，束之高阁封高墙；万卷千册只为守，辜负我，十年读书在南窗；

绢纸：大少奶奶有所不知，范家的男人守护书楼，范家的女人，守候守楼的男人；

（唱）范家男儿来守书，命里注定为书忙；范家女人不问书，朝夕相伴护儿郎；

如笺：（不敢相信）莫非夫人嫁到范家，还未曾登过书楼；

众人：祖训家规，岂能违背！

如笺：（暗自沉思）想不到书香世家，竟如此抱残守缺；

夫人：（苦口婆心）如笺哪，天一阁抱的就是残，守的就是缺呀！

（唱）范家世代来相守，千册万卷入书楼；范家女人循祖规，自甘寂寞世少有；

安贫乐道度春秋，天一阁，逆水行舟不逐流；

（合唱）天一生水，地六成之，抱守残缺，笑傲王侯

家仆报：孙知府到——

（孙知府上场）

知府：听政有余闲，不妨矍运陶斋花栽潘县；做官无他物，只此一庭明月两袖清风；范门书香人家，可否知晓此乃何人之联；

如笺：大人所吟乃李贽对联；

知府：花家才女到底还是嫁过来也。本官我为何听说，花小姐自嫁范门，却未见新郎啊？

（唱）空房独守，落寞聚闲愁，都说人约黄昏后，怎奈何花自飘零，水自流；

（如笺唱）有情岂在长相守，如笺结缘是书楼；

知府：原来是嫁书而非嫁人。孙某家藏万册，十年来，仰慕小姐却不得青睐，早知如此，我买下这座书城！

如笺：只怕你大人有钱收买，我范家无心出手啊；少陪了（下）

知府：好一个心高气傲的书香女子也！

（范容上）

范容：孙大人……

知府：范阁主……

范容：知府大驾光临，范容来迟一步，还望大人恕罪；

知府：束冠升堂，我乃乃堂堂知府；免冠解袍，不过一介书生；你我都是藏书之人，上辈论书往来不绝，后人又何必如此生分；

范容：想起来了，想起来了，家父曾与孙老先生切磋书道，交谊匪浅；

知府：我父为登天一阁读书，三跪以求，然范府家规森严，终不通融啊；

范容：好在大人不计前嫌，朱紫官袍，登布衣之门，令范门蓬荜生辉。但未知大人不期登门，有何公干？

知府：实不相瞒，今日前来，为的是一本书；

范容：一本书？

知府：一本你朝思暮想的千古奇书，当收无愧，一旦错失，遗恨终身；

范容：（惊）大人是在说《焚书》？

知府：范阁主……

（唱）特立独行者，惊世骇俗书，页页憾鬼神，句句烈火铸；只因切膏肓，拥者当庭诛，自言当焚之，却复燃江湖；

知府：我已知《焚书》手稿下落，可助你索得此书；

范容：大人乃朝廷命官，想不到对禁书竟如此赏识；

知府：历朝历代，圣贤巨著，凡官家所禁，必彪炳秋千；

范容：禁不禁书乃朝廷匡定，藏不藏书，乃你我书生之责呀；

知府：如此说来，冒死藏之亦在所不辞；

范容：但不知作价多少？

知府：纹银十万两。（见范容愣住了）千古奇书，物有所值；

范容：（打肿脸充胖子）不贵，不贵。想当年王世贞，为购宋版《汉书》，不惜将一座庄园变卖，此乃藏书人千古风流之举。况李贽之书无价之宝，讨价还价，岂不羞人。只是仓促之间，纹银实难筹措，望大人转告卖家，予我些许时日；

知府：范阁主，天赐良机，不可错失，款到书到，过时不候；

范容：大人、大人，孙大人，千万给我留住此书，拜托拜托……

知府：告辞，告辞……（下）

范容：李贽先生，你可曾听到，《焚书》已重现江湖，你生前的托书之约就要实现了。苦苦寻觅，一朝圆满，双书合璧，舍我其谁。范容啊范容，你一生都在苦苦等待的这本书终于出现了，你万死不辞的天命，终究……

（唱）降临了……

天幸生我双慧目，珍籍经典辨的清；

天幸生我通灵手，千册万卷识分明；

天幸生我天一阁，慰我与书不了情；

一朝双书终合璧，午夜招魂拜三星；

一朝双书终合璧，午夜招魂拜三星；

（花如笺上场）

范容：（高兴地绕着她，端详她）嫂嫂，嫂嫂，嫂嫂啊……

如笺：（不解地）难怪坊间传说范阁主藏书藏得神经兮兮，果然名不虚传……

范容：（傻呼呼）惭愧，惭愧，（暗示）嫂嫂进门，以然是我范家的书香女子了；

如笺：此话怎讲？

范容：（别有所知地）那收书的嫁妆银两，不过暂且还在嫂嫂你的床头罢了；

如笺：此乃旧话；

范容：天一阁还有新喜啊！嫂嫂一入范门，便把范容毕生所求的一本书带来了；

如笺：（亦喜）莫非李贽《焚书》已入天一阁？

范容：（看花如笺的脸色）书倒已经在家门口了，只是……

如笺：（故意说破）只是没有请书之款；

（唱）捉襟见肘天一阁；阁主焦头又烂额；

可叹百年守书人，奇书眼前求不得；

范容无力难回天，如笺有心奈若何；

范容：事到如今，二弟我只好，我只好……

如笺：（故意刺他）你只好卖田求书了；

范容：（被点醒，激动）对啊，范容我卖掉那二百亩祖传良田，珍籍不就请回来了吗？

（范容兴奋地坐下吹箫，开始吟起了李贽的诗句）

（范容）有客开青眼……

（如笺）无人问落花……

（伴唱）嫁书楼，觅知己，痴书情，不期遇；问人书之缘，心有灵犀。

第三场

时间：接上场；

地点：同上；

人物：夫人 范容 如笺 卖书人 众书仆

（夫人火烧火燎地追着范容上）

夫人：（拉住范容衣角）二少爷，二少爷，范容，你竟然想卖掉祖宗田产，你疯了！

范容：不过区区二百亩田，若能换回好书，也就值了；（摊开手）快将田契给我；

夫人：你休想！

范容：（沉浸在极度地迷狂之中，目光迷离）姨娘啊，你当知晓，此刻我范容眼前，有一本书，那是我命中注定之书，如若不能与它相拥，我就会，我就会，我就会死。姨娘，你这个范家的女主人，总不能眼睁睁地看着我堂堂天一阁主，为一本书，一命呜呼吧；

夫人：又来了，又来了，又开始发神经了。十几年来，哪一本好书，不是你这样呼天抢地得来的；

范容：（小声地，好像还是天大秘密，怕人听见）这次非同小可，这次可是李贽的《焚书》手稿，况书价不贵，只要十万两便可以收下了；

夫人：（吓得差点瘫倒）什么，十万两，这是什么命宝啊，我的冤家；

（唱）国破家亡雪加霜，藏书无缘实堪伤，《焚书》曾送天一阁，姨娘我过眼拒收下；

范容：（大惊）什么！你你你，你竟然将送上门来的《焚书》退回去了；

（捶胸顿足）啊呀姨娘啊！

（唱）《焚书》入范门，实乃是天降大任；拒之落红尘，重一番大海捞针；

姨娘啊，你擦肩而过铸大错，先贤托书欲落空，愧煞我藏书之人；

范容：当初收下《焚书》，不过再出一对手镯，而今重收《焚书》，却要付十万银两，姨娘，这两笔账你算算看，你糊涂，你糊涂之极啊！

夫人：（被范容的歇斯底里吓坏了），是是是，是我姨娘糊涂，是我姨娘糊涂啊……

范容：（顿时如雷击顶，自言自语）完了，我完了，我范容真的完了……

（唱）我本天地书一本，投身为人来世间；但为书缘历劫难，搜尽千册又万卷；

何人解我失书痛，孤身四望心茫然；不收《焚书》枉为人，何颜再立人世间；

生不如死死如生，且效李贽归佛禅；

（白）姨娘，烦你速速寻利剪一把；

夫人：二少爷，你要做什么？

范容：李贽先生，你为着《焚书》出家为僧，而今收书不成，天一阁有负先生；唯一刀割断青丝三千，随先生在天之灵出家。天一阁，我也去……

（花如笺冷眼在旁，这时开口）

如笺：二弟这是何苦呢？

夫人：（知道自己闯下大祸，有弥补心情，小心翼翼地）大少奶奶，二少爷想收《焚书》，万般无计，走投无路，大少奶奶，你可不能见死不救啊……

如笺：夫人，二弟啊……

（唱）如潮思绪心底埋，天一阁前人徘徊，十年凤愿一朝现，孰料人书两分开，悠悠此心无人解，夫人啊，你何时允我上楼台？

如笺：只要夫人了我心愿，如笺嫁妆，尽为书楼所有；

夫人：如笺哪，我入范门十几年，从未想过要上书楼，况楼上楼下，一般读书，你才进门几日，为何就非要破了祖宗规矩？

如笺：若非登楼读书，何必待嫁十年；若非登楼读书，如何一睹《藏书》；若非登楼读书，难为范家女人；

夫人：（长叹）也罢，既然你不愿与夫家同甘共苦，不妨暂回娘家数日，等范迁回来再说；

范容：姨娘，你看看，你看看，你都说了些什么呀；

如笺：我既进范门，就没有想过再回去。夫人，这书楼我一定要登，如若不然，你就莫想打我嫁妆的主意；

（欲下场，被范容拦住）

范容：只要嫂嫂肯出钱收书，万事皆可从长计议；

夫人：范容大胆，允她登楼就犯了家规；

范容：家规也是人订的嘛，当初我代长兄守楼，不也是你破的家规？

夫人：（语塞）真正气死我也；你是听她的，还是听我的，今日就给我做个了断；

范容：（一跺脚）谁给我书款，我就听谁的；

如笺：（大喜）天一阁，我来也……

夫人：（大怒）花如笺，你敢放肆！

（一把拦在了门前，正在此时，羊毫赶上场）

羊毫：二少爷，大事不好，大少爷他，他在扬州御敌阵亡了！

范容：（大恸而叫）兄长……

（场景换至范家花园）

（如笺）山墙高庭院深曲水低咽，新嫁娘心悲痛泪雨绵绵，与新郎未谋面梦里曾见，谁料想，他赴国难魂归九泉，未成婚却落得空房永守，更知晓与书楼此生无缘，千般味难述十年期盼，此一去天一阁永不回还；

范容：嫂嫂……

如笺：二弟……

范容：莫非嫂嫂真的要走了？

新娘：夫君人已不在，娘家派人来接，我还能再等吗？

范容：嫂嫂，是范家对不起你，还望嫂嫂莫再伤怀；

新娘：夫君已故，怎不伤怀；书楼未等，怎不伤感。可怜我十年期盼，终化南柯一梦！

范容：嫂嫂，花如笺情系书楼，范容铭记在心，

（范容）曾记否，曾记否，迎亲无人揭盖头，你独对花烛泪不流，解书释卷南窗下，一心遥寄到书楼；

（如笺）曾记否，进门喜闻《独坐》诗，天一阁前歌以酬，你竖箫第一曲逐人愿，我十年等待付东流

（范容）付东流，更伤悲兄长罹难，你独来孤走

（如笺）情切切，天谴我返，痛别书楼

（范容）此一别兮难再回首

（如笺）此一别兮难再回首

（二人）天一阁兮 魂牵梦游

范容：嫂嫂，保重

（卖书人匆匆忙忙地上）

卖书人：范阁主，书，汲古阁的好书；

范容：什么，莫非连名扬四海的汲古阁也……

卖书人：穷途没落，阁倒书散，托我卖书，以寻知音；

范容：好，我就是知音，我都要了，都要了；

卖书人：一手交书，一手交钱；

范容：知音还要付钱；

卖书人：不是我不通融，那汲古阁等着救命之银；

范容：先生你要到哪里去？

卖书人：东海小岛造纸人家；

范容：先生，莫非你就存心看着宝书化成灰飞烟灭？

卖书人：先生收书，我收钱；

范容：且慢，我有一妙计；

卖书人：范阁主讲来；

范容：我留你在我府上小憩几日，范容我已山穷水尽弹尽粮绝，莫说是一本书，就连一页书我也买不起。可我有手、有纸、有笔，我可以把它抄下来；

卖书人：抄书，这许多的书你，抄得完？

范容：当年智咏抄《千字文》，一抄抄得八百本，我为何抄不完？抄得完，抄得完，我即刻就抄给你看，羊毫！

羊毫：哎……

范容：抄书！

（合唱）天一生水，地六成之，宝籍拥万卷，高阁束经典，空煎满腹字烂熟方寸间，天一生水地六成之，命定藏书人岁岁复年年

（花如笺返身把所带的嫁妆珠宝盒交给了范容）

如笺：二弟，拿去收书吧；

范容：嫂嫂，范家有愧于你，我怎能……

如笺：二弟，如笺也是范家女人，我怎能离得开天一阁；

夫人：如笺，好媳妇，你总算是我范家的女人了！

（合唱）清贫不矢志，肝胆照先贤，一句一慷慨，书罢乾坤现，书罢乾坤现。

第四场

时间：上一场之后；

地点：孙府

人物：范容 孙知府

（范容唱）绝处逢生天有道，一掷千金好嫂嫂，先父亡兄相慰告，悲欣交集涌心潮，眼看双书要合璧

（知府唱）求仁得仁在今朝

范容：孙大人，天一阁书款筹齐；

知府：范阁主果然言而有信；

范容：速速请出经籍，解我相思之苦；

知府：此乃新娘嫁妆，天一阁真是好福气啊，但不知银两足否；

范容：范家奉金，只多不少；

知府：恐怕是只少不多吧？

范容：大人莫非不信范家的诚意？

知府：兵荒马乱，珍宝贬值，欲求真迹，这银两不够啊！

范容：还差多少？

知府：不下三万；

范容：三万，孙大人，孙大人，孙大人，孙大人，望大人买个书生人情，替我给那卖家传话就说今日将书让给天一阁，范容刻骨铭心没齿不忘；

知府：范阁主啊范阁主，你真是藏书藏呆了，难道你还没有看出，那卖家就是我呀；

范容：果然是你；如此，孙大人，你就通融通融吧！

知府：非孙某不肯通融，实在是《焚书》物有所值，低价出手，江湖上遭人耻笑；也有负先生盛名；范容，你若心诚，当三跪以求；

范容：孙大人，莫非大人欲报当年令尊求书不得之宿怨？

知府：非也，当年我父三跪以求，只为登阁读书，今日你三跪求书，非示我，乃示李贽先生也。

范容：此话怎讲？

知府：想当初《焚书》曾到贵府，堂堂天一阁主竟慧眼不识，擦肩而过，而今再求，诚意只在你范阁主身上；男儿膝下有黄金，万两一跪，以慰先生，此举感天动地，焉能不动我心；如此，那三万两我就不要了；

范容：十几年为访珍籍，范容寝食难安，朝思暮盼。不收《焚书》，有负先生对天一阁之厚望，有辱天一阁百年藏书之美名；为收珍卷，嫂嫂不惜嫁妆，范门不惜卖田，其情切切，范容志在必得，岂在乎这一跪乎。孙大人，为求《焚书》，范容于你跪下了；

（范容唱）藏书人，一跪求书双泪流，尘埃定万般滋味涌心头，天一阁历尽艰辛藏珍

卷，多少代穷经皓首护书楼。百年来，父子传承寂寞中；百年来，儿孙陋巷清贫守；百年来，天地正气在心胸；百年来，千秋文脉不绝缕。谁曾想，万般劳楚尚不足，今日里，膝下黄金把书求。

知府：好，讲得好，不过，范阁主，书中自有黄金屋，书中自有颜如玉，可你范家藏书，却藏得债台高筑，生计堪忧，你到底所求何来啊？

（范容唱）藏书人，二跪求书显忠诚，扪心问，苦中作乐何所求。饥藏书，一字一句且为肉；寒藏书，一张一页但为裘；孤藏书，一册一卷援为友；忧藏书，一籍一典解以愁；喜藏书，一匣一箱但为宝；乐藏书，一楼一阁且风流。感天动地泣鬼神，无所憾，膝下黄金把书求；

知府：好啊，孙某肃然起敬。可李贽文章异端邪说，天一阁收藏《焚书》，莫非你不怕引来杀身之祸吗？

范容：孙大人，秦时焚书坑儒，尽毁百家之书，然志士毛亨冒死收藏《诗经》，诗三百方能流传至今，若毛亨惧死求生，《诗经》则不存矣，孙大人，范容与你三跪了；

（范容唱）藏书人，三跪求书展心怀，求《焚书》真知箴言传永久。天降任于斯，怎能不承受；珍卷愧失传，万代罪名留；祖先若追问，扪心怎启口；子孙若追问，无语来遮羞；日月若追问，何颜世上走；天地君亲若追问，匐然毁塌百年楼。范容荣辱早悟透，只求双书重聚首，满天清辉作答酬，日月鉴，膝下黄金把书求；

知府：大丈夫承天命，能屈能伸，可敬可佩；

范容：为求《焚书》，苍天可鉴；

知府：悠悠此心，感天动地，那三万两银，一笔勾销；

范容：大人书生意气尚存，范容谢了；

知府：慢，孙某还有一事相托阁主，但不知如何启口；

范容：直言不讳，但讲无妨；

知府：如此，孙某唐突了。

（唱）你兄长在扬州御敌丧命，抛下才情女抱憾终身，孙某我慕如笺由来已久，求阁主成全我才子佳人。

范容：（愣住了）大人，大、大人，大人此话从何说起呀？

知府：孙某其理有三：

范容：这一？

知府：孙某无妻，如笺无夫，窈窕淑女，君子好逑？

范容：这二？

知府：如得如笺为妻，效你范家，男人守书，女子掌门；

范容：这三呢？

知府：孙某乃堂堂朝廷命官，一朝拼死城头，我一世藏书悉数赋予如笺，此生无憾；

范容：（被孙知府这一棒打昏了）如此说来，如笺当嫁孙府；

知府：当嫁，当嫁；

范容：（一咬牙）当嫁则嫁，范容允了；

知府：如此，孙某大恩不言谢，花轿即刻上门！

范容：花轿？

（耳边响起了花如笺嫁进范门的歌声）

（如笺）有客开青眼，无人问落花；暖风熏细草，凉月照晴沙；

（范容突然清醒过来了）

范容：慢慢慢慢……孙大人，大人止步，大人止步；

知府：范阁主还有何言相告；

范容：（理直气壮）孙大人此举大谬；花如笺已嫁范门，怎能再入孙府！

知府：范阁主：

（唱）女子丧偶当再嫁，天经地义合人伦，李贽文章发宏论，旗帜鲜明赞私奔；

知府：范阁主张口《焚书》闭口李贽，当知道他对卓文君再嫁司马相如一事赞叹不已，范阁主钟情李贽，莫非叶公好龙焉？

范容：这个……这个……

知府：孙某有情，天地可知，倘若范阁主肯做媒，择日登门迎亲，你一手交人，我双手奉书，如此绝世珍书，如此绝代佳人，岂非千古风流美谈……哈哈哈哈哈……（下）

（范容一人站在舞台上，他开始明白在他身上发生了什么）

范容：（苦笑）绝世珍书？绝代佳人？千古风流美谈？哈哈哈哈哈……呜呜呜呜……

（范容从苦笑变成了哭泣，下场）

第五场

时间：紧接上场之后；

地点：天一阁伺书夫人房中；

人物：伺书；如笺；范容；

如笺：（唱）一掷千金解危难，范容他索书尚未还，都道书楼金不换，有谁知，藏书人家的悲与酸；

（夫人上场）

夫人：（忧心忡忡）如笺，天色已晚，二少爷如何还不归来？

如笺：二弟定会将《焚书》请回阁中，姨娘你只管放心便是；

夫人：唉，都怪姨娘我一时糊涂，错失良机，让二少爷于今如此狼狈；

如笺：姨娘，天一阁捉襟见肘，全靠您苦苦支撑，如笺看在眼里，切莫再有自责……

夫人：如笺啊，姨娘有句话一直想问你，嫁到范家，无书无人，你后悔吗？

　　如笺：人书俱有命，范迁他为国捐躯，如笺我无悔无怨；

　　夫人：如笺……

　　（唱）范容自幼丧娘亲，姨娘我照看长成人，代兄守书整十年，艰辛困苦言难尽。

　　伺书心余力不足，愧对先人托使命。如今你如笺入范门，时时处处你多关心。

　　收书当谨慎，藏书更小心，遭挫亦自信，得意莫忘形，千叮万嘱一句话：天一阁男人守书是本分，女人的本分是护男人；

　　如笺：姨娘之言，千金之托，如笺字字句句，铭记在心；

　　（范容气喘吁吁地赶了回来）

　　夫人：二少爷，你回来了，《焚书》收到了？

　　范容：（看到了如笺，吞吞吐吐）收到了，没有收到；

　　如笺：莫非孙知府又变卦了？

　　范容：不是他变卦，是我变卦了；

　　夫人：（一惊起身）你可不是一个变卦之人啊！

　　范容：（痛苦地说不出话来）唉，嫂嫂，啊呀嫂嫂，你叫我如何开口啊；范容有愧，让范家女人吃尽了苦，姨娘，我不想再藏书了……

　　夫人：藏书受难，此乃范家人天命……

　　范容：天命，天命又为何对我藏书人如此不公；如今连累姨娘心身憔悴，更连累嫂嫂红颜守寡……我范容连人都定不住，还守什么书啊……

　　如笺：（劝慰）二弟，如今《焚书》能收回，双书能合璧，也算是了了姨娘与我的一桩心愿，你当宽慰才是啊；

　　范容：（吞吞吐吐）绝世珍书……绝代佳人……

　　姨娘：什么？

　　范容：（不得不和盘托出）孙知府托《焚书》于天一阁，将上城楼御敌血拼，行前唯有一愿，想娶嫂嫂为妻，以承孙府藏书……

　　夫人：（大吃一惊）啊……以人换书……

　　（唱）原以为天一阁可付如笺，不曾想孙知府仰慕红颜；

　　青春女活守寡非我初愿，莫非道她命中定不是我范家的嫡传；

　　如笺：（唱）惊闻人书欲分换，孰去孰归两徘徊，

　　我知范容肝肠断；守书人至情至理难了断；

　　范容：（唱）自古道红袖添香读书夜，从未闻绝代佳人换书卷；

　　范容宁愿不藏书，守住知音花如笺；

　　夫人：（暗自表明态度）是孤守书楼痛失良机？是凤冠霞帔志得奇书？如笺冰雪聪明之人，何去何从，自择便是了；

　　如笺：（跪下，泪如雨下）姨娘，你的意思，如笺明白了……

（唱）当初自嫁范家门，仰慕楼阁书万卷；飘摇风雨日作年，又添人书入情怀；如今我愿再自嫁；天一阁下长叩别；但愿换得《焚书》来，见书如见花如笺；

夫人：如笺，范家世世代代铭记你的恩德。范容，二少爷，你要记住她，她是我范家的好女人啊……

范容：不，姨娘，我不愿让嫂嫂走，如笺你不能走，你，你不能走啊……（跑下）

如笺：二弟，范容，二弟……

夫人：二少爷，二少爷……

第六场

时间：不久之后

地点：天一阁书楼

人物：范容 花如笺

（伴唱）天塌地陷愁云涌，大祸临门，哀伤重重，天一阁生死劫难逢绝境，藏书人忍悲伤别书楼阁中

范容：李贽先生，天一阁范容别书来也。当初先生将《藏书》托付天一阁，以待《焚书》双册合璧，承君子之诺范容死而无憾。我知先生胸襟，乃集天下书生之情怀，我知先生大作，乃集古往今来之灼见，先生著书，我藏书，实为人书一统之天道，薪尽火传之伟业。天一阁配先生，好比是天配地，日配月，天造地设，天经地义啊。然，今日在这天一阁内，在这千册万卷、历代圣贤之前，《焚书》啊，范容却要与你诀别了；《焚书》在范容手中失落，匣内空留《藏书》，双书再不能在这天一阁内合璧了。先生啊，你当知晓，范容别书如别先生般苦痛，范容别书如别父母般伤悲，范容舍书剜肝沥血，摧骨折心，范容舍书，实实地缘为舍不得书啊！

（范容唱）舍不得，舍不得，我舍不得《焚书》，朝相思，夕想念，情同骨肉，多少次与《焚书》梦中相见，多少次与先生神交心晤，到如今舍宝书自决先辈，肝胆裂心泣血长歌当哭；先生啊，我的《焚书》；

范容：先祖啊，不孝之孙范容违逆家规，留人弃书，实实地是舍不得人啊！

（范容唱）舍不得，舍不得，我难舍佳人，结书缘和琴箫三生有幸，释珍卷，心在书执手相共红绡湿，丧服重不离范门，为《焚书》人欲去，我心难静，到如今方知晓此情亦深，为红颜难割舍情丝千缕，长相知，永相守，红颜添袖一知音。

（亦梦亦幻中花如笺上场）

范容：嫂嫂，如笺是你吗？

（如笺唱）天一阁，天一阁，为你痴情，为你歌，一步一行一寸心，旷世书愿终相得终相得；

（范容唱）天一阁，为你痴情，为你歌，一朝红颜遇知己，百年藏书不寂寞

红嫁裳，今非昨

（新娘唱）天作之缘拥书册

（范容唱）佳人近，莫蹉跎，琴箫一曲奏谐和

（二人唱）守书承志终不悔，一片冰心日月托，但愿斯文传永久，人书一统，天一阁

如笺：二弟，走进这书楼，我才知晓，天一阁男人世代藏书淡薄功名，心无旁骛一生坚守，为的就是这些书啊。我终于看见了，在这千册万卷之中，天一阁历代藏书人魂在书间，心系书楼，世世代代长夜固守……

范容：他们守护着范容，守护着书楼，祖祖辈辈，我分不清哪一个是你，哪一个是先人，他们就是范容，范容就是他们……

如笺：我愿与你，清贫度日，寂寞坚守；

范容：唯你知我解我藏书之家；你可愿与范容同守书楼？

如笺：今生今世，我愿为您添香温茶，研墨修书，我愿永生守护书楼的藏书人……

（亦梦亦幻中如笺走了）

羊毫：二少爷，大少奶奶她……

范容：她怎么了……

羊毫：她身着嫁衣，走出范门了……

范容：（呼喊）如笺你回来，天一阁主要请你登楼释卷，范容我要请你同守书楼，如笺，你回来啊……

尾　声

时间：宁波城破之时；

地点：天一阁下；

人物：卖书人；范容；羊毫，绢纸；

（伴唱）泱泱国土山河破，强虏铁蹄到宁波；壮士城头殉国难，藏书维系天一阁；

（卖书人已成孙知府手下将士，他带着孙知府的书和一封书信，来到天一阁，面对范容读信）

卖书人：（读信）范阁主，清兵入甬，国亡家破了，孙某曾数番试探天一阁，只为托书，多有冒犯，望先生见谅。先生曾言，大隐隐于山野，大书藏民间，孙某万册珍卷，若能珍藏范府，男儿赴死无憾了……（对白）范阁主，宁波城破，孙知府率兵御敌，身负重伤，临终前命我等护《焚书》进天一阁，遵孙夫人之言，孙府万卷家书全托付天一阁；夫人说，唯范家人有国破藏书之胆魄。范阁主，国亡了，书没了，天下读书人，仰仗你这天一阁了……

范容：羊毫……

羊毫：二少爷……

范容：将《藏书》《焚书》，还有长箫、瑶琴，一并砌进夹墙……

众人：二少爷……

（范容缓缓走进了天一阁墙门，将自己砌成了一块藏书的砖墙，深深地嵌入了历史深处）

（绢纸和羊毫上）

绢纸：一六七三年，范氏后人范光燮破祖规，首引大学者黄宗羲登天一阁阅书，感慨之极，黄氏文以记之：尝叹读书难，藏书尤难，藏之久而不散，则难之又难矣；

羊毫：一七七三年，清政府纂修《四库全书》，乾隆帝下诏征天下遗书，天一阁应诏捐藏书近千册；

绢纸：从明至今四百余年，天一阁人寂寞坚守

羊毫：藏书承志，抱残守缺；

二人：藏书承志，抱残守缺，永继斯文；

（伴唱）天一生水，地六成之

啊……

宝籍拥万卷，高阁束经典

空煎满腹字，烂熟方寸间；

命定藏书人，岁岁复年年，岁岁复年年

城隍阁

简　介

　　城隍阁，位于浙江省杭州市西湖边的吴山之上。其前身为吴山城隍庙。南宋定都临安，开始在吴山上修建城隍庙，并由朝廷进行敕封。绍兴十三年（1160）敕封城隍神为"宝顺通惠侯"，其后又累加封号，但所供之城隍神并无姓名。明洪武三年（1370）定庙制。永乐十年（1412），浙江按察使周新被明成祖冤杀，引起杭州当地百姓的不满，为平民愤，明成祖谎称"朕梦见周爱卿已任浙江城隍"，准许立庙塑像祭祀，遂于吴山建专祀周新的城隍庙，并将山下的街巷改称"城隍街"，自巷口至上山道分建四座大石牌坊。清代时，城隍庙已成为吴山第一大庙，每年农历七月十七日周新诞日都会举行盛大的庙会祭祀活动，当地习称吴山为"城隍山"。1958年"大跃进"运动中，城隍庙被拆毁。今城隍阁为2000年重建。

词

酒泉子·长忆吴山

　　长忆吴山，山上森森吴相庙①。庙前江水怒为涛，千古恨犹高。
　　寒鸦日暮鸣还聚，时有阴云笼殿宇。别来有负谒灵祠，遥奠酒盈卮。

（《全宋词》）

　　作者简介：潘阆（？～1009），字逍遥，号逍遥子，河北大名人。至道元年（995）进士，曾任国子四门助教、滁州参军等职。著有《逍遥集》。

---

① 吴相庙：即吴山上纪念伍子胥的伍公庙。庙门正对钱塘江，伍子胥被后人奉为"潮神"。

诉衷情·宝月山作①

清波门②外拥轻衣。杨花相送飞。西湖又还春晚，水树乱莺啼。

闲院宇，小帘帏。晚初归。钟声已过，篆香才点，月到门时。

（《全宋词》）

作者简介： 仲殊（生卒年不详，宋徽宗时人），僧人，本姓张，名挥，字师利，安州（今湖北安陆市）人。曾应进士科考试，后弃家为僧。著有《宝月集》。

花心动·偶居杭州七宝山国清寺冬夜作③

江月初升，听悲风、萧瑟满山零叶。夜久酒阑，火冷灯青，奈此愁怀千结。绿琴三叹朱弦绝，与谁唱、阳春白雪④。但遐想、穷年坐对，断编遗册。

西北欃枪未灭。千万乡关，梦遥吴越。慨念少年，横槊风流，醉胆海涵天阔。老来身世疏篷底，忍憔悴、看人颜色。更何似、归欤枕流漱石⑤。

（《全宋词》）

作者简介： 赵鼎（1085～1147），字元镇，号得全居士，山西闻喜人。崇宁五年（1106）进士，南宋时官至丞相，谥"忠简"。被称为南宋中兴贤相之首。著有《忠正德文集》、《得全居士词》等。

渔家傲·小舟发临安⑥

本是潇湘渔艇客⑦。钱塘江上铺帆席。两处烟波天一色。云幂幂。吴山不似湘山碧。

休费精神劳梦役。鸥凫难上铜驼陌。扰扰红尘人似织。山头石。潮生月落今如昔。

（《全宋词》）

作者简介： 侯寘（生卒年不详，两宋之交人），字彦周，东武（今山东诸城市）人，南渡后居长沙。绍兴年间（1131～1162）以直学士知建康。著有《懒窟词》。

---

① 宝月山：吴山诸山之一。因山上有宝月寺而得名，作者仲殊曾寓居此寺。
② 清波门：杭州古西城门之一，中华民国初期被拆除。
③ 七宝山：吴山诸山之一，因山上有七宝院而得名。
④ 阳春白雪：春秋时期师旷所作乐曲，后来泛指高深的、不通俗的文学艺术。此处指志同道合的知音。
⑤ 枕流漱石：指隐居生活，出自南朝宋刘义庆《世说新语·排调》。
⑥ 临安：南宋首都临安府，即现在杭州。
⑦ 本是潇湘渔艇客：作者侯寘虽原籍东武（今山东诸城），南渡居长沙，故有此说。

满江红·都下作①

社雨初晴，烟光暖、吴山滴翠。望绛阙、祥云亏蔽，粉垣千雉。万柳低垂春似酒，微风不动天如醉。遍万井、嬉嬉画图中，欢声里。

嗟倦客，道傍李②。看人事，槐根蚁③。立苍茫俯仰，漫悲身世。靖节依然求县令，元龙老去空豪气④。便乘兴、一叶泛沧浪，吾归矣。

（《全宋词》）

作者简介：袁去华（生卒年不详，宋高宗时人），字宣卿，江西奉新人。绍兴十五年（1145）进士，曾任善化知县、石首知县。著有《适斋类稿》《袁宣卿词》。

虞美人·月下听琴，西湖作

横波清翦西湖水。黛拂吴山翠。藕丝衫子水沉香⑤。坐久冰肌玉骨、起微凉。

金徽⑥泛柳听佳句。叠叠胎仙舞。曲终松下小盘桓。风露泠泠、直欲便骖鸾⑦。

（《全宋词》）

作者简介：吕胜己（生卒年不详，宋孝宗时人），字季克，号渭川居士，建阳（今福建南平市）人。历任江州通判、知杭州，官至朝请大夫。著有《渭川居士词》。

水龙吟·雪霁登吴山见沧阁，闻城中箫鼓声⑧

画楼红湿斜阳，素妆褪出山眉翠。街声暮起，尘侵灯户，月来舞地。宫柳招莺，水荭

---

① 都下：即京都，此处指杭州。
② 嗟倦客，道傍李：用《世说新语》之"道旁苦李"典故。
③ 看人事，槐根蚁：用《南柯太守传》之"蚂蚁缘槐"典故。
④ 靖节依然求县令，元龙老去空豪气："靖节依然求县令"反用陶渊明辞官归隐典故，陶渊明东晋大诗人，私谥"靖节"，世称"靖节先生"；"元龙老去空豪气"化用陈登"元龙豪气"典故，陈登，字元龙，东汉末年名士。
⑤ 藕丝衫子水沉香：此句化用唐代诗人元稹《白衣裳》"藕丝衫子柳花裙，空着沉香慢火薰"诗句。"藕丝衫子"指纤细如藕丝的上衣，"水沉香"即"沉香"，属高档香品。
⑥ 金徽：借指琴，如唐代诗人孟浩然《赠道士参寥》"丝脆弦将断，金徽色尚荣。"
⑦ 骖鸾：仙人驾驭鸾鸟云游。如唐代薛逢《汉武宫词》"绛节几时还入梦，碧桃何处更骖鸾。"
⑧ 见沧阁：吴山有宝奎寺，宋丞相乔行简故第，宋理宗幸其第书"见沧"二字，刻于石上。

飘雁，隔年春意。黯梨云，散作人间好梦，琼箫在、锦屏底。

乐事轻随流水。暗兰消、作花心计。情丝万轴，因春织就，愁罗恨绮。昵枕迷香，占帘看夜，旧游经醉。任孤山、梨雪残梅，渐懒跨、东风骑。

（《全宋词》）

作者简介： 翁元龙（生卒年不详，宋理宗时人），字时可，号处静，四明（今浙江宁波市）人。

闻鹊喜·吴山观涛

天水碧，染就一江秋色。鳌戴雪山龙起蛰，快风吹海立①。

数点烟鬟青滴，一杼霞绡红湿。白鸟明边帆影直，隔江闻夜笛。

（《全宋词》）

作者简介： 周密（1232～1298），字公谨，号草窗、四水潜夫，原籍山东济南，后流寓吴兴（今浙江湖州市）。曾为义乌令，宋亡隐居不仕。著有《武林旧事》《齐东野语》等。

满江红·吴山

一霎浮云，都掩尽、日无光色。遥望处、浮图对峙②，梵王新阙。燕子自飞关北外，杨花闲度楼西侧。慨金鞍、玉勒早朝人，经年歇。

昭君去，空愁绝。文姬去，难言说③。想琵琶哀怨，泪流成血。蝴蝶梦中千种恨，杜鹃声里三更月。最无情、鸿雁自南飞，音书缺。

（《全宋词》）

作者简介： 汪元量（1241～1317），字大有，号水云，钱塘（今浙江杭州市）人。曾为南宋官廷琴师，元世祖时出家为道。著有《水云集》《湖山类稿》。

---

① 鳌戴雪山龙起蛰，快风吹海立：写钱江潮汹涌而来之状。"快风吹海立"化用了宋代苏轼《有美堂暴雨》"天外黑风吹海立"。

② 遥望处、浮图对峙：此处描写立于吴山之上，眺望西湖所见保俶塔与雷峰塔遥相对峙的景象。"浮图"，此指佛塔。

③ 昭君去，空愁绝。文姬去，难言说：此二句分别化用"昭君出塞"和"文姬归汉"典故。

风流子·泛湖①

　　歌咽翠眉低。湖船客、尊酒谩重携。正断续齐钟，高峰南北，飘零野褐，太乙东西②。凄凉处，翠凉处，翠连松九里③，僧马溅障泥。葛岭楼台，梦随烟散，吴山宫阙，恨与云齐。

　　灵峰飞来久，飞不去，有落日断猿啼④。无限风荷废港，露柳荒畦。岳公英骨，麒麟旧冢⑤，坡仙吟魄，莺燕长堤⑥。欲吊梅花无句，素壁慵题。

（《全宋词》）

　　作者简介：罗志仁（生卒年不详，宋末元初人），字寿可，号壶秋，清江（今江西樟树市）人。宋末与黄圭同领乡荐，元初授天长书院山长。

忆旧游·新朋故侣，诗酒迟留，吴山苍苍，渺渺兮余怀也。寄沈尧道诸公⑦

　　记开帘过酒，隔水悬灯，款语梅边。未了清游兴，又飘然独去，何处山川。淡风暗收榆荚，吹下沈郎钱⑧。叹客里光阴，消磨艳冶，都在尊前。

　　留连。殢人处，是镜曲窥莺，兰皋围泉。醉拂珊瑚树，写百年幽恨，吩咐吟笺。故乡几回飞梦，江雨夜凉船。纵忘却归期，千山未必无杜鹃。

（《全宋词》）

　　作者简介：张炎（1248～？），字叔夏，号玉田、乐笑翁，原为西秦（今甘肃天水市）人，寓居临安（今浙江杭州市）。著有《山中白云词》《玉田词》。

---

① 泛湖：此为泛舟游杭州西湖。
② 正断续齐钟，高峰南北，飘零野褐，太乙东西："高峰南北"指南高峰与北高峰，合为西湖十景"双峰插云"的两山之巅；"太乙东西"指东太乙宫与西太乙宫，同属南宋京城"御前十大宫观"。
③ 翠连松九里：即杭州"九里云松"，源自唐代杭州刺史袁仁敬，植松于行春桥（今洪春桥），西达灵竺，阴如霭云，故名。
④ 灵峰飞来久，飞不去，有落日断猿啼：化用晋代（印度）僧人慧理呼猿为证，定名（杭州）飞来峰典故。
⑤ 岳公英骨，麒麟旧冢："岳公"指岳飞，此句描写岳飞墓。
⑥ 坡仙吟魄，莺燕长堤："坡仙"指苏轼，此句描写苏堤。
⑦ 沈尧道：即沈钦，字尧道，号秋江，汴（今河南开封市）人，张炎的词友。
⑧ 沈郎钱：本为东晋大将军王敦手下的一名参军沈充所铸的钱币。此处指榆荚，榆树未生叶时，枝条间先生榆荚，形状似沈充所制之钱，故称。

· 417 ·

风中柳·湖上

　　万顷平湖①，胜在吴山高处。两峰间、芦汀鸥渚②。随波荡漾，见渔舟无数。云帆外、几村烟树。

　　茶磨郊台，千古浮云去住。越溪中、五湖东注。桥边杨柳，已条条金缕。且留连、莫教春去。

（《明词综》卷四）

　　作者简介：陈鎏（1508～1577），字子兼，号雨泉，吴县（今江苏苏州市）人。嘉靖十七年（1538）进士，历官河南按察司副使、四川右布政使等职。著有《已宽堂集》。

壶中天·吴山十景
金地笙歌③

　　东南佳丽，看城西，高拥翠峰千叠。舞榭歌楼随处是，占断风花雪月。法部传来，霓裳仙节，入耳声声别④。斜阳满树，优儿重换新阕。

　　莫道山水清音，胜如丝竹，此语成虚说。肯把豪情抛冷处，翻怪世人趋热。四季讴歌，一年欢笑，值得人头白。何劳餐玉，荒亭空剩仙骨。

瑶台万玉⑤

　　春深仙馆，晚云浓，养就万竿青玉。昼静石坛风动处，清籁萧萧盈谷。蝶梵初回，一窗寒绿，人卧清都屋。瑶台何处，此中占尽闲福。

　　不独爱看王猷，喜栽苏子，一刻难忘竹⑥。我亦偷闲常过往，欲借此君医俗。赤帝行

---

① 万顷平湖：此处指杭州西湖。
② 两峰间、芦汀鸥渚：描写立于吴山之上，眺望西湖及其周边群山之景。
③ 金地笙歌：《清波三志》卷中"金地笙歌，城隍庙前。"
④ 法部传来，霓裳仙节，入耳声声别："法部"，宗教法事时所作舞乐；"霓裳"，即《霓裳羽衣曲》，原为唐代宫廷乐舞，此处代指宗教乐舞。
⑤ 瑶台万玉：《清波三志》卷中"瑶台万玉，通玄观竹。"
⑥ 不独爱看王猷，喜栽苏子，一刻难忘竹："不独爱看王猷"，用王子猷看竹的故事。王猷，即王徽之，字子猷。"喜栽苏子"，苏子，即苏轼，亦喜爱竹，其有咏竹诗"可使食无肉，不可居无竹。无肉令人瘦，无竹令人俗。"

权，火云当令，无计销炎毒。移将枕簟，何妨借榻频宿。

紫阳秋月①

山名瑞石，瘦崚崚，一片紫云飞坠。正值秋高风雨后，洗出满山空翠。沧海烟销，望舒策驷，涌起青银队。笙箫隐隐，仙禽遥送清唳。

一自丹灶烟寒，丁翁去后②，霜橘知谁寄。惟剩巉崖千古月，滴滴露华寒泥。长啸容吾，浩歌倚石，沆瀣看真炁。蓬壶不远，今宵乐得游戏。

三茅观潮③

三茅仙馆，据层峦，低处澄江挖碧。八月秋风鲸鼓浪，蹴起海天晴雪。隐隐东来，线痕微白，倏忽成千叠。奔腾万马，疑他蹋破龙阙。

遥见一带寒塘，数行帆影，先向沙头泊。转过三郎祠④畔去，百尺银涛渐灭。渔浦云深，定山岚远，望里烟波绝。须臾浪静，海门飞上新月。

蛾眉夕照⑤

山坳一曲，似美人，淡扫翠眉双妩⑥。山上人家无数住，相间松轩竹圃。客散旗亭，寺催粥鼓，帆影收前浦。销魂此际，斜阳刚在深坞。

一带花里高楼，低垂翠幕，人在楼深处。待得柳烟松雾冥，月转迎春芳树。宝篆香残，竹炉火烬，架上眠鹦鹉。催灯小婢，隔帘遥听娇语。

---

① 紫阳秋月：《清波三志》卷中"紫阳秋月，瑞石山。"
② 丁翁去后："丁翁"，指丁野鹤。紫阳山原有紫阳庵，丁野鹤修道庵中，后蜕骨于此。
③ 三茅观潮：《清波三志》卷中"三茅观潮，宁寿观前。"
④ 三郎祠：即三郎庙，位于钱塘江边。民间传说：宋高宗赵构为纪念救其渡江而被金兵所杀的渔夫三郎而建的祠庙，后庙毁，地名沿用至今。
⑤ 蛾眉夕照：《清波三志》卷中"蛾眉夕照，蛾眉庵前。向为张氏书屋，今为孙氏别业。"
⑥ 山坳一曲，似美人，淡扫翠眉双妩：此为描写吴山蛾眉山，因其形似美人的蛾眉而名。

梧冈飞瀑①

空山积雨，怪双鸠，犹唤数行深柳。百道山泉来树杪，倒挂银河星斗。竹杖扶身，毡巾裹首，一个来听叟。青山界破，匡庐此景曾有？

忆昔阅古堂②中，梦回春晓，人在桃坡右。爱看飞泉鸣屋角，悄立雕阑笼手。笑问双鬟，试寻溪畔，定是蛟龙吼。栖鸾惊起，霎时飞过林阜。

枫林红叶③

茂林秋老，战西风，绿叶一霄翻赤。茅屋疏篱林下住，定是诗人幽宅。映日疑花，随风入席，蜀锦怜狼籍。柴门休掩，来看时有闲客。

记得蔓草支峰，棠梨秋冷，曾宿山前驿。无数栖鸦啼散后，一点寒灯焰白。夜雨潇潇，打窗病叶，破梦惊愁魄。何如高卧，霜林容我岸帻④。

云居听松⑤

西城幽绝，抱峰峦，曲径潜通萧寺。原是中峰禅隐处，饶有西来风味⑥。绕屋长廊，松阴散翠，隔断红尘地。寒声谡谡，一时双鹤惊睡。

不是江上秋涛，定疑竹屋，石铫茶初沸。独有老僧听得惯，说道西风又至。净洗尘根，唤醒噩梦，此意君须记。烟钟声里，暮云吹入天际。

---

① 梧冈飞瀑：《清波三志》卷中"梧冈飞瀑，阅古泉侧，今为钱塘诸生陆守之森书屋。"

② 阅古堂："阅古堂"是南宋权臣韩侂胄先世堂名，本在定州，为其南渡后所沿用。韩侂胄曾赐第吴山宝莲山，府内有泉名阅古泉。

③ 枫林红叶：《清波三志》卷中"枫林红叶，枫岭上。"

④ 何如高卧，霜林容我岸帻："高卧"，悠闲地躺着，指隐居不仕；"岸帻"，推起头巾，露出前额，形容态度洒脱。

⑤ 云居听松：《清波三志》卷中"云居听松，云居山。"

⑥ 原是中峰禅隐处，饶有西来风味："原是中峰禅隐处"，云居山原有云居圣水寺，为元代中峰禅师驻锡之地；"饶有西来风味"，化用佛教禅宗参话头"达摩祖师西来意"。

鹿过曲水①

全真古院，翠峰阴，闻道宋君新造②。内府仙娥环珮冷，来守云房丹灶。鹤氅阉人，辞荣入道，夜月修清醮③。寒泉绕石，伊尼衔草时到。

千古云水悠悠，仙人何处，剩得愁猿啸。白鹤不来松径古，落月依然西照。太乙坛空，步虚声断，犹说真人号。金丹在我，此心自领玄妙。

鹤步寒山④

精庐谁建，远尘寰，正在云深紫逻。松竹萧疏人迹少，野鹤有时来过。小立苔阶，斜窥药径，都在花阴下。徘徊未去，却疑仙客留驾。

偶忆华表归来，辽阳人换，莫识新亭榭⑤。何似双双栖石室，清唳有时相和。千尺冰壶，半轮蟾影，吹彻瑶笙夜。猴山人近，重来应与同跨。

（《清波三志》卷下）

作者简介： 陈景钟（生卒年不详，清乾隆时人），字几山，号墨樵，钱塘（今浙江杭州市）人。乾隆六年（1741）举人，辑有《清波三志》《清波小志补》。

忆秦娥·吴山乐 （六首）

一

吴山乐，通玄海会聆仙乐⑥。聆仙乐，伍庙闻钟，云居松雪⑦。

城隍高阁霓虹夜，观音宝殿人不绝⑧。人不绝，闹市庐结，今昔无别⑨。

---

① 鹿过曲水：《清波三志》卷中"鹿过曲水，通玄观鹿泉。"
② 全真古院，翠峰阴，闻道宋君新造：此为描写通玄观于南宋绍兴年间创建。"全真古院"，指通玄观；"宋君"，指宋高宗赵构。
③ 鹤氅阉人，辞荣入道，夜月修清醮：此为描写通玄观的实际创建者刘敖辞官修道。"鹤氅阉人"，指内侍刘敖，入道修真，宋高宗赐名能真。
④ 鹤步寒山：《清波三志》卷中"鹤步寒山，旧志云在寒山旧庐，今无考。"
⑤ 偶忆华表归来，辽阳人换，莫识新亭榭：化用丁令威"辽东华表"典故。
⑥ 通玄海会聆仙乐："通玄"指古时吴山紫阳山之通玄观；"海会"指古时吴山伍公山之海会寺。
⑦ 聆仙乐，伍庙闻钟，云居松雪："伍庙闻钟"和"云居松雪"皆属于明代吴山十景。
⑧ 城隍高阁霓虹夜，观音宝殿人不绝："城隍高阁霓虹夜"，描述"杭州夜十景"之一"山阁览辉"；"观音宝殿人不绝"，吴山上曾有众多供奉观世音菩萨的庙宇，现仍存石观音阁。
⑨ 人不绝，闹市庐结，今昔无别：化用陶渊明的"结庐在人境"之句。

二

吴山乐，翠楼江亭目佳色①。目佳色，宝奎海旭，太虚步月②。

西阁老莲苦创写，东坡牡丹两相悦③。两相悦，白公忆梅，青藤访雪④。

三

吴山乐，韩府杨苑闻天乐⑤。闻天乐，金地笙歌，紫阳秋月⑥。

白鹿泉畔独行夜，云居山上数豪杰⑦。数豪杰，廷益丹心，子胥碧血⑧。

四

吴山乐，层园美堂观山色⑨。观山色，梧冈飞瀑，枫林红叶⑩。

瑞石清帝喜题写，天风女侠伤离别⑪。伤离别，青衣泉冽，释迦花谢⑫。

五

吴山乐，圣水玄妙听法乐⑬。听法乐，城隍仙阁，石佛伴月⑭。

还冲洞里返璞思，涤凡池中幡然觉⑮。幡然觉，中峰植松，野鹤啼血⑯。

六

吴山乐，蛾眉清平展秀色⑰。展秀色，芝径摩崖，江亭眺雪⑱。

---

① 翠楼江亭目佳色："翠楼"，指吴山伍公山上山道的环翠楼；"江亭"指吴山紫阳山巅的江湖汇观亭。

② 目佳色，宝奎海旭，太虚步月："宝奎海旭"和"太虚步月"皆属于明代吴山十景。

③ 西阁老莲苦创写，东坡牡丹两相悦："西阁老莲苦创写"，描写明代画家陈洪绶寓居吴山火德庙西爽阁创写画作；"东坡牡丹两相悦"，是指苏轼《赏牡丹诗》与感花岩的故事。

④ 两相悦，白公忆梅，青藤访雪："白公忆梅"是指唐代杭州刺史白居易离开杭州后曾有"伍相庙边繁似雪"的诗句；"青藤访雪"是指明代徐渭寓居吴山时写有《雪中访嘉则于宝奎寺之楼店》的诗文。

⑤ 韩府杨苑闻天乐："韩府"，指韩侂胄的府第，南宋权臣韩侂胄曾赐第吴山宝莲山；"杨苑"，指位于吴山脚下的宋宁宗杨贵妃（即恭圣仁烈皇后）的宅第。

⑥ 闻天乐，金地笙歌，紫阳秋月："金地笙歌"和"紫阳秋月"皆属于清代吴山十景。

⑦ 白鹿泉畔独行夜，云居山上数豪杰："白鹿泉畔独行夜"，吴山紫阳山腰有一清泉，名白鹿泉，此地夜色清幽；"云居山上数豪杰"，吴山云居山现建有浙江革命烈士纪念碑，忠骨英魂，长眠于此。

⑧ 数豪杰，廷益丹心，子胥碧血："廷益丹心"，指明代于谦，相传吴山三茅观，明初设有学堂，少年于谦曾读书于此；"子胥碧血"，指春秋时期伍子胥，吴山伍公山有纪念其的祠庙——伍公庙。

⑨ 层园美堂观山色："层园"，是清代李渔晚年在杭州修建的私人园林，在吴山云居山麓；"美堂"，即有美堂，北宋梅挚知杭州时，在吴山上修建的观景亭榭。

⑩ 观山色，梧冈飞瀑，枫林红叶："梧冈飞瀑"和"枫林红叶"皆属于清代吴山十景。

⑪ 瑞石清帝喜题写，天风女侠伤离别："瑞石清帝喜题写"，描写清代乾隆帝登吴山游玩瑞石洞，并题刻御诗；"天风女侠伤离别"，指鉴湖女侠——秋瑾曾登吴山，留有"石台高耸近天风"的诗句。

⑫ 伤离别，青衣泉冽，释迦花谢："青衣泉冽"，吴山重阳庵后有青衣洞泉，因青衣童子传说而得名，其泉水清冽；"释迦花谢"，吴山宝成寺原名释迦院，寺内植牡丹，因寺后感花岩镌有苏轼《赏牡丹诗》，在杭州传为美谈。

⑬ 圣水玄妙听法乐："圣水"指古时吴山云居山顶之圣水寺；"玄妙"指古时吴山伍公山麓之玄妙观。

⑭ 听法乐，城隍仙阁，石佛伴月："城隍仙阁"和"石佛伴月"皆属于新拟吴山十景。

⑮ 还冲洞里返璞思，涤凡池中幡然觉：还冲洞，位于吴山七宝山东山坡；涤凡池，位于吴山紫阳山东山腰。

⑯ 幡然觉，中峰植松，野鹤啼血："中峰植松"，中峰可指元代圣水寺的中峰禅师；"野鹤啼血"，野鹤可指元代紫阳庵的修道者丁野鹤。

⑰ 蛾眉清平展秀色："蛾眉"可指吴山峨眉山；"清平"指吴山清平山。

⑱ 展秀色，芝径摩崖，江亭眺雪："芝径摩崖"和"江亭眺雪"皆属于新拟吴山十景。

泉石山房篱疏落，玉虚坛桥照明月①。照明月，伯元高洁，志新耿烈②。

酒泉子·吴山 （潘阆体）

长忆吴山，湖山胜概耸城间③。大观古洞廿四境，天风新十景④。

鸟鸣花发泉清冽，琼楼仙阁林中瞥。别来登攀石阶弯，游人乐忘还。

（城隍阁档案）

作者简介： 王兴臣（1986～），原籍山东，现居杭州。曾获杭州市"优秀青年岗位能手"、杭州西湖风景名胜区首届西湖诗词大赛"个人优胜奖"，参与编撰《吴山》、《吴山楹联匾额丛书》等。

---

① 泉石山房篱疏落，玉虚坛桥照明月："泉石山房篱疏落"，泉石山房，吴山古今皆修建的山舍别墅；"玉虚坛桥照明月"，玉虚坛桥，指吴山七宝山顶三茅观内石龙桥。

② 照明月，伯元高洁，志新耿烈："伯元高洁"，指清代阮元的高雅廉洁，吴山城隍山腰建有纪念阮元的阮公祠；"志新耿烈"，指明代周新的耿直忠烈，吴山城隍山巅建有供奉周新的城隍庙（周新祠）。

③ 湖山胜概耸城间："湖山胜概"可指湖光山色的美景，此处特指吴山。明代陈昌锡曾刊印介绍杭州西湖和吴山的绘本《湖山胜概》。

④ 大观古洞廿四境，天风新十景："大观"和"古洞"分别指"吴山大观"和"瑞石古洞"，清代乾隆年间皆属于"杭州二十四景"；"天风新十景"，"天风"指"吴山天风"，入榜20世纪八十年代评选出的"新西湖十景"。

曲

【南吕】 干荷叶

干荷叶，色苍苍，老柄风摇荡。减了清香，越添黄。都因昨夜一场霜，寂寞在秋江上。

干荷叶，映着枯蒲，折柄难擎露。藕丝无，倩风扶。待擎无力不乘珠，难宿滩头鹭。

根摧折，柄欹斜，翠减清香谢。恁时节，万丝绝。红鸳白鹭不能遮，憔悴损干荷叶。

干荷叶，色无多，不奈风霜锉。贴秋波，倒枝柯。宫娃齐唱《采莲歌》①，梦里繁华过。

南高峰，北高峰，惨淡烟霞洞②。宋高宗，一场空。吴山依旧酒旗风，两度江南梦。

夜来个，醉如酡，不记花前过。醒来呵，二更过。春衫惹定茨蘼科，绊倒花抓破。

干荷叶，水上浮，渐渐浮将去。跟将你去，随将去。你问当家中有媳妇？问着不言语。

脚儿尖，手儿纤，云髻梳儿露半边。脸儿甜，话儿粘。更宜烦恼更宜忺，直恁风流倩。

（《全元曲》）

作者简介： 刘秉忠（1216～1274），初名侃，曾弃官为僧，法名子聪，入仕后更名秉忠，字仲晦，自号藏春散人，邢州（今河北邢台市）人，祖籍瑞州（今江西高安市）。官拜光禄大夫，位至太保，谥"文贞"，后元成宗改谥"文正"。著有《藏春集》《平沙玉尺》等。

【南吕】 一枝花·杭州景

普天下锦绣乡，寰海内风流地。大元朝新附国，亡宋家旧华夷③。水秀山奇，一到处堪游戏。这答儿忔富贵，满城中绣幕风帘，一哄地人烟凑集。

---

① 《采莲歌》：自古以来江南一带流传众多有关"采莲"的诗歌，如汉乐府《江南可采莲》、唐代王勃的《采莲曲》。

② 南高峰，北高峰，惨淡烟霞洞："南高峰、北高峰"，在杭州西湖西侧，两峰遥遥相对，称"双峰插云"，为西湖十景之一；"烟霞洞"，在南高峰下的烟霞岭上，洞内岩壁上镌刻有佛教造像。

③ 大元朝新附国，亡宋家旧华夷：此曲写于元灭南宋后不久，杭州在两宋时期繁华富丽，并且作为南宋的都城。"新附国"，新归附的版图；"旧华夷"，旧时的属地。

【梁州】百十里街衢整齐，万余家楼阁参差，并无半答儿闲田地。松轩竹径，药圃花蹊，茶园稻陌，竹坞梅溪。一陀儿一句诗题，一步儿一扇屏帏。西盐场便似一带琼瑶，吴山色千叠翡翠。兀良、望钱塘江万顷玻璃，更有清溪、绿水。画船儿来往闲游戏。浙江亭①紧相对，相对着险岭高峰长怪石，堪羡堪题。

【尾】家家掩映渠流水，楼阁峥嵘出翠微，遥望西湖暮山势。看了这壁，觑了那壁，纵有丹青下不得笔。

（《关汉卿全集校注》）

作者简介：关汉卿（约1225～约1300），字汉卿，号已斋（一作一斋、已斋叟），祁州（今河北安国市）人，另有籍贯大都（今北京市）和解州（今山西运城市）人等说。元杂剧奠基人，与白朴、马致远、郑光祖并称为"元曲四大家"。著有《窦娥冤》《单刀会》等。

【中吕】 普天乐

浙江秋，吴山夜，愁随潮去，恨与山叠。寒雁来，芙蓉谢，冷雨青灯读书舍，待离别怎忍离别？今宵醉也，明朝去也，宁奈些些！

（《全元曲》）

作者简介：姚燧（1238～1313），字端甫，号牧庵，河南洛阳人，祖籍柳城（今辽宁朝阳）。官至翰林学士承旨、知制诰，谥"文"。著有《牧庵文集》。

【双调】 湘妃怨·西湖

湖山佳处那些儿，恰到轻寒微雨时。东风懒倦催春事，嗔垂杨袅绿丝，海棠花偷抹胭脂。任吴岫②眉尖恨，厌钱塘江上词③，是个妒色的西施④。

朱帘画舫那人儿，林影荷香雨霁时。樽前歌舞多才思，紫云英琼树枝，对波光山色参

---

① 浙江亭：位于钱塘江畔，古时曾称樟亭驿。《海塘录》："樟亭驿《乾道临安志》：樟亭驿，晏殊《舆地志》云，在钱塘县旧治之南五里浙江亭。《祥符旧经》云，在钱塘旧治南到县一十五里。《咸淳临安志》：樟亭驿，今为浙江亭。《梦梁录》：樟亭驿即浙江亭也，在跨浦桥南江岸……"

② 吴岫：即吴山。

③ 钱塘江上词：应指《类说》中《苏小歌蝶恋花》："妾本钱塘江上住。花落花开，不管流年度。燕子衔将春色去，纱窗几阵黄梅雨。"

④ 西施：春秋时期越国美女，后人称其"西子"。因宋代苏轼《饮湖上初晴后雨》："欲把西湖比西子，淡妆浓抹总相宜。"世人亦称西湖为西子湖。

差。切香脆江瑶脍，擘轻红新荔枝，是个好客的西施。

苏堤①鞭影半痕儿，常记吴山月上时。闲寻灵鹫西岩寺②，冷泉亭③偏费诗，看烟鬟尘外丰姿。染绛绡裁霜叶，酿清香飘桂子，是个百巧的西施。

梅梢雪霁月芽儿，点破湖烟雪落时。朝来亭树琼瑶似，笑渔蓑学鹭鸶，照歌台玉镜冰姿。谁僝僽鸱夷子，也新添两鬓丝，是个淡净的西施。

（《全元曲》）

作者简介：卢挚（1242～1314），字处道，一字莘老，号疏斋，涿郡（今河北涿州市）人。曾任河南路总管、翰林学士承旨等。诗文与刘因、姚燧齐名，世称"刘卢""姚卢"。著有《疏斋集》。

【正宫】 鹦鹉曲·故园归计

重来京国④我时住，恰做了白发伧父。十年枕上家山，负我湘烟潇雨⑤。

【幺】断回肠一首阳关，晚早马头南去⑥。对吴山结个茅庵，画不尽西湖巧处。

（《全元曲》）

作者简介：冯子振（1253～1348），字海粟，自号怪怪道人、瀛州客，湖南宁乡人，一说为攸州（今湖南攸县）人。官至承事郎、集贤待制。著有《居庸赋》《海粟诗集》等，与元代中峰禅师唱和，有《梅花百咏》。

【双调】 水仙子·吴山秋夜

山头老树起秋声，沙嘴残潮荡月明。倚阑不尽登临兴，骨毛寒环佩轻，桂香飘两袖风生。携手乘鸾去，吹箫作凤鸣⑦，回首江城⑧。

---

① 苏堤：元祐五年（1090）杭州刺史苏轼疏浚西湖，用疏浚挖出的葑草和湖泥堆筑成一条纵跨西湖南北两岸的长堤。"苏堤春晓"为西湖十景之一。

② 灵鹫西岩寺："灵鹫"，即灵鹫山，此为杭州飞来峰；"西岩寺"，当指灵隐寺。

③ 冷泉亭：位于灵隐寺山门前、飞来峰下。

④ 京国：京城、国都，此指本曲序云："余壬寅岁（1302）留上京，有北京伶妇御园秀之属，相从风雪中，恨此曲无卖之者……"中的"上京"，今位于内蒙古自治区锡林郭勒盟正蓝旗草原。

⑤ 十年枕上家山，负我湘烟潇雨：因作者冯子振为湖南人，故有此说。

⑥ 断回肠一首阳关，晚早马头南去：此处化用了唐代诗人王维《送元二使安西》："渭城朝雨浥轻尘，客舍青青柳色新。劝君更尽一杯酒，西出阳关无故人。"阳关，在今甘肃敦煌县西南。有古曲《阳关三叠》。

⑦ 携手乘鸾去，吹箫作凤鸣：化用《列仙传》中萧史弄玉的典故。

⑧ 江城：指位于钱塘江畔的杭州城。

【双调】 殿前欢·春晚

怨春迟，夜来风雨妒芳菲。西湖云锦吴山翠，正好传杯。兰舟画桨催，柳外莺声碎，花底佳人醉。携将酒去，载得诗归。

【商调】 秦楼月

寻芳屡，出门便是西湖路。西湖路，旁花行到，旧题诗处。瑞芝峰下杨梅坞①，看松未了催归去。催归去，吴山云暗，又商量雨。

【越调】 寨儿今·吴山塔寺②

诗眼明，暮山青，倚高寒满身风露冷。月榭闻筝，水殿鸣笙，想象御街行③。宝光圆白伞珠璎，玉花寒碧碗酥灯。西天佛富贵，南国树凋零。僧，同上望江亭④。

【双调】 湘妃怨·苏堤即事⑤

秋云醉墨洒龙池，夜雪吟篷宿虎溪。马蹄又上吴山翠，知音今有谁？小桃应怪来迟。一叶流诗句，百花裁舞衣，同赏苏堤。 （《全元曲》）

作者简介：张可久（约1270～约1350），字仲远，号小山，庆元（今浙江宁波市）人。曾任桐庐典史等职。与乔吉并称元散曲两大家，与张养浩合称"二张"。为现存元散曲数量最多的作者。著有《小山乐府》、《苏堤渔唱》等。

---

① 瑞芝峰下杨梅坞："瑞芝峰"应即杨梅岭，位于翁家山东南，岭下有坞，古称"杨梅坞"。
② 吴山塔寺：据《云居圣水寺志》，吴山圣水寺曾有中峰和尚法塔。
③ 想象御街行："御街"，即南宋御街：南起南宋皇城和宁门（今万松岭与凤凰山路交叉口）外，经朝天门（今鼓楼）、中山中路、中山北路、观桥（今贯桥）到凤起路、武林路交叉口一带，是南宋临安城的中轴线。元代，杭州已不再是都城，亦无所谓御街，故作者只能"想象御街行"。
④ 望江亭：眺望钱塘江的亭台。
⑤ 苏堤即事："苏堤"，元祐五年（1090）杭州刺史苏轼疏浚西湖，用疏浚挖出的葑草和湖泥堆筑成一条纵跨西湖南北两岸的长堤。"即事"，以当前事物为题材的诗文，多用为诗文题目。

【双调】 折桂令·吴山秀

　　钱塘江上嵯峨，浓淡皆宜，态度偏多。泪雨溟濛，歌云缥缈，舞雪婆娑。胜楚岫高堆翠螺①，似张郎巧画青蛾②。消得吟哦，欲比西施，来问东坡③。

（《全元曲》）

　　作者简介： 任昱（生卒年不详，元代人），字则明，四明（今浙江宁波市）人。与张可久、曹明善相交好。工曲善诗，终生不仕。

【双调】 寿阳曲

　　担春盛，问酒家，绿杨阴似开图画。下秋千玉容强似花，汗溶溶透入罗帕。
　　松杉翠，茉莉香，步回廊老仙策杖。月明中晚风宝殿凉，玉池深藕花千丈。
　　鱼吹浪，雁落沙，倚吴山翠屏高挂。看江潮鼓声千万家，卷朱帘玉人如画。
　　新诗句，浊酒壶，野人闲不知春去。家童柳边闲钓鱼，趁残红满江鸥鹭。
　　新秋至，人乍别，顺长江水流残月。悠悠画船东去也，这思量起头儿一夜。

（《全元曲》）

　　作者简介： 贯云石（1286～1324），原名苏尔约苏哈雅，字浮岑，自号酸斋、芦花道人，辉和尔氏（今维吾尔族）。曾任翰林侍读学士、中奉大夫等职，谥"文靖"。著有《酸斋集》《孝经直解》等。

【天净沙】 城隍阁

　　宋迁明盛清宏④，鸟鸣云淡枝横。西湖钱江杭城。登阁纵目，舜风尧雨⑤相迎。

---

① 胜楚岫高堆翠螺：化用唐代刘禹锡《望洞庭》："遥望洞庭山水翠，白银盘里一青螺。"
② 似张郎巧画青蛾：用"张敞画眉"典故。
③ 欲比西施，来问东坡："西施"，春秋时期越国美女，后人亦称为"西子"；"东坡"，即苏轼，号东坡，其在杭州任通判时，曾作《饮湖上初晴后雨》有"欲把西湖比西子，淡妆浓抹总相宜"之句，故世人称西湖为西子湖。
④ 宋迁明盛清宏：此句描写城隍阁前身吴山城隍庙的历史沿革。《咸淳临安志》："城隍庙……绍兴九年，移宝月山"；《湖山便览》：《钱塘县志》称"永乐中，封浙江故按察司周新为城隍之神"；《杭州府志》："康熙六年，副将王虎倡捐重建砖坊并新右司斋厅，秀水杜臻记；三十一年，按察使孟卜重建牌坊；三十六年，翰林学士揆叙捐金重新庙制……乾隆六年，盐驿副使袁侗敦捐俸置田十亩二分零，给道士徐大坤等输管，以供香火；五十三年，龃商捐修，两浙江南盐道卢崧撰记；道光二年，商众捐修，署盐运使林则徐为记；咸丰庚辛间，祠宇多毁，斯庙独存；同治间，邑人胡光墉捐修，门廊、坡级、石栏焕然一新。"
⑤ 舜风尧雨：即尧雨舜风，比喻太平盛世。

作者简介：王兴臣（1986～），原籍山东，现居杭州。曾获杭州市"优秀青年岗位能手"、杭州西湖风景名胜区首届西湖诗词大赛"个人优胜奖"，参与编撰《吴山》、"吴山楹联匾额丛书"等。

泰州望海楼

简　介

　　望海楼，位于江苏省泰州市海陵区。始建于南宋绍定二年（1229），为观景楼，有"江淮第一楼"的美誉。清康熙年间重建时改称"靖海楼"，后又恢复原名。今望海楼为2006年重修，党和国家领导人江泽民、胡锦涛等都曾登楼观光。

词

水调歌头·残雪登望海楼

　　旧邑傍沧海，楼耸海望遥。凫鸥时现，碧水嬉戏点城濠。林表浮光霁色，楼上轻寒素面①，白雪半残消。环眺三园秀，指点柳梅桃②。

　　文正堰，文山咏③，已迢迢。几人追及贤相？为政任儿曹。想见陈庵写剧，仰慕蓄须明志，愤世隐南郊。时事分良莠，艺苑卓清标。

（望海楼档案）

---

① 林表浮光霁色，楼上轻寒素面：此处化用唐 祖咏《终南山望余雪》诗："终南阴岭秀，积雪浮云端。林表明霁色，城中增暮寒。"

② 柳梅桃：指望海楼周遭柳园、梅园、桃园。柳园，在泰州旧城南郊打渔湾，昔为明末清初评话宗师柳敬亭故居；梅园，在泰州旧城东郊凤凰墩，系梅兰芳先生祖居地；桃园，在泰州旧城东南郊，内有陈庵，孔尚任于清康熙间奉旨驻泰治水，寓居于此，完成剧作《桃花扇》，并由州人俞锦泉家班试演。本词后阕"想见陈庵写剧"三句，分咏孔尚任、梅兰芳、柳敬亭三位艺术大家之邦国情怀。

③ 文正堰：范仲淹任泰州西溪盐监时，为保障沿海居民生存条件，奏请朝廷修捍海堰，堰成，民感其德，称堰为"范公堤"至今。
　　文山咏：宋末文天祥以右丞相出使元军，为之扣押，至京口得脱，沿真州、泰州、通州出海。其间藏于泰州十日，成诗二十余首，诗、事并见《文山集·指南录后序》。其《泰州》一诗，中有"羁臣家万里，天目鉴孤忠"之句。

作者简介： 储质卿（1942～），江苏泰州人。中华诗词学会、中国楹联学会会员。江苏省诗词协会常务理事，江苏省楹联研究会理事，泰州市诗词协会顾问，泰州市楹联研究会常务副会长。在全国诗联赛事中屡有获奖。

浪淘沙·望海楼

飞崎凤城边，耸入云天。玉阶丹牖俏重檐。映带桃园临碧水，仙境人间。
偕友对层澜，遥想当年。凭栏望海御倭顽①。今日神州谁敢犯，国泰民安。

（望海楼档案）

作者简介： 周凤泉（1944～），江苏泰州人。高级工程师，中华诗词学会会员、中国楹联学会会员、江苏省诗词协会常务理事。

忆江南·登望海楼

吴陵好，春水碧如蓝。桃柳梅兰谁可比？登楼环顾半曾谙。祥泰赛江南。
凭栏眺，正是艳阳天。霞蔚云蒸生紫气，楼圆新梦等闲看。福祉②胜仙山。

（望海楼档案）

作者简介： 李峋（1945～），江苏泰州人。高级工程师，泰州市老干部诗词协会会长。

鹧鸪天·登望海楼

雨骤雷鸣瑞鹤浮③，凤池积翠玉虹流。银涛漫卷千堆雪，青女遥看万树秋。
欹雾绕，醉乡游，熏风过处绿黉柔。画船已傍垂杨岸，烟客咸登望海楼。

（望海楼档案）

作者简介： 窦争光（1957～），陕西兴平人。中学高级教师，中华诗词学会、中国楹联学会、江苏省诗词协会会员，泰州市诗词协会副会长兼秘书长。

---

① 倭顽：倭为古代日本之别称，代指日本侵略者，这是代表一切外敌。
② 福祉：代表美满祥和的生活环境、稳定安全的社会环境、宽松开放的政治环境。
③ 雨骤雷鸣瑞鹤浮：此句扣重修泰州望海楼事。谓康熙年间重修望海楼时，始则雨骤雷鸣，继则晴空鹤翔，州人惊视此象，以为大吉之兆。

苏幕遮·戊戌年春登望海楼有感^①

海东移，楼未老。犹对沧浪，犹盼歌飞棹。不管阶前风悄悄，但信东君，但信烟波晓。

梦殷殷，何了了。浒浒深情，缱绻湄边眺。如一初心由昊昊^②，任是帆遥，任是长三角。

（望海楼档案）

作者简介：程越华（1969～），女，笔名越兮等，江苏泰兴人。泰州市文广新局创研室高级作家、编剧，中华诗词学会、中国楹联学会、中国戏剧文学学会会员，泰州市诗词协会副会长。曾获首届"江苏省十佳青年诗人"和"江苏省十佳女诗人"称号。

---

① 戊戌年为 2018 年。
② 昊昊：盛大貌。指气势壮观。

温州望海楼

简　介

　　望海楼，位于浙江温州市洞头县，四面环海。公元434年前后，永嘉太守颜延之巡视温州，于岛上筑望海楼观海景。唐代诗人张又新任温州太守时，特地乘船寻楼并写诗纪游，望海楼遂名闻。其后楼毁，明清时期又实行海禁，岛上人烟稀少，未能复建。今望海楼为2007年重建。

词

望海潮·登望海楼

　　凭高环眺，群山星列，连空碧水漫漫。精卫解填，腾蛟可驭，霓灵①握手言欢。堤展破重峦。劈波凿山事，历尽辛艰，五彩缤纷，伴随车水泻安澜。

　　而今未下征鞍。见桥通诸屿，楼矗三盘②。坛建佛来③，港成贾聚，高招造就金滩。涛拍绿城垣。借此风云会，再赏奇观。撷取无穷憧憬，尤觉海天宽。

（《当代诗人咏温州》）

　　作者简介：吴军（1928～），山东莱芜人。原温州市委宣传部副部长、温州市文联主席、浙江省作家协会副主席，浙江省诗词学会副会长、温州市诗词学会名誉会长。著有《墨池词笺》、杂文集《研墨人手记》、散文集《岁月听潮》等。

---

① 　霓灵：霓，霓屿岛；灵，灵昆岛。两岛均属洞头区，为温州（洞头）半岛工程中拦海大堤的起讫地。
② 　三盘：洞头的岛名。
③ 　坛建佛来：指中普陀寺。

满庭芳·望海楼

世外桃源，人间仙境，天风海雨惊秋。四围空阔，云水画中收。百颗明珠灿烂，金三角①，礁美洞幽。登楼望，七龙②跨海，逶迤接东瓯③。

悠悠！鳌背上，天开胜景，谁与绸缪？引多少游人，几度回眸。海燕双双迓客，斜阳里，不断啁啾。归帆远，渔灯万点，空际挂银钩。

（2007年"望海楼海内外诗词大赛"特等奖作品）

作者简介：朱兆麟（1932~），湖南益阳人。中华诗学会会员、益阳市诗词家学会顾问、益阳市楹联艺术家协会副会长。

踏莎行·登望海楼

望海胸宽，登楼怀远，星罗岛屿连霄汉。人间美景惹心驰，无边风月殷勤献。

水拍滩平，霞铺云卷，堤桥织就游仙毯。凌虚我欲驾云飞，渔歌醉客声声唤。

（2007年"望海楼海内外诗词大赛"二等奖作品）

作者简介：彭庆达（1933~），湖南岳阳人。湖南民族职业学院高级讲师，特级教师，中华诗词学会会员。多年来致力于语文教学与中华诗词的研究，诗词作品及诗词创作论文多次获奖。

临江仙·登望海楼眺望洞头岛

谁洒明珠东海上，奇珍一串晶莹。七桥八岛④彩云横。无双真国色，仙界睹聘婷。

百战山河成乐土，沙滩画舸华灯。崇楼望远意飞腾。凭谁支楚笛，裂竹奏天声。

（2007年"望海楼海内外诗词大赛"评委特邀作品）

作者简介：周笃文（1934~），字晓川，湖南汨罗人。原中国新闻学院教授、中外文化研究所所长，中华诗词学会副会长兼秘书长、中华诗词编著中心总编辑。著有《经典宋词百家解说》《影珠书屋吟稿》，主编《全宋词评注》《宋百家词选》等。

---

① 金三角：雁荡山、楠溪江、洞头百岛为温州旅游山江海金三角。
② 七龙：指洞头境内的七座跨海大桥。
③ 东瓯：即温州。
④ 七桥八岛：指洞头以七座桥梁连接八个岛屿，进而与温州陆路相连的温州（洞头）半岛工程。

念奴娇·望海写意

　　登楼望海，任心马驰骋，眸光飞逐。谁掷天星成百岛，分列东西南北。娇若烟鬟，狂如狮虎，静作龟蛇伏。秋娘有意，引吾寻梦水国。

　　难得诗酒微酣，楼前携手，指点东山麓。裂岸波涛来复去，怒绽雪梅银菊。堤畔归舟，滩头晒网，庐结迷神谷。汐音潮韵，暗惊天外仙曲。

　　　　　　　　　　　　　　　（2007 年"望海楼海内外诗词大赛"三等奖作品）

　　作者简介：刘妙顺（1936 ~ ），浙江乐清人。中学教师，中华诗词学会会员。著有《蒲溪词草》《虬声雁影》《石门晚照》等诗词集。

浣溪沙·登望海楼

　　锦带长虹串黛螺，惊涛声里壮魏峨。洞头岁月总如歌。
　　半岛①飞花谁作画，一天落彩共临摩。深情难得此时多。

　　　　　　　　　　　　　　　（2007 年"望海楼海内外诗词大赛"三等奖作品）

　　作者简介：杨荣观（1937 ~ ），江苏东台人。高级教师，中华诗词学会会员、杭州市老干部诗词协会副会长。著有《河畔行吟》。

鹧鸪天·洞头望海楼

　　潮落潮生年复年，风摧浪拍石犹坚。七桥八岛相连缀，璀璨群星洒海间。
　　楼映水，水连天，烟波万里自陶然。逐流竞发千帆远，仰首遥空月一弯。

　　　　　　　　　　　　　　　（2007 年"望海楼海内外诗词大赛"评委特邀作品）

　　作者简介：王德虎（1938 ~ ），笔名晋樵叟、咸若堂主，山西平顺人。全国政协老干部局原副局长，中华诗词学会秘书长、《中华诗词》杂志社办公室主任、《中国当代诗人词家代表作大观》编委会编委。

---

　　① 半岛：指洞头诸岛与温州相连的温州（洞头）半岛工程。

满庭芳·登洞头望海楼感赋

波拥青螺，云烘红日，百岛①环抱琉璃。排山潮汐，残雪拍崖飞。遥看仙人叠石②，最高处，共与天齐。烟墩③上，崇楼镇海，画栋尽流辉。

神驰！多少事，驹光已逝，梦蝶犹回。忆抗倭英杰，护海娥眉④。今日桥连八岛，邀佳士，赌酒裁诗。东南望，半屏隔浪⑤，何日了相思？

（2007 年"望海楼海内外诗词大赛"优秀奖作品）

作者简介： 陈其良（1942~），字雅正，浙江瑞安人。中华诗词学会、中国楹联学会、浙江省诗词与楹联学会会员，瑞安市诗联学会副会长。著有《梧冈汇墨》《止斋故里》《光风霁月》等。

沁园春·望海楼抒杯

望海楼头，有柬催诗，乘兴而登。叹仙山百座，人寰难觅；奇峰半壁，鬼斧堪惊。戏水乌龙，浮波赤象，彩羽凌风孔雀屏⑥。衔接处，看穿珠缀翠，几架桥横。

千年往事频更。正盛世图强宇内平。忆颜公⑦筑阁，唐贤⑧撰句；心怀远古，襟抱沧溟。意动为涛，神飞作浪，俯仰长吟浩气生。思高会，聚如云胜友，共把杯倾。

（2007 年"望海楼海内外诗词大赛"三等奖作品）

作者简介： 刘克皋（1946~），号熊父，亦署沧浪归来，天津人。喜技击，兼爱诗词。

水龙吟·登洞头望海楼

名楼名不虚传，辉煌壮丽多风采。立山千仞，摘星摩斗，巍峨天外。屋角凌云，檐牙

---

① 百岛：洞头区由 302 个岛屿组成，素称"百岛之县"。
② 仙人叠石：指洞头著名景观仙叠岩。
③ 烟墩：望海楼建在洞头本岛烟墩山上。
④ 抗倭英杰：指戚继光，曾率部在洞头洋麂战倭寇；护海娥眉：指洞头先锋女子民兵连。
⑤ 半屏隔浪：洞头与台湾，各有一座半屏山。
⑥ 乌龙腾海、赤象屏、孔雀屏均为半屏山代表性景观。
⑦ 颜公：首建望海楼的南朝永嘉（即温州）太守颜延之。
⑧ 唐贤：唐代温州刺史张又新，寻望海楼未得，作《青岙山》诗，被收入《全唐诗》。

映月，名传千载。问滕王黄鹤，岳阳鹳雀①，何楼上，能观海？

碧海波清岛黛。有虹桥，长堤如带。万鸥掠舞，千帆翔集，滩平礁怪。潮涨潮平，溅珠崩雪，涛声澎湃。对良辰美景，吟诗敲韵，吐心中快！

（2007 年"望海楼海内外诗词大赛"三等奖作品）

作者简介： 王崇庆（1947～），湖北监利人。中华诗词学会会员、湖北省《湖北诗词》原常务副主编兼编辑部主任、湖北省老年大学客座教师。

满江红·登望海楼喜赏百岛风光

跨海长堤，通衢现，穿烟枕碧。沙滩外，浪摧礁石，雪飞崖壁，虹化七桥联险岸，鸥翔大港惊奇迹。伴芳林，广厦影参差，浮新邑。

观壮举，钦手笔。临画镜，思无极。看蓝图规划，羽丰鹏翼。百岛如棋天设局，千秋破阵盘生色。是楸枰，除却洞头人，谁能弈！

（2007 年"望海楼海内外诗词大赛"三等奖作品）

作者简介： 黄心培（1953～），字清源，上海崇明人。中华诗词学会、中国楹联学会、上海诗词学会会员，沈祖棻诗词研究会副会长兼会刊副主编。著有《清源集》、编有《诗词楹联》《海盐对联集锦》等。

望海潮·向晚望海

风随珠串，山如黛簇，波纹拂去还裁。峰色转时，云光鼓处，烟墩新浴娇腮。四面绝纤埃，忽半屏石削，仙叠岩开。数炳芙蓉，似从天外远浮来。

潮声漫逐心怀。把滨江故事，从此珍埋。沧海一望，澄明百岛，蓝图谁与安排？人影莫徘徊。更此间小立，彼岸堪猜。但把长鲸唤起，载去醉蓬莱。

（2007 年"望海楼海内外诗词大赛"三等奖作品）

作者简介： 王小娟（1971～），女，江苏南通人。中学教师。曾获江苏省青年十佳诗人。

沁园春·登洞头望海楼

系缆蓬壶，蹑足烟墩，纵目画楼。正长天待扫，些微浮霭；惊涛出没，三五飞舟。盆

---

① 滕王黄鹤，岳阳鹳雀：指滕王阁、黄鹤楼、岳阳楼、鹳雀楼。

景争姿，骊珠斗彩，百岛风光一望收。凭栏处，漫抚今追昔，思虑悠悠。

天涯认我琉球，忆郑帅①挥师斩贼酋。叹三春情意，十分牵挂：百年游子，千缕乡愁。两岸同根，半屏②为信，海峡无非一浅沟。俱华裔，问谁家阿扁③，何作蜉蝣？

（2007年"望海楼海内外诗词大赛"一等奖作品）

作者简介：陈正印（1977～），浙江平阳人。中华诗词学会、中国楹联学会会员、浙江省诗词与楹联学会理事、温州市诗词楹联学会理事暨《温州诗潮》编委。点校有《戊社汇刊》等。

踏莎行·望海楼

绿树依依，红花片片。桃源春色渔村见。云楼欲系少陵心，海暾④先扑青莲面。
港口飞舟，洞头落雁。东南肯与诗人便。登楼赋接洛神篇，曹王词笔⑤枝枝健！

（2007年"望海楼海内外诗词大赛"一等奖作品）

作者简介：牛一，湖南湘潭人。

---

① 郑帅：指郑成功，曾数度驻扎洞头诸岛，抗击清廷。
② 民谣："半屏山，半屏山，一半在大陆，一半在台湾。"大陆半屏山在洞头，台湾半屏山在台南左营。
③ 阿扁：指原台湾地区领导人陈水扁。
④ 海暾：海上初升的太阳。
⑤ 曹王词笔：指曹植的《洛神赋》和王粲的《登楼赋》。

光岳楼

简　介

光岳楼，位于山东省聊城市东昌府区。始建于明洪武七年（1374），初名"余木楼""鼓楼""东昌楼"。明弘治九年（1496），吏部考工员外郎李赞访太守金天锡，共登此楼，"取其近鲁有光于岱岳也"，将楼改名为"光岳楼"，沿用至今。明清两代不少名人墨客登楼览眺。乾隆皇帝将其定为南巡三十六行宫之一。明代以来有17次维修，最近的一次大修为1985年。1988年被公布为全国重点文物保护单位。

词

永遇乐·聊城览胜①

湖水环城，运河经市，形胜齐鲁。宋塔凌云，明楼望岳，历久全如故。海源书阁，山陕会馆，清代私家名筑。更堪喜、曹植添彩，风流人物无数。

斯年才俊，羡林识广，曾掌最高学府。壮士自忠，筑先英烈，赴死驱外侮。兴学武训，繁森援藏，不愧孺牛公仆。同乡叹、令人骄傲，唤人起舞。

附：王云鹏原词

永遇乐·春游东昌湖

明湖西子，昆明莫愁，几度芳秋。庐山仙人，岱宗王母，幻境多清苦。海市蜃影，天

---

① 自注：2005年"五一"节长假，回故乡聊城。五天时间，参观游览了东昌湖、古运河、舍利塔、景阳冈、宋代铁塔、明代光岳楼、清代海源书阁、山陕会馆，以及傅斯年祖居状元府、季羡林资料馆、张自忠陈列馆、范筑先殉难处、武训祠、曹植墓、孔繁森纪念馆等名胜古迹。其间，曾与在聊城工作的大学、中学同学聚会。大学同学王云鹏将他的词作《永遇乐·春游东昌湖》书赠予我。我作为聊城人，亦为故乡深厚的文化底蕴而自豪。故写《聊城览胜——兼答王云鹏》词一首，以作为此次故乡行的纪念。

涯归路，借问高人何处？胭脂女，轻挥芳手，云集东昌一湖。

　　烟水醉楼，风扶柳舞，绿波轻吻菱藕。长桥卧虹，千帆竞渡，唤飞戏鸥鹭。汽笛横空，金马频诉，月笼台榭无数。东风暖，花丛锦簇，凤飞云翥。

（《彩虹吟》）

　　作者简介：杨澄宇（1942～），山东东阿人。原解放军总后勤部参谋长，少将军衔。著有《彩虹吟》。

鹧鸪天·光岳楼

　　名唤聊城光岳楼，琳琅义展满目收。雅阁古建安来定，势似乐山大理游。

　　立美像，意悠悠。文人墨客化良谋。周边遥望宏泽阔，同览园林驾美舟。

（《中国美景纪实》）

　　作者简介：何世生（1953～），河南杞县人。原开封市司法局局长，中华诗词学会会员、河南诗词学会理事。著有《中国美景纪实》。

水调歌头·登光岳楼

　　久慕东昌美，有幸上斯楼。南行万里征雁，婉婉唱清秋。俯视平湖浩渺，碧水残阳尽镀，曲岸百花洲。风拂垂丝柳，信手可闲收。

　　黄叶谧，青草静，白云柔。假如范老重至，一扫往年愁。昔日风情依旧，化作景阳美酒，不醉有何由？凭借今宵兴，吟月上兰舟。

（《历山诗词精选》）

　　作者简介：李世瑜（1954～），河南台前人。中华诗词学会会员、河南诗词学会理事、著有《凤台春晓》《古韵新声》等。

太白楼

简　介

　　太白楼，位于山东省济宁市任城区，是唐代贺兰氏经营的酒楼。"诗仙"李白曾饮酒于此，后咸通二年（861）吴兴人沈光为该楼篆书"太白酒楼"匾额，作《李翰林酒楼记》一文，"太白酒楼"遂闻名天下。宋、金、元时期对该楼都进行过重建和修葺。明洪武二十四年（1391），济宁左卫指挥使狄崇重建太白楼，依原楼的样式，移迁于南门城楼东城墙之上（即今址），并更名为"太白楼"。今太白楼为1952年原址重建。1987年，济宁市在太白楼建立李白纪念馆。

词

阮郎归·济宁市古景

　　探亲寻友到济宁，同友观故踪。古济地内运河经，楼居太白公。
　　唐敬德，过济宁，古槐勒马停①。九州七塔铁熔成，济宁塔在名。

（《睢宁文史资料 第 11 辑》）

　　作者简介：徐会明（1925～2002），又名徐会民，山东苍山人。原睢宁县政协主席。著有《民歌诗草》《徐会明诗词选抄》等。

---

① 　唐敬德：为唐朝开国大将尉迟敬德（585～658），有"敬德勒马看方槐"的佳话。

谱

太白楼

作者简介：词作者杨义堂（1967～），山东济宁人。原济宁市文物局副局长，中国作家协会会员。著有长篇小说《大孔府》《大运河》，歌曲《运河情》等。

曲作者刘刚。

越王楼

简　介

　　越王楼，位于四川省绵阳市龟山之巅，始建于唐高宗显庆年间（656~661），为唐太宗李世民第八子越王李贞任绵州刺史时所建。史载其规模宏大、富丽堂皇，楼高十丈（即百尺）。历代名士如李白、杜甫等都曾登楼作赋。唐代至明代期间越王楼曾数度毁损，几经重建。清乾隆初年楼毁，仅留遗址越王台。今越王楼为原址重建，2011年建成并对外开放。重建的越王楼主楼高99米，共15层，建筑面积22207平方米，成为绵阳历史文化名城的标志性建筑。

词

江城子·越王宫抒怀

　　鸂鶒①飞起郡城东，碧江空，半滩风。越王宫殿，蘋叶藕花中。帘卷水楼鱼浪起，千片雪，雨濛濛。

　　极浦烟消水鸟飞，离筵分手首时，送金巵。渡口杨花，狂雪任风吹。日暮空江波浪急，芳草岸，雨如丝。

（《花间集》卷四）

　　作者简介：牛峤（生卒年不详，唐末人），字松卿，一字延峰，狄道（今甘肃临洮）人。唐末寄寓巴蜀，在前后蜀任秘书监、给事中等职。著有《牛峤集》。

---

① 鸂鶒：水鸟名，鹭鸶的一种，头细身长，身披花纹，颈有白毛，头有红冠，能入水捕鱼，又名"鱼鸡"。

水调歌头

危楼云雨上，其下水扶天①。群山四合，飞动寒翠落檐前。尽是秋清栏槛，一笑波翻涛怒，雪阵卷苍烟。炎暑去无迹，清驶久翩翩。

夜将阑，人欲静，月初圆。素娥弄影，光射空际绿婵娟。不用濯缨垂钓，唤取龙宫仙驾，耕此万琼田。横笛望中起，吾意已超然。

定风波·感旧

点点行人趁落晖，摇摇烟艇②出渔扉。一路水香流不断，零乱，春潮绿浸野蔷薇。

南去北来愁几许，登临怀古欲沾衣。试问越王歌舞地③，佳丽，只今惟有鹧鸪啼。

（《全宋词》）

作者简介：李泳（？～1189），字子永，号兰泽，四川成都人。兄弟五人皆能诗词，有《李氏花萼集》。

念奴娇·七夕
（是年七月九日方立秋）

扪参历井④，恰匆匆、三见西州⑤七夕。怪得骄阳回避晚，犹去新秋两日。天上良宵，人间佳节，初不分今昔。夜来急雨，洗成风露清绝。

因念万里飘零，君平何在、谁识乘槎客⑥？插竹剖瓜休妄想，恰巧那容人乞。院宇初凉，楼台不夜，漫说经年隔。引杯长啸，醉看天地空阔。

---

① 越王楼建在涪江岸边，杜甫的《越王楼歌》中有"楼下长江百丈清"、陆游的《登越王楼》中"上尽江边百尺楼"等诗句描写了越王楼立于涪江边上，似从水中直立。

② 烟艇：烟波中的小舟。

③ 越王歌舞地：即指越王楼。

④ 扪参历井：指绵州的星宿分野。

⑤ 西州：代指绵州。

⑥ 君平、乘槎客：典出晋·张华《博物志》卷十：传说天河与海通，有人居海渚者，年年八月见有浮槎去来，不失期，遂立飞阁于查上，乘槎浮海而至天河，遇织女、牵牛。此人问此是何处，答曰："君还至蜀郡访严君平则知之。"后至蜀，君平曰："某年月日有客星犯牵牛宿。"正是此人到天河时。

定风波·次韵

休卧元龙①百尺楼②。眼高照破古今愁。若不擎天为八柱,且学鸱夷③,归泛五湖舟。万里西南天一角④,骑气乘风,也作等闲游。莫道玉关人老矣,壮志凌云,依旧不惊秋。

水龙吟·寿王漕,是日冬至

夜来井络参躔,使星一点明如昼。谁将天上麒麟,钟作人间英秀。从橐仪刑,御屏名姓,暂烦衣绣。问西川父老,新来喜跃,缘何事、曾知否。

今代澄清妙手。为公家、忧心如疚。几年繁赋,一朝输代,恩民特厚。初度佳辰,恰逢长至,从来希有。但只将一部,欢声百万,与公为寿。

(《全宋词》)

作者简介: 京镗(1138～1200),字仲远,号松坡居士,豫章(今江西南昌市)人。绍兴二十七年(1157)进士,官至丞相,谥"庄定"。著有诗集七卷、词集《松坡居士乐府》二卷。

水调歌头·妇生朝李倅□同其女载酒为寿用韵谢之

曾向君王说,臣愿守嘉州⑤。风流别乘初届,元在越王楼。湖上龟鱼何事,桥上雁犀谁使,争挽海山舟。便遣旧姻娅,解后作斯游。

晚风清,初暑涨,暮云收。公堂高会,恍疑仙女下罗浮。好是中郎有女,况是史君有妇,同对藕花洲。拟把鹤山月,换却鉴湖秋。

木兰花慢·绵州表兄生日
(绍定壬辰五月)

被东风吹送,都看尽、蜀三川。向涪水西来,东山⑥右去,剑阁南旋。家家露餐风宿,

---

① 元龙:三国时陈登,字元龙。原指陈登自卧大床,让客人睡下床。后比喻对客人怠慢无礼,也用来指主人有豪气,看不起庸俗的客人。

② 百尺楼:绵州越王楼。

③ 鸱夷:指春秋时的伍子胥。典出《战国策·燕策二》:"昔者五子胥说听乎阖闾,故吴王远迹至于郢。夫差弗是也,赐之鸱夷而浮之江。"

④ 出自"越王墓志铭"中"利有攸往,实在西南"。

⑤ 嘉州:今四川乐山市。

⑥ 东山:绵阳的富东山,与越王楼咫尺相望。

数旬间、浑不见炊烟。踏遍王孙草畔①，眼明帝子城②边。

万家赤子日高眠。丝管夜喧阗③。自梓遂④而东，岷峨向里，汉益从前。人人里歌涂咏，愿君侯、长与作蕃宣。我愿时清无事，早归相伴华颠。

（《全宋词》）

作者简介：魏了翁（1178～1237），字华父，号鹤山，四川蒲江人。庆元五年（1199）进士，官至端明殿学士、同签书枢密院事，谥"文靖"。南宋著名理学家。著有《鹤山全集》《九经要义》等。

临江仙·谢友人

老去尚呼张丈，醉中自惜熊儿。越王台⑤上鹧鸪啼。三朝臣不遇，无复好文时。

情绪幽幽似结，鬓丝索索禁吹。病来魂不到相思。散人腰已散，倚杖叹吾衰⑥。

（《全宋词》）

作者简介：刘辰翁（1232～1297），字会孟，号须溪，庐陵（今江西吉安市）人。景定三年（1262）进士，官中书省架阁等职。南宋末年著名的爱国词人，属豪放风格，受苏东坡、辛弃疾的影响很深。著有《须溪集》。

忆王孙⑦

鹧鸪飞上越王台⑧。烧接黄云惨不开⑨。有客新从赵地回⑩。转堪哀⑪。岩畔古碑空绿苔⑫。

（《全宋词》）

---

① 指越王楼周边的草地、园林。
② 帝子城：即越王楼。自唐修建以来，历代诗人多以"唐家帝子楼"称颂之，陆游的《登越王楼》中有"夜宴唐家帝子楼"之句。
③ 阗：形容寂静。
④ 梓遂：指梓州、遂州，在成都以东。
⑤ 越王台：唐宋时期越王楼一度被毁，仅余越王台旧址。
⑥ 自注：时苦腰滞。
⑦ 选自"忆王孙十六首"之十五，本词是集句词。
⑧ 鹧鸪飞上越王台：出自唐 窦巩《南游感兴》："日暮东风春草绿，鹧鸪飞上越王台。"
⑨ 烧接黄云惨不开：出自唐 吴融《彭门用兵后经汴路三首》："霜凋绿野愁无际，烧接黄云惨不开。"
⑩ 有客新从赵地回：出自唐 李远《听话丛台》："有客新从赵地回，自言曾上古丛台。"
⑪ 转堪哀：出自唐 司空曙《过庆宝寺》："禅宫亦销歇，尘世转堪哀。"
⑫ 岩畔古碑空绿苔：出自唐 许浑《凌歊台》："百年便作万年计，岩畔古碑空绿苔。"

· 447 ·

作者简介：汪元量（1241～约1317），字大有，号水云、江南倦客，钱塘（今浙江杭州市）人。咸淳进士，宋度宗时以晓音律、善鼓琴供奉内廷，宋亡后随三宫入燕。为诗多写宋亡后北徙事，有"诗史"之称。著有《水云集》《湖山类稿》。

水调歌头·题碧水寺①

楼观②儿时起，回出半山间。当门一片涪水，来去自年年。闲时登临选胜，细读镵金文字，剥蚀费钻研。问佛佛无语，相对两茫茫。

立移时，蓦回首，向窗前。隔岸高城，隐隐带炊烟。更有桑林坝子③，和著几家茅舍，画意写黄荃④。浮生如梦耳，好景且留连。

（民国《绵阳县志》）

作者简介：郭延（1879～?），字季吾，一作季武，四川叙永人。著有《丹隐词》。

---

① 碧水寺：位于越王楼西 200 米处，是绵阳市著名佛教圣地，全国首批重点文物保护单位。
② 即越王楼。
③ 桑林坝子：越王楼西的古村落，现仍为此名。
④ 黄荃：五代十国时期西蜀著名画家。

曲

【南吕】 金字经·重到湖上

碧水寺①边寺，绿杨楼外楼②，闲看青山云去留。鸥，飘飘随钓舟。今非旧，对花一醉休。

（《全元曲》）

作者简介：任昱（生卒年不详，元代人），字则明，四明（今浙江宁波市）人。一生不仕。工曲，善诗，所作散曲小令在歌妓中传唱广泛。

天净沙·绵州秋望

橙黄桔绿枫丹，淡烟乔木平川③。一叶扁舟唱晚，几行征雁，夕阳秋水长天。

（《越王楼·古代诗歌卷》）

作者简介：郭延（1879～?），字季吾，一作季武，四川叙永人。著有《丹隐词》。

---

① 碧水寺：在越王楼边，唐代名水客院，现为国家级重点文物保护单位。
② 楼：越王楼。
③ 出自清 王士祯《渡涪江》诗："涪江江水抱山流，不见唐家帝子楼。记得江东诗句好，淡烟乔木是绵州。"

剧

作者简介：严泽铣（1942～），四川绵阳人。原绵阳教育局副局长、《绵阳日报》总编辑。

乔元和，未详。

作品简介：本剧主要讲述的是越王李贞任绵州刺史时的故事。李贞在任绵州刺史时，防涝开河，倡导农商，体察民情，爱抚百姓，节衣缩食，深受百姓拥戴，并用三年时间建造了举世闻名的越王楼府。后李贞因反对武则天称帝而死。本剧引用大量的史料记载，重现李贞担任绵州刺史的这段历史，重点展示其惩贪除恶、文治武功方面的事迹，以此重塑李贞形象，展示唐代绵州大地的风土人情，诠释重修竣工的越王楼。

新编历史川剧 《越王楼》

第一场 祸乱绵州

（涪江之畔，水灾惨景。人物：灾民李大爹、李粉儿父女，王大妈、王屠户母子。圈山王、苟军师、匪徒、贾青天、衙役）

（幕启，云雾缭绕。琵琶声声，如珠落玉盘。琵琶女高坐，舞女们翩翩起舞。）

琵琶女：（唱）历史风烟滚，人间冷暖情。多少悲与喜，多少仇和恨，百姓苦难史，帝王九五尊。挥手弹琵琶，敢把苍天问，谁在为国家？谁在为黎民？品评越王楼，历史解疑云！

（琵琶女和舞女们隐退。）

（大幕上先后出现李贞和越王楼的巨大剪影，然后消失。）

（天幕上电闪雷鸣，浊浪排空，随后是涪江灾后惨景，房屋倒塌，良田被毁，百姓流离失所。可用舞蹈表现！）

（灾民上场）

李大爹：背时显庆年。

李粉儿：土匪加苛捐。

王大妈：涪县遭水患。

王屠户：房屋冲垮完。

李大爹：大家都逃难。

李粉儿：无处把身安。

王大妈：官府全不管。

王屠户：地痞找麻烦。

合：高宗皇帝爷呀！绵州百姓活命难哟！活命难！

（人喊马叫，圌山王率众匪徒上）

圌山王：（唱）老子占领在圌山，不愁吃来不愁穿。今天打枪彰明县，明日又闹江油关。我只要钱不要脸，谁也把我板不翻。日子过得很舒坦，一到晚来就孤单。决心要把美人选，弄个压寨夫人玩。

（白）山高皇帝远，绵州没人管，到处我横行，嘿嘿，无法又无天。现在而今眼目下，正是高宗皇帝显庆年间，涪江水灾严重，我正好趁机大捞一把，哈哈哈……喽啰们，今天收成如何？

匪　徒：青莲场商铺一扫而空，货物已运往圌山。

圌山王：干得好！今夜赶往魏城，钱财美人都要！

苟军师：禀大王，吐蕃王耶律卡和南诏王阿克彪联合修书一封送来，请大王一观。

圌山王：老子晓得，又是那事，快快念来！

苟军师：（拆信念）圌山王钧鉴：绵州乃川陕要道，兵家必争之地。闻此城已三十余年未设城防，不练甲兵。趁其空虚，正好乘虚而入。大王英雄盖世，胆略过人，我们联合起来，里应外合，一举占领绵州。我等拥戴你成一方之王，再图成都，建立大业。此乃天赐良机，万不可失！

敬祝贵安！　　　　　　　　　吐蕃王　耶律卡

南诏王　阿克彪　拜上

圌山王：敢问军师，占了绵州到底有好大个搞头？

苟军师：大王，搞头大得很啦！那时你就不再是山寨的土包子大王，而是绵州王了，再去占了成都，你就能建国立号，当正儿八经的皇帝老倌了。选不完的天下美女，吃不完的山珍海味。荣华富贵的生活赛过神仙。

圌山王：好，赶快回话，说我一定真心合作。抓紧练兵，选个黄道吉日，准备起事。搞成功了，我们平分绵州！

苟军师：大王，哪才绵州，而是天下！

圌山王：对头，天下。

苟军师：那时别忘了小人啊。

圌山王：那是当然，你军师就是丞相，弟兄们也弄个藩王总兵干干！

匪　徒：谢大王！

圌山王：哈哈哈哈！

匪　徒：（匪徒们在灾民中发现了李粉儿，向圌山王报告）报告大王，抓来一个美女，你看那模样儿要不要得！

圜山王：押上来给我看一看，呵呵哈哈。

（唱）这个小妞长得乖，樱桃小口桃花腮。柳腰围裙随风摆，脚下露出金莲来。这样美人压山寨，胜似王母坐瑶台。越看美人越是爱，不由欲火冒出来。心里发慌难忍耐，一把将她搂在怀。（李粉儿挣扎，尖叫）

李粉儿：啊呀！爹吧！

李大爹：这位好汉，在光天化日之下，敢抢民女，还有没有王法！

（圜山王一脚踢倒李大爷，示意众匪徒抢走李粉儿，李大爷惨叫。众匪徒架走粉儿，李大爹呼叫追下）

圜山王：（向台下观众，指着被抓下场的李粉儿父女）而今绵州，老子说的就是王法。（大摇大摆下）

王大妈、王屠户：老天啦！这是啥世道啊！

（贾青天率衙役上）

贾青天：爱民如子，自号称青天。本官涪县县令贾青天是也！今日出衙一观，灾情果然严重，房屋倒塌，良田被毁，灾民流离。天灾无情，本县也莫奈何啊（沉吟、冷笑）嘿嘿，倒也是个发财的天赐良机。

（唱）乡亲们呀！涪江水灾硬是惨，千万不要怪下官，我为民朝靴跑烂，我为民露宿风餐。灾民苦哭坏双眼，见乡亲珠泪不干。众百姓受苦受难，遇天灾也很自然，乡亲们切莫埋怨，且忍耐渡过难关。本官是精打细算，每件事都要花钱，每个人再出一点，抗天灾重建家园。

衙役：（向内）大家听明白了吗？贾大人一心为民，带头吃苦。为了抗灾，每家每户要缴清赋税，没钱交纳用绢帛也可！禀大人，这些灾民不交又咋办？

贾青天：（阴沉地）赋税乃国之大法。谁敢违法，严惩不贷！

衙　役：明白了，大人。（衙役发现王大妈母子）王屠户，今天总算找到你了，休想再跑！

王屠户：差哥呀！我们母子无处安生，才流浪到此呀！

衙　役：你杀猪卖肉，欠税钱二十贯，利息加四成，四二得八贯，再加河堤捐二贯合计应缴纳三十贯钱，赶快缴清！

王大妈：差哥，我们逃难出来都两天没吃饭了，哪有钱缴税捐哟！

王屠户：要钱没有！要命有一条！

衙　役：咦！王屠户，你还敢抗法，给老子锁起来。（衙役用铁链条锁王屠户）

王屠户：老子跟你们拼了。（双方殴打，王寡不敌众，被锁起来）

王大妈：你们太无法无天了！儿呀！为娘去了。（王大妈跳入涪江，淹死了！）

贾青天：王老婆子跳入涪江，不想活也就算了。把王屠户锁到开元场示众！看谁敢不交税纳捐？

衙　役：禀大人，听说绵州新来刺史，越王李贞大人已经到任！

贾庆天：（大惊）吏部公文才到，他来得的这么快呀！

衙　役：这新刺史，啥子人哟！

贾庆天：尔等不知，他大有来头。他本是太宗皇爷弟八子。文武兼备，很有干才，人
　　　　称"才王"、"干臣"，这次来绵，咦！我怕是猫儿抓糍粑——脱不了爪爪。

　　　　（瘫痪，衙役扶着。落幕）

第二场　察灾访民

（涪江之畔，秋风萧瑟。）

（人物：李贞、裴守德、李规、贾青天、衙役、王屠户、李大爹）

（幕启，李贞率裴守德、李规一律素服便装上）

李　贞：（唱）在金殿领皇命绵州上任，察水灾访民情日夜兼程。房屋倒良田毁一片惨
　　　　景，赋税重苛捐多民不聊生。吐蕃王南诏王不守本分，他们敢勾结土匪起反
　　　　心。在荒年百姓们本来贫困，狗贪官与恶棍四方横行。刺绵州还需要着实把
　　　　稳，乱世中用重典决不留情。

　　　　（白）绵州刺史李贞是也！父皇先后封我为原王、汉王、越王，做安洲、徐州、扬州都
　　　　督。今年是高宗皇兄显庆四年，他急召我从徐州赶回长安。金殿之上，封我
　　　　为绵州刺史兼豫州刺史，管辖十郡之地。我受封之后，皇兄走下龙位，拉着
　　　　我的手道："李贞呀，我的八兄弟。绵州乃西蜀要地，南可控西南，北可图秦
　　　　川。大唐基业要稳固，就务必治好绵州。你文武兼备，人称'才王'"富有
　　　　吏干"'干臣'，而今绵州内忧外患，保境安民就靠你了"。我受命以来，不
　　　　敢懈怠。今日出城察访民情，裴守德！

裴守德：岳父大人。

李　贞：一路小心，仔细观察。

裴守德：小婿遵命；

李　贞：李规！

李　规：儿在！

李　贞：记事于心，看个究竟！

李　规：儿遵父命。

（二衙役用铁链锁住王屠户，边拉边打，王屠户在途中和衙役争斗）

王屠户：（高喊）绵州贪官，无法无天；绵州贪官，无法无天！

李　贞：壮汉，太平盛世，怎能如此呼号？

王屠户：啥太平哟！天上星多月不明，河里鱼多水不清，世上官多不太平！

李　贞：怎的个不太平？

贾青天：这位客官，我看你是狗咬耗子——多管闲事。本县令的事，你管得了吗？

李　贞：县令大人，常言说得好，大路不平旁人铲嘛！

贾青天：有何不平？这王屠户暴力抗税，犯了国法，谁敢过问！

王屠户：客官啊！

（唱）天灾年百姓贫困，受饥寒实在伤心。摆肉摊没人过问，受了灾无处安身，百姓们难以活命，涪县里民怨沸腾。我老爹身染重病，一家人难以为生。我被锁老娘气愤，跳涪江里一命归阴。这都是实言告禀，请客官理论三分。

李　贞：（唱）听他言不由人满腔怒愤，老百姓果然是受尽欺凌。抗天灾在眼前第一要紧。父母官切不可怕死贪生，离衙门去灾区安抚百姓，平物价剿土匪才得安宁。抗大灾还需要精神振奋，为官者理应当为国为民。

贾青天：（唱）这家伙好大胆出言不逊，你竟敢教训我为官之人。本老爷现而今官居七品，涪县里哪一个敢哼一声！催税款用法度乃是本分，大灾年首先要整治刁民。气不过将他来绳梆索捆，我不信谁敢来为他说情。

（白）衙役，把这刁民捆起来和王屠户一起游街示众。

裴守德、李规：谁敢动手！

贾青天：听口气，好像有点来头！你们是——

李　贞：长安生意人。

贾青天：啊，做买卖的人，长安而来，一定有钱，本大人最爱和大客商交往。请问贵姓？

李　贞：免贵姓李。

贾青天：好姓啦！这大唐就是你们李家的天下嘛！敢问你做什么生意？

李　贞：什么都做。军、政、财、文啦，客户上百万！

贾青天：哎呀！你莫非是——

裴守德、李规：新上任的绵州刺史！

贾青天：你就是李贞大人。

李　贞：正是卑职。

贾青天：可有印信？

裴守德：（高举官印）睁开尔的双眼！

贾青天：（摊在地上）我的妈呀！今天倒霉了。小人不识泰山，罪该万死。

李　贞：王屠户，不用着急，暂避我的临时州衙，待事情查清后本刺史自有发落。李规呀！

李　规：儿在！

李　贞：赶快回衙，组织师爷班头严查贾县令之事，同时开仓放粮，赈济灾民。

李　　规：是！（带王屠户，衙役下）

（李大爹大叫上场）

李大爹：李粉儿呀！我痛心的女儿！天哪！

李　　贞：这位老汉，为了何事你呼天叫地。

李大爹：你是哪家大人啊！

裴守德：他是新上任的绵州刺史。

李大爹：（跪着哭诉）刺史大人，我的女儿李粉儿被圌山王抢走了。至今不知是死是
　　　　活？你要为我申冤呀！

李　　贞：圌山王横行乡里，鱼肉百姓，本刺史也有所闻。

李大爹：他是绵州土匪头子，凶残得很！

李　　贞：裴守德听令！你立刻率领绵州、五千人马由李老汉带路，围剿圌山王，活捉
　　　　匪首，不得有误。

裴守德：得令！老汉请。

李大爹：说干就干，硬是真正一心为民呀！

（裴守德、李大爹下）

李　　贞：（唱）奉王旨刺绵州肩负重任，惩凶顽不手软雷厉风行。岂肯让豺狼辈残害百
　　　　姓，必须要察善恶弄清实情。除邪恶扬正气社会安定，为大唐锦江山保境安
　　　　民。（李贞率众下）

（裴守德率官兵绕场，众灾民踊跃领粮）（幕落）

第三场　刺史治绵

（李贞的临时府衙。）

（人物：李贞、裴守德、李规、贾青天、王屠户、圌山王、李大爹、校卫）

（幕启，黑暗中一束追光照来，李贞来回踱步，焦虑不安。大脑浮现出以下雕像：圌山
　　　　王凶残抢劫，贾青天贪婪害民，众灾民呼天唤地……

（李贞突然大喊：升堂！圌山王、贾青天、众灾民隐退。

（灯光大亮，府衙威严，两旁是《回避》、《肃静》牌子。一副楹联：民脂民膏、尔食
　　　　尔禄。横额：明镜高悬。）

李　　贞：（白）治绵州不辞劳顿，为黎民赤胆忠心！

校　　卫：报！李规公子回府。

李　　贞：传他进来。（李规上）

李　　规：禀告刺史大人，涪县县令贾青天，经查证贪污库银十五万贯，逼死王大妈，
　　　　俱是事实，这是百姓证词。（呈上证词，李贞阅览）

李　　贞：政者正也，可恼！这还了得，来呀！与我押上公堂。（校卫押贾青天上）

贾县令：刺史大人，下官愿改恶从善，全部赔退赃款，承担王大妈的死亡抚恤，望大人宽恕，从轻发落。

李　贞：民脂民膏，尔食尔禄！贾青天，你这恶吏！

贾县令：还望大人开恩。

李　贞：（唱）枉自你在南学曾读孔圣，既贪赃又枉法残害黎民。孟子曰民为贵国家根本，岂容你仗权势任意横行，大灾年尔就该为民解困，安灾民建家园度过光阴。艰难时首先要想到百姓，你却要捞一把法不容情。吸民脂和民膏可恶可恨；心狠毒披人皮人面兽心。有尔辈我大唐江山不稳，不惩办腐败官民愤难平。

（白）念尔尚能知错，又愿赔退，免尔一死，死罪能免活罪难逃。那就抄没全部家产，革去七品官职，发配茂县。

贾青天：感谢大人不斩之恩。（贾县令剥去官帽官服押），哼！我们骑驴看唱本——走着瞧。（押下）

王屠户：拜见刺史大人。

李　贞：王屠户，你老母自有抚恤，不必担心。而今洪水已退，市面开始活跃。你还是重操旧业杀猪卖肉，既满足百姓生活，你也有个生计。

王屠户：感谢大人！明天我就在铁牛街开始营业，请大家光顾！该纳的税，我王屠户不少一文！（王屠户下）

李　贞：我已上奏朝廷，拨二十万贯安置灾民，重建家园，免收绵州两年赋税，休养生息。

校　卫：报，裴将军胜利归来！

李　贞：奏乐有情！（裴守德押圄山王，救出李粉儿上）

裴守德：这就是圄山王！（圄山王绑跪）

李　贞：你就是圄山王？

圄山王：是我。

李　贞：你占山称王，反我大唐，杀人放火，鱼肉百姓，你该当何罪？

圄山王：称王称霸，算毬个啥！

裴守德：他私通南诏王和吐蕃王，想侵犯绵州，再图大唐，书信在此，大人请观。（李贞接信阅览）

李　贞：这是他又一罪证。南诏、吐蕃二王乃少数民族，本应团结，通报耶律卡和阿克彪，各族通商贸易，开拓西南丝绸之路，本刺史十分欢迎，若图谋不轨，决不饶恕。

裴守德：是！

李　贞：这也难怪啊！自贞观初年以来，绵州城防不修，武备不兴，致使吐蕃、南诏图谋不轨，强盗猖獗。裴守德，拨给你库银十万贯，重修城墙，苦练州兵，以防万一。

裴守德：遵命！

李　　贞：把圇山王这个罪大恶极的畜生推出去斩了，人头挂在圇山示众，以安慰乡里。

圇山王：啊，嗬！（押下斩首）

李　　贞：李粉儿，你也可以与父亲回家团聚了。

裴守德：禀大人，她父亲在这次追剿中被土匪杀害！

李　　贞：啊呀！（走下位来，亲切地问粉儿）家中还有什么亲人呢？

李粉儿：母亲早已去世，父女相依为命！

李　　贞：这样说来，无家可归了！

李粉儿：（痛苦）啊呀呀！

李　　贞：不要啼哭，本刺史倒有个主意，想收你为螟蛉之女，你也有个安身之处，不知你的意下如何？

李粉儿：小女子不敢高攀！

李　　贞：有何不敢！你姓李，本刺史也姓李，原本一家嘛！

李粉儿：（高兴地）孩儿拜见干爹！

李　　贞：免礼，免礼！

裴守德：刺史大人，这绵州的民风啊令人担忧。

李　　贞：民风么，重在教化！

（唱）施仁政乃是根本，自古来重在驯民。兴学堂大开文运，读孔孟四书五经。进庙宇佛教认定，启发人善良之心。在绵州多修名胜，学文化文明之城。明礼仪诚实守信，行善事贵在认真。

李　　规：大人所言极是，绵州有文才能化嘛！

李　　贞：自汉武帝以来，罢黜百家，独尊儒术，国运昌盛。父皇在时，曾派玄奘高僧西天取经，一路辛苦艰难多灾，取得真经藏在长安大雁塔里。这是为何！贞观之治，就在文治武动，缺一不可。

李　　规：一文一武，就像人的两只手和两条腿要紧密配合起来，才能行动做事。

李　　贞：此乃至理之言，我儿大有长进。裴守德，你看呢？

裴守德：岳父大人，这府衙不能再"临时"了。就从修建府衙开始吧！

李　　贞：这倒也是！这临时府衙，破旧不堪，寒酸之至，你们看，城西龟山，形如元宝，龙脉宝地，面临涪水，远眺蜀川，风水甚佳。本刺史有心在此修建府衙，监控三江，通衢剑南，直连西川。大家意下如何？

众：好哇，依山傍水，蜀北名珠，照耀绵州，就叫越王楼吧！大人快下决心！

李　　贞：越王楼？倒也诗情画意。父皇封我越王，也有威镇南越之意！府衙一定要壮观富丽，显我大唐威仪，扬我皇家气派，臣服西南各族，报我皇兄之恩，标我绵州文明。增我爱国之心，聚天下诗文，壮我中华文化，这事利在大唐，功在千秋！

李　规：我明日启程去长安请高等工匠尽快动工！

李　贞：且慢！眼前绵州水患未平，经济尚未回复，库银吃紧，先修南山书院，六岁孩童进学堂读书，另建绵州文庙，寺庙各一座，倡导儒学和佛教。待明年秋后，民已安居，粮也充足，再修一座望江楼铸一铁牛，以镇涪江水患。

众：大人想得周到。

李　贞：（白）文治武功，千古名言

【幕落】

第四场　风云突变

（人物：李贞、夫人、裴守德、李规、李粉儿、王屠户、贾青天、校卫）

（幕启：琵琶女在云雾中高坐弹唱，伴随歌舞：李贞治绵州，兴建越王楼。万民齐动手，青史美名留。从云雾中隐去。）

（一片修建越王楼的劳动热烈场景。李粉儿指挥，劳工抬木料、抬石头。）

（呼劳动号子：呵哟咋嘞、呵哟咋嘞！修名楼哟好处多。不怕苦呀心里乐。喊号子、震山河。小妹妹、大哥哥、加油干呀，咳哟咋嘞！重复多次。）

李粉儿：（展开越王楼施工图样）你们看这"越王楼"是多么的宏伟壮丽呀！

（唱）坐落在龟山宝地，工艺精巧天下奇。风姿卓约诗画意，犹如仙女云中立。王者风范帝王气。璀璨明珠照华夷。登楼远观巴蜀地，锦绣河山人着迷。中华文明收眼底，千古名楼留胜迹。

王屠户：大家加油，早日建成，回报大人。

众：好！早日建成，回报大人。

李　贞：（率裴守德、夫人、李规上）

（唱）建高楼财力吃紧，奏皇兄动用库银。治绵州文武并进，多亏了众位乡亲。兴上木劳累百姓，李贞我心情难平。且喜得社会安定，天蓝地绿宴河清。府衙中官清廉政，学馆里琅琅书声。寺庙中香火旺盛，市场上一片繁荣。三江水波涛滚滚，富乐山树木森森。百姓们艰苦发奋，遵纪守法讲文明。社会和睦人心顺，万民高歌颂庆云。

（白）守德、李规呀！

裴守德、李规：大人。

李　贞：（接唱）到工地务必恭敬，深施礼感谢乡亲。

李粉儿：孩儿拜见干爹，干妈、二位兄长。

夫　人：我儿辛苦了。

李　规：多亏了小妹安排!

李粉儿：多亏王屠户大哥在商家集资，补充资金不足!

王屠户：修越王楼是大家的事，有人出人，有钱出钱嘛!

李　贞：感谢了，乡亲们!

（贾青天带领锦衣卫上）

贾青天：（得意地）哈哈!昔年充军去茂县，前度贾郎又回来。可恨李贞昔年发配我到
　　　　茂县受罪，我用十万贯钱财暗地买通武三思大人，并拜他为干爹，他为我平
　　　　反，还保举我为钦差大人，奉诏传旨重返绵州。李贞接旨!

李　贞：臣，下跪!（众随之下跪）

贾青天：（宣读圣旨）"奉天承运，皇帝诏曰，绵州刺史李贞利用职权，挪用库钱，滥
　　　　用民力，私建越王楼，心怀叵测，图谋不轨，着刻押送东都洛阳听审!钦
　　　　此。"你还不谢恩?

李　贞：何人之旨?

贾青天：咦!我说李贞呀!你不要老鸦吃豆腐——装莽嗦，而今不是你李家的大唐天
　　　　下了，当年的天后已是大周的圣母神皇，我宣读的就是大周武则天圣母神皇
　　　　的旨。你的儿子李冲在琅琊造反，已被捉拿，你要识相点，请吧!

李　贞：你就是贾青天!

贾青天：啥哟!我的名岂是你喊的!

李　贞：该如何喊你呢?

贾青天：呸!李贞你还不知道吗?我从前是你们李唐家的芝麻官，抓住我一点小毛病，
　　　　就整的我受尽牢狱之苦。而今我已是武三思大人的干儿子，大周圣母神皇的
　　　　钦差大臣，贾青天是也!

李　贞："下官"失礼，请近身来我有好言相告，（贾近前靠李贞）呸!你这样披着人
　　　　皮的狗!

贾青天：（唱）李贞做事好大胆，胆敢骂我钦差官。你的眼睛鼓大点，不看我本人看
　　　　靠山!

李　贞：（愤怒之极）（唱）尔卑鄙无耻不要脸，枉自活在人世间。

贾青天：（唱）有奶是娘不饿饭，朝中有人好当官!

李　贞：（唱）吸人血来喝人汗，世人写你狗贪官!

贾青天：（唱）天变地变我也变，你李八娃老爷搬不翻!

李　贞：（唱）愿望你能洗心革面，我一片苦心也枉然!

贾青天：（唱）李贞你已成皇犯，接受捆绑去长安，去长安!

众民工：越王忠君爱民，建楼经朝廷批准，宣扬文明，显示国威，弘扬文化合民心顺

天意，合理合法，何罪之有？

贾青天：山野村夫，懂得什么，往下站！谁敢抗旨？

李　贞：是皇兄的旨么，实不能违抗，是武氏的旨么抗也无妨！

贾青天：（歇斯底里）尔等胆大包天，给我拿下。

李　规：谁敢动手！上！（校卫民众参战，把贾青天及其锦衣一一捆绑。）

李　贞：（愤怒激动）好啊！

（唱）昔年武氏称天后，狼子野心已露头。华清池中诗一首，我虑唐室有隐患。本想面对皇兄奏，又怕君臣接怒仇。不辛皇兄宴驾后，她南面称尊坐彪楼，自封神皇武天后，擅将大唐改武周。收买一帮才狼狗，结成死党压王侯。篡位谋权当打手，忠良鲜血项上流。唐室宗亲尽斩首，无辜诸王葬荒丘。妖后阴谋我料就，大祸必然降绵州。奋起抗争求自救，拼着一死报国仇。甘愿站着割头首，绝不下跪求把生求，今天先杀你这狗，李贞除害在绵州。

（白）来呀！把贾青天这个害民狗贼斩首祭旗。

贾青天：（吓得缩成一团）今天来真的硬的了，哎呀！

（唱）哀求李爷爷抬贵手，我保你不封王爷也封侯！

李　贞：（冷笑）（唱）狗贼无耻脸皮厚，贪生怕死苦哀求，（大声地）推出斩首祭旗！

贾青天：武大人！我的干爹！救命呀！救命呀！（押下斩首）

李　贞：众位乡亲父老，虽除了狗贼，朝廷机变则是心腹之患。绵州之祸终必到来，吉凶难卜，存亡难料，为不连累众位乡亲父老，我李贞之成败得失，请勿为虑，更勿参与，各自安居守份，勤奋耕读，以免祸及于身，是李贞之幸也。

众百姓：感谢大人关爱，请大人放心，大人刺绵对我们百姓恩重如山，我们永记不忘，即使大人如有不测，我等也不怕艰难险阻，把"越王楼"修建成功，以纪念大人对绵州百姓的大恩大德。

李　贞：我深谢众位父老乡亲了。裴守德、李规听令！你们分头联络魏州、相州官员，集结精兵准备在豫州抗暴迎敌！不得有误！

裴守德、李规：得令！（下）

李　贞：众位父老祥新，李贞就此告别了。

众：尊敬的大人，我们万民送伞，表达百姓之心。（撑出红漆油伞）

李　贞：（唱）万民伞李贞愧领，众百姓一片深情。今分别心难平静，新潮涌热血沸腾。实难舍，绵州人辛劳勤奋，民风淳人杰地灵。实难舍，剑南道风景名胜，汉藏羌各族相亲。实难舍，建绵州初战告胜，展宏图还靠后人。祝绵州繁荣昌盛，愿黎民幸福安宁。离绵州珠泪难忍，赴豫州再上征程。告别了，乡亲们！

（率裴守德、李规、李粉儿下）

（重现琵琶女高坐云中：（唱）风萧萧兮涪水寒，刺史一去兮何日还。

风云突变兮太突然，挥泪离别兮情绵绵）

（琵琶声中幕落）

第五场　铁血武氏

（皇宫乾元殿。人物：武则天、武三思、上官婉儿、周兴、来俊臣）

（幕启：四朝臣上）

武三思：（唱）一人之下万人上，顺我者昌逆我亡。日夜都把计谋想，怎样取宠武
　　　　天皇。

上官婉儿：（唱）在新朝辅佐皇上，出良策治国安邦。切不可欺君罔上，仗权势没好
　　　　下场。

周　兴：（唱）想当年到处浪荡，总算遇圣母神皇。我擅长密告黑状，告得人家破
　　　　人亡。

来俊臣：（唱）司法权由我执掌，逼供信便饭家常。用快刀利索顺当，当酷吏又有
　　　　何妨。

武三思：尔等各自报名。

（1）武三思。（2）上官婉儿。（3）周兴。（4）来俊臣。

（同手礼）请了，周朝新主圣母神皇，万岁、万万岁！万岁驾到。

（乾元殿上。皇帝仪仗，太监、宫女。武则天上）

武则天：（白）开天辟地，斗转星移；国号大周，臣服黎民。孤，圣母神皇武曌，号则
　　　　无是也！自建大周以来，倒也风调雨顺，农桑兴旺，只是李家子弟不服，四
　　　　处兴兵，朕岂是柔弱女流之辈，朕铁腕治世，必见功效。开创基业，何分男
　　　　女，朕乃千古女皇也！

（唱）李哲儿太懦弱难把国掌，因此上朕封他为庐陵王。建大周废大唐人心所向，朕本
　　　　是天下的第一女皇。朕登基掌国政万民尊仰。歌颂我是明君尧舜武汤。朕治
　　　　国重法纪德法齐上，教百姓苦耕读发展农桑。男耕田女织布妻随夫唱，钱满
　　　　贯粮满仓国富民强。只说是太平年惠风和畅，又谁知李氏家气焰嚣张。暗勾
　　　　结搞阴谋结成叛党，招人马练甲兵积草屯粮。徐敬业这老儿太得狂妄，他为
　　　　首要造反恢复大唐。骆宾王写檄文真是混账，他骂朕如蛇蝎女中豺狼。平叛
　　　　逆要坚决镇压为上，拿他们一个个斩首刑场。真可惜骆宾王才高智广，他不
　　　　该投叛逆反对孤王，对叛党坚决要格杀不放，为江山必须有铁血心肠。

（登上宝座）（武、上、周、来同拜同唱）拜吾皇万万岁，地久天长。

武则天：众爱卿平身。（众）谢万岁。

武则天：朕登大宝，忙于国事，难得与你们同欢同乐，人道大唐歌舞远播海外西域，

忙里偷闲之际，何不为朕歌舞一场，以祝大周兴隆。

上官婉儿：歌舞上来。

武三思：教坊奏乐（在乐声中舞蹈队上场，表演大唐歌舞，边唱边舞。）

唱道：千秋女皇，万寿无疆，国泰民安，威震四方。

（反复两次下）

武则天：天下升平，万民同庆，哈哈……众爱卿有何本奏？

武三思：臣有本奏，刚接塘报，李孝逸已全歼徐敬业叛军，徐敬业被杀，骆宾王只身
　　　　潜逃。

武则天：听侄儿所奏，是人心归顺，天意乐从，真乃国之幸也，民之福也。李孝逸平
　　　　叛有功，封为兵部侍郎，赏彩缎二百匹，参战将士各提升两级。

上官婉儿：吏部和户部速办。

武则天：这骆宾王不知身藏何处？

武三思：启禀万岁，骆宾王依附叛逆，死心塌地与陛下为敌，所写《讨武曌檄文》言
　　　　词恶毒，立场反动，极尽煽动侮辱之事，必须捉拿归案，千刀万剐，以块
　　　　人心。

武则天：侄儿之言差矣，骆宾王乃唐初文坛四杰之一，他当长安主薄时，朕就读他的
　　　　诗文。所写檄文，虽把朕骂得伤心痛骨，令人发指，但声情并茂，文采飞扬，
　　　　他如能为我所用，岂不美哉，焉得失去此人？

武三思：侄儿之过。

武则天：周兴，来俊臣。

周、来：待侯万岁！

武则天：自朕登基以来，就主张天下告密，清除反叛分子。多亏二卿使用酷刑，法外
　　　　行凶，才使奸人招供，维持朝纲，二位虽有酷吏恶名，但朕甚喜之。

周兴：启奏万岁，越王李贞之子，博州琅琊王李冲伪造庐陵王诏书，号召天下李氏诸
　　　　王造反，起兵勤王。诏曰"武氏窃国，朕遭幽禁，乞求诸王发兵相救，以再
　　　　立唐室之天下"。现已被左金吾邱神勋将军捉拿归案。

武则天：押上殿来（武士押李冲上）

李　冲：（唱）恨武曌窜了大唐，锦江山日月无光。博州城一场恶仗，邱神勋凶猛异
　　　　常。我被擒落入法网，李氏家从此遭殃。在金殿用目观望，众叛贼喜气洋洋。
　　　　武则天装模作样，不下跪又有何妨！

武三思：李冲，你身为琅琊王，竟敢反叛大周朝，尔该当何罪？

李　冲：武三思，你这叛贼，武氏篡唐立周，大逆不道，鸡犬升天，尔狐假虎威，没
　　　　好下场。

武则天：李冲呀！小奴才。（唱）小奴才休得狂妄，金殿上如此嚣张；朕为的黎民着

想，立周朝重整纪钢。

李　冲：（唱）自古来都是一样，哪有个女当帝王，大唐朝万国敬仰，你立周短命一场！

武则天：（唱）朕登基天意所降，巾帼女要掌朝堂，朕自信才高智广，必定是万寿无疆！

李　冲：母鸡叫鸣！

武则天：替天行道！

李　冲：短命江山！

武则天：千秋女皇！

武三思：万岁，如此顽固不化，就地正法算了！

武则天：好，把李冲首级悬挂朱雀门上，警示天下！（武士推李冲下）

来俊臣：启奏万岁，李冲谋反，其父越王李贞在绵州违抗圣旨，扣杀钦差，继续修楼，近日又在豫州起兵反叛朝廷！

武则天：这还了得！传我口诏：命左豹大将军鞠宗裕为中军总管、内史岑长今为后军总管，统兵十万，立即征剿，不得有误，同时，削去李贞父子属籍，赐姓虺氏。

武三思：遵命，兵部速办！全歼叛贼！

武则天：周兴、来俊臣，严查李氏各位王子，一一捉拿，解送东都洛阳，逼其自杀！

周兴、来俊臣：遵命。立刻动手，斩草除根。

上官婉儿：陛下，老子曰："治大国者若烹小鲜，"折腾太多恐怕适得其反也。

武则天：上官婉儿呀，你身为昭仪年纪尚轻，历练不够，岂不闻老子还说："祸莫大于轻敌"。而今大周开元，众多敌人虎视眈眈，欲灭我周朝天下，朕怎敢轻视他们而酿成大祸！

武三思：万岁明察秋毫，英明无比，奸党不除，国无宁日。

武则天：用重典保住基业，靠铁血运转乾坤。

（幕落）

第六场　全家殉国

（豫州城郊，战火纷飞）

人物：鞠崇裕、众兵丁。李贞、夫人、李规、裴守德、李粉儿

（幕启：天幕上千军万马奔来，急促的川剧锣鼓烘托出山雨雨来风满楼，黑云压城城欲摧，励兵抹马，鏖战在急，兵临城下之势。）

鞠崇裕领兵将上，（引子）十万雄师如虎狼，奉命征剿反叛王。众将官！

众将官：有！

鞠崇裕：兵伐豫州！

众将官：吼！呵啊……绕场下。

（裴守德、李规率军上场迎敌）

裴守德：鞠崇裕呀！你这叛逆。当年高宗皇帝爷待你不薄，食大唐之禄，行叛唐之事，你身为将军摇身一变，投靠妖后，仗势行凶，血洗大唐宗室，你这没有人性的恶贼，不得好死。

鞠崇裕：裴守德呀！你这不知进退的蠢夫。常言道得好"识时务者为俊杰"而今圣母神皇当朝，人心归顺，天意乐从，你身为将军拥戴新主圣母神皇，为大周效力才是正统，今乃各为其主，闲话少说，两军阵前一见高下。

（战鼓齐鸣，杀声震天，尽量展示武打场面，可用变脸、吐火等各种川剧绝技。呈现战争残酷。经过反复较量，裴军寡难敌众，渐渐不支退入城内，敌军紧追不放。同下。）

李　贞：（唱）云横秦岭路遥远，今离长安路三千。皇兄昔年少远见，未识武氏要篡权。李家子弟遭大难，唐室基业化灰烟。国破家亡成皇犯，捶胸蹬脚呼苍天。啊呀……我的皇兄！我的先皇，我的李唐江山呀！何日才得回长安呀。

（夫人、李粉儿上）

李粉儿：（唱）将士前线在苦战，奋不顾身把敌歼！敌军人马有十万，我军将士才五千。孤城虽然危险，爹爹也要心放宽。

夫　人：（唱）老爷不必太哀怨，改朝换代也自然，宫廷历来就凶险，骨肉相残只为权。

李　贞：胜败如何？

裴守德：（兵败，上）禀大人，敌众我寡，难以取胜！

李　规：（兵败上）见过父亲大人。

李　贞：你也败了？

李　规：败了。

李　贞：唉！此乃历史之演变，我大唐休矣，为百姓免受战乱之苦，我李贞一家只有以死殉国了。

李粉儿：（唱）粉儿施礼拜恩父，带儿胜过亲骨肉，你儿死归黄土，绝不偷生受凌辱。（自杀）

夫　人：（唱）国难时刻随夫主，舍生取义不含糊。夫君爱民把官做，清正廉洁大丈夫。（自杀）

李　规：（唱）李规自幼孝父母，从小苦读圣贤书。不幸国难遭变故！尽忠难以披孝服。（自杀）

裴守德：（唱）武氏篡权如豺虎，心肠更比蛇蝎毒。有心讨贼天不佑，热血染红忠义

图。（自杀）

李　贞：（唱）一家鲜血染红土，不由李贞伤心哭。为抗强暴冲冠怒，女儿巾帼男丈
　　　　夫。忠烈英名千秋著，越王楼阁刻丹书。

（念绝命词）正是，生当作人杰，死亦为鬼雄，举家赴国难，唐室一代忠。（呼喊）夫
人！李规！守德！粉儿！等着李贞来也！（自杀）

（天幕上，越王楼雄姿）

（追光射在樊宗师：绵州刺史樊宗师是也。越王李贞全家殉难，34 年后，大唐玄宗皇
帝下诏，为其李贞冤案及所有株连者昭雪平冤，恢复先皇所封李贞五人爵位，李贞陪葬于
太宗昭陵。从此以后，天下诗人墨客吟诵不绝。）

（追光射在吐蕃王和南诏王使者：吐蕃王、南诏王使者是也，越王楼千古，越王千秋！）

（追光射在诗仙李白：在下李白是也！危楼高百尺，手可摘星辰；不敢高声语，恐惊天
上人。）

（追光射在诗圣杜甫：在下杜甫是也！绵州府邸何磊落，显庆年间越王作。孤城西北起
高楼，碧瓦朱甍照城廊。楼下长江百丈清，汕头瞻日半轮明。君王旧迹令人赏，转见千秋
万古情。）

舞蹈队上场边舞边歌：绵州越王楼，刺史李贞修。举家赴国难，青史把名留。历经沧
桑久，千古著风流。

（歌舞声中幕落）

作者简介：编剧：王殿营　编剧顾问：李文轩

剧情简介：本剧根据《旧唐书》、《新唐书》，越王李贞墓志铭和越王李贞演义等文史资料编写。剧中重点歌颂唐太宗李世民第八子越王李贞，自幼勤奋好学，练就文武全才。他不忘祖训，常以忠孝为先，腹有为兴复李唐天下死而后已的报国之志。在他任西川、绵州刺史时，防涝开河，倡导农桑，体察民情，安抚百姓，常以"忠孝"二字教育百姓，至今绵阳地区还保持以忠孝为先的优良传统。李贞在任时，节衣缩食用朝廷拨给的饷银，八年时间建造了举世闻名的越王府楼。他的勤政廉洁受到了绵州百姓的拥戴。但武则天临朝后，为巩固武氏皇位，将李唐王朝的李氏宗族子孙，以莫须有的罪名无辜杀害。时已近六十岁的越王李贞号召同族子弟起兵恢复李唐天下。武则天大怒，派大军征讨。李贞后因不敌，英勇献生。直到唐玄宗李隆基即位，才为其昭雪，加官晋爵，下旨厚葬。遗憾的是葬时没能找到尸体，只得将头骨厚葬。为了让后人敬重越王，唐玄宗将越王封号改为敬王。越王楼与越王李贞的传奇故事，至今在绵阳传为佳话。

人物简介：

李　贞：绵州刺史，封号越王，唐太宗李世民第八皇子。

李王妃：越王李贞的妻子。

管　家：越王府仆人。

参军：越王府管军。

裴守德：越王李贞的女婿。

李　治：唐高宗，唐太宗李世民第九皇子。

张佑天：绵州地方绅士。

岳老夫子：绵州地方老秀才。

赛洞宾：绵州地方道士。

武则天：唐高宗李治妾妃，后立皇后，直到主持朝政。

上官婉儿：内务丞相，武则天扶保大臣。

武承嗣：武则天娘家侄儿，镇京司马，杀害李氏皇族的急先锋。

鞠崇裕：左豹韬大将军，武则天扶保大臣。

李隆基：唐玄宗，唐太宗李世民重孙。

新编传奇剧　《越王楼传奇》

第一场　奉旨进京

布景：郊外风光。

人物：李贞、四兵丁、校卫、中军。

（大板起，伴有悦耳的马嘶声。）

李　贞：（唱）扬鞭催马往前赶，尘土飞扬马嘶鸣。

　　　　　　　中途路上细思念，把我身世明一明：

　　　　　　　自幼儿生长在皇宫，我的父本是唐太宗，

　　　　　　　燕妃娘娘亲生母，我本是八皇子名李贞。

　　　　　　　一生两岁娘怀抱，三生四岁随娘行，

　　　　　　　五生六岁知好歹，七岁南学把书攻。

　　　　　　　一天我学会百家姓，两天学会三字经，

　　　　　　　勤学苦读一年整，四书五经都学通，

　　　　　　　日习文来夜习武，我把文武都学精。

　　　　　　　在朝中人人都把我称赞，赛过三国周瑜传美名。

　　　　　　　父王对我多恩宠，下圣旨把我徐州都督封。

　　　　　　　做人我学魏征老丞相，布兵我学军师徐茂公，

　　　　　　　习武拜过伯父秦叔宝，又拜过咬金程国公。

　　　　　　　三韬六略勤演练，忠孝两全落贤名。

　　　　　　　效前贤帮父皇把江山整，不枉人间度一生。

　　　　　　　众三军催马赶路径，日夜兼程回帝京。

第二场　金殿受封

人物：李治、太监、龙套、宫女。

李　治：（唱）由为王登龙位万民称颂，勤朝政安天下五谷丰登。

　　　　　　　实可恨吐蕃贼犯我边境，剑南一带百姓不安宁。

　　　　　　　细思想派何人治理边境，民不安叫我挂心中。

　　　　　　　忽想起皇兄越王贞，治理徐州传美名。

　　　　　　　幸喜昨日皇兄回朝转，我何不宣上金殿细商谈。

　　　　　　　出言常随官一声喊，为朕有话听心间。

　　　　　　　速到殿前传圣旨，宣皇兄越王到殿前。

太　监：（白）领旨。

（圣旨下，八王爷随旨上殿。）

李　贞：（白）领旨。

　　　　　　（唱）忽听内侍把旨传，李贞迈步上金銮。

　　　　　　　皇府金殿忙跪见，皇上宣我为那般？

李　治：（白）皇兄，快快请起，一旁落座，为兄有一事相托与你，不知皇兄可愿意

　　　　　　　前往？

李　贞：（白）陛下，不知有什么事托与我，但讲无妨。

李　治：（唱）皇兄啊，

　　　　　只因吐蕃犯边关，绵州百姓不得安。

　　　　　有心把你徐州官位来调换，封你绵州刺史镇守西川。

　　　　　为此事才把你宣上金殿，不知兄长可愿承担？

李　贞：（唱）陛下让我挑重担。为兄听从无话言。

请赐我皇王尚方剑，紧急时有生杀权。

李　治：（唱）皇兄请求我应允，即刻我把圣旨传。

封你绵州刺史赐你尚方剑，再拨精兵整五千。

李　贞：（唱）皇上待我恩德宽，定为皇室挑重担。

李　治：（唱）下位来，搀扶皇兄下金殿，

二　人：（合唱）咱弟兄为李氏皇室掌好江山。

（李贞下）

李　治：（唱）好哇！

　　　　　一见皇兄下金殿，倒叫孤王喜心间。

　　　　　皇兄胆略有远见，定能平乱捷报传。

　　　　　但愿此去能如愿，免去心中愁和烦。

　　　　　俺弟兄为国事忠心赤胆，为的是大唐天下国泰民安。

第三场　建造越王楼

李　贞：（唱）长安城领王命身负重担，到绵州做刺史防御吐幕。

　　　　　实可恨吐蕃贼朝暮侵犯，烧杀抢掠羊民受摧残。

　　　　　保国安民生平愿，肝脑涂地心坦然。

　　　　　上任来虽有精兵勤操练，查看武备心胆寒，

　　　　　城垣残缺荡无存，猪狗翻越无阻拦。

　　　　　修固城防工程大，人力物力非等闲。

　　　　　为此事命妻儿去查探，深入民间去访贤。

　　　　　但求上苍随人愿，同心协力把城建。

　　　　　官军和黎民，众志成城保平安。

李王妃：（唱）夫君钦差镇西川，绵州访务惹人烦。

　　　　　　官吏懈怠民心怨，边陲警报频频传。

　　　　　　简装民间把贤访，请来隐士张佑天。

　　　　　　但愿他把良策献，解除夫君愁与烦。

参　军：（唱）岳老夫子名声大，川西百姓敬重他。

满腹经纶行善事，荐贤定讨岳丈夸。

（白）见过王爷！

管　　家：（唱）王爷命我去请贤，请来道长赛洞仙。

　　　　　　拜见爹爹！

三　　人：（合白）长者、隐士、道长都请到，门外等候传见！

李　　贞：（白）动乐迎请，夫妻同迎。

管　　家：（白）里边有请，动乐！

（三老上）

张佑天：（白）官场是非多。

岳老夫子：（白）旗言免遭实。

赛洞宾：（白）紧闭四方口。

三　　人：（合白）祸福远避开。

李　　贞：（白）三位长者，有远失迎，失礼了失礼了！

三　　人：（合白）岂敢哪！岂敢呀！

李　　贞：（白）三位长者里面有请。

张佑天：　　（白）王爷尊驾在此。

岳老夫子：（白）哪有贱民立足之地。

赛洞宾：（无声）

三　　人：（合白）岂敢哪，岂敢。

李　　贞：（白）久闻三位长者德高望重，过于谦让，李贞这里跪请了！

（欲下跪，三老向前搀扶）

李王妃：（白）三位老人家快快请坐。

（李王妃、管家、参军三人将三老扶入座）

张佑天：（白）越王爷将我们唤来有何训示？

岳老夫子：（白）洗耳恭听。

赛洞宾：（白）遵命。

三　　人：（合白）遵命。

李　　贞：（唱）李贞奉旨镇西川，抗击吐蕃保民安。

　　　　　　恳请长者多指点，誓把绵州换新天。

张佑天：（唱）高树拇指把头点。

岳老夫子：（唱）好好好啊喧喧喧。

赛洞宾：（唱）口中无实言。

李　　贞：（唱）贞观之治唐鼎盛，国富民殷享太平。

　　　　　　武备废弛文堕政，富庶绵州变危城。

李贞急切把良策请，天府地重振兴国富民生。

张佑天：（唱）越王果然有才干，

岳老夫子：（唱）听他谈吐果不凡，

赛洞宾：（唱）三言两语难推断，

三　老：（合唱）察言观色暂莫轻言。

李　贞：（唱）官场腐败百姓怨，取信于民实在难，

他吱吱呜呜口风紧，探我意志坚不坚。

赤心要把天地憾，坦诚是块敲门砖。

（见三老挥袖抚汗）

叫声家人快打扇，提壶倒水把茶端。

李王妃：（白）各位老人家快来用茶。

（管家、参军、女仆给三老打扇，李王妃给三老上茶，三老欲推不能，立而不安）

李王妃：（唱）手拿巾帕把汗振，再与老人们把茶添。

管　家：（唱）请三老饮口清茶晾晾汗，锦囊妙计缓缓谈。

不吝赐教指迷津，攀一个忘年交咱畅所欲言。

张佑天：（唱）昔日文王曾拉纤。

岳老夫子：（唱）三顾茅庐为求贤。

赛洞宾：（唱）袖中八卦暗推算。真人面前莫耍憨。

三　人：（合唱）霎时间，扇得我浑身起火焰，香茶入腹热血翻。

张佑天：（唱）王爷屈尊求良策。

岳老夫子：（唱）不耻下问好风范。

赛洞宾：（唱）知遇之恩当厚报。

三　老：（合唱）贤王面前吐真言。

张佑天：（白）哎呀，王爷呀！刚才草民愚钝，不解王爷一腔忠君爱民之心，装聋作哑，吱吱呜呜……

岳老夫子：（白）哎，老朽我实是老迈昏庸，辜负了乡亲的推崇，失了长者之风，惭愧啊，惭愧呀！

赛洞宾：（白）无量天尊，无量天尊，牛鼻学老道我，一时糊涂方寸乱，乾、坎、艮、遁推不圆，对王爷多有不敬，罪过呀，罪过！

张佑天：（白）罢罢罢，常言道，士为知己者而死，既蒙王爷抬爱，愿把平生所知倾囊相赠，报王爷知遇之恩！

李　贞：（白）知无不言。

三　人：（白）言无不尽。

李　贞：（白）忘年交。

三　人：（白）高攀了。

李　贞：（白）老先生。

三　人：（白）王爷!

李　贞：（白）老哥哥!

三　人：（白）王爷老弟——啊—啊—

李　贞：（白）哈……请坐。（都入座后）

　　　　　　　三位长者，我李贞奉唐天子之命，刺史绵州，欲保一方百姓平安，使州人皆能安居乐业，诸公有何良策，请以教我。

张佑天：（白）老朽有话禀告。

李　贞：（白）请讲!

张佑天：（白）王爷容禀!大唐贞观之治以来，承平二十余年，地方官员早把这武备之事抛诸脑后，绵州州城，城垣坍塌几乎无存，何以御敌!虽然州城之外，东有芙蓉溪，西有涪江、安昌江，北有绵山，似此外有汤池，而内无金城。当务之急，必须修复城防，务要城高墙厚，城门坚固，易守难攻，方可谓固若金汤。吐蕃远来侵犯，彼速战不得，师劳力疲，必然自退，我军乘机追杀，胜券在握也!

李　贞：（白）好!好!好!

岳老夫子：（白）王爷，可容老朽进言?

李　贞：（白）请讲!

岳老夫子：（白）容禀!绵州州衙，年久失修，不堪入目，大王乃唐氏帝王之胄，至尊至贵，不宜在此理事，当另卜吉地，建造王府，大王居中理事，让百姓如睹天颜，则吐蕃自不敢凯舰我绵州也!

李　贞：（白）可行!

赛洞宾：（白）贫道随岳老夫子补充几句如何?

李　贞：（白）请讲!

赛洞宾：（白）遵命!贫道在绵州城周围游览多年，细心查看，城西北方，近在咫尺的龟山，形如元宝，实乃龙脉宝地，风水极佳。在那里建造王府，山巅建造百丈高楼，越王进府，审理州事，登楼望绵州掌控之中，扼三江于足下，战时登楼，调兵布阵制胜。太平年邀请文人墨客登楼饮酒赋诗，吊古评今，噫吁嘻!壮哉呀壮哉!壮大唐之山河，宣帝德于华阳，扬天威于域外，报皇恩于剑南，正是：越王楼高入云天，千秋万代美名传!

张、岳：（白）高见，高见!

李　贞：（白）好，好，好响!

　　　　　　　（唱）本王即刻写奏章，治绵方略呈君王。

吾皇英明龙恩降，定拨库银到绵乡。

俸禄银府库银立即调用购砖石购木材建筑城防。

三 人：（合唱）匹夫有责家国事，各尽其力莫彷徨。

振臂一呼有人应，万千子弟援绵乡。

搬石运土把砖扛，筑城建楼铸辉煌。

第四场　调任豫州

布景：越王府，远景越王楼高耸入云。

（四兵引贞骑）

李　贞：（唱）昨日暴雨一整天，到处积水水涟涟。

清晨城外去查看，绵河暴涨淹庄田。

带兵役帮民去排涝，免去乡亲们愁与烦。

勤政爱民是凤愿，决不能枉为黎民父母官。

越王府外把马站。

兵：　　（白）王爷回府！

李王妃：（唱）叫家院快把热酒端。

张佑天：（唱）雨水洗得斑竹翠。

岳老夫子：（唱）过天晴彩霞飞。

赛洞宾：（唱）越王楼沽酒吟诗对。

张、岳：对赛（唱）道兄啊喝醉了可不能腾云飞。

赛洞兵：（白）哎劳驾军爷传禀三块朽木挖瘩，拜望越王爷来了。

兵：　　（白）禀王爷，赛洞宾道爷和两长者求见。

李　贞：（白）快快有请！

三　人：（合白）越王爷！

李　贞：（白）久别了！

（三人笑）

张佑天：（白）天到这个时辰王爷怎么尚未用膳？

李王妃：（白）王爷带领兵役助民排涝方归，尚未用膳。各位长者不如先小酌几杯，稍
后我命家院备好酒菜送上越王楼，再尽兴畅饮如何？

赛洞宾：（白）妙哉！

张佑天：（白）稍时登上汉王楼。

岳老夫子：（白）叫越王楼。

张佑天：（白）太宗爷先封汉王后封越王，先入为主，当称汉王楼。

岳老夫子：（白）绵州百姓称越王顺口了，还是称越王楼好。

赛洞宾：（白）好了，好了，不要争了，咱三人同出一媒，谁赢了我随谁，我若胜了，就由我来定了。

岳老夫子：（白）如何？

赛洞宾：（白）越王楼。

张佑天：（白）少时登上越王楼，推窗西望雪山，犹如片片鱼鳞，云团中忽隐忽现，美不胜收。

岳老夫子：（白）少时到至越王楼，北望剑门，隐约可见七十二峰直刺蓝天，何等的壮观！

赛洞宾：（白）少时登楼，再望东南，可将绵州形胜，尽收眼底，尤其是千里涪江，从楼下流过，水面宽约百丈，江水清澈见底，船只来往如梭，船帆如朵朵白云飘忽不定。这一切与古老的绵州城交相辉映，融为一体，令绵州人感到非常荣幸自豪。哈哈，我老道每每观望此景，不禁手舞之，足蹈之，这酒么，畅饮之啊！

兵：　（白）禀王爷，钦差奉旨驾临，请王爷速速接旨。

李　贞：（白）请三位暂避。

太　监：（白）圣旨下！李贞接旨，秦天承运，皇帝诏曰：李贞镇守西南边塞，上服皇命，心系百姓。念你有功，赏黄金千两，绸缎百匹，接居速到豫州上任，钦此！

李　贞：（白）万万岁！来人，速速备宴，与上差接风。

太　监：（白）圣上口谕：多事之秋，越王不可无误自时。三日后豫州接任。圣意不可违，咱家日夜兼程回京复命，告辞了！

李　贞：（白）送公公！

太　监：（白）王爷，你可要好自为之啊！

张佑天：（白）王爷何以处之？

李　贞：（白）君命难违。

张佑天：（白）王爷，此言差也，昔日王爷频频调任，是君展其才也，今日调任是君对其忌也，王爷要三思而行啊！

岳老夫子：（白）王爷勤政爱民，深得民心，老朽愿倡导乡民同上万名簿，上奏帝廷，拦道留驾，让他鞭长莫及，看他有何罪名可加？

赛洞宾：（白）王爷，贫道看来，不如挂冠封印，随吾云游天涯，何其乐也！

三　人：（合白）王爷！

李　贞：（白）三位长者，先帝太宗，对贞关爱教海有加，我岂能弃帝业而不顾，有负圣名？

三　人：（合白）王爷！

李　贞：（白）请勿再劝，真刺史锦州，承蒙三位鼎力的助，情深意厚，分别之际，请受贞大礼致谢！

张佑天：（白）君意已决，我等暂退，君行之日，我等箪食壶浆，送君登程。

李　贞：（白）多谢！

三　人：（合白）告辞了。

李王妃：（白）王爷，三位长者所言极是，常言道，君嫉臣功，何况当今武氏兄弟要灭李兴武，司马昭之心，路人皆知，王爷不可不防啊！

李　贞：（白）这个……

李王妃：（白）王爷呀！

（唱）妻谨遵女儿经本分无枉，朝纲事从不敢信口雌黄。

今日事系安危不得不讲，忆春秋至秦汉近看隋唐。

为争夺皇权失人性，大逆不道丧天良，

父杀子来子杀父，母杀儿来儿杀娘，

兄弟姐妹互屠戮，骨肉亲情抛一旁。

冷酷奸诈使魑魅，凶暴残忍害善良。

你看那开国功臣几善死？有几个护国元勋寿终亡？

细品味黎民百姓亲情重，母爱子来子爱娘，

父教儿来儿敬父，妇尊夫来夫疼糟糠，

如鱼似水乐融融，天地人伦各无伤。

劝夫君脱下黄袍携妻子，逃出皇家是非墙，

天涯海角觅桃源，过一过与世无争平平安安心情舒畅，

布衣粗粮合家团圆的人间小康。

李　贞：（唱）听罢妻言心抖颤，人心不古忒凄惨。

（白）夫人！

（唱）身在其中难抽返，船到江心登岸难。

听天由命心无憾，何惧火海与刀山。

暂赴豫州观动静，韬晦之计巧周旋，

他日如有风云变，效先贤重整江山。

第五场　武氏临朝

布景：皇府金殿。

人物：四龙套、四校卫、双打扇、上官婉儿、武则天、武承嗣。

（幕启，众人上）

武则天：（唱）武则天登皇位威震天下，我本是第一女皇执掌中华。

内事靠上官婉儿把事理，阁老狄仁杰把外事来管辖。

张柬芝为朝事忠心耿耿，平内患靠武氏兄弟我的娘家。

恨只恨李氏皇族心不满，时常想恢复李氏掌中华。

为皇权我暗把狠心下，哪一个不顺服我抄他的家。

骆宾王、敬业把反旗打，李孝逸统兵去抄杀。

讨逆平反事关大，宣过来武承嗣上殿问答。

武承嗣：（唱）领旨！

天赐灵石洛水现，圣母神皇掌江山。

骆宾王、徐敬业造了反，以卵击石想翻天。

李孝逸领兵去平叛，株连九族都杀完。

越王在豫州是祸患，今日上朝把他参。

（白）参见吾皇，万岁万岁万万岁！

武则天：（白）平身！

武承嗣：（白）谢万岁！

武则天：（白）平叛之事，快快讲来。

武承嗣：（白）万岁，敬业党羽俱是些愚昧毛贼、乌合之众，

天兵到处如汤泼雪，数日之内抄杀殆尽，

今斩的徐敬业、唐之奇、魏思温、薛璋

等匪首二十五人头颅悬于西市。

只有骆宾王一人逃窜，臣已画图缉拿，量难逃法网。

武则天：（白）孝逸抄贼有功，赏绸缎百匹、黄金百两，有功将士卿可酌情升赏，速去办来。

武承嗣：（白）遵命！陛下，臣另有本奏。

武则天：（白）讲！

武承嗣：（白）万岁，密报越王曾在绵州滥用州府库银，

谎称修水利、兴农桑收买民心，大兴土木，

修筑越王府，建造越王楼，府堂金碧辉煌，

楼高百尺入云，比长安城大明宫有过之而无不及。

犯了越制律典，反叛之心暴露无遗。

请吾皇及时发兵剿杀免留后患。

武则天：（白）这个……

上官婉儿：（白）且慢，陛下，李贞修筑城防，

建造越王府，建造越王楼，

库银都经高宗皇帝钦批在案，

不可定罪，吾皇明察。

武承嗣：（白）他反相毕露！

上官婉儿：（白）查无实据！

二　人：（合白）吾皇明察！

武则天：（唱）承嗣所奏合吾意，上官所奏是实言。

斩杀异己需要缓，掩人耳目暗周旋。

调离豫州削兵权，豫州刺史掌控间。

（白）上官听旨拟诏：

越王李贞素有才王之称，朕心喜之，

钦命调任豫州刺史兼太子少保。

上任后，造福一方庶民，德高望重，

日后定是朕执政一隐患，现将李贞调离豫州回朝任职，

削去兵权，方消我疑虑之心。

武则天：（白）退朝！

武承嗣：（唱）正是吾皇神聪有妙算，李贞落入我掌控间，

他就是不反我说他反，要把他逼近鬼门关。

常言道无毒不丈夫，心狠手辣才能掌皇权。

为保武氏千秋业，顺者昌逆者亡大权独揽。

第六场　领旨平乱

（二幕外，四兵抬酒坛引武承嗣上）

武承嗣：（唱）剿平了徐敬业歼灭余党，黄公撰捏造敕书策反诸王。

琅琊王小李冲博州造反，豫州城反叛了逆贼越王。

丘神勣统兵马博州扫荡，定叫对那弹丸地血流汪洋。

奉圣命到校场点兵差将，豫州城鸡犬不留都杀光。

屠戮计，要把他李氏家族一个不留，

斩草除根方消恨，永保我武氏江山万年长。

（二幕开：校场，盾牌手、刀付手、长枪手群舞亮相）

鞠崇裕：（唱牌子）雄兵十万，猛将千员，号令动，地覆天翻，管叫他，乾坤逆转，

（诗）刀枪剑戟寒光闪，锦旗招展遮碧天，雄兵十万齐出动，移山填海谈笑间。

（内白）圣旨下——

鞠崇裕：（白）俺左豹韬大将军鞠崇裕接旨。

（兵引武承嗣上）

武承嗣：（白）旨下，大将军接旨！

鞠崇裕：（白）万岁！

武承嗣：（白）豫州刺史李贞，勾结黄公撰，捏造庐陵王敕书，

妖言惑众，狂犬吠日，亵渎圣皇，当灭九族。

钦命左豹韬大将军统领十万大军，

即日发兵，豫州平叛，斩草除根，不留后患，

凯旋之日定有升赏，钦此！

鞠崇裕：（白）万万岁！（接旨）

武承嗣：（白）圣上钦赐御酒，与将军践行，来人，斟酒！

鞠崇裕：（白）谢主隆恩

（牌子）众将官！兵发汝南！

中军士：（合白）啊！

（战鼓隆隆，众军下，鞠、武拱手分下）

（二幕前）

（战鼓频传，杀声震天）

（报子内白：报子、李贞、四兵同上）

报　子：（白）报——禀王爷，韩王元嘉、霍王元轨、舒王无名，八月十七日发兵讨伐

武氏，均已战死！

李　贞：（白）再探！

（另一报子上）

报　子：（白）报——真王爷，少千岁博州王李冲兴兵讨武，与丘神勤激战待援！

李　贞：（白）再探！

（另一报子上）

报　子：（白）报——禀王爷，左豹韬大将军鞠崇裕，统领十万大军，将汝南城团围困。

李　贞：（白）起过了！李规、守德，速速披甲，随为交迎敌者！

二　人：（合白）遵命（下场）

第七场　决心扶唐

布景：宗庙内，元宗、太宗、高宗三画像，前设灵牌。

（四女兵引李王妃上）

李王妃：（唱）战鼓隆隆炮声鸣，铁骑十万围孤城。

越王父子齐披挂，调兵布防去巡营。

切齿恨妖后武昭仪，篡夺龙位废中宗。

妄想李唐改武姓，屠戮计要把诸王平。

可叹诸王难呼应，势单力孤无援增。

崇裕重兵已压境，一场恶战动刀兵。

今日汝南形势危，宁玉碎决不苟且生。

宗庙焚香把祖祭，再把神像请上城。

先王面前殊死战，忠孝节义报祖宗。

粉身碎骨何所惧，含笑死化厉鬼抒我豪情。

（兵引李贞急上）

李　　贞：（唱）敌众我寡悬殊重，胜负就在顷刻中。

　　　　　　　　宗庙内对妻实言禀，夫人哪夫人易装快逃生。

李王妃：（唱）多谢王爷恩情重，随夫殉节非轻生。

　　　　　　　　今朝存亡结同伴，黄泉拜祖有殊荣。

（取灵牌示贞）

　　　　　　　　君身背灵牌去鏖战，列祖形象抬上城。

　　　　　　　　先帝面前示君勇，匡扶社稷胆气虹。

　　　　　　　　挥刀斩将显威猛，我城头擂鼓把豪气增。

　　　　　　　　君在城在你妻在，夫君升天妻坠城。

　　　　　　　　自有后人继吾志，武氏逆贼定遭严惩！

李　　贞：（唱）豪情壮志冲霄汉，耿耿丹心可对天。

　　　　　　　　身背灵牌决死战，破釜沉舟战凶顽。

第八场　壮烈献生

布景：浓烟滚滚，阴云密布，战鼓隆隆，杀声四起。汝南城头，李王妃擂鼓助阵，身后竖元、太、高三宗画像。双方军士参军、裴守德、李贞、鞠崇裕双上对阵。

李　　贞：（白）大胆的鞠崇裕！尔食我大唐俸禄，乃我大唐臣子，

　　　　　　　　你抬头观看，城上有先帝神像在位，我身背列祖灵牌，

　　　　　　　　你勿忘君臣大礼。大逆不道，当罪灭九族！

鞠崇裕：（白）一派胡言！看刀！（起打）

李　　贞：（唱）大胆逆贼敢犯上。（边打边唱）

鞠崇裕：（唱）当今万岁是女皇。（边打边唱）

李　　贞：（唱）无耻贼背叛大唐为虎作伥。（边打边唱）

鞠崇裕：（唱）堪笑你螳臂当车自取亡。（边打边唱）

李　　贞：（唱）碎尸万段方消恨，叫尔刀下见无常。

（大开打，参军战死，守德阵亡，李贞手持残缺大刀上）

李　　贞：（唱）手中宝刀刃砍卷，拔剑自报地天！

李王妃：（白）夫君！我——来——一也！

（李王妃坠城——妻衣飘落贞身上）

（切光，合唱起）

（合唱）　啊——啊——啊一

越王李贞任绵州，建造府第越王楼。

尽忠报国含冤死，梁州千秋美名留。

第九场　玄宗昭雪

布景：皇府金殿。

出场人物：李隆基、四龙套、校卫、太监。

李隆基：（唱）李隆基登龙位万民称赞，除反叛兴农耕国泰民安。

　　　　　　　武后即位把持朝权，武氏国戚都升官。

　　　　　　　为巩固武氏掌朝政，李氏皇族子孙被伤残。

　　　　　　　狄仁杰阁老奏本相谏，才免得皇家儿男遭难蒙冤。

　　　　　　　武后死我把朝事掌管，恢复李唐朝一统天。

　　　　　　　忆往事引起我把忠良思念，为国尽忠惨遭杀害的皇家儿男。

　　　　　　　一月前下圣旨把先祖祭奠，昭雪冤封爵位厚葬前贤。

　　　　　　　命吏部到汝南把尸体运转，等少保尸体回厚葬昭陵园。

（太监上）

太　　监：（白）奏万岁，吏部刘天官奉圣旨到汝南搬取越王爷尸体，一月内在汝南未查出越王爷尸首，无奈回朝交旨。

李隆基：（白）既然查找不到越王爷尸体，就将原在墓地的越王头骨选一黄道吉日陪葬于昭陵，为让后人敬重越王，将越王封号改为敬王，届时举国哀悼三日。

太　　监：（白）领旨。

（合唱）　啊——啊——啊

　　　　　　　风嗖嗖啊雨啾啾，悲歌一曲荡千秋。

　　　　　　　昔日才王飘然去，绵阳盛赞越王楼。

（全剧终）

后　记

　　历史文化名楼以文化为核心，各楼皆有自身的文化传承脉络和特色文化底蕴，如何挖掘、传承名楼文化进而全面地展现在大众面前，一直是我们每个名楼人追求的目标和努力的方向。2014 年初，我们提议对各楼的历史文化积淀作一次全面整理，出版一套包含诗、词、曲、文、楹联等各种文体在内的文丛，立即得到了名楼专委会各会员单位的响应，很快就确定了编纂规划和编纂体例，并进行了任务分工。2015 年至 2017 年，先后出版了诗歌卷、散文辞赋卷、楹联卷，获得了较好的反响。今年我们在前 3 卷的基础上，又继续出版了词曲卷。

　　历史上吟咏各楼的词曲较为丰富，同时还有不少以名楼为主要背景的戏剧，以及吟唱名楼的现代歌曲。按照"广集词曲，择收剧谱"的原则，各楼安排了专人负责词曲卷的编纂，具体人员如下：

　　李建平、周博、李磊、姜国辉、宗九奇、黄龙、穆衍鹏、邢光杰、曹峰、叶庆黎、徐昊天、陈华、王凯民、沙伟、喻军、王欢、屠建达、金蔚、王兴臣、李晋、夏毅、邱国鹰、叶明宁、魏聊、刘超、朱宁、夏爱梅、谭屹、胥宗坤。此次词曲卷编纂之时，还得到了多位本地学者以及长期从事文化研究的专家的热心帮助，他们参与审稿和修订，提出了许多宝贵的意见和建议，在此对他们致以衷心的感谢！

　　限于时间和编者的学识，本书不免存在一定的疏漏、错讹之处，恳请广大读者予以批评指正。